Colección

Discursos, poder y memoria

María Lucía Puppo (editora)
Espacios y emociones. Textos, territorios y fronteras en América Latina
1° ed. - Buenos Aires: Miño y Dávila editores, 2021
312 p.; 22.5x14.5 cm.
ISBN 978-84-18095-29-0

Edición: Primera. Mayo 2021
Lugar de edición: Barcelona / Buenos Aires
ISBN: 978-84-18095-29-0
Depósito legal: M-7596-2021

Código Thema: 242 DSB Literary studies: general / Literaturwissenschaft, allgemein
380 JBCC Cultural Studies / Kulturwissenschaften

Código Bisac: 2497 Literary Criticism - LIT 004100 Caribbean and Latin American
2497 Literary Criticism - LIT 020000 Comparative Literature

Código WGS: 118 Belles-lettres/Essays, literary articles, literary criticism, interviews
562 Humanities, art, music/General and Comparative literary studies

Diseño gráfico general: Gerardo Miño
Armado y composición: Laura Bono

dirección postal: Tacuarí 540 (C1071AAL)
Ciudad de Buenos Aires, Argentina
tel-fax: (54 11) 4331-1565
e-mail producción: produccion@minoydavila.com
e-mail administración: info@minoydavila.com
web: www.minoydavila.com
redes sociales: @MyDeditores, www.facebook.com/MinoyDavila

ESPACIOS Y EMOCIONES

Textos, territorios y fronteras en América Latina

María Lucía Puppo (ed.)

Índice

Presentación

Espacios y emociones en la encrucijada de los estudios latinoamericanos

María Lucía Puppo

Universidad Católica Argentina
CONICET

La recurrencia de huracanes, ciclones, sequías, inundaciones e incendios forestales en distintas partes del continente americano, los flujos migratorios, la superpoblación de las megalópolis, las rutas turísticas y la ampliación del muro que marca la frontera entre México y Estados Unidos durante la presidencia de Donald Trump: todos estos fenómenos ponen en evidencia la interrelación entre factores físicos, climáticos, sociales, económicos y políticos que convergen en la delimitación, vivencia y comprensión de los espacios humanos. Lejos de la idea del espacio concebido como una superficie vacía donde se desarrollan los sucesos, la espacialidad es resultado de complejos procesos sociales que determinan nuestras formas de percibir y habitar el mundo (Massey, 2005; Lefebvre, 2013).

En el marco del proyecto grupal "Espacios e interacciones culturales: proyecciones latinoamericanas de la Geocrítica",[1] hacia septiembre de 2019 nos propusimos organizar un Coloquio que reuniera a estudiosos y estudiosas provenientes de distintos campos disciplinares que aportan a la reflexión en torno a los espacios humanos, las emociones y el rol que juegan las ficciones y las prácticas culturales en las sociedades latinoamericanas. Las invitaciones fueron enviadas y la elaboración del Coloquio estaba en marcha hasta que, a comienzos de 2020, la pandemia mundial de COVID 19 vino a cambiar los escenarios. Los repentinos cierres de frontera y las medidas relativas al aislamiento social que se fueron imponiendo en todos

---

1 PICTO 2017-0051, Resolución 094/18, Agencia Nacional de Promoción Científica y Tecnológica – Universidad Católica Argentina. Este proyecto grupal da continuidad a las líneas de investigación que se iniciaron en torno al *V Coloquio Internacional de Literatura Comparada DINÁMICAS DEL ESPACIO: Reflexiones desde América Latina*, que se llevó a cabo los días 6, 7 y 8 de junio de 2018 en Buenos Aires, en el Campus de Puerto Madero de la UCA. En él participaron más de ciento sesenta expositores/as provenientes de universidades de once países; la conferencia inaugural estuvo a cargo de Bertrand Westphal (Université de Limoges), referente mundial de la Geocrítica.

los países profundizaron las preguntas y las reflexiones en torno a la afectividad de los espacios, es decir, al componente emotivo de los mismos que da cuenta de la capacidad de los sujetos de afectar y ser afectados. El giro de los acontecimientos condujo a que, finalmente, el *Coloquio Internacional ESPACIOS Y EMOCIONES: tránsitos, territorializaciones y fronteras en América Latina* pudiera realizarse de forma virtual los días 21 y 22 de octubre de 2020, con el auspicio del Centro de Estudios de Literatura Comparada "M. T. Maiorana", dependiente de la Facultad de Filosofía y Letras de la Universidad Católica Argentina. La cita fue planteada en el horario de Buenos Aires, pero a la misma pudieron acudir los/as quince expositores/as –a través de Zoom– desde sus domicilios fijos o temporarios en Argentina, Chile, Estados Unidos, Italia y Alemania. Este libro da cuenta de las contribuciones de entonces, aunque solo en parte puede reproducir la riqueza de los debates suscitados en el intercambio con un público entusiasta compuesto por docentes, estudiantes e investigadores/as de diversos orígenes y comunidades académicas.

En el ámbito de los Estudios Literarios y de Semiótica, la revisión del espacio como categoría ficcional y signo cultural tiene como antecedentes medulares las nociones de *cronotopo*, de Mijaíl Bajtín y de *semiosfera*, de Iuri Lotman. En la estela amplia del "giro espacial" que caracteriza las lógicas globales del capitalismo tardío (Jameson, 2003), desde el comienzo del siglo XXI asistimos al auge de la Ecocrítica, que indaga acerca de los vínculos entre literatura y medio ambiente, la Geocrítica, que tiene por objeto de estudio la interacción entre los espacios ficcionales y los reales, y los Estudios Transárea y Transatlánticos, que exigen entender el espacio como estructura dinámica, siempre cambiante y en relación con diversos puntos de vista y perspectivas. Estas nuevas prácticas críticas asumen que el referente espacial y su representación son interdependientes e interactivos, pues todo espacio, desde que es representado, transita por el imaginario. Se trata de reconocer, en palabras de Bertrand Westphal, que "el espacio humano es emergencia constante" y está sometido a "un movimiento perpetuo de reterritorialización" (2015: 42).

Por su parte, el llamado "giro afectivo" ha puesto el acento en el rol que juegan las emociones en la vida pública y en los modos de abordar el pasado (Macón, 2013). La afectividad se presenta como un campo de emergencia del inconsciente, situado en una zona de indeterminación que precede y acompaña la expresión lingüística (Massumi, 2015). Revalorizados por su potencial emancipatorio, los afectos se asocian a cierta idea de autenticidad y juegan un rol fundamental en la vida política. Por otro lado, un enfoque crítico advierte que, en tanto prácticas sociales y culturales, las emociones pueden colaborar en lógicas opresivas y perversas que conducen, por ejemplo, a la discriminación y la falta de agencia en el plano político (Berlant, 2011; Ahmed, 2015). Vivimos en "sociedades afectivas" fuertemente influenciadas por los medios de comunicación masiva e internet, donde se evidencia un privilegio narcisista del yo y los géneros autobiográficos (Arfuch, 2018). En este contexto, el estudio de las emociones invita a repensar el rol de la corporalidad, los espacios y la materialidad de los objetos en las distintas expresiones de la vida social.

Espacios y emociones confluyen en los relatos culturales de la literatura, el cine, el teatro, la música, las artes visuales y el periodismo, que configuran verdaderas "geografías emocionales" (Davidson, Bondi y Smith, 2007) y ponen en escena desplazamientos, reterritorializaciones y pasajes por constantes fronteras físicas, políticas y simbólicas. Los mundos ficcionales tienen la capacidad de acercar al lector/espectador la experiencia de los otros y, de ese modo, contribuir a la superación de prejuicios y la descolonización de la mirada (Gnisci, 1998; Compagnon, 2012). Ahora bien, en un mundo saturado de ficciones, ¿tiene sentido seguir preguntándose acerca de lo real? (Costa, 2019). ¿Cómo articular en el análisis las esferas de lo social, lo corporal y lo discursivo? (Arfuch, 2015) ¿Cómo sería posible, en términos de Ana Peluffo, "convertir la invisibilidad cultural de las emociones en un espacio crítico de reflexión"? (2016: 14).

Las hipótesis y los interrogantes enunciados en las páginas que siguen trazan puentes entre la Literatura Comparada y la Semiótica, la Historia Cultural, la Filosofía, la Sociología y el Psicoanálisis, estableciendo asimismo lazos con nuevas áreas del saber como los Estudios de Animales, del Antropoceno, las Humanidades Digitales y la *Plant Theory*. Las dos primeras partes del libro incluyen trabajos que aportan a la consideración de los marcos epistemológicos desde donde es posible pensar los cruces entre espacios y emociones. La primera parte, "Derroteros teóricos: atmósfera, *milieu,* fronteras", se inicia con la contribución de Laura Gherlone focalizada en el concepto de atmósfera, en torno al cual se advierte un campo de investigación vislumbrado por la semiótica de Lotman que hoy, a partir de desarrollos como los de Walter Mignolo, resulta un instrumento heurístico privilegiado para la reflexión sobre la llamada "opción decolonial". En segundo lugar, el artículo de Patrick Eser pone en relación la noción de atmósfera con la de "*milieu*", destacada por Erich Auerbach en *Mímesis*, para examinar la confluencia de ambas en la configuración del universo afectivo que presenta la novela *El aire* (1992), del argentino Sergio Chejfec. Cierra esta primera parte el texto de la conferencia dictada por Massimo Leone, estructurada en torno al rol que juegan hoy los rostros en tanto fronteras biológicas y culturales regidas por los algoritmos de la razón tecnológica, por un lado, y la realidad del rostro individual como lugar semiótico donde se manifiestan y operan las fronteras de edad, estados de salud, género, clase social y pertenencia política y religiosa, por otro.

La segunda parte del libro, titulada "Espacio, ficción y campos disciplinares", nuclea tres trabajos que apelan, respectivamente, a los saberes y las prácticas del Psicoanálisis, la Filosofía y la Sociología. El artículo de Juan Manuel Rubio propone un recorrido que va de la escena típica del analizante escuchándose hablar frente al analista, en el ámbito del consultorio, y pasa luego por la hipótesis de lo inconsciente freudiano para arribar al espacio imaginario y la topología de las *dit-mensions* en el marco de la propuesta lacaniana. Por su parte, la contribución de Ivana Costa examina cuatro modelos de "realidad" que ejemplifican las ficciones literarias, muchas veces anticipándose al discurso filosófico. Para concluir esta parte, el trabajo de Rossana Scaricabarozzi analiza el espacio carismático como un fenómeno sociocultural e histórico complejo, que en Latinoamérica permite comprender el funcionamiento de liderazgos tan fuertes como los de Juan Domingo Perón o Ernesto "Che" Guevara.

La tercera parte reúne cinco trabajos que presentan, comparan e interpretan diversas "Cartografías emocionales de la literatura". El primero de ellos es el texto de la conferencia dictada por Ana Peluffo, que hace relación a la "infancia robada" de los niños indígenas en el Perú del siglo XIX, tal como esto se manifiesta y problematiza en un cuento de Lastenia Larriva de Llona y otros escritos de la época. El segundo trabajo, de Maira Scordamaglia, aborda los relatos de viaje con destino latinoamericano de Antonio Tabucchi, donde se narra el encuentro con la otredad por parte de un sujeto europeo dispuesto a no caer en estereotipos a la hora de contemplar la arquitectura brasileña y degustar los sabores mexicanos, sin negar el poder traslaticio que ejerce sobre él la lectura apasionada de Borges. En el tercer artículo de esta parte, María José Punte confronta los textos fragmentarios, a caballo entre la crónica y el ensayo, escritos por la argentina María Negroni y las chilenas Cynthia Rimsky y Nona Fernández. En estas prosas autoficcionales advierte cómo la capacidad mnemónica de la escritura se potencia en el diálogo con las imágenes incluidas en ellas. A continuación, el trabajo de mi autoría explora los lazos conflictivos que se establecen entre la lengua natal y la representación del espacio en sendos libros de Edgardo Dobry y Lila Zemborain, poetas cuyas obras integran el mapa afectivo y transterritorial de la poesía argentina del siglo XXI. Por último, el artículo de Marina di Marco indaga acerca del rol que juegan las emociones de los niños-lectores en la configuración formal y semántica de dos poemarios del poeta, ilustrador, fotógrafo y diseñador gráfico argentino Juan Lima.

La cuarta y última parte del volumen convoca los aportes que giran en torno a "Materialidades, artes y afectos: las proliferaciones discursivas". En el primer artículo, Claudia Darrigrandi investiga el rol que juegan los retratos y las biografías en la configuración de una sociabilidad afectiva en *la La Lira Chilena*, una revista ilustrada del cambio del siglo XIX al XX. El trabajo de Dulce María Dalbosco, por su parte, confronta la presencia de "emociones negativas" como los celos, la envidia y la bronca en las letras del tango y el fado, dos músicas populares asociadas al espacio portuario. Tras un salto de casi cien años, los dos últimos trabajos del libro reflexionan sobre el potencial político del arte en dos registros diferentes, el del neodocumental posdictatorial y el del artivismo contemporáneo. La contribución de Milena Gallardo Villegas examina los recursos estéticos que vehiculizan la transimisión transgeneracional de la memoria y el trauma de la violencia política en la producción fílmica de "hijas" y "nietas" en Chile y Argentina. Finalmente, el artículo de Lorena Verzero hace foco en el desarrollo del artivismo en tiempos de pandemia, cuando asistimos al surgimiento de nuevos modos de producir emocionalidad colectiva a través de las "ágoras" que posibilita la interfaz digital.

Como este breve repaso permite advertir, coinciden en este volumen miradas provenientes de diferentes disciplinas y cronotopos de lo más variados que se inscriben en el campo de los Estudios Latinoamericanos. Una lectura transversal del libro podría reparar en determinados hitos que, como nudos en un telar, van conformando una historia cultural desde la colonia hasta nuestros días, abrevando en los imaginarios literarios y sociales, las creaciones del arte y los usos de la memoria que signan tanto el pasado como el presente de nuestras sociedades. Es nuestro deseo que quien se acerque a sus páginas se vea confrontado/a por interrogantes, problemas y textos claves para pensar América Latina en el cruce teórico y vivencial de los espacios y las emociones que la conforman. En este sentido, creemos que las duras realidades que nos interpelan como investigadores/as nos reafirman "en el proyecto colectivo de pensar conceptos, de inventar objetos de estudio, de idear dinámicas para entender mejor el mundo donde vivimos, para imaginar un mundo más justo y habitable" (Cámpora y Puppo, 2019: 17).

Un libro colectivo es siempre el resultado de una conjunción de mentes, voluntades y afectos. Este, en particular, se sabe en deuda con los autores y las autoras que, primero, aceptaron participar del Coloquio y, después, cedieron los textos que recogen importantes avances de sus investigaciones en curso. Mi agradecimiento va ante todo para ellos, queridos y queridas colegas de distintas generaciones y procedencias institucionales que con su inteligencia y entusiamo nos alientan a trazar redes y confirman la importancia de las comunidades intelectuales que nos dan fuerza y animan en nuestro trabajo, que a veces puede resultar tan solitario. En segundo lugar, corresponde agradecer a las autoridades que desde un principio brindaron su apoyo y colaboraron, en diversas instancias, para que fueran posibles la consecución y el financiamiento de este proyecto: Dra. Clara Zamora, Vicerrectora de Investigación e Innovación Académica de la Universidad Católica Argentina; Dra. Olga Lucía Larre, Decana de la Facultad de Filosofía y Letras; y Dra. Magdalena Cámpora, Directora del Centro de Estudios de Literatura Comparada "M. T. Maiorana". Debo agradecer también a Gerardo Miño y todo el equipo de editorial Miño y Dávila por su atenta e impecable labor. Y, *last but not least*, llega acaso lo más obvio, mi agradecimiento profundo a las integrantes del equipo que tuve el honor de dirigir y con cada una de las cuales me une, además, una amistad que atesoro: María José Punte, Dulce María Dalbosco, Laura Gherlone, Rossana Scaricabarozzi, Marina di Marco y Maira Scordamaglia. Es mi deseo que en futuras actividades tengamos la oportunidad de seguir investigando juntas sobre espacios y literaturas, en la encrucijada incómoda pero necesaria donde los saberes se topan con la impredecibilidad de la vida.

Referencias bibliográficas

Ahmed, Sara, 2015, *La política cultural de las emociones*, México, Programa Universitario de Estudios de Género de la UNAM.

Arfuch, Leonor, 2018, *La vida narrada: memoria, subjetividad y política*, Villa María, Eduvim.

___ 2015, "El «giro afectivo». Emociones, subjetividad y política", *deSignis* 24, 245-254.

Berlant, Lauren, 2011, *El corazón de la nación. Ensayos sobre política y sentimentalismo*, México, FCE.

Cámpora, Magdalena y Puppo, María Lucía, 2019, "Presentación", *Dinámicas del espacio. Reflexiones desde América Latina*, Buenos Aires, EDUCA, 15-17.

Compagnon, Antoine, 2012, ¿Para qué sirve la literatura?, Barcelona, Acantilado.

Costa, Ivana, 2019, *Había una vez algo real. Ensayo sobre filosofía, hechos y ficciones*, Buenos Aires, Mardulce.

Davidson, Joyce, Bondi, Liz y Smith, Mick (eds.), 2007, *Emotional geographies*, Aldershot- Burlington VT, Ashgate.

Gnisci, Armando, 1998, "La literatura comparada como disciplina de descolonización", Vega, María José y Carbonell, Neus (eds.), *La literatura comparada: principios y métodos*, Madrid, Gredos, 188-194.

Jameson, Fredric, 2003, *Postmodernism or, The Cultural Logic of Late Capitalism*, Duke University Press.

Lefebvre, Henri, 2013, *La producción del espacio*, Madrid, Capitán Swing Libros.

Macón, Cecilia, 2013, "*Sentimus ergo sumus*. El surgimiento del «giro afectivo» y su impacto sobre la filosofía política", *Revista Latinoamericana de Filosofía Política* 11/6, 1-32.

Massey, Doreen, 2005, *For Space*, Londres, Sage.

Massumi, Brian, 2015, *The Politics of Affect*, Cambridge, Polity Press.

Peluffo, Ana, 2016, *En clave emocional: cultura y afecto en América Latina*, Buenos Aires, Prometeo.

Westphal, Bertrand, 2015, "Aportes para un enfoque geocrítico de los textos", García, José Mariano; Punte, María José y Puppo, María Lucía (comps.), *Espacios, imágenes y vectores. Desafíos actuales de las Literaturas Comparadas*, Buenos Aires, Miño y Dávila editores – UCA, 27-57.

PARTE 1

Derroteros teóricos: atmósfera, *milieu*, fronteras

Atmósferas y emociones colectivas: descolonizar los espacios emocionales

Laura Gherlone

Universidad Católica Argentina

Introducción[1]

La centralidad de las emociones para el ser humano y, posiblemente, para algunas especies animales no es un descubrimiento del actual "giro afectivo"; por el contrario, tiene una trayectoria mucho más larga: basta pensar en los antiquísimos rituales de luto. Lo que este horizonte de pensamiento ha puesto de manifiesto es que, en un mundo moldeado por la acción colectiva de los individuos –una acción a menudo depredadora y maléfica para el viviente y la materia inerte (tanto que hoy se habla de "antropoceno", véase Coughlin y Gephart, 2020)–, es urgente entender el papel activo asumido por las emociones en nuestra historia. Lejos de ser un apéndice de la razón, los estados afectivos[2] son ellos mismos una forma de inteligencia con una fuerte agentividad que puede afectar concretamente nuestras acciones, tanto a nivel individual cuanto a nivel comunitario, más aún si dichos estados se convierten

1 A no ser que se indique lo contrario, todas las traducciones de las citas que aparecen en este capítulo son mías.

2 Aquí nos referimos a la afectividad en términos de *afectos*, *emociones* y *sentimientos*, expresiones que usamos de manera intercambiable. Sin embargo, si quisiéramos plantear un *distingo* terminológico, podríamos decir, con Christian von Scheve y Jan Slaby (2019: 43), que "mientras que 'afecto' se refiere a una dinámica relacional pre-categorial y 'sentimiento' a la dimensión subjetiva-experiencial de estas relaciones afectivas, 'emoción' implica secuencias consolidadas y categóricamente circunscritas de conexiones afectivas con el mundo [*affective world-relatedness*]". En esta perspectiva, el concepto de emoción se presenta particularmente productivo para la investigación cultural sobre las estructuras de poder culturalmente estratificadas.

en formas culturales (es decir, altamente codificadas y consolidadas) de descifrar el mundo. En las ciencias políticas-internacionales se está incluso comenzando a reinterpretar enteros períodos históricos (como la Guerra Fría) en clave emocional (Clément y Sangar, 2018), desvelando cómo este aspecto ha sido tradicionalmente subestimado, en detrimento de una compresión profunda de ciertos eventos.

El presente capítulo pretende ofrecer una mirada sobre el giro afectivo en su estrecha relación con el "problema del espacio" –fundamental para entender la acción del ser humano sobre el ambiente que lo hospeda y viceversa–, sin dejar afuera el tiempo en su dimensión mnemo-imaginativa. En el primer apartado abarcaré el concepto de "sociedad afectiva" mientras que en el segundo me enfocaré en dos nociones claves de la teoría de los afectos culturales: la de "agentividad" y la de "reproducción". En el tercer apartado trazaré brevemente el estado de arte de los estudios enfocados en la indagación del espacio en estrecha relación con la cuestión de las emociones, lo que me llevará a hablar, en el cuarto apartado, de la "atmósfera": un campo de investigación incipiente que, como veremos, podría representar un instrumento heurístico útil para la reflexión sobre la llamada "opción decolonial".

1. Sociedades afectivas y afectadas

A partir del comienzo del siglo XXI en las ciencias sociales y las humanidades se ha empezado a hablar de "giro afectivo", es decir, una inédita manera de interpretar y explicar la acción individual, colectiva y espacio-temporal del ser humano a través de la circulación discursiva-material de símbolos, estilos y repertorios emocionales que se depositan consciente e inconscientemente en la cultura. El creciente interés hacia este campo de reflexión reside no solo en una atención sin precedentes prestada al cuerpo y la sensibilidad (a la luz del problemático dualismo mente-cuerpo, donde el segundo término ha permanecido durante mucho tiempo inexplorado y subvalorado), sino también en un fenómeno emergente: el hecho de que las narraciones[3] que vehicula la cultura contemporánea

3 Por narración entendemos un complejo de discursos (verbales y no verbales), prácticas y objetos que, en su conjunto, dan cuenta de forma inteligible de una experiencia dada de la realidad en su proceso de evaluación (*appraisal*) del mundo. En otras palabras, la narración incorpora normas y posibilidades materialmente encarnadas a través de hábitos, aptitudes, conductas, expresiones, artefactos axiológicamente imbuidos.

recurren extensamente a los estados afectivos para ser creíbles, persuasivos y eficaces. Hoy en día esto ocurre de manera aún más marcada a través del ciberespacio generado por los medios de comunicación social –un lugar real-inmaterial de interacción (Molina y Gherlone, 2019) que fomenta "sentimientos mediatos de conectividad" (Papacharissi, 2016: 308), generando micro y macro audiencias de carácter principalmente afectivo–. Si, por un lado, esto facilita nuevas formas de agregación y expresión colectiva (piénsense en las protestas sociales en línea), por otro lado fomenta sentimientos como el odio o el desprecio, es decir, la base afectiva de los discursos orientados a disminuir la capacidad cívica y la empatía (Wagner, Marusek y Yu, 2020). Como han señalado recientemente las historiadoras Piroska Nagy y Ute Frevert, "las sociedades occidentales contemporáneas están intensamente impregnadas de emociones" (2019: 202).[4] Por lo tanto, es urgente comprender en profundidad la función (y lo que parece ser una necesidad social) de las narraciones "apasionadas" que, en lugar de ser relegadas al universo de la intimidad, se convierten en una especie de ego-documentos fragmentarios, expuestos y difundidos públicamente.

Además, al estar tan estrechamente vinculados con la trama de experiencias, valores y normas tejida en el tiempo, los estados afectivos culturalmente encarnados se perfilan como un medio privilegiado para estudiar los imaginarios que sustentan a las sociedades contemporáneas. Las investigaciones en este sentido son alentadoras, pero todavía incipientes, puesto que las emociones permanecen, por lo general, asociadas a la dimensión subjetivo-introspectiva del ser humano y solo ocasionalmente a la dimensión sociocolectiva, sobre la cual aletea un aire de vaguedad e irracionalidad difícil de eliminar. Habiendo sido tradicionalmente concebidas "como procesos espontáneos e involuntarios que irrumpen en multitudes y reuniones sin mucha participación cognitiva" (von Scheve y Slaby, 2019: 49), las emociones colectivas parecen cuestionar "la comprensión de las sociedades modernas como formaciones predominantemente racionales e ilustradas" (Kolesch y Knoblauch, 2019: 256). Por eso se ha preferido

4 En su dialogo con Nagy, Frevert subraya cómo "la reciente ola de globalización que ha sido acompañada y popularizada por los medios digitales ha estimulado la búsqueda de universales humanos" y, por consiguiente, un creciente interés hacia un supuesto "conjunto de emociones comunes y reconocibles por toda la humanidad". Esas emociones pueden "servir como un poderoso medio para promover la comunicación y la cooperación en todo el mundo. Aunque están sujetas a variaciones culturales, se asume que son universalmente comprensibles, formando así fuertes lazos de conectividad mutua" (Frevert, 2019: 203).

tratarlas como un fenómeno residual y excepcional, cuando en realidad se trata de experiencias omnipresentes en la vida cotidiana.

Todo ello nos invita a "convertir la invisibilidad cultural de las emociones en un espacio crítico de reflexión" (Peluffo, 2016: 14). Solo de este modo será posible abarcar fenómenos complejos y geográfica e históricamente estratificados como la "identidad nacional" y la "memoria colectiva" o comprender estructuras sociales "en las cuales las desigualdades y las relaciones de poder ligadas a la raza, la clase y el género son rampantes" (Slaby y von Scheve, 2019: 3) o, incluso, enmarcar adecuadamente acontecimientos de gran actualidad como las formas desenfrenadas de xenofobia que están reproduciéndose a nivel mundial. Como ha subrayado el antropólogo Gastón Gordillo, en Argentina, por ejemplo, el mito de la nación blanca "se puede entender mejor como *una formación afectiva y geográfica* que niega su existencia porque no se reduce a una ideología consciente y opera a un nivel [...] emocional" (2016: 242-243, cursiva del autor).

2. Agentividad y reproducción de los afectos culturales

Desde el trabajo fundacional de Georges Lefebvre (1986[1932]), *La Grande Peur de 1789*, sabemos que un estado emocional como, por ejemplo, el miedo puede ser percibido a nivel de grupo, comunidad, clase o incluso de sociedad, llegando a afectar la nación en su conjunto.[5] Más allá de su magnitud, lo sucedido en 1789 no fue un hecho excepcional ni tampoco aislado: la historia humana puede ser interpretada como una inmensa constelación de eventos, desde los grandes acontecimientos hasta los sucesos de la vida cotidiana, en los cuales los afectos difundidos entran

5 Generado por una inquietud creciente y difusa vinculada a cuestiones materiales (el hambre, las prolongadas malas cosechas, el apogeo de la carestía en vísperas del nuevo trigo), el Gran Miedo de 1789 empezó a tomar cuerpo nutriéndose de imágenes inmateriales de la memoria colectiva, es decir, resucitando el miedo hacia los "piratas extranjeros". El rumor se propagó entre las comunidades campesinas, concretizándose muy pronto en la creencia de que un ejército enemigo extranjero las podía asaltar y saquear. Esta "nebulosa amenaza" se encarnó finalmente en la convicción de una "conspiración aristocrática" para matar de hambre al pueblo, lo cual representó el factor imaginario –pero emocionalmente real– que desencadenó el pánico colectivo y, por ende, acciones de masa con consecuencias radicales. A pesar de haber sucedido hace más de dos siglos, el Gran Medio resulta ser un concepto muy actual, que explica los "mecanismos" mnemónicos e imaginativos que sostienen la trasmisión de los estados afectivos.

en juego, empujando a las personas a tomar decisiones (de naturaleza económica, política, sanitaria, ambiental, etc.) y, en definitiva, influyendo sobre el curso de los eventos mismos.

En este sentido, hoy la teoría de los afectos culturales –a partir de una larga tradición teórica abonada por la sociología, la psicología social y la historia (donde se destacan nombres tales como Gustave Le Bon, Émile Durkheim y el citado Lefebvre)[6]– está (re)descubriendo dos conceptos fundamentales: el de *agentividad* y el de *reproducción*.

2.1 Agentividad

El primer término pone de relieve la capacidad que las emociones colectivas poseen de generar relación y acción al desplegarse en íntima conexión con el entorno del sujeto agente, cuyo comportamiento es afectado por el entorno mismo. Jan Slaby y Philipp Wüshner (2014: 216) definen este proceso como "acoplamiento fenoménico", es decir, "la participación directa [*direct engagement*] de la afectividad" de un sujeto agente tal como se da en una disposición ambiental "que tiene en sí misma cualidades afectivas y expresivas", como puede ocurrir, por ejemplo, durante una performance musical (para un estudio detallado sobre este tema, véase Riedel y Torvinen, 2020). Lo que hacen las emociones es acompañar y sintonizar (o de-sintonizar) al sujeto en su acción activo-pasiva de ubicación en el entorno –donde "el entorno prorrumpe en términos de posibilidades [*affordances*] y solicitaciones que le ofrece al agente" (Slaby, 2014: 38)–. Esto tiene dos consecuencias. En primer lugar, el cuerpo, gracias al cual tiene lugar esta "encarnación" en el mundo, se perfila como "un campo de resonancia en el que los éxitos o los fracasos de las actividades, así como las perspectivas y los obstáculos, se registran inmediatamente en forma de sentimientos positivos o negativos" (Slaby, 2014: 38). Dichos estados afectivos a su vez actúan como "dispositivos" que orientan y modifican la acción del sujeto desde el interior hacia el exterior, en un complejo juego de retroalimentaciones, puesto que el mismo "exterior" –como veremos en el próximo apartado con el concepto de "atmósfera"– se encuentra imbuido de afecto.[7] En

---

6 Para una panorámica sobre el camino recorrido por la teoría de las emociones en clave colectiva (hasta llegar a las actuales reflexiones sobre los afectos culturales), véase von Scheve y Ismer (2013), von Scheve y Salmela (2014: xiii-xvi) y Slaby y von Scheve (2019).

7 Esta dinámica implica un cambio de paradigma, es decir, pasar de un modo "de ver las emociones *exclusivamente* como una cierta clase de experiencias (en su mayoría

segundo lugar, las emociones se revelan como una forma de dinamismo trasformativo ya que su participación en el entorno "ayuda a configurar el espacio de posibles ulteriores formas de representarlas y, por tanto, determina en parte cómo la emoción se desarrollará posteriormente" (Slaby y Wüshner, 2014: 212).

Las emociones, lejos de ser estados pasivos, tampoco coinciden con las acciones mismas. Como se mencionó, son más bien disposiciones que orientan (no obligan) al sujeto hacia una acción, tejiendo su relacionalidad con el ambiente que lo hospeda y, por supuesto, con los demás seres humanos. Por eso la implicación social de las emociones y sus facetas "colectivas" son tan poderosamente evidentes.

> Las investigaciones existentes sugieren que las emociones colectivas –a las que los colectivos sociales son muy propensos– promueven la acción colectiva, la cohesión social, la solidaridad, la identidad colectiva y la pertenencia y, al mismo tiempo, constituyen o promueven las fronteras, la exclusión y la depreciación de los demás. (von Scheve, 2019: 268)

En síntesis, la agentividad pone de relieve la íntima relación que existe entre las emociones, las relaciones intersubjetivas y el espacio socialmente construido.

2.2 Reproducción

El segundo concepto mencionado, *reproducción*, pone de relieve la capacidad que las emociones colectivas poseen de desenterrar de la memoria esquemas emocionales –bajo la forma de comunicación verbal, no verbal y material (actos de habla, imágenes, objetos, etc.)– que se repiten en el tiempo. En otras palabras, incluso cuando son extremamente transitorias y circunstanciales, las emociones llevan consigo una densa capa de temporalidades: por eso, además de ser expresiones colectivas, son formaciones culturales que se despliegan en repertorios afectivos compartidos.

---

pasivas) a verlas como mucho más cercanas y más íntimamente vinculadas a nuestra agencia: como participación en el mundo. Si las emociones son 'pasiones', entonces son las modificaciones pasivas de nuestra *naturaleza activa* –las diversas formas en que nuestras actividades están moldeadas por las dinámicas ocurrencias de nuestro entorno–" (Slaby y Wüshner, 2014: 225, cursiva de los autores). Además, implica ver las emociones "menos como estados mentales y más como episodios prolongados temporalmente que involucran todo el comportamiento de una persona en y hacia el mundo" (Slaby y Wüshner, 2014: 213).

El concepto de reproducción debe mucho a la confluencia de tres horizontes de pensamiento en auge en los últimos años: (1) la "memoria cultural" impulsada por Jan y Aleida Assmann y desarrollada actualmente a través del noción de "mnemohistoria" (Tamm, 2015); la "posmemoria" de Marianne Hirsch y los estudios sobre el llamado trauma transgeneracional;[8] (3) la teoría afecto-céntrica inaugurada por el historiador del arte Aby Warburg.[9] A los efectos de la presente reflexión, quisiera destacar en particular la productividad del concepto de *Pathosformel* de Warburg (2010), quien acuñó este término para designar las fórmulas expresivas a través de las cuales el *pathos* se manifiesta en las imágenes de forma transcultural, es decir, en diferentes espacios-tiempos de la historia cultural humana. En otras palabras, la fórmula sería la "traducción" plástica de la *intensidad del dolor* entendido en el sentido más amplio, como una experiencia original (veteada de euforia, agitación, exceso, violencia, éxtasis) impresa en la memoria de la humanidad: no una sintaxis figurativa fija que se repite a lo largo del tiempo, sino una especie de esquema emocional que, de vez en cuando, se "encarna" en las imágenes.[10] A esto se vincula directamente otro concepto clave, el de *Nachleben* (supervivencia): las fórmulas, sacando su fuerza expresiva del *pathos*, traen consigo una especie de energía residual nunca extinguida, un rastro de vida pasada, como lo ha definido Georges Didi-Huberman (2009), uno de los más célebres intérpretes de Warburg. Esto explicaría por qué ciertos motivos, ciertos estilemas, ciertas configuraciones aparecen cíclicamente en la historia y se perciben como objetos culturales reconocibles (o familiares) y, al mismo tiempo, nuevos (véase Schankweiler y Wüschner, 2019a y 2019b; Losiggio y Taccetta, 2019; Taccetta, 2019; Gherlone, 2021).

A la luz del "giro afectivo" (y lejos de quedarse confinada en la historia de arte), la teoría de Warburg ilumina el concepto de *reproducción*,

---

8 Estos estudios se vinculan con el concepto de "Herencia Epigenética Transgeneracional Traumática" y, en particular, con la investigación realizada por Rachel Yehuda –una destacada neuropsiquiatra experta en *Traumatic Stress Studies*– sobre la huella traumática que marca genéticamente a los hijos de los supervivientes del Holocausto (para una profundización, véase Gherlone, 2018).

9 En aras de la brevedad, no me voy a detener sobre las primeras dos perspectivas, remitiendo el lector a la exhaustiva panorámica proporcionada por Karen Saban (2020).

10 Warburg identificó con mayor evidencia las *Pathosformeln* implicadas en manifestaciones artísticas de la antigüedad grecorromana (como la Ménade Danzante), cuya supervivencia encontró y estudió en el arte del Renacimiento. Se centró, en particular, en la *tensión* generada en las imágenes (y en el observador) a través de gestos expresivos patéticos.

al proveer una respuesta a la pregunta de porqué las narraciones de la cultura contemporánea recurren extensamente a la discursivización de los sentimientos: estas narraciones, de hecho, a través de la inédita capacidad intermedial proporcionada por el espacio digital (que, como hemos dicho, es un espacio emocional, además que informativo-comunicativo), permiten una continua exhumación y migración de energía afectiva residual bajo la forma de imágenes[11] –imágenes que penetran transcultural, intermedial y semióticamente en la literatura, la música, la arquitectura, la varias formas de comunicación social, etc., alimentado el imaginario colectivo–.[12]

3. El espacio asumido temporal y afectivamente

Un *médium* que ha ayudado para que la cuestión de los afectos culturales aflorara como tema de investigación científica es el "problema del espacio". Que este último represente una categoría fundamental para entender la acción modelizante del ser humano sobre el ambiente que lo hospeda y viceversa, ya no es una novedad. Después de los estudios innovadores de Henri Lefebvre y Edward Soja y, más recientemente, del camino abierto por *The Spatial Turn* (Warf y Arias, 2009), el espacio se ha impuesto como un campo de estudio irrenunciable. Lo que resulta nuevo hoy es el intento de captar el espacio vivido (o "lugar") en su dimensión estratificada. Para llegar a esta comprensión, por ejemplo, Bertrand Westphal invita a trabajar los textos literarios privilegiando "un enfoque geocéntrico" (2011: 112), es decir "recopila[ndo] una base documental suficiente" (2011: 117) en función del realema que se busca analizar y, desde allí, estudiar la intersección de escritores e historias espaciales que se han producido a lo largo del tiempo.[13] El geo-humanista David Bodenhamer ha ido todavía más allá y ha hablado recientemente

11 La imagen es el punto centrípeto de un presente reminiscente y un pasado fantasmal, donde el presente y el pasado son atraídos por la energía patética, que se infiltra densamente en el tejido cultural favoreciendo la *migración* de las imágenes (lo que el historiador alemán llama *Bilderwanderung*).

12 Hoy en día es tal la centralidad del lenguaje visual en nuestras sociedades que varios estudiosos han empezado a hablar de "cultura imago-céntrica" (Stöckl, 2020; Stöckl, Caple y Pflaeging, 2020).

13 Para un estudio coral sobre la perspectiva geocrítica de Westphal, véase el dossier "Entre pasajes, escrituras e imágenes: proyecciones latinoamericanas de la Geocrítica" en el número 35(2) de la revista *Universum*, coordinado por Punte, Puppo y Urzúa Opazo (2020).

de "mapas profundos" para referirse al desafío de estudiar los lugares como un conjunto de "materia y sentido" (2016: 212), es decir, como "una plataforma, un proceso y un producto" (2016: 213) que engloba objetos, narraciones históricas y literarias, mapas, discursos cotidianos (digitales y no), imágenes, reconstrucciones virtuales y artefactos. Este enfoque necesariamente interdisciplinario no solo logra expresar identidades y voces múltiples sedimentadas, sino que también "*refuerza el papel de la emoción* en la construcción del lugar y el evento [permitiéndonos] trazar narrativas espaciales complejas" (2016: 218, cursiva mía) capaces de conectar "las realidades emergentes y las profundas contingencias del pasado" (ibídem): es decir, la textura de sentidos que, como se ha señalado, alimenta los imaginarios de las "sociedades afectivas". Cabe destacar que, desde esta óptica, el mismo internet tiene que ser considerado como una conformación espacial, un lugar real-inmaterial de interacción que potencia dichos imaginarios.

Entre las últimas exploraciones metodológicas que se han concentrado en la indagación del espacio –en estrecha relación con el problema de los afectos– encontramos la Geocrítica (Westphal, 2011, 2013,[14] 2016; Smith Madan, 2017; Tally Jr., 2017, 2018), las Geografías Emocionales (Davidson, Bondi y Smith, 2007; Smith, Davidson, Cameron y Bondi, 2009, Hones, 2014, 2018), las Humanidades Espaciales (Piatti y Hurni, 2011; Bodenhamer, Corrigan y Harris, 2015; Cooper, Donaldson y Murrieta-Flores, 2016; Murrieta-Flores y Martins, 2019) y la llamada Atmosferología (Böhme, 1995, 2017a, 2017b; Anderson, 2009; Schmitz, 2014; Griffero, 2014, 2017;[15] Griffero y Tedeschini, 2019; Seyfert, 2011, 2012; Philippopoulos-Mihalopoulos, 2015; Trigg, 2016, 2020; Sumartojo y Pink, 2018; Galland-Szymkowiak y Labbé, 2019).

Un aspecto común de estos enfoques, aun en sus especificidades epistemológicas, es que consideran la tensión entre lo individual y lo colectivo[16] como un factor clave para entender la relación entre espacio y emociones,

---

14 En sus idiomas originarios, Westphal (2011) y (2013) se titulan respectivamente *La Géocritique. Réel, fiction, espace,* de 2007, y *Le Monde plausible. Espace, lieu, carte,* de 2011.

15 Los dos trabajos de Griffero se titulan respectivamente *Atmosferologia. Estetica degli spazi emozionali,* de 2010, y *Quasi-cose: la realtà dei sentimenti,* de 2013.

16 La emersión del espacio afectivamente asumido no es una experiencia sólo personal y subjetiva ni tampoco una construcción puramente social: los dos polos se relacionan de manera indisolubles, yendo a configurar situaciones "de geometría variable", es decir, situaciones con diferentes niveles de resonancia de la significatividad espacial.

sin dejar afuera el tiempo en su dimensión mnemo-imaginativa. En esta perspectiva, un concepto particularmente revelador es el de atmósfera.

4. Teorizando la atmósfera en clave decolonial

> La atmósfera se deslizaba entre e imbuía diferentes tiempos y lugares, y era parte de lo que *pegaba la emoción* a específicos entornos materiales y a las interacciones. (Sumartojo y Pink, 2018: pos. 131, cursiva mía)

> Los sentidos y las emociones tienen un papel cada vez más importante en la prefiguración y determinación de la estética decolonial, no occidental y no exclusivamente masculina y, a su vez, estas estéticas minoritarias están cambiando la estética en su conjunto. (Philippopoulos-Mihalopoulos, 2019: 163)

Quisiera introducir el concepto de atmósfera con la cita de una observación que el semiólogo y teórico literario Iuri Lotman hizo a propósito de *El maestro y Margarita* de Mijaíl Bulgákov. El estudioso notó que el protagonista de la novela (el maestro), al concluir su viaje extraordinario –un viaje marcado por desplazamientos, vuelos, continuos cambios de vivienda y varios otros tránsitos espaciales–, finalmente obtiene una Casa con la "c" mayúscula, "un mundo de dulce vida doméstica, una existencia imbuida de cultura, que es el trabajo espiritual de las generaciones anteriores; una atmósfera de amor [атмосфера любви, *atmosfera liubvi*], un mundo donde la crueldad ha sido desterrada" (Lotman, 2000: 319).

Observamos que la atmósfera se manifiesta aquí como un *cambio de status*, es decir, la transición de un viaje inquieto, lleno de encuentros perturbadores –personificaciones de antiguos males, de la crueldad y la injusticia de la historia, del no sentido y el extrañamiento generado por los seres humanos–, a una condición de amor, capaz de conectar al maestro con el trabajo espiritual de las generaciones anteriores.

Las palabras de Lotman nos sugieren que existe una relación profunda entre el espacio y la percepción emocional y que esta relación genera la atmósfera, la cual se perfila como una *forma afectiva del sentir espacio-temporal* de naturaleza personal y, al mismo tiempo, incomprensible fuera de una dimensión comunitaria. La atmósfera es un lugar preciso –la coordenada donde estoy ubicada/o–, pero también es una "situación" que me contagia a través de las capas de emociones, narrativas, usos cotidianos y sensaciones corporales que ha acumulado y que se depositan, por ejemplo, en los objetos. Es muy distinto entrar en un cuarto iluminado por una luz cálida y repleto de libros que huelen "a misterio y a viejo chocolate" –como diría Bulgákov en *La guardia blanca*– o en un cuarto oscuro y polvoriento, cuyo amueblamiento emana un efecto de tristeza y muerte. La atmósfera tiene entonces una dimensión marcadamente temporal, ya que conecta el pasado y el presente, trayendo al presente las experiencias que se han ido sedimentando en forma de memoria colectiva transgeneracional. Y esto puede tener lugar desde el microcosmos de un cuarto hasta el macrocosmos, por ejemplo, de un puerto que ha visto pasar por allí ríos de personas migrantes.

La atmósfera –como la han definido recientemente Sarah Pink y Shanti Sumartojo (dos estudiosas australianas que investigan la relación entre el medio ambiente, el diseño y la tecnología, utilizando metodologías etnográficas centradas en los cinco sentidos)– es una calidad del espacio (material o inmaterial) que emerge del flujo continuo y particular de configuraciones de personas, objetos, lugares, sentimientos e imaginarios (Sumartojo y Pink, 2018): una realidad que se experimenta a nivel colectivo e individual y que, apelando a la percepción, la sensorialidad y los recuerdos encarnados, puede activar intuiciones estéticas, conocimientos anticipados y nuevos horizontes de sentido, pero también puede desencadenar y reproducir antiguas experiencias sedimentadas en la memoria colectiva.

Generalmente, cuando se manifiesta, la atmósfera se hace presente a través de imágenes familiares capaces de generar un hilo unitivo entre los individuos. En una situación de incertidumbre, un colectivo de personas puede percibirse unido por una *memoria anticipatoria* –vinculada a vicisitudes preexistentes y simbolizada, por ejemplo, por una figura emblemática– que genera pesimismo, aun si no existen todavía las condiciones reales para decir que "todo irá mal". Por supuesto, puede ocurrir exactamente lo contrario y manifestarse en la forma de un optimismo contagioso: piénsese en todas aquellas ocasiones en la cuales nos sentimos unidos por el hilo del "trabajo espiritual de las generaciones anteriores", por una sensación de crecimiento humano difundido. Expresiones como "algo mágico está pasando", "hay un aire de novedad", "el futuro está a nuestro alrededor" indican que el ambiente está imbuido de emociones positivas y generadoras de cosas nuevas.

Se vuelve necesario, observan Sumartojo y Pink (2018: pos. 210) estudiar las condiciones específicas en las que las atmósferas emergen y los significados que las personas les atribuyen –y, de manera crucial, [cómo] estos significados pueden entonces acompañar a las personas, dando continuamente forma a la compresión de sus experiencias–.

La atmósfera se presenta como un objeto de investigación clave para entender la relación que existe entre lugares, historias, afectos culturales y cuerpo(s). Aquí quisiera destacar en particular cómo este campo de estudio podría representar un terreno fecundo para explorar aquellas "situaciones" del tiempo presente cuyas heridas no sanadas (llenas de significados afectivos sedimentados) siguen, para retomar las palabras de Sumartojo y Pink, acompañando a las personas y moldeando la comprensión de sus experiencias actuales. O, como hemos visto con Bodenhamer (2016: 218), siguen conectando "las realidades emergentes y las profundas contingencias del pasado".

Pienso en particular en las manifestaciones descoloniales –o de "reconstrucción epistémica", como las definen Walter Mignolo y Catherine E. Walsh (2018)– donde la atmósfera (de una calle, una plaza, un puerto, un pueblo, etc.) se perfila como un espaciotiempo entre un pasado viviente (el "pernicioso legado colonial", Mignolo y Walsh, 2018: 238) y un presente lleno de fuerzas nuevas: fuerzas empujadas por subjetividades colectivas e individuales tendientes a la transformación del razonar, sentir y emocionar(se) (Mignolo y Walsh, 2018: 197), es decir, a la *aesthesis* decolonial.[17] En este juego de fuerzas a menudo prevalece el peso del pasado no sanado porque el lugar está imbuido con una recalcitrante energía afectiva residual (las demasiadas y reiteradas emociones negativas acumuladas en el tiempo). Y aquí reencontramos el "giro afectivo" ya que, como ha subrayado Ana Peluffo, "[u]n proyecto común de los pensadores" de este horizonte de pensamiento "es la tendencia a desconfiar de las emociones canónicas (la felicidad, el amor, la compasión)

---

17 La "aesthesis decolonial", como la llaman Mignolo y Vazquez (2013), "parte de la conciencia de que el proyecto moderno/colonial ha implicado no solo el control de la economía, la política y el conocimiento, sino también el control sobre los sentidos y la percepción. La estética moderna ha jugado un papel clave en la configuración de un canon, una normatividad que ha permitido el desprecio y el rechazo de otras formas de prácticas estéticas o, más precisamente, de otras formas de aesthesis, de sentir y percibir". Para una profundización sobre el pasaje desde la *aesthesis*, en su significado originario, a la estética moderna como (normativa) "sensación de lo bello", véase Mignolo (2010). Para una visión general sobre la "opción decolonial", véase Mignolo (2008).

y re-evaluar aquellas consideradas negativas por la cultura dominantes (la indignación, el resentimiento, la envidia)" (2016: 24). Estos últimos son estados afectivos que pueden haber pasado por un proceso histórico de "disciplinamiento", al representar una forma de energía social incómoda –una energía que, justamente por el hecho de haber sido reprimida y canalizada en estructuras ajenas a ella (por ejemplo, en forma de expectativa social), vuelve sistemáticamente para sacudir dicho orden impuesto–. En esta perspectiva, la atmósfera, como situación marcada por una "explosión" emocional,[18] podría representar el contexto ideal para indagar acerca de cuáles formas materiales (objetos, imágenes, palabras, disposiciones arquitectónicas, etc.) moldean la inmaterialidad realísima de los imaginarios que acompañan los estados afectivos colectivamente compartidos y espacio-temporalmente construidos.[19]

Aunque los pensadores de la decolonialidad no hacen explícitamente referencia al concepto de "atmósfera", considero que este concepto ofrece un marco interpretativo muy fructífero ya que, al enfocarse en el cuerpo, la apreciación sensorial y las emociones, apoya la reflexión decolonial en un doble sentido: por un lado, contribuye a rehabilitar el valor epistemológico de la *aesthesis* en su significado originario, como relación con el mundo en forma de "'sensación', 'proceso de percepción', 'sensación visual', 'sensación gustativa' o 'sensación auditiva'" (Mignolo, 2010: 13).[20] Por otro lado, da cuenta de esas experiencias en las cuales ciertas emociones parecen quedar atrapadas en determinados contextos (la mayoría de las veces, vinculados a disposiciones espaciales), sin posibilidad de evolucio-

---

18 Para una profundización del concepto de "explosión" emocional, véase Gherlone (2019 y 2022).

19 Tradicionalmente se ha puesto en duda la posibilidad de estudiar las emociones colectivas (y aún más las atmósferas), las cuales, evocando fenómenos transitorios y extemporáneos (como la marcha de un grupo activista o el comportamiento de los hinchas reunidos en un estadio), son difíciles de explorar a nivel empírico. Al no estar necesariamente presente en el *hic et nunc* de sus manifestaciones, el/la investigador/a debe a menudo estudiarlas por vía indirecta, por ejemplo, a través de grabaciones, crónicas, fotografías, objetos, etc., en detrimento de un cierto contenido informativo que solo la percepción directa puede ofrecer. A través de un enfoque "sensorial", actualmente la antropóloga Sarah Pink (2015; véase también Sumartojo y Pink 2018) está desarrollando metodologías capaces de re-equilibrar este estado de cosas.

20 La posible cooperación entre la teoría de los afectos en clave atmosférica y el pensamiento decolonial ha sido vislumbrada en el citado trabajo de Philippopoulos-Mihalopoulos (2019) y, en parte, en el de Bell (2018).

nar hacia algo nuevo –lo que Philippopoulos-Mihalopoulos (2019: 167 y 169) define como una atmósfera "fabricada [*engineered*] para promover su propia perpetuación", como ocurre en las situaciones de racialización (véase también Blickstein, 2019)–. A pesar de la idea de extrema emancipación que proporciona, internet bien puede ser interpretado como un espacio digital que, con sus algoritmos poderosos e incluso coercitivos (véase Appadurai 2016; García Canclini 2019; véase también el capítulo de Leone en este volumen), no hace más que alimentar y reproducir ("ingenierizar") ciertas perniciosas atmósferas emocionales.[21]

Concluyo esta contribución con la reflexión de la artista visual guyano-francesa Tabita Rezaire, quien –recurriendo a la teoría de Mignolo como trasfondo de sus obras– escribe:

> aunque el colonialismo *per se* ha terminado legalmente, su legado viviente es omnipresente en las sociedades contemporáneas. [...] Vergüenza. Enojo. Dolor. Humillación. Baja autoestima. Ansiedad. Fatiga. Inquietud. Adicción. Estrés. Depresión. Precariedad. Soledad. Desconexión... Los síntomas de la colonialidad se hacen sentir en nuestros seres [...] A pesar de las olas de descolonización de América, África y Asia, la colonialidad sobrevivió, y estamos sudando a mares. Por eso la descolonialidad es tan necesaria [...] La descolonialidad es un camino hacia la curación. (Rezaire, 2020: xxx-iv)

El presente escrito quiso ser una contribución a este camino hacia la curación, en un mundo que nos está desvelando que las emociones pueden ser un potente instrumento de concordia, cuidado recíproco y proyección creativa hacia el futuro, al mismo tiempo capaz de conectarnos –como diría Lotman– con el trabajo espiritual de las generaciones anteriores.

---

21 En ese caso se podría hablar de "atmósferas naturalizadas" a través de la "autodisimulación atmosférica", es decir, una estrategia que oculta el carácter forzado y por lo tanto poco atractivo de la atmósfera manipulada (Philippopoulos-Mihalopoulos (2019: 170), manteniendo al mismo tiempo toda su coercitividad.

Referencias bibliográficas

Anderson, Ben, 2009, "Affective atmospheres", *Emotion, Space and Society*, 2-2, 77-81. URL: https://doi.org/10.1016/j.emospa.2009.08.005.

Appadurai, Arjun, 2016, "The academic digital divide and uneven global development", *CARG Papers 4*. URL: https://repository.upenn.edu/cargc_papers/4.

Bell, Deanne, 2018, "A pedagogical response to decoloniality: Decolonial atmospheres and rising subjectivity", *American Journal of Community Psychology* 62-3/4, 250-260. URL: https://doi.org/10.1002/ajcp.12292.

Blickstein, Tamar, 2019, "Affects of racialization", Jan Slaby y Christian von Scheve (eds.), *Affective Societies: Key Concepts*, Londres y Nueva York, Routledge, pp. 152-165.

Bodenhamer, David, 2016, "Making the invisible visible: Place, spatial stories and deep maps", David Cooper, Christopher Donaldson y Patricia Murrieta-Flores (eds.), *Literary Mapping in the Digital Age*, Londres y Nueva York, Routledge, 207-220.

Bodenhamer, David, John Corrigan y Trevor Harris, 2015, *Deep Maps and Spatial Narratives*, Bloomington, Indiana University Press.

Böhme, Gernot, 1995, *Atmosphäre: Essays zur neuen Ästhetik*, Fráncfort del Meno, Suhrkamp.

___ 2017a, *The Aesthetics of Atmospheres*, ed. de Jean-Paul Thibaud, Nueva York, Routledge.

___ 2017b, *Atmospheric Architectures: The Aesthetics of Felt Spaces*, ed. y trad. de Anna-Christina Engels-Schwarzpaul, Londres, Bloomsbury.

Bulgákov, Mijaíl, 1981 [1924], *La guardia blanca*, Barcelona, Bruguera.

Clément, Maéva y Eric Sangar, 2018, *Researching Emotions in International Relations: Methodological Perspectives on the Emotional Turn*, Cham, Suiza, Palgrave Macmillan.

Cooper, David, Christopher Donaldson y Patricia Murrieta-Flores (eds.), 2016, *Literary Mapping in the Digital Age*, Londres y Nueva York, Routledge.

Coughlin, Maura y Emily Gephart (eds.), 2020, *Ecocriticism and the Anthropocene in Nineteenth-Century Art and Visual Culture*, Londres y Nueva York, Routledge.

Davidson, Joyce, Liz Bondi y Mick Smith (eds.), 2007, *Emotional Geographies*, Aldershot, Ashgate.

Didi-Huberman, Georges, 2009, *La imagen superviviente. Historia del arte y tiempo de los fantasmas según Aby Warburg*, Madrid, Abada Editores.

Galland-Szymkowiak, Mildred y Mickaël Labbé (eds.), 2019, *Les Cahiers philosophiques de Strasbourg*, número especial sobre "Atmosphères. Philosophie, esthétique, architecture", 46. URL: https://doi.org/10.4000/cps.2958.

García Canclini, Néstor, 2019, *Ciudadanos reemplazados por algoritmos*, Bielefeld, Bielefeld University Press.

Gherlone, Laura, 2018, "Scrittrici italo-ebree tra ricordi e memoria transgenerazionale", *Olho D'água* 10-2, 163-176 (versión en portugués, "Escritoras ítalo-judaicas: entre lembranças e memória transgeracional", 177-190).

___ 2019, "Lotman continues to astonish: Revolutions and collective emotions", *Bakhtiniana. Revista de Estudos do Discurso* 14-4, 163-183 (versión en portugués, "Lótman continua a surpreender: revoluções e emoções coletivas", 170-191). URL: https://doi.org/10.1590/2176-457338371.

___ 2021, "Compasión colectiva, esfera digital e imágenes de pathos en tiempo de COVID-19", *Eikón Imago* 10-1 (monográfico "Tristeza eterna. Representaciones de la muerte en la cultura visual desde la Antigüedad a la actualidad", ed. Luis Vives-Ferrándiz Sánchez). [En prensa].

___ 2022, "Explosion", Marek Tamm y Peeter Torop (eds.), *The Bloomsbury Handbook to*

Juri Lotman, Londres, Bloomsbury. [En prensa].

Gordillo, Gastón, 2016, "The savage outside of White Argentina", Paulina Alberto y Eduardo Elena (eds.), *Rethinking Race in Modern Argentina*, Nueva York, Cambridge University Press, 241-267.

Griffero, Tonino, 2014, *Atmospheres: Aesthetics of Emotional Spaces*, trad. de Sarah De Sanctis, Farnham, Ashgate.

___ 2017, *Quasi-Things: The Paradigm of Atmospheres,* trad. de Sarah De Sanctis, Albany, Nueva York, State University of New York Press.

Griffero, Tonino y Marco Tedeschini, 2019, *Atmosphere and Aesthetics: A Plural Perspective*, Cham, Suiza, Palgrave Macmillan.

Hones, Sheila, 2014, *Literary Geographies: Narrative Space in "Let the Great World Spin"*, Nueva York, Palgrave MacMillan.

___ 2018, "Literary geography and spatial literary studies", *Literary Geographies* 4-2, 146-149.

Kolesch, Doris y Hubert Knoblauch, 2019, "Audience emotions", en Jan Slaby y Christian von Scheve (eds.), *Affective Societies: Key Concepts*, Londres y Nueva York, Routledge, 252-263.

Lefebvre, Georges, 1986 [1932], *El gran pánico de 1789: la Revolución Francesa y los campesinos*, Barcelona, Paidós.

Losiggio, Daniela y Natalia Taccetta, 2019, "La cuestión del archivo desde una perspectiva warburguiana: huellas, pathos, dinamogramas", *Cuadernos de filosofía* 72,69-76. URL: https://doi.org/10.34096/cf.n72.7804.

Lotman, Iuri, 2000, "Dom v *Mastere i Margarite*" / "Дом в Мастере и Маргарите", en *Semiosfera* / Семиосфера, San Petersburgo, Iskusstvo-SPB, 313-320.

Mignolo, Walter, 2008, "La opción descolonial", *Revista Letral* 1, 4-22.

___ 2010, "Aiesthesis decolonial", *Calle 14: Revista de investigación en el campo del arte* 4-4, 10-25. URL: https://revistas.udistrital.edu.co/index.php/c14/article/view/1224/1634.

Mignolo, Walter y Rolando Vazquez, 2013, "Decolonial AestheSis: Colonial Wounds/Decolonial Healings", *Periscope – Social Text*. URL: https://socialtextjournal.org/periscope_article/decolonial-aesthesis-colonial-woundsdecolonial-healings/.

Mignolo, Walter y Catherine E. Walsh, 2018, *On Decoloniality: Concepts, Analytics, Praxis*, Durham y Londres, Duke University Press.

Molina, Pablo y Laura Gherlone, 2019, "Ciberepacio y semiótica de la otredad", *deSignis* 30, 53-62. URL: http://dx.doi.org/10.35659/designis.i30p53-62.

Murrieta-Flores, Patricia y Bruno Martins, 2019, "The geospatial humanities: past, present and future", *International Journal of Geographical Information Science* 33-12, 2424-2429. URL: https://doi.org/10.1080/13658816.2019.1645336.

Nagy, Piroska y Ute Frevert, 2019, "History of emotions (Comment & Response)", en Marek Tamm y Peter Burke (eds.), *Debating New Approaches to History*, Londres [etc.], Bloomsbury, pp. 189-215.

Papacharissi, Zizi, 2016, "Affective publics and structures of storytelling: sentiment, events and mediality", *Information, Communication & Society* 19-3, 307-324, URL: https://doi.org/10.1080/1369118X.2015.1109697.

Peluffo, Ana, 2016, *En clave emocional: cultura y afecto en América Latina*, Buenos Aires, Prometeo.

Philippopoulos-Mihalopoulos, Andreas, 2015, *Spatial Justice: Body, Lawscape, Atmosphere*, Abingdon, Oxon y Nueva York, Routledge.

___ 2019, "Atmospheric aestheses: Law as affect", en Tonino Griffero y Marco Tedeschini (eds.), *Atmosphere and Aesthetics: A Plural Perspective*, Cham, Suiza, Palgrave Macmillan, pp. 159-174.

Piatti, Barbara y Lorenz Hurni, 2011, "Editorial: Cartographies of Fictional Worlds", *The Cartographic Journal* 48-4, 218-223.

Pink, Sarah, 2015, *Doing Sensory Ethnography*, Los Ángeles, SAGE.

Punte, María José, María Lucía Puppo y Macarena Urzúa Opazo, 2020, "Introducción" al dossier "Entre pasajes, escrituras e imágenes: proyecciones latinoamericanas de la Geocrítica", *Universum. Revista de humanidades y ciencias sociales*, 35-2, 22-27.

Rezaire, Tabita, 2020, "Decolonial healing: In defense of spiritual technologies", Kevin Smets, Koen Leurs, Myria Georgiou, Saskia Witteborn y Radhika Gajjala (eds.), *The SAGE Handbook of Media and Migration*, Londres, SAGE, pp. xxix-xliv.

Riedel, Friedlind y Juha Torvinen (eds.), 2020, *Music as Atmosphere: Collective Feelings and Affective Sounds*, Londres y Nueva York, Routledge.

Saban, Karen, 2020, "De la memoria cultural a la transculturación de la memoria: Un recorrido teórico", *Revista chilena de literatura* 101, 379-404. URL: http://dx.doi.org/10.4067/S0718-22952020000100379.

Schankweiler, Kerstin y Philipp Wüschner, 2019a, "Images that move: Analyzing affect with Aby Warburg", en Antje Kahl (ed.), *Analyzing Affective Societies: Methods and Methodologies*, Londres y Nueva York, Routledge, pp. 101-119.

___ 2019b, "Pathosformel (pathos formula)", en Jan Slaby y Christian von Scheve (eds.), *Affective Societies*, Londres y Nueva York, Routledge, pp. 220-230.

Schmitz, Hermann, 2014, *Atmosphären*, Friburgo y Mónaco, Verlag Karl Alber.

Seyfert, Robert, 2011, "Atmosphären – Transmissionen – Interaktionen: Zu einer Theorie sozialer Affekte". *Soziale Systeme* 17-1, 73-96.

___ 2012, "Beyond personal feelings and collective emotions: A theory of social affect", *Theory, Culture and Society* 29-6, 27-46.

Slaby, Jan, 2014, "Emotions and the extended mind", en Christian von Scheve y Mikko Samela (eds.), *Collective Emotions: Perspectives from Psychology, Philosophy, and Sociology*, Oxford, Oxford University Press, pp. 32-46.

Slaby, Jan y Philipp Wüschner, 2014, "Emotion and agency", en Sabine Roeser y Cain Todd (eds.), *Emotion and Value*, Oxford, Oxford University Press, pp. 212-228.

Slaby, Jan y Christian von Scheve (eds.), 2019, "Introduction", en *Affective Societies: Key Concepts*, Londres y Nueva York, Routledge, 1-24.

Smith, Mick, Joyce Davidson, Laura Cameron y Liz Bondi (eds.), 2009, *Emotion, Place and Culture,* Farnham, Ashgate.

Smith Madan, Aarti, 2017, *Lines of Geography in Latin American Narrative: National Territory, National Literature,* Cham: Palgrave Macmillan.

Stöckl, Hartmut, 2020, "Multimodality and mediality in an image-centric semiosphere – A rationale", Crispin Thurlow, Christa Dürscheid y Federica Diémoz (eds.), *Visualizing Digital Discourse: Interactional, Institutional and Ideological Perspectives*, Berlín y Boston, De Gruyter, 189-202.

Stöckl, Hartmut, Helen Caple y Jana Pflaeging, 2020, "Shifts towards image centricity in contemporary multimodal practices: An introduction", en *Shifts towards Image-centricity in Contemporary Multimodal Practices*, Nueva York y Oxon, Routledge, 2020, 1-16.

Sumartojo, Shanti y Sarah Pink, 2018, *Atmospheres and the Experiential World: Theory and Methods*, Abingdon, Oxon y New York, Routledge.

Taccetta, Natalia, 2019, "Poéticas de archivo. Acerca del melancólico operante", Irene Depretis Chauvin y Natalia Taccetta (eds.), *Afectos, historia y cultura visual: Una aproximación indisciplinada*, Buenos Aires, Prometeo, 215-238.

Tally Jr, Robert (ed.), 2017, *The Routledge Handbook of Literature and Space*, Londres y Nueva York, Routledge.

___ 2018, *Topophrenia: Place, Narrative, and the Spatial Imagination*, Bloomington, Indiana University Press.

Tamm, Marek (ed.), 2015, *Afterlife of Events: Perspectives on Mnemohistory*, Basingstoke, Palgrave Macmillan.

Trigg, Dylan, 2016, "Atmospheres, inside and out", *Environment and Planning D: Society and Space*, 34-4, 763-773. URL: https://doi.org/10.1177/0263775816660660.

___ 2020, "The role of atmosphere in shared emotions", *Emotion, Space and Society*, 35, 1-7.

von Scheve, Christian, 2019, "Social collectives", en Jan Slaby y Christian von Scheve (eds.), *Affective Societies: Key Concepts*, Londres y Nueva York, Routledge, 267-278.

von Scheve, Christian y Sven Ismer, 2013, "Towards a theory of collective emotions", *Emotion Review* 5-4, 406-413. URL: https://doi.org/10.1177/1754073913484170.

von Scheve, Christian y Mikko Samela (eds.), 2014, "Collective emotions: An introduction", *Collective Emotions: Perspectives from Psychology, Philosophy, and Sociology*, Oxford, Oxford University Press, xiii-xxiv.

von Scheve, Christian y Jan Slaby, 2019, "Emotion, emotion concept", en Jan Slaby y Christian von Scheve (eds.), *Affective Societies: Key Concepts*, Londres y Nueva York, Routledge, 42-51.

Wagner, Anne, Sarah Marusek y Wei Yu, 2020, "Sarcasm, the smiling poop, and e-discourse aggressiveness: Getting far too emotional with emojis", *Social Semiotics* 30-3, 305-311. URL: https://doi.org/10.1080/10350330.2020.1731151.

Warburg, Aby, 2010, *Atlas Mnemosyne*, Madrid, Akal.

Warf, Barney y Santa Arias, 2009, *The Spatial Turn: Interdisciplinary Perspectives*, Londres y Nueva York, Routledge.

Westphal, Bertrand, 2011, *Geocriticism: Real and Fictional Spaces,* trad. de Robert Tally Jr., Nueva York, Palgrave Macmillan.

___ 2013, *The Plausible World: A Geocritical Approach to Space, Place and Maps,* trad. de Amy Wells, Nueva York, Palgrave Macmillan.

___ 2016, *La Cage des méridiens. La littérature et l'art contemporain face à la globalisation*, París, Éditions de Minuit.

Atmósfera, *milieu*, "*afectivo*": ecologías de afectos en la teoría y en la narrativa argentina contemporánea

Patrick Eser

Universidad de Buenos Aires
Universidad de Kassel

1. Teorías espacio-afectivas y la ficción poética

La crítica literaria Josefina Ludmer propuso en 2004 la figura espacial de la "isla" como modelo para pensar la (no-)convivencia social en espacios urbanos contemporáneos (Ludmer, 2004). Ella observaba 'la isla' en su productividad tanto en el mundo social contemporáneo como en las producciones estéticas. Su reflexión sobre "La Ciudad. En la isla urbana" (2010: 127-148) incorpora tanto observaciones sobre el mundo histórico-social contemporáneo como sobre las imaginaciones artísticas. Cita tanto a urbanistas y sociólogos como David Harvey, Mike Davis, Saskia Sassen o Paolo Virno como películas y textos literarios contemporáneos de diferentes países latinoamericanos. Su interés por el "afuera y adentro de ciertos territorios" se condensa en la figura de la isla que permite pensar las separaciones actuales: "Las ciudades brutalmente divididas del presente tienen en su interior áreas, edificios, habitaciones y otros espacios que funcionan como islas, con límites precisos" (130). La isla representa además un mundo particular y autónomo, "con sus propias reglas, leyes y sujetos específicos" (131). Ludmer remite a una figura espacial, clásica en las imaginaciones y representaciones de la vida social, que imagina una consecuente separación territorial del mundo exterior, que impide el contacto social y cultural con el mundo de afuera. Por estas características, la isla resulta popular para realizar experimentos en la imaginación de lo social. El caso clásico es *Utopía* (1516) de Tomás Moro, obra en la que el autor imagina la nueva y alternativa visión de una sociedad armónica y justa, ubicada en una isla. La isla puede ser también el lugar de la imaginación del horror, de la decadencia y regresión civilizatorias, como en el cuento *In der Strafkolonie* [*En la colonia penitenciaria*] de Franz Kafka. La propuesta de Ludmer de imaginarse los "territorios del presente" mediante la figura de la isla urbana se podría ejemplificar con más obras que las que cita ella para fundamentar su tesis. En recientes imaginaciones estéticas del mundo de la marginalidad podemos observar esta figura, por ejemplo en la novela *La virgen cabeza* (2009) de Gabriela Cabezón Cámara o en la poesía y la cinematografía de César González. Mientras la primera crea una visión bizarra y utópica de una *villa miseria* que se convierte, a base de la producción autosuficiente y de una festiva cultura popular, en un lugar atractivo, dinámico e incluso modélico para "el resto de la ciudad", el segundo autor aborda la *villa miseria* desde la dura y cruda perspectiva de jóvenes y adolescentes que crecen ahí, que descubren y se apropian de este hábitat como "su lugar", con todas las contradicciones y problemas que ello implica. En ambas obras la exploración estética de estos ámbitos estigmatizados condensa imaginariamente islas en las que la plasmación de la vida social se entremezcla con las vivencias subjetivas y las disposiciones afectivas de los personajes. Es decir, estas islas (sub) urbanas de las ficciones resultan ser tanto espacios sociales como afectivos.

En el presente ensayo queremos revisar ciertas conceptualizaciones que abordan el nexo entre lo espacial y lo afectivo y que ofrecen modelos explicativos de las relaciones entre lo social y lo estético, entre registros antropológico-sociales y estéticos. En un primer paso discutiremos tres conceptos teóricos claves que abren un campo conceptual en el que la vida social de los afectos y la vida afectiva de lo social constituyen el objeto de estudio: *milieu*, atmósfera y afectivo. Estos conceptos serán explorados en el marco de los debates situados en las Humanidades centroeuropeas, básicamente en Francia y Alemania. Partimos de la hipótesis de que la reconstrucción de estos debates particulares puede cooperar en la construcción de una perspectiva analítica destinada al abordaje de las dinámicas socio-culturales vinculadas con el tema del "espacio y de los afectos". Los tres *travelling concepts*[1] a reconstruir –*milieu*, atmósfera y afectivo– están teóricamente situados en la zona temática fronteriza entre planteamientos espaciales y el estudio de los afectos y de las emociones. Los primeros dos términos tienen una larga y vasta historia

1 La "traducción" de estos conceptos y debates provenientes de otro contexto y su aplicación al estudio de las realidades y culturas latinoamericanas deberá hacerse con mucho cuidado, como siempre que se busca cruzar fronteras nacionales, culturales y entre distintas disciplinas.

conceptual que no podemos reconstruir en este contexto; elegiremos, por tanto, algunos usos conceptuales que nos parecen instructivos para desplegar el argumento en el marco de los estudios literarios y culturales. Para fundamentar el tercer término, el afectivo, recurriremos a debates recientes que lo sitúan como puente conceptual entre los estudios sociales y culturales y el enfoque temático de los afectos.

En primer lugar, revisaremos el concepto del *milieu* tal como Erich Auerbach lo presenta en su obra magistral *Mimesis. La representación de la realidad en la literatura occidental* (1). Partiendo de ahí queremos abordar un concepto vecino de *milieu*: el de atmósfera, que reconstruiremos en su acuñación dentro de la filosofía fenomenológica (2). Con el término del *afectivo* condensamos y sintetizamos las reflexiones y reconstrucciones conceptuales (3) que, en una ulterior etapa, queremos aplicar al análisis de una novela contemporánea en la que el abordaje del espacio y de las emociones es de gran importancia: *El aire* (1992) del escritor argentino Sergio Chejfec (II).

1.1.'Milieu' en *Mímesis*

El concepto del *milieu* tiene escasa presencia en los estudios literarios. No es un término clásico, convencional o profundamente conceptualizado en la teoría literaria. A pesar del hecho de que pocas veces fue tratado con rigor terminológico, el término sí solía y suele ser usado esporádicamente en los estudios críticos. La obra magistral *Mimesis: Dargestellte Wirklichkeit in der abendländischen Literatur* (1946) [*Mímesis. La representación de la realidad en la literatura occidental;* trad. al castellano de 1950], del filólogo y romanista Erich Auerbach, constituye en cierta manera una excepción. En un capítulo de este libro, Auerbach usa la palabra francesa, el extranjerismo *milieu*, para interpretar una escena de la novela *Le Père Goriot* de Balzac. Auerbach se centra en un pasaje que describe la figura de Mme Vauquer en la pensión e interpreta al personaje en función del entorno material-espacial en que vive y se mueve. La descripción del interior de la pensión y de su dueña se superponen. El texto constata una

> armonía entre su persona, por un lado, y la habitación en la que se encuentra, la pensión que dirige, la vida que lleva, por otro; en una palabra, la armonía entre su persona y lo que nosotros (y también Balzac a veces) llamaríamos su *milieu* (ambiente). (Auerbach, 1996: 442)

En la traducción castellana del texto llama la atención que *milieu* está acompañado por la versión traducida entre paréntesis, 'ambiente'.

En otro pasaje, Auerbach describe el lugar donde Mme. Vauquer vive y trabaja como su *Lebensraum* (en la versión alemana), el así traducido 'espacio vital', término que explica del siguiente modo:

> todo espacio vital se le figura [a Balzac] como un *ambiente sensible y moral* que impregna el paisaje, la habitación, los muebles, enseres, vestidos, figuras, caracteres, maneras, ideas, acciones y destinos de los hombres, por lo cual la situación histórica general de la época aparece como una *atmósfera total* que empapa todos los espacios vitales particulares. (Auerbach, 1996: 445; las cursivas son mías)

Podemos observar en estas citas un uso cuasi sinonímico de los significantes *milieu*, *ambiente* y *atmósfera*, términos muy cercanos y situados en el mismo campo semántico. Mientras en la primera cita se introducen *milieu* y su traducción "ambiente", es en la segunda cita que el texto castellano menciona un "ambiente sensible y moral", donde la versión original habla de una „*sittlich-sinnlichen Atmosphäre*". *Atmosphäre* en alemán se convierte en la traducción en 'ambiente', lo que sugiere la conclusión –abstrayendo de las significaciones particulares en los diferentes idiomas– que los tres términos parecen sinónimos.

Auerbach pone el foco de su atención en los procedimientos literarios de Balzac que construyen visiones del *milieu*. El novelista francés no solo recurre al teorema del *milieu* –que en el positivismo del siglo XIX fue usado para describir y analizar las fuerzas ambientales y sus efectos en los seres vivos en determinados entornos– en el famoso prólogo a la *Comédie humaine*, sino que lo utiliza también en sus textos literarios para plasmar los ambientes del mundo narrado. Auerbach ve en la técnica narrativa de Balzac un "realismo ambiental", que trasmite la visión de una unidad orgánica y diabólica: "Balzac ha sentido en toda su obra [...] *los ambientes más diversos*, como *unidad orgánica y hasta demoníaca*, y ha tratado de transmitir esta impresión al lector" (Auerbach, 1996: 445).[2] La designación del programa estético del autor reza en la versión castellana como "realismo *ambiental* de Balzac" (Auerbach, 1996: 445), mientras que la versión alemana del texto habla de „Balzacs *atmosphärische* Realistik" (Auerbach, 2001: 441), o sea de "un realismo atmosférico". Nuevamente se puede observar cierta confusión de los términos originales y de los derivados del latín y el griego clásicos. Mientras que en la

2 Donde el texto alemán indica *milieus* (Auerbach, 2001: 440), la versión castellana propone "ambientes" (Auerbach, 1996: 445).

versión alemana el realismo balzaciano es clasificado como *atmosférico*, en la versión castellana se opta por "lo ambiental".[3]

A este *realismo ambiental* de Balzac, en que el personaje y su entorno son presentados como una unidad orgánica, Auerbach contrasta otra concepción del entorno que encuentra en Stendhal, quien acopla a sus personajes de manera muy laxa con su medio. Éste funciona ahí nada más que como un marco espacial-exterior, o como dice Auerbach:

> el hombre parece casi haber sido arrojado casualmente en el ambiente en que vive: éste representa una resistencia, con la cual puede componérselas mejor o peor, pero no un suelo nutricio propiamente dicho, con el que se halle orgánicamente ligado. (Auerbach, 1996: 437)

Esta segunda noción de *milieu* –o como dice la traducción, de "ambiente"– no ejerce influencias o fuerzas sobre los personajes. No existe ahí un vínculo orgánico entre espacio y personaje, y este último no parece nada más que un átomo, desvinculado de los contextos históricos, de los ambientes sociales, de los *milieux*. En Stendhal el *ambiente/milieu* no es más que el escenario y lugar de la acción; el espacio literario se reduce a la función de trasfondo de los hechos narrados. En contraste con este modelo de *milieu*, la idea del *milieu orgánico* en Balzac estructura las descripciones de los personajes y de su ambiente, espacio vital y hábitat. La *ecología de la acción literaria* está ahí conformada por la *unidad del milieu*, que implica un nexo importante entre espacio y acción:

> El tema de la unidad del ambiente se ha apoderado de él [Balzac] con tanta fuerza que los objetos y personas que lo constituyen cobran para él, con frecuencia, una especie de segunda significación, diferente de lo racionalmente concebible, pero mucho más esencial: significación que podría definirse de la mejor manera con el calificativo de "demoníaca". (Auerbach, 1996: 443)

En tal unidad demoníaco-orgánica los objetos de la vida cotidiana adquieren una "segunda significación" conformada por fantasías, especulaciones, imágenes y sensaciones. Para concebir esta unidad mágica, esta estrecha relación y conexión entre los personajes y el entorno, Auerbach usa el concepto de *atmósfera*. Esta idea del *milieu como atmósfera* se refiere a un *medio* que impregna todas las acciones y expresiones del

---

3 Leo Spitzer publicó en 1942 su extenso ensayo "*Milieu* and *ambiance:* an essay in historical semantics", donde aborda el campo semántico de *milieu* y *ambiente* desde la perspectiva de la semántica histórica. En un anexo propio, Spitzer revisa las traducciones europeas del concepto *milieu,* acuñado por Hyppolite Taine (Spitzer, 1942: 201-217).

ser humano en un determinado ambiente –o, como Auerbach señalaba en el pasaje ya citado: la "atmósfera total que empapa todos los espacios vitales particulares" (Auerbach, 1996: 445)–. A este nivel, "lo atmosférico" significa dos cosas: por un lado, la unidad de los elementos heterogéneos que conforman un *milieu*; y por otro lado, remite a las distintas fuerzas fantasmales que penetran todo, que dejan efectos, sin necesariamente aparecer ni manifestar marcas visuales; prácticamente de forma invisible (Balke y Engelmeier, 2016: 65). En el marco de la reconstrucción histórico-filológica de la representación de la realidad en la literatura occidental, Auerbach muestra que, según las características del texto literario, el *milieu* puede tener dos significaciones distintas: o se reduce a la idea de escenario y lugar de acción (el caso de Stendal),[4] o, por el contrario, vehiculiza la idea de que el escenario y el entorno de la acción ejercen una fuerte influencia en el ecosistema del mundo diegético (el caso de Balzac): se trata en este segundo caso de un vínculo intrínseco e intenso entre el espacio de la historia narrada, la acción de los personajes, sus estados anímicos y sus imaginaciones, afectos y fantasías.

1.2. Atmósfera

Esta última concepción del *milieu/ambiente* implica la idea de un espacio *orgánico-demoníaco* que abarca fuerzas en este campo que hacen notar sus efectos también a nivel de lo afectivo y corporal. Para profundizar esta acepción del *milieu* conviene examinar la categoría de "atmósfera", que tanto el texto de Auerbach como la versión española introdujeron para cualificar y describir una faceta del *milieu*. Atmósfera es un término que proviene del campo epistémico de la meteorología, donde designa la capa de aire y gases que rodean la tierra y otros cuerpos celestes. Es

---

4 Este uso del término se registra también en la *Theory of Literature* (1949) de Austin Warren y René Wellek. Allí, los autores introducen el concepto del *setting* –que en la versión alemana del libro será traducido como "*milieu*" y en la versión castellana como "medio ambiente"– de este modo: "Setting is environment; and environments, especially domestic interiors, may be viewed as metonymic, or metaphoric, expressions of character" (Wellek y Warren, 1949: 229). "*Setting*" es el "escenario de la narración", es decir el lugar y el entorno espacial donde se realiza la acción. Además, conlleva una dimensión simbólico-expresiva que remite a las asociaciones y la atmósfera que el escenario evoca. Wellek y Warren citan en varias oportunidades a Auerbach, pero en cuanto a la reformulación del término de *milieu* realizada por este autor no explicitan sus respectivos préstamos ni proponen diferenciar más el concepto (Eser, 2019: 74 y ss.).

producto de constelaciones de fuerzas, intensidades y flujos que, al mismo tiempo, también producen efectos y fuerzas sobre los objetos y seres vivos que están en su ámbito. Desde el siglo XVIII, el término fue aplicado como metáfora en conceptualizaciones antropológicas del ser humano, de su situación individual y colectiva. El significado de atmósfera remite a la semántica de lo sensible, de lo afectivo y de las sensaciones que el entorno trasmite a los seres vivos que están en un espacio. Describiendo las cualidades e intensidades sensoriales-afectivas, las sensaciones corporales y las distintas fuerzas y efectos invisibles que emergen del entorno espacial, el término rehúye nítidas y claras significaciones y se define por su opacidad. Varias corrientes del pensamiento fenomenológico, situadas entre la filosofía fenomenológica, la teoría de la arquitectura, la psicología (ambiental), la sociología de las emociones y la estética, pusieron el foco de su interés en estas fuerzas emocionales-afectivas de los espacios y en la vivencia subjetiva de las fuerzas ambientales a nivel corporal, psíquico y también social. En el abordaje de la relación recíproca entre un sujeto y su entorno se investigaba el componente reflexivo y la distancia que el sujeto logra tomar para describir las características de la atmósfera. En la primera mitad del siglo XX, la vivencia subjetiva del espacio se convirtió en un tema central de la filosofía y la estética; basta mencionar las obras de Edmund Husserl, Martin Heidegger, Ludwig Binswanger, Kurt Lewin, Maurice Merleau-Ponty y Gaston Bachelard. La relación recíproca entre un sujeto y su entorno implica siempre un *componente reflexivo,* o sea que el sujeto logre tomar una distancia para describir las características de la atmósfera.

Desde una perspectiva fenomenológica, el filósofo alemán Gernot Böhme pone el concepto de atmósfera en el centro de su ambición de fundamentar una "nueva estética" (Böhme, 1995 [2013]). El punto de partida de Böhme es la importancia del punto de vista del sujeto en la vivencia corporal de los espacios. Siguiendo la tradición fenomenológica, Böhme hace foco en el cuerpo, sus vivencias y percepciones. Por otro lado, este autor propone una "nueva estética" que se basa en el concepto de atmósfera, que define como la "relación entre las cualidades del entorno y del estado de ánimo del ser humano" (Böhme, 2013: 22). Como el entorno espacial y sus cualidades son de extraordinaria importancia para la existencia humana, el término "atmósfera" debería ser desarrollado como concepto filosófico para fundamentar una nueva estética. En su obra *Atmósfera. Ensayos sobre la nueva estética*, Böhme describe así los efectos de esta:

> En la percepción de la atmósfera yo siento en qué tipo de entorno me encuentro. Esta percepción tiene dos caras: por un lado, el entorno [*Umgebung*], que emite una

> cualidad de humor [*Stimmungsqualität*]; por otro lado, el yo por el cual comparto en mi sensación este humor y a través del que me doy cuenta de que estoy ahora en este lugar (...) A la inversa, las atmósferas son las maneras por las que las cosas y los entornos se presentan. (Böhme, 2013: 96; la traducción es mía)

En esta perspectiva, la atmósfera describe el *espacio afectivo* en que el sujeto está situado. El término alemán *Stimmung,* que le sirve a Böhme en su definición de atmósfera, es un derivado de la palabra alemana *Stimme* ['voz'], por cierto difícil de traducir:[5] *Stimmung* constituye una entrada en el *Diccionario de los intraducibles* que en la versión original francesa se 'traduce' con los términos "*accord, ambiance, atmosphère, humeur, disposition, tonalité affective*" (David, 2004). *Stimmung* designa el estado emocional y los afectos del sujeto que está pensado bajo el aspecto de su relación con el entorno. Traducimos la *Stimmungsqualität* que menciona el texto de Böhme, por cuestiones pragmáticas, como "cualidad de humor"; otras posibles versiones para acentuar distintos matices podrían haber sido "atmósfera", "ambiente", "tonalidad afectiva".

El término *Stimmung* es importante en la historia del abordaje de las emociones en Alemania. Es utilizado como concepto vecino o bien para parafrasear el de "atmósfera". La asociación de atmósfera con el significado de 'espacio sonado' ("*gestimmter Raum*") tiene de trasfondo la filosofía de Martin Heidegger, en la que la reflexión en torno de la *Stimmung* es central. Como Heidegger formuló en *Sein und Zeit*, el "estar-en-el-mundo" del sujeto siempre implica ciertos estados anímicos que oscilan y que influyen en su percepción del mundo. Los humores y estados anímicos (*Stimmung*) son los "estados basales de nuestro estar-en-el-mundo" según Heidegger (Fuchs, 2013: 17)[6] o, como señala su alumno Friedrich Otto Bollnow, los "humores" ("*Stimmungen*") son las tonalidades de la existencia humana (Wellbery, 2003: 727). Bajo la influencia de tal filosofía existencial del humor, el psicoanalista suizo Ludwig Binswanger desarrolló el término "espacio tonado" (*gestimmter Raum*), que da cuenta de la espacialidad de

---

5 Véase la entrada „*Stimmung*" de David E. Wellbery (2003) en la obra enciclopédica Ästhetische Grundbegriffe. En el artículo arriba mencionado, Spitzer (1942: 202 ss.) comenta la semántica de este término, así como las variedades de su traducción.

6 Véase también el primer capítulo del libro *Stimmungen lesen. Über eine verdeckte Wirklichkeit* (2011) de Hans Ulrich Gumbrecht que, interesantemente, ha sido traducido al castellano con el título *Stimmungen. Estados de ánimo. Sobre una ontología de la literatura* (2012), y al portugués con el título *Atmosfera, Ambiência, Stimmung. Sobre Um Potencial Oculto da Literatura* (2014).

la vida psíquica y la expresividad emocional de las figuras espaciales.[7] Las dinámicas psíquicas, la percepción, la imaginación y la vivencia subjetiva están situadas en estas perspectivas dentro de las relaciones con el mundo, pero sin proponer una distinción clara entre lo mental/interior/psíquico y el mundo exterior.

A pesar de sus diferencias particulares, ambos términos, "espacio tonado" y "atmósfera" apuntan al espacio concreto, por el que el ser humano se mueve como algo más que el espacio físico y material. Se alude también a un espacio afectivo que está lleno de presentimientos, flujos y energías, de fuerzas [también físicas-sensoriales], de humores, de diferentes cualidades afectivas. Las relaciones que los cuerpos mantienen con su entorno pueden ser conscientes o inconscientes, pueden quedarse bajo o afuera del registro explícito y del control del sujeto y ejercer sus efectos independientemente de la consciencia. En este sentido, los "espacios afectivos", los "espacios tonados" y las "atmósferas" describen "cualidades afectivas holísticas de los entornos espaciales o las situaciones interpersonales" (Fuchs, 2013: 17). Consisten en realidades culturales o materiales (por ejemplo, las "atmósferas urbanas" propias de la civilización urbana) que emergen en el marco de las interacciones y dinámicas sociales y pueden tener vínculos estrechos con hechos y procesos físico-naturales (como las circunstancias del clima, el paisaje, el atardecer, una tormenta, el sol de otoño, etc.).

La concepción filosófico-estética de Böhme enfatiza la relación entre las cualidades del entorno ***Y*** los estados del ser humano, mientras que los vínculos que designa esta "***Y***" representan las atmósferas (Böhme, 2013: 22). La atmósfera está situada, por lo tanto, entre el sujeto y el objeto. Por el lado del objeto, condensa las constelaciones materiales y culturales (y en la recepción estética, los textos literarios, las obras del arte, los filmes, etc.) que constituyen situaciones con efectos en el sujeto. No representa las cualidades de ciertos objetos individuales sino las del conjunto y de la constelación entre los diferentes objetos y seres humanos.[8] Al mismo tiempo, la atmósfera depende de la presencia corporal

---

7 El término *gestimmter Raum* fue abordado con más detalle en las filosofías fenomenológicas del espacio por Elisabeth Ströker y Otto Friedrich Bollnow, en tanto que en los estudios literarios lo trató Gerhard Hoffmann (1978), mucho antes del así llamado "giro espacial" y cuando el término 'espacio' estaba todavía estigmatizado en las Humanidades y las Ciencias Sociales en Alemania por su uso ideológico durante el nazismo.

8 Los efectos y las fuerzas del mundo de los objetos que conforman el entorno de los sujetos es descrito, en otro marco epistemológico, por el concepto de las "afordancias"

de los seres humanos que advierten y perciben las fuerzas ambientales, que se materializan en sensaciones, impresiones, percepciones y afectos de los cuerpos (Böhme, 2013: 33). Como puede observarse, resulta clave para este modelo la presencia corporal del sujeto.

La creación de cualidades atmosféricas del entorno material, cultural y simbólico puede ser el objetivo de intervenciones estéticas, por lo cual las atmósferas pueden tener un valor de escenificación conscientemente producido por las prácticas artísticas. El arte es concebido desde esta perspectiva como dispositivo para la "producción de atmósferas". Algunas obras visuales provocan efectos en el espectador, crean una dramaturgia de la atmósfera. En este sentido, la *atmósfera* está estrechamente vinculada con el concepto de *aura* de Walter Benjamin.[9] El efecto de una obra de arte es analizado por Böhme como su poder de producir atmósferas y el "aura" que uno respira en su recepción. La "realidad de las imágenes" remite a fuerzas que provocan una afectación en el espectador. Böhme considera que en el sujeto perceptor reside asimismo la capacidad de establecer distancias con las atmósferas, de "romper con las fuerzas de sugerencia de las atmósferas y permitir un trato más libre y lúdico con ellas" (Böhme, 2013: 47). Las atmósferas son interfaces sensoriales y perceptibles en las que el ser humano vive, sufre y experimenta las cualidades emotivas-espaciales de su entorno. Las atmósferas envuelven los espacios y los convierten en lugares particulares. Crean situaciones en las que se sitúa la acción humana. Por el otro lado, los seres humanos se mueven en entornos y vivencian las fuerzas de inmersión que emanan de las atmósferas. Estas son cualidades afectivas-emocionales que caracterizan los espacios, los entornos, y que provocan percepciones de estos espacios y de sus características materiales y culturales: objetos, obras artísticas, artefactos culturales, diseños biopolíticos, materialidades de la infraestructura, etc.

A grandes rasgos, la perspectiva fenomenológica de la atmósfera hace foco en el involucramiento corporal del ser humano en entornos espaciales, que se manifiesta en efectos en la vida subjetiva, en afectos, sensaciones, percepciones e imaginaciones. El poder de las atmósferas se hace sentir a través de un procedimiento que Peter Sloterdijk denomina "modo

---

[*affordance*s] de James Gibson. Estas son las 'ofertas' del entorno objetivo, aspectos de su materialidad que sugieren o hacen posibles ciertas acciones y actitudes del ser humano.

9 La vivencia subjetiva y la recepción corporal de las obras de arte tal como se reflejan en el concepto de "aura" de Walter Benjamin resultan muy cercanas a la descripción de la recepción estética vinculada con la atmósfera (Böhme, 2013: 25-28).

de la ciega inmersión" (cit. en Hasse, 2015: 205). Al poder immersivo de las atmósferas no hay que considerarlo como la colonización de un sujeto meramente pasivo, puesto que éste tiene, de diferentes maneras, la posibilidad de negar los "*mundos patéticos*" y los "*milieus sugestivos*" (Hasse, 2015: 213) que las atmósferas crean. Al mismo tiempo, los seres humanos no solo "padecen" las atmósferas cuando son hechizados por las luces de un edificio o el interior de una iglesia (Hasse crea el neologismo "*patheur*" a partir del concepto de "*pathos*" griego, traducido como 'dolor', 'sufrimiento', 'pasión'), sino que también son sus productores (hasta el punto que se puede hablar de toda una cohorte de profesionales que se dedica a la creación de atmósferas) (2015: 43-48).

Varias voces críticas reprochan a los enfoques del *milieu* y de la *atmósfera* que se basen en una visión pasiva del sujeto y que den demasiada importancia a las fuerzas externas que condicionan, limitan o influencian sustancialmente al ser humano. La supuesta afirmación de la prioridad de las fuerzas ambientales y externas implicaría, según estas críticas, una influencia mecánica o determinista en el interior del sujeto, en sus percepciones, humores y acciones, en su estar-en-el-mundo. El cuerpo y el sujeto se reducirían a meras cajas de resonancia, y la vivencia subjetiva y los estados anímicos del ser humano se interpretarían como simples reflejos causados por fuerzas exteriores. Sin entrar en este debate o formular una posición ante estas cuestiones sustanciales, hay que constatar que la dicotomía entre posibilismo y determinismo resulta siempre inherente a las conceptualizaciones del espacio, que abordan la relación recíproca entre sujeto y objeto, entre el ser humano y su entorno. Más allá de estas importantes cuestiones, nos parece en este contexto más productivo averiguar cómo estas perspectivas teóricas vinculadas con el *milieu* y la atmósfera permiten construir abordajes de la situación del ser humano –a nivel existencial-subjetivo como también en su involucramiento en constelaciones sociales, culturales, colectivas, mediáticas– y pueden informar y dar profundidad a los análisis culturales. Antes de proponer un breve ejemplo de aplicación de estas perspectivas en el análisis literario, sintetizaremos las propuestas que convergen en un tercer concepto teórico: "el afectivo".

1.3. El *afectivo*

El concepto del *afectivo* es un neologismo acuñado en el contexto de los estudios de los afectos (Seyfert, 2011, 2014). Su foco está puesto en las dinámicas afectivas que trascurren en los entornos sociales. Estas son conceptualizadas como campos de fuerza según la teoría de los afectos que formularon Gilles Deleuze y Félix Guattari, partiendo de la tradición filosófica del pensamiento de Spinoza, Nietzsche y Bergson. Los afectos implican en esta perspectiva fuerzas de atracción y repulsión, dinámicas corporales que tienen efecto en la constitución de los sujetos. Los afectos son fenómenos que emergen en la interacción y el contacto entre cuerpos en determinados espacios, lo que puede incluir también constelaciones entre cuerpos humanos y no-humanos, entidades materiales de distinto tipo. A partir de la dinámica de las interacciones afectivas entre los distintos cuerpos en contextos sociales, el "afectivo" describe el conjunto de los cuerpos que están involucrados en la emergencia de un afecto: "Llamamos *afectivo* al contexto y al milieu, que constituye el conjunto de todos los cuerpos implicados y del que emerge un afecto" (Seyfert, 2011: 93). Este enfoque presta máxima atención a los cuerpos presentes en determinados contextos y a los efectos que surgen de la interacción recíproca entre cuerpo(s) y entorno(s). Los "efectos" (Seyfert, 2011: 89) y las potencialidades de los cuerpos son analizados en las maneras en las que los cuerpos perciben su entorno y en los afectos que este produce en ellos. Los efectos y afectos dependen de la capacidad de percibir los entornos y de actuar en ellos, del poder de dejar que los elementos del entorno tengan efectos en los sujetos y de producir al mismo tiempo afectos en estos.[10]

La idea central se basa, entonces, en las *formas de interacción* entre los cuerpos. Las afectaciones y los afectos surgen de la interacción recíproca, cuya energía no nace de las intenciones individuales o de las fuerzas colectivas u objetivas (de 'las cosas' del entorno) sino que emerge y se constituye en la interacción misma, como Seyfert enfatiza recurriendo a las recientes teorizaciones de los afectos surgidas en la tradición de Spinoza, como es el caso de *The Transmission of Affect,* de Theresa Brennan (Seyfert, 2011: 76). Más allá de un enfoque exclusivamente centrado en las emociones humanas, que se interesa por los objetos en su función de 'objetos transicionales' (como lo hizo el psicoanalista Donald W. Winnicott) y de depósito de las energías emocionales proyectadas por los seres

10 Esta concepción de la relación del cuerpo con su entorno remite al proyecto de la biología teórica y a la "*Umweltlehre*" (la disciplina del "entorno") del biólogo y filósofo Jakob von Uexküll (1864-1944), cuya obra tuvo mucha influencia en la filosofía fenomenológica y hermenéutica y, más tarde, en el pensamiento de Deleuze y Guattari. El entorno del ser vivo emerge, según esta teoría, de sus capacidades de percibir ("*Merkwelt*") y de actuar ("*Wirkwelt*") en este entorno. De acuerdo con sus capacidades y funciones, cada ser vivo crea su propios "mundos" o entornos.

humanos, la perspectiva de la *transmisión afectiva* enfatiza que los afectos emergen en la interacción entre objetos y seres vivos en determinados contextos. La fuerza de los objetos emerge justamente en este contacto y estos no tienen un efecto, una fuerza, un significado ya dado de por sí, sino que este depende de la *interacción no-linear de la afectización y del ser-afectado* (Seyfert, 2011: 76).

Estas interacciones no se reducen a las interacciones humanas, las realidades mentales, las emociones sociales, ni a la dimensión simbólica y lingüística de la comunicación humana, sino que incorporan también el mundo objetivo, sus fuerzas y las afecciones materiales-físicas y pre-simbólicas (Seyfert, 2014: 799 ss.), o sea, todos los fenómenos intermedios que emergen en el encuentro de los cuerpos de diferente tipo (material/no-material, seres vivos humanos/no-humanos). En este sentido, el neologismo *afectivo* es heredero del concepto en que se inspira su nueva creación: el "dispositivo" de Michel Foucault (*dispositif* en francés). Como este, el "afectivo" abarca un conjunto heterogéneo de fuerzas, discursos, instituciones, instalaciones arquitectónicas, decisiones reglamentarias, leyes, medidas administrativas, teorías científicas, disciplinas filosóficas, cuestiones morales (Foucault cit. en Seyfert, 2011: 79). Las relaciones implicadas por el afectivo son, como en la teoría del poder de Foucault, de índole *distributivo* y no vinculadas a personas, colectivos, etc.. Este conjunto heterogéneo constituye interacciones de fuerzas no reducidas a la comunicación simbólico-lingüística, y transmisiones afectivas y discursivas que contienen lo dicho y lo no-dicho. Al mismo tiempo, los afectivos están situados en contextos históricos y culturales que predisponen las fuerzas y las capacidades de afección/de poder-ser-afectados de los cuerpos. El *afectivo* corresponde en este sentido al "bloque de perceptos y de afectos" que Deleuze y Guattari acuñaron en ¿Qué es la filosofía? (1993) al abordar los efectos que una obra de arte produce en la situación de su recepción.[11] El *afectivo* recurre a esta lógica afecto-productiva pero toma distancia del "significante" del concepto ('bloque') por sus connotaciones estáticas, para expresar mejor su propio significado dinámico y de proceso (Seyfert, 2011: 79).

---

11 Deleuze y Guattari se interesan por la sensación y el goce en el momento de la recepción de la obra del arte, el momento "cuando la materia se vuelve expresiva" (Deleuze y Guattari, 1993: 167). El arte es la actividad de crear sensaciones, bloques de sensación que consisten de perceptos y afectos. El "bloque de sensación" que la obra de arte produce no se refiere a la sensación del espectador o del artista sino al encuentro, al acontecimiento que establece un nuevo orden de sensibilidad, que produce nuevas percepciones (*percepts*) o nuevos afectos (*affects*).

La teoría del afectivo pone de relieve lo procesual y relacional de las interacciones. Acentúa la relativa autonomía de los cuerpos, sus capacidades y energías, sin negar las fuerzas reales del *milieu* o de la *atmósfera*. El carácter estructurado del *afectivo* se muestra en las fuerzas que surgen del contexto político-cultural y de las formaciones históricas consolidadas, que se manifiestan en las estructuras de los *milieux* y las situaciones. La perspectiva contextualizada de tal ecología de los afectos guarda relación con lo que una corriente en los estudios sociales y culturales de las emociones llama "afectividades situadas" (Slaby, 2019). Estas abarcan las sensaciones, los humores, las atmósferas que se producen en el contexto de la interacción entre los cuerpos situados. Son las "signaturas afectivas del enredo con el mundo" (Slaby, 2019: 334), siempre situadas en contextos concretos. Los vínculos con el mundo, enfocados en su valor emocional-afectivo, implican poner la mirada en las relaciones afectivas, las vivencias corporales y las conceptualizaciones cognitivas del mundo. Estos fenómenos estudia el sociólogo Hartmut Rosa en su obra *Resonancia. Una sociología sobre la relación con el mundo* (2016). Las "resonancias" son los vínculos del ser humano con su *milieu* (concreto) y el mundo (abstracto), que abarcan ideologías, convicciones, sensaciones, afectos, pero también afiliaciones culturales, todos ellos ubicados en determinados espacios. Estas dimensiones estructuran las situaciones y contextos de la vida cotidiana y también la manera en la que el mundo se nos muestra a nosotros: en su acercamiento, en su comunicación simbólico-lingüística, en su indiferencia o en su hostilidad (Rosa, 2016: 641 ss.). El "mundo de la vida", material y simbólico-figurativo, interactúa con los seres vivos y estructura (en diferentes grados) la resonancia concreta que vibra *en ellos*, en sus cuerpos, sus acciones, en los tonos con los que experimentan y vivencian su entorno y su mundo. En las interacciones y transmisiones afectivas se manifiestan también las ofertas o "afordancias" (*affordancies*) de los objetos del entorno material, que pueden expresar valencias de atracción o de aversión, que sugieren o hacen posibles ciertas acciones.

La perspectiva del afectivo enfatiza lo recíproco y abierto de las interacciones y transmisiones, que a su vez producen múltiples formas de afectos en los distintos contextos sociales. El conjunto de efectos que las fuerzas del *milieu* y del contexto producen se concibe, así, como una realidad abierta, dinámica y no-determinada, un campo de fuerzas en el que se manifiestan las relaciones dinámicas entre las intensidades, fuerzas y poderes de los cuerpos. Las *afectividades situadas*, que se establecen en estos campos, serían las "atmósferas" en la terminología de Böhme. La diferencia que propone la perspectiva de la 'ecología de los afectos' desarrollada por Seyfert –que es *una* partiendo de varios teoremas de los *affect studies*–, consiste en que *el afectivo* prioriza las interacciones y transmisiones recíprocas entre cuerpos, sus energías y sus afectos/efectos. El afecto que emerge en la contemplación de una obra de arte no es el resultado del *aura* o de la atmósfera que produce la obra, ni el resultado de la imaginación y proyección libidinal del espectador, sino el resultado del encuentro de varias fuerzas e imaginaciones. El carácter procesual y dinámico de las afectividades situadas obtiene en este marco prioridad analítica: la atmósfera no puede producir efectos deterministas, al mismo tiempo que el sujeto no se reduce a un rol pasivo, de mero receptor al modo de una caja de resonancia de fuerzas externas. En la perspectiva del *afectivo* se investiga la dinámica de la producción y distribución de afectos entre conjuntos heterogéneos, sean estos seres vivos humanos o no-humanos. Objetos y materialidades del entorno pueden aparecer ahí también como *agentes* que influencian en los campos de fuerza y las afectividades situadas, tal como lo hacen también el *milieu* y el *ambiente diabólico,* como Auerbach sintetizaba partiendo de los textos literarios de Balzac. Ese "ambiente diabólico" se manifiesta como fuerza atmosférica, sin visibilizar su causalidad, pero sí produciendo efectos. Las respectivas transmisiones implican encuentros concretos entre cuerpos, en un amplio sentido de la interacción y transmisión que abarca tanto realidades físico-materiales y fuerzas físico-corporales como entidades no-físicas, comunicaciones lingüísticas y simbólicas. Los efectos auráticos que el interior de una iglesia puede provocar, la atmósfera de un paisaje, la fiebre colectiva y frenética en una cancha de fútbol son ejemplos que ilustran resultados de encuentros entre diferentes cuerpos, fuerzas que pueden variar mucho de cuerpo a cuerpo.

La relación con el entorno es clave en esta teoría como lo es en las propuestas cercanas del *milieu* y la *atmósfera.* Los enfoques se complementan recíprocamente, cada uno instala miradas particulares. En la perspectiva de la estética de la *atmósfera*, las concepciones y figuras espaciales son abordadas en su fenomenología, en su vivencia subjetiva; el *milieu* en el sentido de Auerbach/Balzac tematiza los tonos y las fuerzas invisibles en las relaciones entre los personajes y su entorno material y atmosférico, identificando así diferentes dimensiones del espacio narrativo. El *afectivo* introduce otra dimensión, vinculada a los recientes estudios de los afectos en la tradición del Spinoza y Deleuze y las teorías del poder de Foucault, tomando en cuenta su distribución y su carácter relacional-dinámico. La relación subjetiva del ser humano con el entorno, las fuerzas de las atmósferas afectivas y las afectividades situadas constituyen el interés compartido de estas distintas perspectivas teóricas que analizan la estructura disposicional de nuestra relación con el mundo.

2. La ecología de los afectos plasmada en la narrativa: *El aire* (1992) de Sergio Chejfec

La novela *El aire* de Sergio Chejfec evoca el escenario apocalíptico de la decadencia tanto del lugar de la acción como del protagonista. La ciudad en la que transcurre la historia narrada –que apenas se evoca con rasgos concretos y definitorios pero que sin embargo remite con algunas pocas referencias a Buenos Aires– sucumbe a un proceso de deterioro. Esto se manifiesta tanto en el empeoramiento de la infraestructura material-física como, a nivel sociocultural, en la regresión civilizatoria de la población. Al mismo tiempo, el cuerpo del protagonista, Barroso –a quien su mujer Benavente había abandonado el día en que comienza la narración–, también se va desestabilizando y fragmentando paulatinamente en el transcurso de la novela. Ésta está integrada por siete capítulos que se centran en los siete días de la decadencia del lugar de la acción, la ciudad (de Buenos Aires), y del protagonista, Barroso, en un proceso que termina en la disolución de la ciudad y la muerte del personaje. El desmoronamiento del espacio urbano se manifiesta en el plano material (se descomponen las casas, las calles, los autos, deja de funcionar la infraestructura mecánico-tecnológica en la casa de Barroso), social (crece la pobreza en las calles, se construyen nuevas "casas" precarias, se reemplaza el dinero por vidrio) y de la vida cotidiana (por ejemplo, ocurre que en un partido de fútbol los jugadores no saben manejar la pelota ni el público sabe cuándo conviene aplaudir y alegrarse). Los espacios urbanos pierden cada vez más los rasgos civilizatorios, el campo y "la pampa" vuelven a ganar territorio e invaden la ciudad, en cuyo territorio crecen baldíos y descampados. El texto narra, así, la paulatina "disgregación de la ciudad" (Chejfec, 2008: 61).

Al protagonista Barroso le corresponde la función de ser el testigo del deterioro del mundo externo. Él observa los procesos ominosos que trascurren en su entorno, desde la perspectiva de la observación participante en las calles durante sus excursiones y también desde su departamento en un edificio alto, lo que le permite contemplar la vida en la ciudad. Los cambios en el espacio urbano están narrados desde el punto de vista del protagonista; éste está plasmado desde una perspectiva narrativa que combina la percepción del personaje del mundo exterior y el relato de la voz narrativa, que describe "desde afuera" el contexto en que se sitúa el protagonista como sujeto perceptivo. La percepción visual de Barroso es dominante, de modo tal que abundan las informaciones sobre su visión del mundo. La descripción de estas informaciones visuales está acompañada por la interpretación de los datos percibidos por el protagonista. El personaje aparece, por tanto, como observador pasivo de los procesos que ocurren en su alrededor y como personaje que percibe, sufre y piensa. Sus percepciones se funden con sus estados anímicos y su pensamiento rumiante en el discurso narrativo. Los diferentes focos de la compleja perspectiva narrativa comunican los modos de la vivencia de Barroso y los efectos que la percepción del entorno de la ciudad, de la vida social, de sus *milieux* causan en él. La relación entre el sujeto (sus vivencias, percepciones, emociones y pensamientos) y el entorno espacial es el foco central del relato. El espacio es en la narrativa de Chejfec un elemento clave, como se ha comentado varias veces en la bibliografía que la aborda (Alcívar Bellolio, 2016; Berg, 1998; Komi Kallinikos, 2007).[12]

Las sensaciones y los estados de ánimo del protagonista no están solo estrechamente vinculados con la exploración del espacio urbano. Los destinos de la decadencia de la ciudad y del protagonista parecen más bien estar interconectados; hay una supuesta *unidad demoníaca* que, a pesar de no ser abordada explícitamente, aparece como metáfora omnipresente en la novela. Las zonas que Barroso atraviesa constituyen lugares simbólicos, cargados de tonos de amenaza, de soledad, de decadencia: zonas de oscuridad, descampados, ruinas, por un lado, y signos de fragmentación social, de la degradación material del paisaje urbano, por el otro. La vida psíquica, las sensaciones y los afectos que le produce la vivencia del espacio parecen corresponder a la atmósfera de los lugares materiales concretos. El interior de Barroso se deja fácilmente afectar por las fuerzas de la atmósfera; los signos del mundo exterior entran casi sin mediación al interior del personaje, en donde repercuten produciendo afectos e imaginaciones. Es ahí donde surge la atmósfera plasmada por el discurso literario, en el espacio intermedio entre Barroso y el mundo exterior, lo que corresponde a la concepción de atmósfera de Böhme. Ese horizonte intermedio de la atmósfera plasmada en *El*

12 No solo en *El aire,* sino también en *Los planetas* (1999), *Boca de lobo* (2000) y otras novelas posteriores de Chejfec, la estructura espacial y los movimientos en el espacio urbano resultan componentes esenciales del relato. Figuras espaciales, las relaciones de proximidad y lejanía, la relación espacio-tiempo, la espacialidad del tiempo y la memoria son temas que vuelven en sus textos ficcionales y, también, en sus ensayos.

aire es evocado frecuentemente pero queda al mismo tiempo opaco. La contemplación de una ruina en uno de los descampados por parte de Barroso –lo que evoca una escena tópica para definir la melancolía– es un motivo recurrente en *El aire.* El afecto que surge en Barroso durante la observación de la ruina ejemplifica "cómo la repentina evocación del pasado puede convertirse en una inmensa selva expoliada e inserta a la fuerza en nuestro interior" (127).

La observación del desmoronamiento de los edificios produce en el personaje sensaciones de pesadez y una atmósfera teñida de abandono y de una soledad nostálgica. Escenas de contemplación se repiten en muchas situaciones del relato. Ellas captan la atmósfera y el vínculo "tonado" del protagonista con su *milieu,* expresando la vivencia subjetiva, la sensación afectiva y el humor existencial de Barroso. En otras situaciones, los datos sensoriales de su percepción le provocan una fuerte actividad mental y evocan recuerdos de su pasado con Benavente. Surgen entonces imágenes de la memoria con fuertes colores que evocan vivas impresiones del pasado y crean, de ese modo, una atmósfera de nostalgia y de duelo por la pérdida de un tiempo pasado más feliz. La mente de Barroso muestra rasgos de una actividad excesiva que, en la mayoría de los casos, lo aparta de la realidad externa de su entorno. La voz de una mujer desconocida en la calle evoca en él recuerdos nostálgicos con Benavente; la observación de una figura arquitectónica lo hace pensar en su vieja casa, en la que Benevante lo había visitado al inicio de la relación. Las impresiones sensoriales, en gran parte visuales, llevan al personaje a ahondar en pensamientos rumiantes. Barroso empieza a medir las distancias entre las casas, a calcular los ángulos entre diferentes objetos accesibles para su visión o a averiguar la distancia de una tormenta que observa en la lejanía. La actividad mental del protagonista es excesiva, y se pone en marcha por estímulos del mundo exterior. Estos lo interpelan y, aunque la dirección de estos impulsos exteriores no sería previsible, lo impulsan a estar activo. Barroso se muestra, en este sentido, muy susceptible a las fuerzas de su *milieu.*

Ante las trasformaciones de los hábitos sociales en su entorno, Barroso parece estar consternado. No entiende lo que pasa en los ámbitos que atraviesa durante sus excursiones. Esto se manifiesta de manera condensada cuando Barroso se confronta con las nuevas reglas del pago. Cuando hace compras en un supermercado, se entera de que el dinero había sido reemplazado por el vidrio. Sus intentos de adaptarse a las nuevas modalidades parecen torpes, la gente que lo rodea le comunica esto y hasta algunas personas se burlan de él. Son situaciones en las que se abre una gran distancia entre Barroso y el mundo en que vive, en las que Barroso parece un ser ajeno, un "extranjero" (Berg, 2012). Esta característica del personaje en tanto extraño y ajeno se manifiesta en los pocos contactos que mantiene con su entorno social, pero más todavía en su modo de vincularse con su mundo, en su existencia que parece profundamente "enajenada". La contigüidad de su propia decadencia corporal, del empeoramiento de su estado de salud y la disgregación del mundo externo, de la civilización urbana, es otra realidad en la que se manifiesta la extrañeza del personaje.

La metáfora central de la novela es el aire, homónimo de su título. El cambio de estado de los gases atmosféricos es un comentario recurrente de la voz narrativa, que sin embargo no describe la repercusión de los cambios meteorológicos en Barroso. La constelación de las fuerzas y dinámicas en el aire depende del clima y constituye la atmósfera, o sea la relación entre el sujeto y el mundo. Barroso parece una caja de resonancia pasiva abierta a los efectos de las fuerzas atmosféricas exteriores. Mientras la descripción físico-meteorológica de la atmósfera tiende al léxico atmosférico-psicológico –"convertía el espacio de la casa en un ambiente irrespirable, pesado y sin embargo –debía aceptar– tan hostil como extranjero, desconocido" (157)–, el cambio de las atmósferas es todavía más evidente cuando el texto describe los efectos que las fuerzas externas causan en Barroso: "Ese aire solitario y enigmático que se había visto enfrentado a respirar de manera sorpresiva estaba oprimiendo su cuerpo y sentimientos" (107).

La especial atención a los cambios climáticos va en paralelo con la focalización en las oscilaciones mentales de Barroso. La voz narrativa comenta el clima local y sus cambios, dinámicas que directamente producen reacciones en el cuerpo y la mente del protagonista. La subjetividad de Barroso aparece entonces muy permeable a las influencias del clima y las energías del *milieu*, como hemos visto, también en el sentido que le dio Auerbach como *ambiente demoníaco*. El entorno se evidencia como una constelación de fuerzas y afectos, realidades de las que la vida psíquica y los procesos mentales de Barroso dan testimonio. El personaje forma parte de una heterogénea ecología de afectos. Las fuerzas de ésta surgen de dinámicas que operan en diferentes ámbitos abarcando contextos sociales –la interacciones sociales partiendo de fragmentadas y polarizadas estructuras sociales–, el entorno objetivo –la materialidad y las infraestructuras tecnológico-mediáticas– como también la atmósfera –de las fuerzas del clima hasta realidades de la psicología colectiva–. *El aire* pone en escena una gran sensibilidad para captar las fuerzas atmosféricas de los espacios y su impacto en los seres humanos creando alegorías de las fuerzas del *milieu.* La atención puesta en los espacios incluye también el registro de las desigualdades sociales dentro del espacio urbano, lo que se muestra en pasajes en los que Barroso observa la vida cotidiana de una familia de un "barrio pobre". En este sentido, aparecen también diferentes *milieux* sociales, que se distinguen por su estatus socioeconómico –aspecto que profundizamos en otro ensayo (Eser, 2017)–; sin embargo, el trazado de la ecología de los afectos en *El aire* trasciende la dimensión de los contrastes y desigualdades sociales.

La sensibilidad "ecológica" –ecología en su sentido clásico, como disciplina dedicada al estudio de las relaciones entre los seres vivos y sus entornos– se muestra también a nivel del léxico de la novela, en la que abundan *términos ecológicos* como "ambiente", "atmósfera", "entorno" o "medio". La exploración del conocimiento del entorno y de sus implicancias espacio-afectivas son un aspecto central en *El aire,* cuyas construcciones narrativas crean atmósferas imaginadas en las que prevalecen diversos "tonos" del aparato psíquico y perceptivo del protagonista. Tales alusiones permanecen siempre ominosas, sin que se postule una causalidad directa. Las atmósferas afectan al protagonista como figura de la percepción y orientación del relato, pero resulta misterioso el modo en que esto funciona. La ecología de los afectos plasmada en *El aire* abarca diferentes ámbitos pero sus efectos y afectos parecen quedar flotando... en el aire.

Si Böhme afirma que en el sujeto perceptor reside la capacidad de desarrollar un trato crítico con las atmósferas y de distanciarse de sus fuerzas –"romper con las fuerzas de sugerencia de las atmósferas y permitir un manejo más libre y lúdico con ellas" (Böhme, 2013: 47)–, esta capacidad no parece estar demasiado desarrollada en el caso de Barroso. Los "espacios afectivos" del mundo diegético incorporan a este personaje como un elemento móvil, sin arraigo fijo, por lo cual se establece la impresión de que "el aire" es el verdadero protagonista de la novela: la atmósfera convertida en *el sujeto* frente al cual el ser humano, representado por Barroso, es una mera caja de resonancia, un ente pasivo, tal como aparecen también la sociedad urbana y el colectivo humano, representados por la ciudad que se está disolviendo de manera apocalíptica.

Además de una enfermedad física, Barroso muestra signos cada vez más acentuados de un trastorno de consciencia y de percepción. Parece desvinculado de la realidad mientras que en el centro de su vida psíquica reside un vacío depresivo y melancólico, huella del duelo por la ausencia de su mujer. El espacio de la acción narrada es en este sentido un *espacio sintonizado*, en el que la vivencia subjetiva de Barroso está en el centro. Como el punto narrativo neurálgico, el personaje se pierde en el inmenso plano de las fuerzas atmosféricas, de su entorno social, de la ciudad, de los afectos que el entorno provoca en él, de las imaginaciones y ensoñaciones que produce y en las que se sumerge. El espacio diegético se vuelve entonces mucho más que un mero escenario en que trascurre la acción, más que el "lugar" de Barroso, en la medida en que articula con él intensos vínculos. Auerbach identificaba estos vínculos como la *unidad demoníaca-orgánica* de las fuerzas ambientales que repercuten en los personajes literarios, por obra de la cual ellos también influencian el entorno mediante sus hábitos, modos de vida y usos del espacio. La demonología aquí implicada crea "afectividades situadas" y relaciones recíprocas entre diferentes fuerzas y afectos, lo que implica la emergencia proliferante de percepciones e imaginaciones. "El aire" es la metáfora central del relato, a cuyo estado gaseoso el protagonista –en términos narratológicos– se acerca: Barroso, impregnado por los humores, emociones, afectos de sus entornos, se disuelve en las atmósferas y se convierte en aire. Su *estar-en-el-mundo* confirma esta extrema metáfora de la ecología de los afectos.

Referencias bibliográficas

Alcívar Bellolio, Daniela, 2016, "Paisajes de la crisis, crisis de los afectos: *El aire* de Sergio Chejfec", *Anclajes* XX 2 (mayo-agosto), 1-16.

Auerbach, Erich, 2001, *Mimesis. Darstellung der Wirklichkeit in der abendländischen Literatur*, Tübingen, A. Francke. [Versión española, 1996, *Mimesis. La representación de la realidad en la literatura occidental*, México, FCE.]

Balke, Friedrich y Engelmeier, Hanna, 2016, *Mimesis und Figura. Mit einer Neuausgabe des „Figura"-Aufsatzes von Erich Auerbach*, Paderborn, Fink.

Berg, Edgardo Horacio, 1998, "Ficciones urbanas", CELEHIS: Revista del Centro de Letras Hispanoamericanas, 10, 23-37.

___ 2012, "Paseo, narración y extranjería en Sergio Chejfec", Niebylski, Dianna C. (ed.), Sergio Chejfec: trayectorias de una escritura. Ensayos críticos, Pittsburgh, Instituto Internacional de Literatura Iberoamericana, 45-56.

Böhme, Gernot, 2013 [1995], *Atmosphäre: Essays zur neuen Ästhetik,* Frankfurt a. M., Suhrkamp.

Bollnow, Otto Friedrich, 2000 [1963], *Mensch und Raum*. Stuttgart: Kohlhammer.

Brennan, Theresa, 2004, *Transmission of Affect*, New York: Cornell University Press.

Chejfec, Sergio, 2008 [1992], *El aire*, Buenos Aires, Alfaguara.

David, Pascal, 2004, "Stimmung", Cassin, Barbara (coord.), *Vocabulaire européen des philosophies. Dictionnaire des intraduisibles,* París: Le Robert/Seuil, 1217-1220.

Deleuze, Gilles y Guattari, Félix, 1993, *¿Qué es la filosofía?,* Barcelona, Anagrama.

Eser, Patrick, 2017, "Konfiguratonen des Urbanen. Die Fragmentierung des Sozialen und Krisendiskurse in *El aire* (Sergio Chejfec)", Stiemer, Haimo; Büker, Dominic; Sanchino Martinez, Esteban (eds.), *Social*

Turn in der Literatur(wissenschaft), Weilerswist, Velbrück, 161-191.

___ 2019, "¿Espacio? ¡Milieux! El concepto del milieu como herramienta analítica de ficciones del espacio (ficciones urbanas de Buenos Aires y Puerto Príncipe)", Cámpora, Magdalena y Puppo, María Lucía (eds.), *Dinámicas del Espacio. Reflexiones desde América Latina,* Buenos Aires: EDUCA, 69-80.

Fuchs, Thomas, 2013, "„Zur Phänomenologie der Stimmungen",Reents, Friederike; Meyer-Sickendiek, Burkhard (eds.), Stimmung und Methode, Tübingen, Mohr Siebeck, 17–31.

Gumbrecht, Hans Ulrich, 2011, *Stimmungen lesen: über eine verdeckte Wirklichkeit der Literatur*, Munich/Viena, Carl Hanser.

Hasse, Jürgen, 2015, Was Räume mit uns machen - und wir mit ihnen : Kritische Phänomenologie des Raumes, Freiburg im Breisgau, Karl Alber.

Hoffmann, Gerhard, 1978, *Raum, Situation, erzählte Wirklichkeit. Poetologische und historische Studien zum englischen und amerikanischen Roman,* Stuttgart, Metzler.

Horne, Luz, 2012, "Fotografía y retrato de lo contemporáneo en *El aire* y otras novelas de Sergio Chejfec", Niebylski, Dianna C. (ed.), *Sergio Chejfec: Trayectorias de una escritura. Ensayos críticos*, Pittsburgh, Instituto Internacional de Literatura Iberoamericana, 124-146.

Komi Kallinikos, Christina, 2007, "*El aire* y *Boca de lobo* de Sergio Chejfec: una poética de la ausencia", Ovecchia Havas, Teresa (ed.), *Las ciudades y el fin del siglo XX en América Latina*, Frankfurt/Nueva York, Peter Lang, 383-396.

Ludmer, Josefina, 2004, "Literaturas postautónomas", *Ciberletras* 17. URL: http://www.lehman.cuny.edu/ciberletras/v17/ludmer.htm

___ 2010, "La Ciudad. En la isla urbana", *Aquí América Latina. Una especulación*, Buenos Aires, Eterna Cadencia, 127-148.

Rosa, Hartmut, 2016, *Resonanz: Eine Soziologie der Weltbeziehung*, Berlín, Suhrkamp.

Seyfert, Robert, 2011, „Atmosphären – Transmissionen – Interaktionen: Zu einer Theorie sozialer Affekte", *Soziale Systeme* 17/1, 73-96.

___ 2014, „Das Affektif – zu einem neuen Paradigma der Sozial- und Kulturwissenschaften", Löw, Martina (ed.), *Vielfalt und Zusammenhalt : Verhandlungen des 36. Kongresses der Deutschen Gesellschaft für Soziologie* 2012, Frankfurt/Nueva York, Campus, 797-804.

Slaby, Jan, 2019, "ExistenzielleGefühleund In-der-Welt-sein",Kappelhoff,Hermann; Bakels, Jan-Hendrik; Schmitt, Christina; Lehmann, Hauke (eds.), Emotionen. Eininterdisziplinäres Handbuch, Stuttgart, Metzler, 326-339.

Spitzer, Leo, 1942, "Milieu and Ambiance: An Essay in Historical Semantics", *Philosophy and Phenomenological Research* 3/2, 1-42 y 169-218.

Ströker, Elisabeth, 1965, *Philosophische Untersuchungen zum Raum*. Frankfurt, V. Klostermann.

Wellbery, David E., 2003, "Stimmung", Karlheinz Barck (ed.), Ästhetische Grundbegriffe. *Band 5: Postmoderne – Synästhesie*, Stuttgart, Metzler, 703-733.

Wellek, Rene y Warren, Austin, 1949, *Theory of Literature*, Nueva York, Harcourt, Brace & Co..

Encarar las fronteras: rostros, algoritmos, emociones[1]

Massimo Leone

Universidad de Turín
Universidad de Shangái

> Las fronteras son líneas. Millones de hombres han muerto por causa de estas líneas. Millones de hombres han muerto porque no consiguieron cruzarlas: la supervivencia estaba ahora vinculada a la superación de un simple río, de una colina, de un bosque tranquilo: del otro lado, Suiza, el país neutral, la zona libre... (Perec, 1974: 88)[2]

1. Las fronteras de las caras

Las caras, nuestras propias caras, son fronteras: entre la naturaleza y la cultura, nosotros y los demás, lo interior y lo exterior, la herencia genética y la modificación individual, el ser humano y el animal (Leone, 2021). Que estas fronteras se manifiesten como tales o como umbrales, o sea como fronteras difuminadas, depende mucho de la ideología semiótica predominante (Leone, 2019, *Apuntes*). La fisiognomía criminológica de Cesare Lombroso concebía la frontera entre naturaleza y civilización como impenetrable (Knepper y Ystehede, 2012): la cara con la que se nacía llevaba inscrita en su morfología el destino psicológico y comportamental del individuo; otras búsquedas, al revés, incluso aquellas que conduce el grupo de investigación FACETS en Turín,[3] problematizan más y más esta línea de demarcación, incluso en los rasgos que pare-

1 Esta publicación es el resultado de un proyecto que recibió financiación del Consejo Europeo de Investigación (ERC) en el marco del programa de la Unión Europea para la investigación y la innovación "Horizon 2020" (convenio de concesión n° 819649 – FACETS). Agradezco a Laura Gherlone y a María Lucía Puppo la invitación al Coloquio Internacional "ESPACIOS Y EMOCIONES: tránsitos, territorializaciones y fronteras en América Latina", donde presenté una primera versión de este texto.

2 Nuestra traducción.

3 <http://www.facets-erc.eu/>.

cen más innatos: ya en el 1939, en el ensayo *Nutrition and Physical Degeneration*, el ampliamente citado dentista canadiense Weston Price indicaba cómo había casos de mala oclusión dentaria por consecuencia de la difusión de comida preparada a partir de cultivos domesticados (Price, 1939). En otro ámbito de pensamiento sobre el rostro, el de la filosofía moral, se perfila una oposición análoga entre los partidarios de una teoría de la cara como baluarte de la singularidad, como Montaigne (Glidden, 1993), y los defensores de una idea del rostro como lugar clave de una apertura al otro, como Lévinas (1967). Similarmente, en el campo psicológico, se enfrentan desde décadas las teorías que subrayan el origen evolutivo de las expresiones faciales, de Darwin a Paul Ekman hasta la neuropsicología contemporánea (Caruana y Viola, 2018), y los estudios antropológicos de estas expresiones (Gramigna y Leone, 2021), de Margaret Mead hasta la semiótica cultural de la sonrisa (Leone, 2019, *Semiotica*). Incluso la distinción entre la cara del ser humano y el hocico del animal, fundamental en muchas lenguas y culturas, se difumina en la filosofía posestructuralista, en las reflexiones al respecto de Deleuze y Guattari, de Derrida, de Donna Haraway (Leone, 2020).

Pero las caras son también el lugar somático donde se manifiestan las fronteras, las que existen entre las emociones y sus expresiones, por supuesto, pero también las que demarcan etapas de edad, estados de salud, géneros, clases económicas y sociales, entre distintas pertenencias políticas y religiosas. En muchas sociedades políticamente polarizadas, la decisión de llevar barba o de quitársela manifiesta una frontera política (Desnoes, 1985), o por lo menos la simula: en la Italia de los años setenta, llevar la barba larga y medio desarreglada era signo de pertenencia política a la izquierda, la barba de chivo a la derecha; en el Irán de los años dos mil, la perilla desarreglada era signo de adhesión al régimen del gobierno de Ahmadineyad; la barba muy larga y desarreglada, al fundamentalismo islámico; la barba larga y bien arreglada, a los *hípsters;* la barba de chivo, a los intelectuales críticos, y la barba afeitada, a los individuos sin pertenencia ideológica o religiosa manifiesta.

En las caras se delinean, además, fronteras entre ricos y pobres. Decir de alguien que tiene "cara de rico" o "cara de pobre" es una expresión bastante brutal, ya que condena el individuo a revelar en la parte más idiosincrática de su cuerpo el entorno socio-económico en el que creció; en efecto, el nivel económico determina el acceso a prácticas de distinción somática de la cara, desde la ortodoncia para menores a la nutrición, de los productos higiénicos a los cosméticos, hasta llegar a las inyecciones de Botox o las operaciones de cirugía estética.

Las fronteras de género también se dibujan prepotentemente en las caras, como producto de una imposición social contundente en las sociedades conservadoras, más difuminada y sutil en las culturas posmodernas, donde abundan las provocaciones que rechazan y reescriben las fronteras tradicionales. En el 2014, Conchita Wurst triunfó en el Festival de la Canción de Eurovisión 2014 con una cara que manifestaba al mismo tiempo rasgos somáticos femeninos, una larga melena negra y una barba perfectamente arreglada.

En las caras se revelan igualmente los estados de salud, a partir del de la piel y del pelo hasta la condición del funcionamiento de los órganos interiores. En agosto del 2020, un grupo de investigadores de cardiología publicó el artículo "Feasibility of Using Deep Learning to Detect Coronary Artery Disease Based on Facial Photo" ["Viabilidad de utilizar el aprendizaje profundo para detectar enfermedades de las arterias coronarias basándose en una foto facial"] (Lin, 2020), indicando la posibilidad de utilizar las *selfies*, junto al "*deep learning*", el aprendizaje profundo, para diagnosticar enfermedades de la arteria coronaria.

Pero incluso las fronteras de edad se manifiestan en la cara. La estimación de la edad suele ser necesaria en las poblaciones de refugiados migrantes, ya que muchas disposiciones legales se relacionan con esta variable. En varios países, un refugiado adulto solo puede traer hijos a su cargo menores de dieciocho años. Si el acompañante es mayor de dieciocho, debe evaluarse por separado para determinar si califica para el estatuto de refugiado o no. Del mismo modo, en países como Italia, una persona menor de dieciocho años que llegue sola a un país no puede ser deportada. La edad de un individuo puede ser estimada a partir de varios signos, algunos de los cuales se concentran en elementos de la cara, como la evaluación del grado de desarrollo dentario y de erupción dentaria o la morfología de la superficie auricular. Sin embargo, hay que subrayar que en este caso también la cara se manifiesta como una frontera entre naturaleza y cultura, ya que muchos estándares de envejecimiento son específicos por sexo y/o población (Netz, 2020).

En fin, las caras se manifiestan como fronteras emocionales, no solamente en términos de transiciones entre expresiones de estados interiores opuestos, sino también como pasajes de una cultura emocional a otra: la sonrisa y el llanto son expresiones universales, pero en cada grupo humano se sonríe y se llora de manera distinta, aunque bajo la influencia más y más determinante de semióticas faciales globales. Eso también afecta las representaciones de estas emociones en simulacros digitales. Los chinos utilizan redes sociales diferentes de las occidentales –por ejemplo, WeChat en vez de Facebook– pero además utilizan emojis con distinciones ligeras pero significativas. Uno de los más utilizados es el comúnmente denominado "*facepalm*" en inglés o "palmada facial" en español, o sea un emoji que reproduce el gesto propio de poner la palma de la mano en la cara en una muestra de exasperación. El emoji de la palmada facial es utilizado en China como en Occidente, pero con una distinción: el *facepalm* chino es sonriente, en tanto que el occidental no lo es.[4] Esta diferencia constituye una frontera importante entre las dos culturas sociales de las emociones: los emojis occidentales avergonzados son tristes, mientras que los chinos, a pesar de la vergüenza, no pierden completamente la cara, concepto fundamental en la sociedad china (Hu, 1944), desarrollado en la etnometodología de Erving Goffman (1955).

2. Las caras de las fronteras

Las caras son fronteras, las caras expresan fronteras, pero también las fronteras están hechas de caras y de expresiones faciales. El rostro es un elemento central en la definición de lo humano, pero lo es principalmente como resultado de una dialéctica con aquello que, al revés, no tiene rostro, y en particular con los animales –no humanos–, a los que muchas culturas atribuyen no un rostro sino un hocico, un rostro degradado, bestial (Leone, 2021, *On Muzzles*). A partir de esta dialéctica, se manifiesta también una polarización entre dos procesos: por un lado, la humanización de lo no humano a través de la atribución de un rostro; se humanizan de esta manera los animales de los dibujos animados, los robots humanoides, incluso los objetos de diseño y las configuraciones visuales abstractas gracias al instinto pareidólico de la neurofisiología de la visión. Al artista búlgaro Vanyu Krastev le es suficiente colocar unos ojos saltones sobre manchas irregulares de asfalto para obtener el efecto del "*eye bombing*", o sea de la emersión de rostros en el paisaje urbano. Pero como se puede humanizar lo no humano a través de la atribución de un rostro, así se puede deshumanizar lo humano hacia lo animal, o incluso hacia la cosa, a través de la negación del rostro del otro. Ese fenómeno acontece a menudo como consecuencia de la determinación de fronteras geopolíticas con base etnoreligiosa.

4 Ver "Facepalm: The Semiotics of Digital Frustration", conferencia de Gabriele Marino en "The Digital Face", seminario online FACETS para la Universidad de Shanghái, 13-23 de julio de 2020; dir. Massimo Leone; video parcial disponible en el sitio web <http://www.youtube.com/c/FacetsERC>.

Como en muchos países africanos, las fronteras geopolíticas de Nigeria han sido determinadas por los intereses y los conflictos de las potencias coloniales. El resultado es un perímetro nacional que abarca grupos humanos muy distintos desde el punto de vista sociocultural. Nigeria ha tratado de lidiar contra la fragmentación del país a través de la institución de fronteras internas, multiplicando los estados subnacionales –de tres a cuatro, luego doce, luego veinte y ahora treinta y seis– con una fórmula constitucional compleja para elecciones que están constantemente amenazadas por Boko Haram, el grupo islamista que mata o captura a los aldeanos y secuestra y agrede sexualmente a las mujeres, especialmente a las jóvenes colegialas. Algunas de estas, una vez liberadas gracias a las acciones de las fuerzas militares del país, regresan a sus aldeas, a sus familias y a sus maridos, a menudo con bebés que han dado a la luz después de ser abusadas por milicianos de Boko Haram. A la experiencia horrorosa del secuestro, de la violencia, del abuso sexual, de la cautividad, se añade entonces la condición trágica de ser objeto de sospecha y de rechazo en la comunidad de regreso. Pero aún más dramática es la situación de los hijos e hijas de estas mujeres, ya que ciertas creencias ancestrales contribuyen a designarlos como ineluctablemente portadores de "mala sangre", destinados a heredar el carácter de sus padres y su predisposición al extremismo religioso violento. Las caras de estos niños y niñas se transforman entonces en elementos somáticos de una frontera interna, que divide la comunidad entre la progenie de los aldeanos y la de los terroristas. La frontera se perfila también por medio de una denegación de la humanidad de los rostros de estos niños, a los que las comunidades atribuyen el terrible apodo animal de "hienas entre perros", donde los perros son los aldeanos y los que nunca estuvieron en contacto con los terroristas, mientras que las hienas son los hijos de las mujeres secuestradas, pequeñas caras en las que se dibuja el destino trágico de una amarga historia de explotación y miseria (International Alert/UNICEF Nigeria, 2016).

Desafortunadamente, este no es el único caso en el que una frontera de discriminación interna a una comunidad se produce por medio de una animalización de las caras de los excluidos. Como lo indica una vasta bibliografía, y como lo explican los estudios semióticos de Ugo Volli,[5] la

---

5 Ver "The Eternal Return of the Repressed: Permanent Icons of Antisemitism", conferencia de Ugo Volli en "Images in Religious Persuasion: A Cross-Cultural Perspective" – simposio de CERES – Centrum für Religionswissenschaftliche Studien, Universidad de Bochum, Alemania, 1-2 de octubre de 2019, dir. Massimo Leone.

designación de los judíos como enemigos interiores de la sociedad alemana bajo el nazismo también pasó por la representación de sus caras como hocicos de animales usualmente considerados traicioneros, como las serpientes, o inmundos, como los ratones. En su famoso libro de historietas sobre la Shoah, *Maus*, Art Spiegelman invierte la discriminación racista de los nazis y su designación de los judíos como raza no humana a través de una representación paradojal (Spiegelman, 1986): como se recordará, en *Maus* todos los judíos son ratones, todos los nazis gatos, y todos los poloneses cerdos; sin embargo, la transformación es problematizada por el hecho de que tiene lugar gracias a las máscaras que cubren y determinan al mismo tiempo las caras de los protagonistas, transformándolas en hocicos. En el racismo nazista, en efecto, los judíos no eran discriminados por poseer rostros diferentes, caras no arias, sino que sus caras se representaban como no arias, anormales, monstruosas, e incluso como no-caras, o sea, como hocicos de animales, como resultado de la discriminación nazi. En esta circunstancia, así como en la de los niños de las ex cautivas de Boko Haram, no se trata de la frontera interior y discriminatoria que se construye a partir de la diversidad y clasificación racista de las caras; en este caso, es la frontera misma que proyecta sobre las caras de los individuos discriminados unos rasgos de diversidad ajena. La frontera, entonces, funciona como un operador simbólico que contribuye a esa "construcción del enemigo" de la que habló Umberto Eco en uno de sus últimos libros (Eco, 2011).

La capacidad de las fronteras para modificar potentemente su entorno cultural, a costa de incluir las caras de los individuos, es evidente sobre todo en el imaginario de la frontera, que se compone de los múltiples textos ficcionales y no ficcionales que representan las zonas de fronteras y los signos que circulan a su alrededor. En el ensayo "Borderland in Films", perteneciente al libro *Border Politics in a Global Era: Comparative Perspectives,* la especialista de sociología de las fronteras Kathleen Staudt analiza decenas de películas, producidas en varios países, en las que la representación de la frontera juega un papel central (Kathleen, 2018: 198-212). La conclusión del estudio es que en la mayoría de estas representaciones la frontera funciona como un operador distópico, en el entorno del cual todo se afea, se deteriora, se corrompe. Habría que añadir que la frontera también funciona como un operador dismórfico, en el sentido de que en su entorno las caras se vuelven estereotipos, los rasgos se hacen más marcados, exagerados, incluso monstruosos, y con ellos también las expresiones faciales, las emociones que se manifiestan en la cara, en una especie de concepción neo-lombrosiana del espacio y de la semiosfera en relación a la cual Lotman pensaba la construcción sociocultural del sentido: en el centro topológico e imaginario del espacio cultural se colocan caras normales, de rasgos medianos, de expresiones equilibradas, mientras que, a medida que se procede hacia la frontera física y cultural de la semiosfera, se encuentra más y más la cara del otro, hasta que, en proximidad de la frontera, empieza a manifestarse también el otro de la cara, el rostro no humano, lo animal, lo monstruoso.

En este sentido, habría que complementar el pensamiento de Lotman sobre fronteras, magníficamente estudiado por Laura Gherlone (2014) y otros investigadores contemporáneos, con el pensamiento de Deleuze y Guattari sobre la cara en *Mille plateaux* (Deleuze y Guattari, 1980). Es verdad, como dicen los pensadores franceses, que la cara es un operador de "*visageité*", o sea un dispositivo que genera patrones a la vez somáticos, visuales y sociales de normalización, pero se debería añadir, con Lotman, que este poder normalizador no se ejerce de manera uniforme, sino en relación a la topología concéntrica de la semiosfera. En series televisivas enormemente exitosas como *Breaking Bad* (2008-13) y *Better Call Saul* (2015-), ambas producidas por el genio creador de Vince Gilligan, cuanto más la narración se acerca de la ambigua zona de frontera entre Estados Unidos y México, más las caras adhieren a una fisiognómica criminal lombrosiana, según la cual los rostros de la frontera manifiestan su natural inclinación al crimen con frentes bajas y cejas hirsutas, ojos cercanos a la nariz y cuellos taurinos. Las emociones que se leen en estas caras también se vuelven grotescas, siempre exageradas, sin matices, y casi siempre negativas.

Pero las fronteras ficcionales, sobre todo en productos culturales más sofisticados, también funcionan como operadores de experimentos mentales, *Gedankenexperimente* o, mejor dicho, experimentos narrativos, *Erzählexperimente*: en estos casos, la ficción no adhiere a los estereotipos de la frontera, sino que investiga y al mismo tiempo desafía la topología de la semiosfera empujando algunos de sus elementos centrales hasta el borde para averiguar lo que acontece, en términos de sentido, como efecto de esta tensión centrifuga. En el ensayo "Living and Dying in Sokurov's Border Zones: *Days of Eclipse*", incluido en el volumen colectivo *The Cinema of Alexander Sokurov*, dirigido por Birgit Beumers y Nancy Condee, el investigador Julian Graffy comenta que el uso de las fronteras como operadores de experimentos narrativos es típico de la estética del gran cineasta ruso (Graffy, 2011): ¿Qué acontece, por ejemplo, si, como en la película Спаси и сохрани (*Spasi i sokhrani*, "Salva y custodia", 1989), una adaptación de *Madame Bovary*, el personaje creado por Flaubert es empujado hacia la frontera del Cáucaso? ¿Y qué si, como en *Молох*

(1999), otra película del mismo director, el espectador encuentra a Hitler no en Berlín sino en la montaña de Obersalzberg?

En otra película de Sokurov, quizás la que más profundamente problematiza el tema de la frontera, *El arca rusa* (Русский ковчег, *Russkij Kovcheg*, 2002), un narrador anónimo e invisible para el público, con la voz del director, va caminando por el Palacio de Invierno, acompañado por "el Europeo", un personaje que encarna a otro explorador de la frontera rusa, el Marqués de Custine. En su obra monumental *La Russie en 1839*, en cuatro volúmenes, Custine ya subrayaba otro efecto que las fronteras producen en las caras. Llegando a la frontera de San Petersburgo, el viajero francés tuvo que constatar a propósito de los funcionarios de aduanas que *"La vue de ces automates volontaires me fait peur; il y a quelque chose de surnaturel dans un individu réduit à l'état de pure machine"* (Custine, 1943, 1: 158). Esta frase, muy célebre, se encuentra citada también en una obra más reciente, el relato de viajes *The Humourless Ladies of Border Control*, del músico y viajero estadounidense Franz Nikolay. En particular interesa el capítulo que da el título al libro, el primero, donde el autor relata, citando a Custine, su experiencia del control de la frontera con Ucrania (Nikolay 2016: 11-33). En efecto, todo viajero ha tenido por lo menos una vez la experiencia de esta otra relación entre la frontera y la cara: las fronteras se componen de caras, se escriben en las caras, transforman las caras que se acercan a ellas, pero también las fronteras tienen una cara que, para decirlo con las palabras de Lévinas, no es una "*face*" –"cara" en francés–, sino una "*façade*" –"fachada"–. La gestión asimétrica y hegemónica de la frontera necesita que el rostro del otro, el rostro ajeno, el rostro potencialmente enemigo, permanezca al otro lado de la frontera. Por lo tanto, a este rostro del cual todavía no se sabe si puede merecer o no la dignidad de rostro, no se le puede enseñar una cara sino una fachada imperturbable, inescrutable, impenetrable. A pesar de todos los tentativos hipócritas que intentan humanizar el rostro de la frontera –con toda una propaganda visual de aduaneros sonrientes– la cara de la frontera, sobre todo ahí donde se manifiesta el contraste más agudo entre lo que está dentro y lo que está fuera, entre el lado hegemónico y el lado subalterno, es una cara de esfinge.

El primer efecto de la esfinge de la frontera es imponer, a través de su simple presencia, una normalización del rostro ajeno. No se sonríe a la frontera, ni se le llora; no se mueve demasiado la cabeza y no se enseña su perfil; no se llevan sombreros, velos, anteojos de sol, ya que lo más importante es presentar a la burocracia de los límites estatales una imagen purificada e inalterada del propio rostro, una especie de grado cero de la cara, una cara que renuncia a sus múltiples semióticas prometiendo no mentir, anunciando como su única proposición la identidad del individuo. De hecho, ante la frontera la cara no significa por sí sola, como en las interacciones sociales cotidianas, sino como contraparte de un documento cuya foto certifica la identidad de la cara. En la frontera no es la foto, o sea la representación icónica, la que tiene que parecerse al objeto –la cara–, sino todo lo contrario, pues la cara tiene que parecerse a la foto. La cualidad indicial de la cara, su conexión con el cuerpo y con el interior de la persona, se difumina entonces en una cualidad simbólica, en el sentido etimológico del término: la cara es uno de los dos fragmentos de un sello quebrado, donde la segunda parte es representada por la foto documentaria. Por supuesto, para facilitar la reunificación del sello de la identidad, la foto tiene que ser preparada según el formato normalizador de la burocracia estatal, con fondo blanco, tamaño regular, sin sonrisa o inclinaciones de la cara, sin objetos que oculten el rostro.

Si en 1839 el Marqués de Custine se quejaba de haber encontrado, en la frontera con Rusia, "unos autómatas voluntarios", hoy en día encontraría unos verdaderos autómatas, que no tienen cara pero leen automáticamente las caras para averiguar su identidad y, por consiguiente, su legitimidad al cruzar la frontera. En el libro *Security at the Borders: Transnational Practices and Technologies in West Africa*, y precisamente en el capítulo "Borderwork Assemblages in West Africa", Philippe M. Frowd declara que *"at the most general level of abstraction, a border is the space in and through which an inside relates to an outside"* (2018: 23). La cara misma, entonces, funciona como un borde; sin embargo, su estatuto de borde entre exterioridad e interioridad es negado justamente en el momento en que se enfrenta a otro borde, la frontera. Encarar la frontera para un individuo significa, paradójicamente, desproveerse de su propia cara como interfaz social para reducirla a una superficie unidimensional de identificación. Hay que subrayar, por otra parte, que la dinámica de este encaramiento se modifica como consecuencia de la introducción en gran escala de dispositivos automáticos para el control de documentos personales y, aún más, con la difusión de dispositivos para la identificación automática de las caras.

3. Caras sin fronteras

El cambio no reside solamente en el pasaje del funcionario autómata al autómata funcionario, sino en la transición de una idea geopolítica de frontera a la implementación de prácticas generalizadas de producción de la frontera, que la literatura anglosajona sobre este tema denomina "*bordering*" y "*borderwork*". Introducido por Chris Rumford en su artículo seminal de 2008 "Introduction: Citizens and Borderwork in Europe", y reformulado por Madeleine Reeves en su libro de 2014 *Border Work: Spatial Lives of the State in Rural Central Asia*, el concepto de *borderwork* abandona la idea de que las fronteras sean proyecciones del estado en su geografía periférica e invita a pensar, al revés, que las fronteras se producen por todo el territorio de un país, a través de un trabajo que implica actores múltiples con sus pensamientos, acciones y emociones. La introducción de dispositivos automáticos de *borderwork*, dotados de reconocimiento facial y conectados en red, cambia radicalmente la geografía de la producción de fronteras en relación a las caras, ya que el control estatal de las identidades con consiguiente normalización de los rostros no tiene lugar únicamente en la frontera, sino en todas las circunstancias en las que datos biométricos concernientes a las caras de los ciudadanos son recolectados en las calles, las plazas, las tiendas, las redes sociales. Las informaciones que los dispositivos automáticos pueden extraer a partir de imágenes y videos de rostros son más y más numerosas, ya que no conciernen solamente al reconocimiento de la identidad sino también a la clasificación cada vez más precisa de datos sobre la interioridad de los individuos, como sus probables estados emotivos e intenciones para actuar (Morrison, 2019).

Como lo subraya Saskia Sassen en su ensayo "From National Borders to Embedded Borderings", incluido en el volumen colectivo dirigido por Leanne Weber, *Rethinking Border Control for a Globalizing World*, "*what marks the current epoch is not so much the opening of borders as the fact that the global is also constituted inside the national and thereby makes new types of bordering inside national territory*" (Sassen, 2016: 179).

La difusión de dispositivos más y más sofisticados para el reconocimiento facial, que no solamente identifican al individuo sino también desarrollan una fisiognómica digital de sus probables intenciones de acción y estados emocionales, implica que las fronteras se reproducen de forma automática y abstracta cada vez que el individuo se enfrenta con estas máquinas y sus algoritmos, los cuales captan datos biométricos y comportamentales sin que sea siempre clara la finalidad para la que estos datos serán utilizados, para quién, o dentro de qué período. Mientras que el individuo viaja, se mueve por su ciudad y su barrio, hace compras, e incluso cuando utiliza dispositivos privados como teléfonos celulares de última generación, se va configurando contemporáneamente una huella digital que sin embargo no es más una simple huella, o sea un simulacro puramente indexical del pasaje del individuo por el mundo, sino la huella de una cara, una especie de máscara digital que construye una imagen siempre más fiel del rostro y de sus predisposiciones cognitivas, emocionales y pragmáticas. La relación entre interior y exterior en una frontera casi nunca es neutra, ya que muchas veces implica la presencia de un poder que ejerce su agencia determinando quién puede cruzar el borde y quién, por el contrario, tiene que mantenerse de este lado de la frontera. La proliferación de dispositivos de control dotados de inteligencia artificial multiplica las instancias de este poder, el cual no recoge más sus informaciones en momentos y en espacios específicos y relacionados con la intención de cruzar un límite, sino de manera generalizada y abstracta, con una acumulación de datos que en todo momento podrá ser utilizada para decidir quién puede pasar, quién tiene que quedarse, pero también quién puede acceder a un servicio y quién no, quién puede disfrutar de unos datos y quién tendrá que detenerse detrás de un alambre de púas digital.

Como lo recuerda Francis Musoni en su libro *Border Jumping and Migration Control in Southern Africa*, los términos con los cuales se definen a los que cruzan bordes contraviniendo un poder que se ejerce para que este cruce no tenga lugar son controvertidos, ya que a menudo conllevan una carga ideológica (Musoni, 2020: 4-5). "Migración ilegal", como lo indican Russell King y Daniela DeBono en su ensayo "Irregular Migration and the 'Southern European Model' of Migration", "*carries a pejorative connotation and reveals an explicit criminalisation of the migrant's situation of either entry or residence, or both*" (King y DeBono, 2013: 3); otros términos, como "migración informal" o "irregular", "migración no documentada", o "migración no permitida" o "no autorizada", atenúan esta carga ideológica pero no la eliminan, porque de alguna manera siempre tienden a legitimar la instancia de control que determina la informalidad, la irregularidad, la falta de documentación, de permiso o de autorización. Por eso, Francis Musoni propone utilizar el término "*border jumping*", o sea, "salto de fronteras": "*unlike other terms, which give the impression that something is abnormal about border crossings that avoid oficial channels, border jumping makes it possible to simultaneously capture both the state's concern and the sentiments of nonstate actors who often challenge the legitimacy of borders and state-centered efforts of controlling movements between countries*" (Musoni, 2020: 5). Ningún término puede designar el poder y sus acciones sin conllevar una carga ideológica. Sin embargo, la expresión "*border jumping*" tiene la ventaja de evocar el conjunto de emociones que caracterizan la acción de aquellos/

as para quienes la frontera no puede ser un punto final sino el motor de una historia, exactamente como en las concepciones estructuralistas del relato: el borde no solamente no detiene el deseo, sino que lo alimenta, y el salto de frontera es el momento de la narración en el que se concretiza el valor del espacio en la reapropiación por parte del sujeto.

No se pueden entender en profundidad las fronteras sin considerar su papel como motor narrativo y las emociones ambiguas, entre miedo y desafío, que su acción genera en la existencia de individuos y comunidades. Sin embargo, como se ha subrayado antes, los dispositivos que crean bordes y fronteras en un mundo más y más digitalizado son a menudo inmateriales, y ejercen su función de gestión asimétrica del espacio de manera subrepticia, determinando, por ejemplo, quién podrá acceder a derechos sociales esenciales como la educación o los servicios de asistencia sanitaria. Frente a un mundo que cosecha constantemente datos para determinar las potencialidades existenciales de un individuo, no solamente en términos de movimientos en el espacio real sino también en términos de acceso a servicios digitalizados, las fronteras se hacen menos visibles pero de hecho incrementan su capacidad de crear discriminaciones a través de "*shibboleth*" virtuales, como lo subrayan Cindy Ehlert y Thomas-Gabriel Rüdiger en su ensayo "Defensible Digital Space: Die Übertragbarkeit der Defensible Space Theory auf den digitalen Raum" (2020).

Algunos resisten: en Hong Kong, como en otras ciudades donde proliferan las cámaras de seguridad conectadas a algoritmos de inteligencia artificial para el reconocimiento de los individuos y el seguimiento automático de sus expresiones faciales, jóvenes activistas conciben máscaras que puedan hacer frente a las fronteras y oponerse a las máscaras digitales que éstas imponen a los individuos (Biggio y Dos Santos, 2020; Thibault y Buruk, 2020). Pero también están los que practican un *border jumping* digital; por ejemplo, los estudiantes e investigadores que se procuran así artículos y libros carísimos, que solamente las grandes bibliotecas de universidades privadas del mundo económicamente avanzado pueden procurarse, y que a menudo están vigilados detrás de alambres de púas digitales, impenetrables como monasterios medievales. Habrá que reflexionar, sin embargo, sobre la posibilidad de que se creen emociones específicas a partir de saltos de fronteras que ya no tienen lugar en el espacio físico, y que no involucran más a un individuo a través del cuerpo; así como habrá que reflexionar sobre el hecho de que el anonimato digital sea la única medida con la que se pueda huir del control generalizado de estas nuevas fronteras digitales (Kugelmann, 2016), renunciando a la propia cara e identidad para lograr servicios o detener derechos que están controlados por máquinas biométricas (Maani, 2018).

4. Fronteras sin caras

En fin, no se puede terminar este ensayo sobre las nuevas fronteras digitales –que no substituyen ciertamente las antiguas sino que se superponen e imbrican con ellas– y su impacto en el destino, las emociones y la posible discriminación de las caras que las enfrentan, sin una referencia a lo que está aconteciendo hoy en día, concretamente, a las nuevas fronteras físicas y digitales que se están creando con una rapidez extraordinaria durante la pandemia de 2020. En el día de ayer, mientras finalizaba la escritura de este texto, recibí un mensaje automático de *Corona-Warm*, el software oficial alemán para el seguimiento de contactos con individuos contagiados.[6] El mensaje me decía que, a pesar de mi retirada y muy solitaria vida de estudioso encerrado en su casa, había cruzado en mi camino a una persona a la que se había subsecuentemente diagnosticado el contagio de COVID-19. El mensaje sin embargo me tranquilizaba diciéndome que, sobre la base de los datos de "*logging*", o sea de conexión al sistema, mi riesgo de infección era bajo, ya que el cruce se había producido por un tiempo breve o a una distancia considerable. Por lo tanto, me decía el mensaje, yo no tenía que alarmarme y no se necesitaba una acción específica de mi parte.

Las emociones que me suscitó la lectura de este mensaje eran ambiguas: una cierta aprensión al recibir por primera vez un mensaje de un software hasta entonces silencioso, y del cual hasta dudaba que estuviera funcionando; el alivio, por supuesto, al saber que no había pasado nada preocupante; pero también una melancólica sensación de empatía hacia este individuo cuyo camino yo había cruzado en las veinticuatro horas precedentes, o por lo menos cuya área de Bluetooth había cruzado la mía, quizás en un supermercado, o en un cruce en la calle de camino a mi oficina, y que ahora una frontera digital separaba y colocaba en un mundo distinto, el mundo de los contagiados, aislado del mío, presente en mi experiencia y en mis emociones solamente bajo la forma de una huella digital, de un contacto sin cara, de un cuerpo binario. Por un momento, he pensado en esta persona más desafortunada y me dolió que, más allá de esta frontera de datos y números, yo no pudiera ni siquiera imaginar la forma de su cara. Tendremos, quizás, que acostumbrarnos a una empatía hacia lo anónimo que sufre, hacia el sufrimiento de fronteras sin cara.

---

6 El autor se encontraba en la ciudad alemana de Friburgo cuando leyó la primera versión de este escrito, en octubre de 2020. [Nota de la Editora]

Referencias bibliográficas

Biggio, Federico y Dos Santos Bustamante, Victoria, 2020, "Elusive Masks: A Semiotic Approach of Contemporary Acts of Masking", de próxima publicación. En Massimo Leone, ed. 2021, *Volti artificiali / Artificial Faces*, número monográfico de *Lexia*, 37-38. Roma, Aracne.

Caruana, Fausto y Viola, Marco, 2018, *Come funzionano le emozioni*, Bologna, Il Mulino.

Custine, Astolphe, Marquis de, 1843, *La Russie en 1839*, 4 vol., París, Amyot.

Deleuze, Gilles y Guattari, Félix, 1980, *Mille plateaux: Capitalisme et schizophrénie 2*, París, Éditions de Minuit.

Desnoes, Edmundo, 1985, "Will You Ever Shave Your Beard?". En Blonsky, Marshall, 1985, *On Signs*, Baltimore, Johns Hopkins University Press, 12-15.

Eco, Umberto, 2011, *Costruire il nemico e altri scritti occasionali*, Milán, Bompiani.

Ehlert, Cindy y Rüdiger, Thomas-Gabriel, 2020, "Defensible Digital Space: Die Übertragbarkeit der Defensible Space Theory auf den digitalen Raum". En Rüdiger, Thomas-Gabriel y Bayerl, Petra Saskia, eds., 2020, *Cyberkriminologie: Kriminologie für das digitale Zeitalter*, Wiesbaden, Springer, 151-74.

Frowd, Philippe M., 2018, *Security at the Borders: Transnational Practices and Technologies in West Africa*, Cambridge University Press.

Gherlone, Laura, 2014, *Dopo la semiosfera: Con saggi inediti di Jurij M. Lotman*, Milán, Mimesis.

Glidden, Hope H., 1993, "The Face in the Text: Montaigne's Emblematic Self-Portrait (*Essais* III: 12)", *Renaissance Quarterly*, 46-1, 71-97.

Goffman, Erving, 1955, "On Face-Work", *Psychiatry*, 18-3, 213-31.

Graffy, Julian, 2011, "Living and Dying in Sokurov's Border Zones: *Days of Eclipse*". En Beumers, Birgit y Condee, Nancy, eds., 2011, *The Cinema of Alexander Sokurov*, Londres y Nueva York, Tauris, 74-89.

Gramigna, Remo y Leone, Massimo, eds. 2021. *Cultures of the Face*. Número monográfico de *Signs Systems Studies*, de próxima publicación, Tartu University Press.

Hu, Hsien Chin, 1944, "The Chinese Concepts of 'Face'", *American Anthropologist*, 46, 45-64.

International Alert / UNICEF Nigeria, 2016, *'Bad Blood': Perceptions of Children Born of Conflict-Related Sexual Violence and Women and Girls Associated with Boko Haram in Northeast Nigeria – Research Summary*, Garki, Abuja, Nigeria, UNICEF Nigeria.

King, Russell y DeBono, Daniela, 2013, "Irregular Migration and the 'Southern European Model' of Migration", *Journal of Mediterranean Studies*, 22-1, 1-31.

Knepper, Paul y Ystehede, Per Jørgen Ystehede, 2012, *The Cesare Lombroso Handbook*, Londres y Nueva York, Routledge.

Kugelmann, Dieter, 2016, *Migration, Datenübermittlung und Cybersicherheit*, Baden Baden, Nomos.

Leone, Massimo, 2019, "Apuntes para una semiótica de la frontera", *Revista chilena de semiótica*, 12, 7-22.

___ 2019, "Semiotica del cibo comico: Sul senso dell'ilarità alimentare". En Giannitrapani, Alice y Ventura Bordenca, Ilaria, eds., 2019, *Politiche della cucina: Discorsi, conflitti, culture*; número monográfico de *E/C*, 27, 1-7. Disponible en el sitio http://www.ec-aiss.it/monografici/27_politiche_della_cucina.php

___ 2020, "Le masque et la muselière : Variations de l'animalité en temps de pandémie", i1-34, *Degrés: Revue de synthèse à orientation sémiologique*, 182-3, il-34.

___ 2021, "On Muzzles and Faces: The Semiotic Limits of Visage and Personhood". En Ponzo, Jenny y Vissio, Gabriele, eds., 2020, *Persona*, número monográfico del *International Journal for the Semiotics of Law*.

___ 2021, "Introduction". En Leone, Massimo, ed., 2021, *Volti artificiali / Artificial Faces*, número monográfico de *Lexia*, 37-38, Roma: Aracne, de próxima publicación.

Levinas, Emmanuel, 1961, *Totalité et infini: Essai sur l'exteriorité,* La Haya, Martinus Nijhoff.

Lin, Shen *et al,* 2020, "Feasibility of Using Deep Learning to Detect Coronary Artery Disease Based on Facial Photo", *European Heart Journal,* ehaa640. Disponible en el sitio https://doi.org/10.1093/eurheartj/ehaa640

Maani, Sitti, 2018, "I giga di Gige: L'impatto dell'anonimato nella comunicazione contemporanea", *RIFL: Rivista Italiana di Filosofia del Linguaggio*, 101-109.

Morrison, Lila-Lee, 2019, *Portraits of Automated Facial Recognition: On Machinic Ways of Seeing the Face,* Bielefeld, transcript Verlag.

Musoni, Francis, 2020, *Border Jumping and Migration Control in Southern Africa,* Bloomington, Indiana University Press.

Netz, Sabine, 2020, "Teeth and Truth? Age Identities of Migrants in the Making", *Ethnos: Journal of Anthropology*, 1-16. Disponible en el sitio https://doi.org/10.1080/00141844.2020.1736594

Nicolay, Franz, 2016, *The Humorless Ladies of Border Control: Touring the Punk Underground from Belgrade to Ulaanbaatar,* Nueva York y Londres, The New Press.

Perec, Georges, 1974, *Espèces d'espaces,* París: Galilée.

Price, Weston A, 1939, *Nutrition and Physical Degeneration: A Comparison of Primitive and Modern Diets and Their Effects,* New York, P.B. Hoeber, Medical Book Dept. of Harper & Bros.

Reeves, Madeleine, 2014, *Border Work: Spatial Lives of the State in Central Asia,* Ithaca, NY, Cornell University Press.

Rumford, Chris, 2006, "Theorizing Borders", *European Journal of Social Theory*, 9-2, 155-169.

Sassen, Saskia, 2016, "From National Borders to Embedded Borderings". En Weber, Leanne, ed., *Rethinking Border Control for a Globalizing World: A Preferred Future,* Londres y Nueva York: Routledge, 179-189.

Spiegelman, Art, 1986, *Maus: A Survivor's Tale,* Nueva York, Pantheon Books.

Staudt, Kathleen, 2018, *Border Politics in a Global Era: Comparative Perspectives,* Lanham y Londres, Rowman & Littlefield.

Thibault, Mattia y Buruk, Oğuz "Oz", 2020, "Transhuman Faces in the Transurban City: Facial Recognition, Identity, Resistance". En Leone, Massimo, ed., *Volti artificiali / Artificial Faces*, número monográfico de *Lexia*, 37-38, Roma, Aracne, de próxima publicación.

PARTE 2

Espacio, ficción y campos disciplinares

Pathos de un cuerpo parlante

J. Manuel Rubio

Universidad Católica Argentina
Universidad Austral

> ...el psicoanálisis y la literatura tienen mucho que ver con la natación. El psicoanálisis es en cierto sentido un arte de la natación, un arte de mantener a flote en el mar del lenguaje a gente que está siempre tratando de hundirse. Y un artista es aquel que nunca sabe si va a poder nadar: ha podido nadar antes, pero no sabe si va a poder nadar la próxima vez que entre en el lenguaje. (Ricardo Piglia, "Literatura y psicoanálisis")

El tiempo de pandemia nos lleva a revalorizar el tema que nos convoca. Nunca ha resultado más oportuno preguntarnos por el espacio que habitamos, ya que el psicoanalista ofrece un espacio para el encuentro con la propia soledad. Alojándola permite diferenciar la soledad creativa de la que proviene de la repetición del desamparo original en que nacemos.

Lo que vamos a trabajar lo podemos sintetizar en una pregunta: desde el momento en que aceptamos la existencia de lo inconsciente, ¿hay una nueva manera de hacer con el espacio que habitamos? (Lacan, 1973-4, clase 1).

Para dar cuenta de este nuevo modo, voy a partir de la imagen más típica de un análisis: el analizante escuchándose hablar de su padecer en el diván y el analista en su sillón detrás de él, en el espacio del consultorio. Un dato más: para que un analizante pueda escuchar la voz de su psicoanalista proviniendo del cuerpo que vio antes de recostarse en el diván, tiene que ser capaz de conservar tal reconocimiento, de lo contrario ese sonido se le impondría como una aterradora voz alucinatoria que fragmenta su cuerpo y hace estallar su mundo.

Puede parecer exagerado, pero acostarse en el diván de un psicoanalista conlleva algún riesgo. Nos enseña la clínica que no cualquier persona está en condiciones de hacerlo. ¿Eso implica que hablar puede traer el peligro de hacernos perder las coordenadas espacio temporales? ¿Cuáles son las dimensiones de nuestro espacio como seres hablantes?

1. Planteo

Al comienzo de una consulta a un psicoanalista hay dos cuerpos parlantes que se encuentran, de donde surgen los dichos que circulan en el consultorio, pero, si el análisis funciona, el decir va a provenir de un solo inconsciente. Entiendo que no es fácil aceptar esta afirmación; aparentemente se trata de dos cuerpos, pero de un solo inconsciente, el del analizante; hay que soportar la paradoja. Una aseveración más: se trata de un relato en un espacio de ficción que no es ni público ni privado y donde lo que se dice no es considerado ni verdadero ni falso.

Vayamos a otra afirmación fuerte. Al hablar, el emisor se entera de lo que dijo cuando recibe su propio mensaje viniendo desde donde fue oído. Parece el modelo de la comunicación, donde hay un emisor, un mensaje y un receptor. Sin embargo, Lacan postula una inversión, pues el emisor se escucha a sí mismo desde el receptor y a ese Otro lo escribe con mayúscula para marcar que no es un semejante. Esto lo lleva a afirmar que "el decir es lo que queda olvidado detrás de lo que es dicho en lo que se escucha" (Lacan, 1973: 473).

Es necesario que el emisor sea capaz de reconocer que, si bien es su mensaje, esa voz que escucha en el consultorio proviene de otro cuerpo que el suyo. Hay momentos de la vida de algunas personas donde esto no es posible, y esa voz toma la condición de una voz alucinatoria, que lo aterra, ya que el afecto es efecto del significante. Ya no distingue qué proviene de él, qué del otro, o si hay algo más. Para poder entenderlo, no alcanza con pensar un espacio interior y uno exterior al que llamamos realidad, sino que debemos agregar otro espacio, de donde proviene la voz alucinatoria, que no está ni adentro ni en el afuera compartido. A esa otra dimensión que no se alcanza por la representación Lacan la llama Real, que junto con la Simbólica y la Imaginaria serán las tres que nos permitirán pensar la experiencia de un análisis (Lacan, 1974: 82).

No traigo estos conceptos para hacer psicopatología, sino como una experiencia que nos acerca al habitar humano. El problema es estar mal situado entre dos y tres dimensiones (Lacan, 1974-5, cl. 3). Vuelvo a la cuestión: ¿y todo por hablar?

Si el psicoanálisis es la operatoria de lo inconsciente, ¿cómo hacer en ese espacio? En su praxis, ¿es el consultorio psicoanalítico un espacio diferente a los otros espacios? Estas preguntas llevan implícito qué es hablar para el psicoanálisis. ¿Cuáles son las dimensiones de las moradas del dicho en una conversación psicoanalítica? ¿Qué hay del pathos y un cuerpo parlante?

Una aclaración previa. Pensado como terapéutica, el psicoanálisis es uno más de los abordajes, pero como praxis tiene condiciones específicas en tanto práctica lenguajera. Para poder realizar nuestro decurso apelo a dos fundamentos: transferencia e inconsciente.

Una definición de trasferencia indica que es "la puesta en acto de la realidad de lo inconsciente", que es sexual (Lacan, 1964a: 152). En cuanto a lo inconsciente, "es aquella parte del discurso concreto en cuanto transindividual que falta a la disposición del sujeto para restablecer la continuidad de su discurso consciente" (Lacan, 1953: 248). Y menciono dos aforismos también de Lacan; primero: "*es* un concepto forjado sobre el rastro de lo que opera para constituir al sujeto" (Lacan, 1964b: 809); segundo: "lo inconsciente es estructurado como un lenguaje" (Lacan, 1964a: 28).

2. Condiciones para hablar en el espacio psicoanalítico

> Entre ellos no ocurre otra cosa sino que conversan... El analista hace venir al paciente a determinada hora del día, lo hace hablar, lo escucha, luego habla él y se hace escuchar. (S. Freud, 1926)

> ¿Qué es la clínica psicoanalítica? No es complicado, la clínica tiene una base: es lo que se dice en un psicoanálisis. (J. Lacan, 1976)

Vayamos a su praxis. ¿Cómo comienza un tratamiento? Si necesitamos consultar, le pedimos a alguien de confianza un nombre y una dirección, que, junto a su cuerpo, serán tres elementos que un analista ofrece. Antes de llamar puede ser cualquiera el que nos atienda, pero una vez iniciada la cura, la relación es solo con ese analista y en condiciones muy precisas. Queda claro que ni es un profesional de la salud mental ni es un consejero espiritual, sino alguien que ocupa el lugar de un supuesto saber, otorgado por quien lo consulta. Los elementos que estarán en juego son: espacio, tiempo, dinero y cómo se ubicará el psicoanalista ante esa suposición de saber, siendo que forma "parte del concepto de inconsciente, puesto que constituye aquello a lo que éste se dirige" (Lacan, 1964b: 813).

El psicoanalista practica su oficio en un espacio concreto. Quien consulta entra "en lo del analista", que pone a disposición su tiempo, su lugar de psicoanalista, su presencia, y que ocupa una posición desde donde realiza su función.

El paciente, por su parte, sale de los circuitos cotidianos donde se desarrollan sus sucederes y entra a una escena de saber. Allí no tendrá que defender su buen nombre ya que se va a escuchar hablando y se hará cargo de su decir. De hablar de la polis pasará a hablar de la familia, como niño, no importa la edad que tenga (Lacan, 1975: 27). Estará sentado o acostado, disociando en su enunciación la voz y la mirada, según el lugar que ocupe en un discurso. Es el momento del relato, que no será el de "las *cosas* que pasaron", sino el de poner en juego "la percepción del carácter ineludible de ciertas *palabras* por las que se debió pasar para evocarlas y que ahora se ponen 'sobre el tapete'" (Nassif, 1997: 47). Sus palabras tendrán peso como sonido, harán cuerpo, ya no esférico, pudiendo aparecer ese no sabido que sabe; otra definición de inconsciente. Tal situación se repetirá en cada encuentro, entre el saludo inicial al pasar el umbral y el saludo final al volver al pavimento de la ciudad.

Lo resguarda que el analista se abstendrá de tomar partido, por lo que no solo será neutral en sus apreciaciones y tendrá una actitud abstinente, sino que también se hará cargo de su angustia y estará disponible el tiempo convenido. El analizante, en cambio, podrá faltar sin aviso y eso se trabajará en la cura. Además, la obligación de confidencialidad no es recíproca, aunque Freud pedía a sus analizantes que cuando volvieran a la vida de la ciudad no comentaran lo dicho en sesión; está, por ejemplo, el testimonio de Hilda Doolittle (H.D., 1979: 135).

El sentido de este proceder es que, si se enfermó por la palabra, será por la palabra que se curará cuando ésta se tramite en transferencia; por eso la regla de la asociación libre es "la regla fundamental del psicoanálisis, según la cual uno debe comunicar sin previa crítica todo cuanto le venga a la mente" (Freud, 1912: 104-5). Con lo cual el sujeto en análisis no es el que piensa, sino el sujeto de lo inconsciente, que está comprometido "a decir necedades", dichos de los que no pueda desdecirse (Lacan, 1972-3: 31).

Es importante diferenciar el verse del oírse, porque *la fonación suena en el oído del sujeto cuando emite*, resonando en el vacío del Otro, *cayendo como voz* en su timbre, sonoridad, como objeto de una invención, que genera el agujero para hablar (Lacan, 1960-1, cl. 17/5/61). *¿Quién es el analista entonces?:* es "a quien se habla y a quien se habla libremente" (Lacan, 1958a: 596).

¿Y el tiempo y el dinero? Cuando se piensa en un servicio de salud, el criterio es el del mercado, donde tiempo es dinero y se cobra por los minutos empleados en la consulta al modo de un taxi. Pero ocurre que el psicoanálisis no es un servicio, y si bien Lacan lo considera como "un sesgo práctico para sentirse mejor" (Lacan, 1976-7, cl 14 /12/76), no está en función de la salud. El foco no está ni en una métrica ni en lo útil sino en la operatoria de lo inconsciente, que se relaciona con el acontecimiento, tiempo kairológico no cronológico; esto es válido tanto para la duración como para el número y la secuencia de las sesiones. Significa que importa la singularidad del analizante; tan es así que del momento y modo del corte de cada sesión se espera que pueda tener un efecto performativo.[1]

El pago también participa de esta lógica. Forma parte de la cura en tanto el analizante pueda hacerse cargo de la deuda simbólica en la que se constituyó como sujeto. Si nos constituimos en la alienación al Otro primordial, el dinero participa de la operación inconsciente de separación. También cada vez, por eso, en general se paga cada sesión y al final, ya que cualquier sesión puede ser la última. Separación y renuncia van de la mano, lo que permite mirar de frente a la muerte.

Algo que puede parecer extraño en la lógica capitalista es que Lacan sostiene que

> El analista también debe pagar:
>
> - pagar con palabras, sin duda, si la transmutación que sufren por la operación analítica las eleva a su efecto de interpretación;
>
> - pero también pagar con su persona, en cuanto que, diga lo que diga, la presta como soporte a los fenómenos singulares que el análisis ha descubierto en la transferencia;
>
> - ¿olvidaremos que tiene que pagar con lo que hay de esencial en su juicio más íntimo, para mezclarse en una acción que va al corazón del ser (*Kern unseres Wesens*, escribe Freud): sería él el único allí que queda fuera del juego? (Lacan, 1958a: 567)

---

1 Freud trabajó al respecto la noción de atemporalidad de lo inconsciente. Sí destaca que es un proceso a sostener sin interrupción ni regreso y su fin es el analizante, quien lo inventa en su cura.

3. Sobre el inconsciente

> Todo lo reprimido tiene que permanecer inconsciente, pero queremos dejar sentado desde el comienzo que lo reprimido no recubre todo lo inconsciente. (S. Freud, *Lo inconsciente,* 1915)

> Lo psíquico es en sí inconsciente. (S. Freud, *Esquema de psicoanálisis,* 1938)

> Lo que está escondido es lo que está escondido por la forma del discurso mismo, pero lo que no tiene absolutamente nada que ver con la forma del discurso no está escondido, está "en otra parte". (J. Lacan, *Seminario 21. Les non dupes errent,* 1973)

En el punto anterior mostramos un modo de habitar el espacio desde la práctica psicoanalítica; vamos ahora a formalizarlo. Tomamos como guía lo dicho por Lacan en la primera clase del Seminario 25, *Momento de concluir*: lo inconsciente es la "hipótesis de que no se sueña solo cuando se duerme" (1977-8, cl. 1). ¿Es posible despertar de ese sueño? (1976-7, cl. 11 y 13).

Freud postula la *hipótesis de lo inconsciente* cuando se refiere a la diferencia entre realidad psíquica y realidad efectiva, no como lo oculto sino como *una estructura cifrada. Lo psíquico forma parte de la realidad,* no es una regla para operar con eficacia en ella (Lacan, 1967). Lo grafica con el llamado esquema del peine (Freud, 1900, cap VII). Se ha leído este aparato freudiano desde una topografía euclidiana, basado en un modelo óptico (Harari, 1991; Lacan, 1954-5; Le Gaufey, 2012).

Se basa en la operatoria de la represión primaria, que es constituyente del aparato, en un momento de la historia de la persona y que vuelve a suceder cada vez que habla. Es desde allí que el vienés diferencia tres realidades: la *Realität* o realidad objetiva en sentido psíquico, donde se cumple el deseo inconsciente, la *Wirklichkeit* como realidad efectiva, compartida, donde se realiza la fantasía inconsciente (Freud, 1908) y una tercera, de "los pensamientos intermedios y de transición", que podríamos llamarla de lo psicológico (Freud, 1900: 607). El deseo solo se cumple en el aparato psíquico, el fantasma se realiza.

Se presenta una situación clínica difícil de resolver cuando un paciente dice que ya sabe lo que le pasa pero que su vida sigue igual. Lo lleva a preguntarse por ese acto psíquico donde aparece en la consciencia un contenido inconsciente, sin que haya dejado la localización inconsciente pues sigue produciendo efectos; su vida no cambió en el orden del malestar (Freud, 1915: 170). Del mismo modo que el analizante que ante el relato de un sueño le aclara a Freud "Usted pregunta quién puede ser la persona del sueño. Mi madre no es" (Freud, 1925: 253). ¿A quién se le ocurrió que podía serlo? Con el "no", el soñante deniega que se le ocurrió, habiendo hecho consciente un contenido del cual no se hace cargo. Por eso, "la negación es un modo de tomar noticia de lo reprimido" (Idem). Abre un capítulo para una teoría del juicio, donde el de atribución es anterior al de existencia y por la vía de la expulsión y afirmación primordial de la que no podemos ocuparnos (Hippolyte, 1954; Ricœur, 1970: 272).

Leído como espacio topográfico: un equívoco al que llevó el decir de Freud lo encontramos cuando calificó al psicoanálisis como psicología profunda; entonces daba a suponer que hay una superficie y una profundidad en el discurso del analizante. Así, se puede creer que lo inconsciente es un lugar adonde se pueden ir a buscar contenidos, al modo de una alforja llena de recuerdos y sorpresas, como un desván en la casa donde se guarda lo que no se quiere ver. Por cierto, se lo ha llenado con montones de pertenencias que llevaron a plantear lo inconsciente como una mochila que contiene afectos, traumas, pulsiones...

Sin embargo, el planteo que permite el sueño abre a los lugares del saber según la implicación subjetiva del soñante. El contenido negado ("es mi madre"), aunque sea un saber verdadero, puede aparecer en forma consciente sin transformar la posición del sujeto ya que sigue vigente la represión. ¿Qué significa? Que en su operar produce efectos que el sujeto los ve como extraños a su yo, "lo reprimido es para el yo tierra extranjera, una tierra extranjera interior" (Freud, 1933: 53). Estos efectos son los síntomas, los lapsus, los actos fallidos, olvidos, sueños, torpezas, la *psicopatología de la vida cotidiana* (1901), y no solo la "patología" diagnosticada; por eso la aparición consciente de esas representaciones, como la de la madre, sin que se haya levantado la represión.

¿Habría una divisoria irreductible entre inconsciente y preconsciente-consciente?

Ya desde sus primeros textos, cuando estudia la formación de las fantasías, Freud muestra que no. En *1897* (pág. 293), se refiere a "poetizaciones inconscientes, que no sucumben a la defensa"; de los textos de *1906-1909*, tomamos *las fantasías histéricas y su relación con la bisexualidad* donde ubica a los sueños diurnos como "fuentes comunes y arquetipo normal de todas estas creaciones de la fantasía", en referencia a las fantasías delirantes, a las escenificaciones de los perversos y a los fantasmas histéricos. Su importancia es tal que son los que "proporcionan la clave para entender los sueños nocturnos" (1908: 141).

Poco después, en 1911, en *Formulaciones sobre los dos principios del acaecer psíquico*, texto que se lo suele tomar para marcar la radical diferencia entre consciente e inconsciente, vuelve a hablar del fantasear como "una clase de actividad del pensar que se escindió; ella se mantuvo apartada del examen de realidad y permaneció sometida únicamente al principio del placer" (227). Lo empezado con el juego de los niños, al que retoma más adelante en el conocido *for-da* (1920: 14 y ss.), se prosigue como sueños diurnos a lo largo de la vida. Lo difícil es estar despiertos, dado que desde el yo vivimos en dos dimensiones.

Veámoslo a partir de una viñeta clínica, teniendo en cuenta en qué espacio-tiempo habita una analizante. Para festejar su jubilación, hace un viaje con amigas en su misma situación. Al llegar al primer destino comienzan los conflictos; a diferencia de sus amigas, ella no quería ni pisar un museo, ya había sido torturada con eso por el padre. Al relatarlo, a ella misma le llama la atención. Esos viajes con el padre fueron en la infancia, pues ya desde adolescente no salía con su familia.

Más allá de la singularidad de tal análisis, este nos pone en situación para nuestro tema. La paciente reacciona con personas que no tuvieron ninguna presencia en los momentos a los que atribuye su malestar ante la visita al museo, tampoco es el mismo lugar y, cronológicamente, hay cincuenta años de distancia que parece que no pasaron. Por el contrario, en el despliegue de su vida parece operar de un modo muy diferente, sea por la familia que formó, por sus logros profesionales, sus relaciones sociales... Sin embargo, hay algo que se resiste a diferenciar las personas, los lugares y el paso del tiempo, ¿como en un sueño?

Para orientarnos, tomemos en cuenta la elaboración freudiana. En el texto de la metapsicología, al hablar de las propiedades de los procesos del Sistema Inconsciente, el austríaco señala que estos "no están ordenados con arreglo al tiempo" y, en *Más allá del principio del placer,* lo sintetiza: "que no se ordenaron temporalmente, que el tiempo no altera nada de ellos, que no puede aportárseles la representación del tiempo" (1920: 28).

Yendo al origen de su investigación, en el *Manuscrito M* Freud ya menciona que "la primera variedad de la desfiguración es la falsificación del recuerdo por fragmentación, en lo cual son descuidadas precisamente las relaciones de tiempo" (1897: 293). Encuentra en la clínica que "*el histérico padece por la mayor parte de reminiscencias*" (1893-5: 33). Hay representaciones que no se olvidan ni desgastan; por tal motivo destacando en los *Estudios sobre la histeria* cómo "vivencias hace tiempo transcurridas puedan producir efectos tan intensos, [al punto de] que recuerdos de ellas no sucumban al desgaste".

La elaboración de la noción de deseo condice con tal constatación. Es su condición la de ser indestructible, infantil, reprimido, no inhibible. Para dar cuenta de su constitución, desde el *Proyecto de psicología* se recurre a un modelo mítico de una repetición de la primera vivencia de satisfacción (1895: 362), perdida y siempre buscada, que en la *Interpretación de los Sueños* se explicita como intento de "restablecer la situación de la satisfacción primera" (1900: 557). Marcando su importancia, señala Freud en este texto: "solamente un deseo puede impulsar a trabajar a nuestro aparato anímico" (559), más aún, "el núcleo de nuestro ser, que consiste en mociones de deseos inconscientes, permanece inaprehensible y no inhibible para el preconsciente..., mociones de deseo indestructibles y no inhibibles que provienen de lo infantil" (593) El modelo del sueño, con su postulación alucinatoria, le sirve para ello.

También lo menciona en una nota a pie de página de *Psicopatología de la vida cotidiana*:

> En el caso de las huellas mnémicas reprimidas, se puede comprobar que no han experimentado alteraciones durante los más largos lapsos. Lo inconsciente es totalmente atemporal. El carácter más importante, y también el más asombroso, de la fijación psíquica es que todas las impresiones se conservan, por un lado, de la misma manera como fueron recibidas, pero, además de ello, en todas las formas que han cobrado a raíz de ulteriores desarrollos... (Freud, 1901: 266, nota)

Unos años después, en *Introducción del narcisismo,* el factor temporal –así como la génesis de la memoria– lo atribuye a la instancia observadora, factor que "no rige para los recursos inconscientes" (1914: 93, nota) Ya en el artículo *Lo inconsciente*, lo explicita conceptualmente.

> Los procesos del sistema *Icc* son *atemporales*, es decir, no están ordenados con arreglo al tiempo, no se modifican por el trascurso de este ni, en general, tienen relación alguna con él. También la relación con el tiempo se sigue del trabajo del sistema *Cc*". (1915: 184)[2]

Siempre en el marco de la metapsicología, el estudio del duelo lo lleva también a la intensión de la no modificación: que el deseo no conozca el tiempo es un modo de no vérselas con la muerte, de la cual no encuentra

---

2 Destaco que Freud se refiere a las representaciones, no a la modalidad del proceso primario de atender a las investiduras.

representación inconsciente. Es de ese orden lo que trabaja luego en *Lo perecedero*, donde vuelve a marcar que "solo vemos que la libido se aferra a sus objetos y no quiere abandonar los perdidos aunque el sustituto ya esté aguardando. Eso, entonces es el duelo" (1916: 310-311). Lo sigue sosteniendo varios años después, tal como se advierte en *El malestar en la cultura*:

> en la vida anímica no puede sepultarse nada de lo que una vez se formó, que todo se conserva de algún modo y puede ser traído a la luz de nuevo en circunstancias apropiadas. [...] la conservación del pasado en la vida anímica es más bien la regla que no una rara excepción. (1930: 69, 72)

Otra vez, Freud se refiere a lo inscripto, no al proceso. Por cierto, la propuesta del maestro vienés no se agota allí y encuentra una salida a través del trabajo en el tiempo de la transferencia. Para ello conviene hacer una mención al lugar del analista y la atemporalidad de lo inconsciente en relación a la posibilidad de las modificaciones en la cura.

En el texto *Sobre la iniciación del tratamiento*, de 1913, ocupándose de la abreviación de la cura psicoanalítica, Freud atribuye a la "atemporalidad", que escribe entre comillas, la lentitud en que se consuman las "alteraciones anímicas profundas" (1913: 133). El tema se retoma en 1918, a propósito del hombre de los lobos, donde propone para el analista "comportarse de manera tan 'atemporal' como lo inconsciente mismo", lo cual, en un trabajo prolongado, "contribuirá a abreviar sustancialmente la duración del tratamiento de la enfermedad ulterior de igual gravedad" –y aquí lo que me interesa resaltar– "y a superar de ese modo en el sentido de un *progreso de la atemporalidad de lo inconsciente*, tras haberse sometido a ella la primera vez" (1918: 12) Hay modificación, entonces. Cuando en la *Conferencia 31, la descomposición de la personalidad psíquica* se refiere a las mociones de deseo como "virtualmente inmortales", se atribuye como "efecto terapéutico del tratamiento analítico" el que sea "posible discernirlas como pasado, desvalorizarlas y quitarles su investidura energética cuando han devenido conscientes" (1933: 69). Esto significa, entonces, que es posible despertar.

4. El espacio imaginario

> ...la simetría espacial en la estructura narcisista del hombre es esencial para echar los cimientos de un análisis psicológico del espacio [...] es la posibilidad subjetiva de la proyección en el espejo de tal campo en el campo del otro lo que da al espacio humano su estructura originalmente "geométrica" [...]. Tal es por lo menos el espacio donde se desarrolla la imaginería del *yo*, y que se une al espacio objetivo de la realidad. (J. Lacan, *La agresividad en psicoanálisis,* 1948)

> Que el yo sea la sede de percepciones y el pupitre no, es cosa que estamos dispuestos a aceptar, pero refleja con ello la esencia de los objetos que percibe y no la suya en cuanto que la conciencia fuese su privilegio, puesto que esas percepciones son en su mayor parte inconscientes. (J. Lacan, *La cosa freudiana o sentido del retorno a Freud en psicoanálisis,* 1955)

Para cuando, en 1953, Lacan pronuncia el famoso *Discurso de Roma*, donde propone "renovar en su disciplina los fundamentos que ésta toma en el lenguaje" (Lacan, 1953: 228), ya había recorrido un vasto camino en el psicoanálisis (Porge, 2000; Harari, 2008). A fin de continuar profundizando en la cuestión del espacio, de este texto solo vamos a considerar dos cuestiones, la especular en relación al narcisismo y las dimensiones topológicas del dicho en su escritura borromea.

Si bien las consideraciones cartesianas le sirvieron a Lacan para el planteo del sujeto en psicoanálisis, la separación entre cogito y extensión no le alcanza para pensar el lugar del espacio en el sujeto de lo inconsciente. Cuando revisa la estética kantiana, pasa de la geometría del yo a la topología del sujeto. Para él, tanto la espacialidad como lo visual operan en la génesis de las instancias psíquicas, tal como lo trabaja en el espejo, aunque no lo piense desde una sensibilidad a priori, ya que plantea que este espacio no es intuitivo sino matemático. "La topología ¿no es ese *noespacio* a donde nos lleva el discurso matemático y que requiere la revisión de la estética de Kant?" (Lacan, 1973: 496).

En la vida cotidiana nos manejamos con un cierto binarismo: alguien tiene los pies sobre la tierra o es alguien que está en su mundo de fantasía. Hacemos uso de dos categorías, la realidad o la imaginación.

En el pensamiento de Lacan encontramos, en cambio, tres modos de registrar la experiencia que irá enriqueciendo en los distintos períodos de su obra. Se trata del registro imaginario, el simbólico y el real, con una sola advertencia: real no es la realidad, ya que en lo que entendemos por ésta participan los tres registros, desde "lo dado y lo construido", para lo que requiere de otro concepto, el de fantasma. Así, la realidad es fantasmática.

El yo que en Freud era el núcleo del sistema percepción–consciencia, como instancia de síntesis que rápidamente se deriva a un instrumento para conocer lo real, pasa a ocupar otro lugar, en relación con el registro de lo imaginario, como fuente del desconocimiento proyectivo. La teoría sobre el espejo da cuenta de ello. Su formulación le lleva a Lacan muchos años; solo vamos a subrayar algunas notas, teniendo en cuenta que al principio la postula como un estadio del desarrollo y, luego, la escritura de un artificio óptico le permite generalizarla en el estudio de los tres registros (Le Gaufey, 1998; Rubio, 2002: 125-158).

Tomando al espejo como una metáfora del otro, en la relación con la imagen, el infante primero no la reconoce como tal, sino que le da entidad de un semejante; por eso intenta agarrarla, hay una confusión entre él mismo y el otro. Luego capta que es una imagen, distinguiendo la imagen del otro de la realidad del otro, para recién en un tercer momento asumir que se trata de su propia imagen reflejada. En palabras de este Lacan,

> el *estadio del espejo* es un drama cuyo empuje interno se precipita de la insuficiencia a la anticipación; y que para el sujeto, presa de la ilusión de la identificación espacial, maquina las fantasías que se sucederán desde una imagen fragmentada del cuerpo hasta una forma que llamaremos ortopédica de su totalidad, y a la armadura por fin asumida de una identidad enajenante, que va a marcar con su estructura rígida todo su desarrollo mental. (Lacan, 1949: 90)

En la explicación se suceden los siguientes temas: tiempo de la anticipación; espacio de ficción; identificación imaginaria; fantasma de cuerpo fragmentado, leído *a posteriori;* totalidad ortopédica por la imagen; identidad enajenante; "línea de ficción, irreductible para siempre por el individuo solo" (87).

Habiéndose reconocido en la imagen, el infante busca que alguien le dé una garantía para la misma. Como es de imaginar, aun en el juego ante el espejo, es puesto ante él por un adulto al que dirige tal demanda, en búsqueda de su asentimiento. Si lo describimos en la conducta, advertimos que ve la imagen en la que "se ve" y gira la cabeza hacia el adulto para que se la confirme; espera un signo de asentimiento, al modo del escolar que le pide a la madre que le tome la lección "para corroborar que la sabe". Este otro o, mejor dicho, este momento del otro, es diferente al que aparece ante la imagen especular, porque opera ratificando desde fuera de la relación dual que tiene con la imagen. Lacan reconoce ahí un lugar de terceridad, donde ubica el registro de lo simbólico y lo escribe con mayúscula: es el Otro. Diferencia entonces al "otro" como al semejante, en la relación imaginaria, del "Otro" garante, de la relación simbólica.

A su vez, cuando gira la cabeza en búsqueda del Otro, el niño se encuentra con la sorpresa de que éste disfruta de la situación de juego que supusimos. Queda mostrado en la mirada de la madre que lo desea, brillo de la mirada que ya no es una imagen ni un significante, sino algo que queda por fuera de la escena. Muestra un goce que no estaba en el campo perceptivo y que le da al Otro primordial una nueva condición, la pulsional. Aparece como una mancha en la imagen que en su anticipación imaginaria le había permitido tanto un espacio de ficción como una ilusión de totalidad. Se devela una falta en este Otro, un agujero en su perfección. El problema no está en la incompletud de uno, sino en el hecho de captarla en el Otro; en términos edípicos, la castración que importa es la del Otro primordial, la castración de quien ocupa el lugar de madre.

Volvamos a este tercer momento del darse vuelta y encontrarse con la mirada en ese brillo en los ojos, signo de goce. Ese resto por fuera de la imagen, no representable por sí mismo, que queda como un enigma al no saber por qué goza, es mostrado en su efecto por la sorpresa. Esto no representable, no imaginarizable ni simbolizable, da cuenta del tercer registro lacaniano, el de lo real. Ya lo anticipamos como ese espacio donde aparece la alucinación del paciente con el que comenzamos nuestro decurso; no aparece, por tanto, en el espacio representable.

Luego de este abordaje, Lacan lo generaliza, para lo que se sirve de una experiencia física de Bouasse, llamada del ramillete invertido, a la que amplía mediante un dispositivo compuesto por dos espejos enfrentados, uno cóncavo y uno plano, que se conoce como el esquema óptico (Lacan, 1953-4; 1958b). A lo largo de trece años sigue enriqueciendo su estudio con la incidencia de los ideales, el movimiento pulsional, la diferencia entre los objetos del mundo compartido, que los escribe *i(a)* en relación al yo y el objeto de la pulsión, *a*, que no entra en los intercambiables. Pero estas disquisiciones exceden nuestro propósito actual.

5. Topología de las dit-mensions

> ...el nudo borromeo cambia totalmente el alcance de la palabra espacio en el sentido con que es empleada en la Estética trascendental. A saber, que no podemos percibir las cosas sino bajo el ángulo de un espacio, que en Kant es simplemente imaginario [...] Hay tres dimensiones (*dimensions*) del espacio habitado por el hablante, y esas tres *dit-mansions* tal como las escribo, se llaman lo Simbólico, lo Imaginario y lo Real. (J. Lacan, *Seminario 21,* 1973)

Ya mencionado el abordaje desde el espejo, pasemos ahora a considerar la topología del nudo borromeo en su dimensión lenguajera, que le permitirá a Lacan situar la posición del sujeto entre el dicho y el decir. Recordemos afirmaciones que ya mencionamos: el espacio es matemático, no intuitivo; lo inconsciente es estructurado como un lenguaje.

> La topología es una geometría del lugar, de la posición (lo que explica su otra denominación de *Analysis Situs*), y que se distingue de las geometrías métricas de Euclides, Lobachevsky, Riemann, etc., que tratan de magnitudes y ángulos. En topología nunca preguntamos "¿qué longitud?" o "¿a qué distancia?" o "¿de qué magnitud?", sino que inquirimos "¿dónde?", "¿entre qué?", "¿interior o exterior?". (Kasner y Newman, 1985: 267)

Se destaca el empleo que hace Lacan de un espacio no orientado y que requiere del tiempo para su comprobación (Lacan, 1973: 493). Me refiero concretamente a la banda de Moebius, que se construye con una cinta a la que se le hizo un movimiento de torsión y se la pega sobre sí misma. Lo que si se hubiera pegado sin la torsión mostraría dos caras, una interna y una externa, con la torsión origina una paradoja, pues la cinta se convierte en una continuidad, en un borde único sin adentro ni afuera. Para comprobarlo hace falta recorrerla, lo que incluye la dimensión del tiempo y del hacer, por eso se la suele denominar "de la hormiga" que camina sobre esa única cara (Escher, 2016: 59). Si solo tomamos en cuenta un punto, sin el recorrido, sí hay dos caras, no pudiendo pasar de una a otra (Granon-Lafont, 1987: 33-46).

A partir del borde único de la cinta moebiana cambia la dimensión espacial, lo que lleva a repensar conceptos como adentro y afuera: ¿son entonces momentos del recorrido no independientes de él? Pensemos la importancia para las nociones de identificación, de repetición. ¿Se vuelve a pasar por el mismo lugar o es otro en la segunda vuelta?, ¿qué ocurre con la interpretación? (Granon-Lafont, 1992).

Lacan recurre luego ya no a la topología de superficies sino a la geometría de nudos, donde se sigue sirviendo de las anteriores, sobre todo de la figura del toro y sus agujeros. Toma el nudo borromeo como una escritura matemática que permite captar la relación entre dimensiones, no en función de una métrica sino desde sus posiciones. El nudo está compuesto por al menos tres elementos, en general cuerdas, unidos de tal manera que, sacando cualquiera de ellos, se desarma por completo. Lacan dice "hay que hacerlo", lo que implica el operar del cuerpo en el espacio, en lugar de solo imaginar el nudo. Para construirlo parte de dos redondeles de cuerda sueltas a los que superpone; al tercero lo hace intervenir pasando por encima del de arriba y por debajo del inferior, hasta que hace encontrar las puntas de la cuerda. Esto aporta la característica de que solo sabremos si es el encadenamiento borromeo cuando lo desarmemos.

Lo paradójico es que entonces los tres elementos se sostienen sin que ninguno haya pasado por el agujero del otro; de lo contrario, desatando uno los otros dos se mantendrían unidos. Sirve compararlo con otro nudo de tres, el olímpico, donde va a suceder algo distinto si sacamos el elemento del medio que libera a los tres de si soltamos uno de los extremos que dejará a los otros dos encadenados; allí sí pasan por el agujero. Por lo tanto, lo que importa es la operatoria del agujero, lo que ex–siste a la consistencia, con un punto de calce en el centro. Veamos una de sus presentaciones; el calce es donde está *a*.

Figura 6

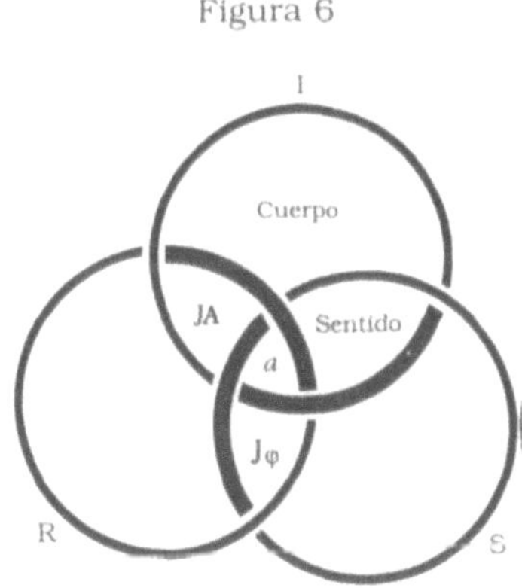

Figura tomada de Lacan (1974), 1988: 103.

Solo a título mostrativo ofrecemos dos versiones en su puesta en plano: la anterior es la más simple y la segunda es la que utilizó Lacan en una conferencia que dictó en Roma en 1974, conocida como *La Tercera* (1974: 103-104). En ella encontramos dos goces, representados con J; acompañado de A es el goce del Otro, y junto a la fi griega (φ) designa el goce fálico. La *a* es el objeto de la pulsión del que hablamos y al que suele llamar *osbjeto,* condensando *objet* y *os*, 'hueso', que hace de punto de calce (1975-6: 143). ICS es inconsciente y PCS es preconsciente. Las dimensiones son: I imaginario, S simbólico y R real.

Figura 7

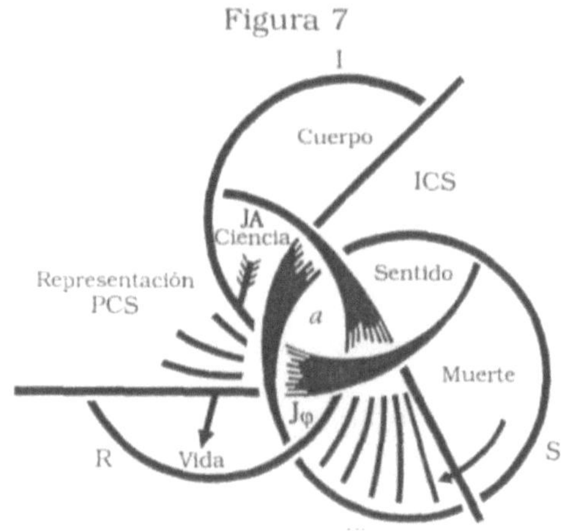

Figura tomada de Lacan (1974), 1988: 104.

Ya en el *Seminario sobre la Ética*, Lacan había trabajado desde Heidegger cómo el alfarero construye la vasija desde el vacío interior. En esta segunda figura ya hay dos agujeros, el que queda dentro del redondel, delimitando un espacio simbólico con la consistencia imaginaria de la cuerda, espacio interior como lugar de la falta simbólica, y el que queda por fuera, de la ex-sistencia real.

Centrémonos ahora en el lenguaje. No es su aspecto comunicacional el que le interesa a Lacan, por lo que destaca que su foco está en el malentendido. Así, el *equívoco* aparece tanto por la *polisemia,* de la que se ocupa en la primera parte de su obra, como por la *polifonía*, que llama a la *escritura–lectura*. Esta última le permitirá a Lacan *diferenciar significante de letra*. Lo ejemplifico con una frase:

***El caballero errante* monta el caballo (*herrado – errado*).**

Errante como condición del caballero lo describe como andante, despierta por ejemplo nuestro imaginario de un personaje concreto, cuya figura nos es familiar en su nobleza, o como un ingenioso hidalgo, o bien lo "vemos" en busca de un señor que lo tome a su servicio. En cambio, de lo que califica al caballo, y por eso lo pusimos entre paréntesis, ya no tenemos tanta seguridad. Si solo atendemos a su sonido, no vamos a poder decidirnos si es un caballo que está "herrado" –al que le pusieron herradura– o incluso que está "marcado" –indicando que tiene dueño–, o en cambio se trata de un caballo que fue mal elegido para ese trayecto y es, por lo tanto, "errado". Claro que errar, como lo muestra el caballero, no es solo no acertar, sino que puede implicar divagar con el pensamiento, o deambular, terreno propio de la polisemia, que no vale para nuestro caballo.

Entonces, no solo "escuchamos" el sentido, sino que "oímos" los sonidos para poder captar al sujeto en su decir, implicado en su cuerpo de goce. En esta línea, haciendo uso de la *homofonía* y con los problemas de los establecimientos de texto, encontramos los dichos de Lacan como el del epígrafe que elegimos: *dit-mension, dit-mention, dit-mansion.* Se trata de palabras que podríamos desechar porque están "mal escritas"; en efecto, el lenguaje está forzado en su código. O, en el juego de lectura-escritura, al modo de la poesía, podemos leer dimensión, mención, mansión del dicho y, en ellos, el juego con verdad y mentira. Así, en el Seminario 23 Lacan condensa en la palabra *mensionge* a mención (*mention*) y mentira (*mensonge*). Tomo la versión oficial, porque en una desgrabación de la clase comienza por *mention du dit*, mención del dicho, no por *dit-menssion*:

> *Dit-menssion es mención/mansión del dicho.* Esta manera de escribir tiene una ventaja, permite prolongar *mensión* en *mensionge*, lo que indica que el dicho no es en absoluto [forzosamente] verdadero. (Lacan, 1975-6: 142)

Las consecuencias de este abordaje son múltiples; solo me detengo en algo que puede parecer difícil de aceptar. Lacan afirma que somos seres que vivimos en dos dimensiones como consecuencia de la constitución especular, como el *flat land*, pues "no tenemos el sentido del volumen, sea como fuere lo que hayamos logrado imaginar como tres dimensiones del espacio" (1973-4, cl. 20/11/73). Es para dar cuenta de ello que hace uso de sus tres, Real, Simbólico e Imaginario, "como dimensiones de nuestro espacio –nuestro espacio habitado como seres hablantes–" (1973-4, clase 1). El nudo borromeo permite ir más allá del espacio geométrico cartesiano, de la geometría plana, del espacio imaginario de la estética trascendental kantiana.

Así como "lo dicho no anda sin decir [...] el decir solo se acopla allí por ex-sistirle, o sea, por no ser de la *dit-mension* de la verdad" (1973: 476). Corporizado de manera significante es como se goza, siendo el significante la causa del goce (1974-5: 31). Lacan postula la sustancia gozante junto a las cartesianas pensante y extensa. Pasemos entonces a la pregunta por el pathos.

6. Coda: por qué pathos de un cuerpo parlante

Porque si bien somos mamíferos y desde el discurso del derecho se postulan "personas no humanas" que se comunican, *los únicos parlantes somos los humanos*. Y pathos porque es condición de nuestros cuerpos el ser *sensibles a hacerse eco del decir de otro humano*. Tal es el alcance de la posición lenguajera que lleva a Lacan a postular la condición de *parlêtre,* neologismo que en la homofonía admite varias lecturas: habla ser, sujeto determinado por el ser, ser por la palabra, por la letra, entre otras (Seminario XXII en adelante). A su vez, le permite definir la *pulsión* ya no en relación al organismo como lo hacen algunos psicoanalistas, sino como "eco en el cuerpo del hecho que hay un decir" (Lacan, 1975-6: 18), lo cual es posible porque *nacemos en un baño de lenguaje.*

Retomo *desde la constitución* de este ser la experiencia desgarradora del paciente que vive en forma de alucinación la voz de su analista.

Al principio del estadio especular, el infante no relaciona la voz que escucha con la imagen que ve; para hacerlo es necesaria una experiencia de *asentimiento por parte del Otro* (Lacan, 1962-3: 48, 102,115, 130, 151). Hay una tarea entre ser hablado por el Otro y hablar; para ello el niño debe *desprenderse de los sonidos de la lengua materna* en que está atrapado, vía *renuncia al goce del balbuceo.* Para que suceda hace falta que haya en quien ocupa el lugar de Otro la condición de haberlo *deseado en forma no anónima*, que requiere un *vacío en él para alojarlo*; dicho en terminología psicoanalítica, es preciso que esté atravesado por la castración. Además, para el asentimiento, es necesario dirigirse al "hijo" con *palabras de amor*, en reconocimiento de su demanda, la que se constituyó como tal cuando el Otro primordial *leyó como llamado la convocatoria del infante* y no solo como un problema de puericultura a resolver.

Ser *objeto de un deseo no anónimo*, *hablado con palabras de amor* y *nombrado*, son los tres elementos para un instrumento que da unificación en el espacio, *el yo*, a costa del desconocimiento proyectivo y también para poder constituirse como *sujeto de lo inconsciente*. Se abre así la posibilidad de no habitar solo en dos, adherido a las imágenes yoicas, sino *en tres dimensiones y poder despertar* (Lacan, 1974: 95).

Referencias bibliográficas

Escher, Maurits Cornelis, 2016, *The graphic work,* Colonia: Taschen.

Freud, Sigmund, 1976, (1893-5) *Estudios sobre la histeria. Tomo II, Obras Completas,* Buenos Aires, Amorrortu.

___ (1895) *Proyecto de psicología*. T. 1, *Obras Completas,* Buenos Aires, Amorrortu.

___ (1896) *Manuscrito K.,* T. I, *Obras Completas,* Buenos Aires, Amorrortu.

___ (1897) *Manuscrito M,*. T. 1, *Obras Completas,* Buenos Aires, Amorrortu.

___ (1900) *La Interpretación de los Sueños,* T. V, *Obras Completas,* Buenos Aires, Amorrortu.

___ (1901) *Psicopatología de la vida cotidiana,* T. VI, *Obras Completas,* Buenos Aires, Amorrortu.

___ (1908) *Las fantasías histéricas y su relación con la bisexualidad,* T. IX, *Obras Completas,* Buenos Aires, Amorrortu.

___ (1911) *Formulaciones sobre los dos principios del acaecer psíquico,* T. XII, *Obras Completas,* Buenos Aires, Amorrortu.

___ (1912) *Sobre la dinámica de la transferencia,* T. XII, *Obras Completas,* Buenos Aires, Amorrortu.

___ (1913) *Sobre la iniciación del tratamiento,* T. XII, *Obras Completas,* Buenos Aires, Amorrortu.

___ (1914) *Introducción del narcisismo,* T. XIV, *Obras Completas,* Buenos Aires, Amorrortu.

___ (1915) *Lo inconsciente,* T. XIV, *Obras Completas,* Buenos Aires, Amorrortu.

___ (1917) *22° conferencia. Algunas perspectivas sobre el desarrollo y la regresión,* T. XVI, *Obras Completas,* Buenos Aires, Amorrortu.

___ (1918) *De la historia de una neurosis infantil,* T. XVII, *Obras Completas,* Buenos Aires, Amorrortu.

___ (1920) *Más allá del principio del placer,* T. XVIII, *Obras Completas,* Buenos Aires, Amorrortu.

___ (1925) *La Negación,* T. XIX, *Obras Completas,* Buenos Aires, Amorrortu.

___ (1926) ¿Pueden los legos ejercer el análisis? Diálogos con un juez imparcial, T. XX, *Obras Completas,* Buenos Aires, Amorrortu.

___ (1930) *El malestar en la cultura,* T. XXI, *Obras Completas,* Buenos Aires, Amorrortu.

___ (1933) *Conferencia 31, La descomposición de la personalidad psíquica,* T. XXII, *Obras Completas,* Buenos Aires, Amorrortu.

___ (1938) *Esquema de psicoanálisis,* T. XXIII, *Obras Completas,* Buenos Aires, Amorrortu.

Granon-Lafont, Jeanne, 1987, *La topología básica de Jacques Lacan,* Buenos Aires, Nueva Visión.

___ 1992, *Topología lacaniana y clínica psicoanalítica,* Buenos Aires, Nueva Visión.

Harari, Roberto, 2008, *El sujeto descentrado. Una presentación del psicoanálisis,* Buenos Aires, Lumen.

___ 1991, "Evolución del concepto de 'yo', y sus consecuencias". En *Intensiones freudianas,* Buenos Aires, Nueva Visión.

H. D., 1979, *Tributo a Freud,* Buenos Aires, Shapire.

Hippolyte, Jean (1954) "Comentario hablado sobre la *Verneinung* de Freud". En Lacan, Jacques, *Escritos 2,* 1985, Buenos Aires, Siglo XXI.

Kasner, Edward y Newman, James, 1985, *Matemáticas e imaginación,* Madrid, Hyspamérica.

Lacan, Jacques (1938) "Los complejos familiares en la formación del individuo". *Otros Escritos,* 2012, Buenos Aires, Paidós.

___ (1948) "La agresividad en psicoanálisis". *Escritos 1,* 1988, Buenos Aires, Siglo XXI.

___ (1949) "El estadio del espejo como formador de la función del yo [*Je*] tal como se nos revela en la experiencia psicoanalítica". *Escritos 1,* 1988, Buenos Aires, Siglo XXI.

___ (1953) "Función y campo de la palabra y del lenguaje en psicoanálisis". *Escritos 1,* 1988, Buenos Aires, Siglo XXI.

___ (1953-4) *El Seminario 1. Los escritos técnicos de Freud,* 1981, Barcelona, Paidós.

___ (1954-5) *El Seminario 2. El Yo en la Teoría de Freud y en la Técnica Psicoanalítica,* 1984, Barcelona, Paidós.

___ (1955) "La cosa freudiana o sentido del retorno a Freud en psicoanálisis". *Escritos 1,* 1988, Buenos Aires, Siglo XXI.

___ (1958a) "La dirección de la cura y los principios de su poder". *Escritos 2,* 1985, Buenos Aires, Siglo XXI.

___ (1958b) "Observaciones sobre el informe de Daniel Lagache: 'Psicoanálisis y estructura de la personalidad'". *Escritos 2,* 1985, Buenos Aires, Siglo XXI.

___ (1960-1) *El seminario 8. La transferencia,* 2003, Buenos Aires, Paidós.

___ (1962-3) *El Seminario 10. La angustia,* 2006, Buenos Aires, Paidós.

___ (1964) *El Seminario 11. Los cuatro conceptos fundamentales del psicoanálisis,* 1986, Buenos Aires, Paidós.

___ (1964) "Posición del inconsciente". *Escritos 2,* 1985, Buenos Aires, Siglo XXI.

___ (1967) "El psicoanálisis en sus relaciones con la realidad". *Intervenciones y textos 2,* 1988, Buenos Aires, Manantial.

___ (1972-3) *El Seminario 20. Aun [Encore],* 1991, Buenos Aires, Paidós.

___ (1973) "El atolondradicho" [L'étourdit]. *Otros escritos,* 2012, Buenos Aires, Paidós.

___ (1973-4) *Seminario 21. Les non dupes errent.* Inédito.

___ (1974) "La Tercera". *Intervenciones y textos 2,* 1988, Buenos Aires, Manantial.

___ (1974-5) *Seminario 22 RSI. Ornicar?* 2-3-4-5.

___ (1975) *Conferencia en Universidad de Columbia, 1 de diciembre,* Desgravación de circulación interna, Grupo Verbum.

___ (1975-6) *El Seminario 23. El Sinthome,* 2006, Buenos Aires, Paidós.

___ (1976-7) *Seminario 24. L'insu Que Sait De L'une-Bevue S'aile A Mourre.* Inédito.

___ (1977) "Apertura de la sección clínica". *Ornicar?* 3, Barcelona, Petrel.

Le Gaufey, Guy, 1998, *El lazo especular,* Buenos Aires, Edelp.

___ 2012, *La incompletud de lo simbólico. De René Descartes a Jacques Lacan,* Buenos Aires, Letra Viva / Lecol.

Nassif, Jacques, 1997, *Un buen casamiento. El aparato del psicoanálisis,* Buenos Aires, Ediciones de la Flor.

Piglia, Ricardo, 1997, *Literatura y psicoanálisis,* conferencia dictada el 7 de Julio de 1997, Buenos Aires.

Porge, Erik, 2000, *Jacques Lacan, un psicoanalista. Recorrido de una enseñanza,* Madrid, Síntesis.

Ricœur Paul, 1970, *Freud: una interpretación de la cultura,* México, Siglo XXI.

Rubio, Juan Manuel, 2002, *¿Por qué Freud no curó a Dora?,* Buenos Aires, EDUCA.

Ficciones filosóficas y concepto de realidad

Ivana Costa

Universidad de Buenos Aires
Universidad Católica Argentina

La consolidación de la filosofía como disciplina, en la Modernidad, trae aparejada la idea de que el cometido central del estudio filosófico es *lo que es*, *lo real*, el *ser*. Así lo expresa G. W. F. Hegel en sus *Lecciones sobre la historia de la filosofía*: "El verdadero punto de arranque de la filosofía debe buscarse [...] allí donde el pensamiento capta como pensamiento el ser (que puede ser también el pensamiento mismo), conocido por él como la esencia de las cosas, como la totalidad absoluta y la esencia inmanente de todo". Eso no impide que la filosofía siga empleando ficciones de maneras muy diversas: relatos, metáforas, hipótesis, experimentos mentales, cuya falsedad teorética se admite pero que no obstante se emplean por su valor heurístico, práctico o didáctico. Aunque las ficciones se caractericen por diferentes dosis de irrealidad, falsedad y artificialidad, ellas hacen un aporte al discurso filosófico y a su racionalidad.

Aquí no me voy a ocupar de las ficciones del discurso filosófico sino más bien de las que son propias de la literatura y que configuran –a veces anticipan– una particular concepción filosófica de *realidad*. Debemos a la historia conceptual y en particular a Hans Blumenberg un primer esquema que revela la transformación histórica del concepto de realidad. La intención original de Blumenberg fue poner en relación cuatro diversas *figuras típicas* de *realidad* –es decir, cuatro diferentes maneras de concebir lo real en la historia de la filosofía– con el surgimiento de la novela como género.[1] Por mi parte, tomando la idea original, la de los

1 "Wirklichkeitsbegriff und Möglichkeit des Romans", conferencia dictada en 1963, en el grupo Hermeneutik und Poetik, publicada en *Nachahmung und Illusion*, H. R.

cuatro diferentes conceptos de realidad, voy a proponer algunos ejemplos ilustrativos (no exhaustivos) de cómo la literatura, en diferentes géneros, fue poniendo de manifiesto esas diversas figuras típicas de lo real,[2] de manera contemporánea o anticipándose a sus presentaciones en los textos filosóficos, convirtiendo a las ficciones en portavoces de un estado de cosas en la historia de las ideas.

1. Primera figura: la realidad como evidencia inmediata

La primera figura típica que identifica Blumenberg es la *realidad de la evidencia inmediata.* Ella coincide en buena medida con la concepción platónica y aristotélica de realidad, que en su expresión más alta es Forma. Ese carácter inmediato puede leerse en un célebre pasaje del *Banquete* platónico: cuando se atraviesan las diferentes etapas de un imaginario ascenso erótico –dice Platón– se advierte *de pronto*

> algo asombroso, bello por naturaleza [...] que, en primer lugar, siempre existe; es decir que ni nace ni perece, ni crece ni decrece; además, no es bello en cierto aspecto pero feo en otro; que tampoco es a veces bello pero otras no; que no es bello en cierto sentido pero feo en otro; que no es bello aquí pero feo allá; como si para algunos fuera bello pero para otros, feo. Lo bello ya no se le aparecerá en la forma de un rostro o de unas manos o de cualquier otra parte del cuerpo [...] ni en un ser vivo, en la tierra, en el cielo o en alguna otra cosa, sino como algo que siempre existe en sí, por sí y para sí, algo único en su tipo... (Platón, 2015: 191-193; *Banquete* 210e4-211b2)

Lo realmente real (lo que es realmente, *ontós on*, o lo que máximamente existe, *málista eînai*) se caracteriza por oposición a lo aparente; a lo que parece pero no es en sentido pleno. Precisamente la apuesta platónica consiste en reconducir el "nada es" (o "nada existe") de la sofística gorgiana a la constatación de que muchas cosas son o existen pero como *apariencia*, con una realidad derivada, dependiente, fugaz, inestable, corruptible.[3]

Jauss (ed.), Munich, Eidos Verlag, 1964. Cito aquí a partir de la versión francesa: "Concept de réalité et possibilité du roman", en *Le concept de réalité*, París, Seuil, 2012.

2 La idea de Blumenberg contemplaba cuatro conceptos o figuras de realidad; a casi sesenta años de aquella empresa pionera, hoy la filosofía ya piensa en términos de un quinto concepto. Sugerí este quinto concepto, la realidad de la infoesfera, en Costa, 2019: 122-133.

3 Este mismo concepto de realidad es el que caracteriza a la filosofía aristotélica y a la cosmovisión expresada en el Antiguo Testamento. Cf. Blumenberg, 2012: 40-41.

No es fácil identificar una sola anticipación literaria de este motivo que contrapone lo real y lo aparente, pero en Esquilo, de los autores trágicos el más citado en los diálogos de Platón,[4] es frecuente. Precisamente en la *República*, al iniciar la discusión positiva acerca de qué es la justicia, hay dos citas textuales de *Siete contra Tebas*. Ambas forman parte de la descripción que hace Esquilo de Anfiarao, quien –a diferencia de los otros seis guerreros apostados en las murallas de la ciudad– no lleva ornamento en su escudo "pues no quiere parecer el mejor sino serlo".[5] Glaucón, portavoz de la opinión corriente (el injusto vive mejor que el justo) propone a Sócrates y los demás interlocutores imaginar al hombre injusto, que actúa sin disimular, y "una vez supuesto ese hombre, pongamos en teoría, junto a él al hombre justo, simple y noble, que no quiere, al decir de Esquilo, parecer bueno sino serlo".[6] En la siguiente página vuelve a citar a Esquilo: los que alaban a la injusticia, sigue Glaucón,

> dirán que el injusto es el que en realidad se ocupa de lo suyo ateniéndose a la verdad y no viviendo según la apariencia: no quiere parecer injusto sino serlo, *cosechando en los surcos profundos que atraviesan su corazón, de donde brotan sus nobles propósitos.* (Platón, 1988: 111; R. 362b5-8)

Glaucón introduce los versos 593-594 de *Siete contra Tebas* en una suerte de consumo irónico que refuerza la posición vulgar que en ese contexto defiende, y que no obstante emplea, en su beneficio, la distinción entre apariencia y realidad.[7]

Sófocles también reflexiona sobre apariencia y realidad, aunque su mirada está puesta en lo aparente, efímero y evanescente de la vida humana. En *Áyax*, Atenea le hace ver a Ulises que el héroe enfurecido que ha enloquecido era un hombre previsor y lúcido. ¿Acaso –pregunta la diosa– conociste a alguien más previsor? Ulises responde:

> No conocí a nadie, pero lo compadezco igual
> por desdichado, aunque sea mi enemigo,
> porque está atado al yugo de una alucinación funesta,

---

4 Tarrant, 1955: 82 indica ocho, "identificables y explícitas".

5 Esquilo, 1993: 294 (*Siete contra Tebas* 592).

6 Platón, 1988: 110 (*R.* 361b7-8).

7 *Mutatis mutandis*, la réplica de Atenea al corifeo, en *Euménides* 430 ("Pero prefieres tener fama de justa a obrar con justicia"), también distingue entre apariencia y realidad en el ámbito de lo justo, que es precisamente una de las tres claves (junto con lo bueno y lo bello) que inspiran la motivación ético-política para la llamada teoría de las Ideas.

observo lo mío no menos que lo de él:
pues veo que nosotros, los que estamos vivos,
no somos sino fantasmas, ínfima sombra.
(Sófocles, 1981: 132-133; *Áyax* 121-126)

Para los autores trágicos, no hay duda de que el ser humano tiene una realidad secundaria respecto de aquella otra, de inmediata evidencia, representada por lo divino. Que la estricta noción de dios tuviera sus variaciones entre los poetas del siglo V aC, Platón, Aristóteles y el judeocristianismo, no cambia las cosas en lo que hace a una común percepción de la distancia entre la sombra y la luz, entre el fantasma y lo que es real.

2. Segunda figura: la realidad garantizada

La segunda de las figuras históricas o típicas, *la realidad garantizada*, tiene su origen en la Edad Media pero se consolida en la Modernidad, con René Descartes, precisamente cuando la filosofía, como disciplina, comienza a identificar el concepto de realidad con su cometido específico. Su formulación más explícita está en el *cogito* cartesiano, emblema moderno que sin embargo despliega y consagra una concepción propiamente medieval, y que se encuentra ya plasmada en Agustín de Hipona.[8] A diferencia de la primera figura típica (la realidad como evidencia inmediata), esta segunda elaboración del concepto de realidad enfrenta a un escepticismo ya provisto de un aparato teórico consistente, que obliga a replegar las murallas defensivas hasta el mismo *yo soy*. El efecto corrosivo del escepticismo, tanto en las versiones que transmite Sexto Empírico, como en la del pirronismo extendido en los siglos XV y XVI,[9] amenaza también la convicción respecto de la propia entidad. Si el muro de contención que detiene el avance escéptico es la afirmación del yo (yo pienso, o yo me engaño –o incluso yo amo y soy feliz–, entonces existo) es porque una incertidumbre próxima al nihilismo alcanzó también a ese último refugio que habría parecido invulnerable a los autores antiguos, de época arcaica y clásica. En San Agustín, la objeción escéptica –la "de los académicos", la llama–[10] se rechaza acudiendo a la experiencia de

8 Véanse, por ejemplo, *De Civitate Dei* XI.26, *De Trinitate* 10.14 y *De Libero Arbitrio* II.3.

9 Las primeras traducciones latinas de los *Esbozos pirrónicos* y *Adversus Mathematicos* se difundieron en Francia en la década del 60 del siglo XVI.

10 A partir del s. II aC., la dirección de la Academia platónica, con Arcesilao y Carnéades al frente, había seguido una línea escéptica. Arcesilao incluso provee al escepticismo

un yo, que reconoce y ama su ser y su capacidad de conocer, aunque sea fallida. Es más, su falla es ya prueba de que *yo soy*.

> Porque nosotros somos y conocemos que somos, y amamos nuestro ser y conocimiento. Y en estas tres cosas que digo no hay falsedad alguna que pueda turbar nuestro entendimiento [...] sino que sin ninguna imaginación engañosa de la fantasía, me consta ciertamente que soy, y que eso lo conozco y amo. Acerca de estas verdades no hay motivo para temer argumento alguno de los académicos aunque digan: ¿qué, si te engañas? Porque si me engaño ya soy; pues el que realmente no es tampoco puede engañarse, Por lo tanto, si me engaño soy. (Agustín de Hipona, 2001: 548-549; *De Civitate Dei* XI. 26)

Ahora bien, a juicio de Agustín la garantía de que lo real puede ser conocido con certidumbre está dada por la iluminación divina, que permite explicar cómo nuestro conocimiento puede tener el carácter necesario que exige el entendimiento y no quedar reducido a mera creencia.[11] Aquí también el razonamiento cartesiano sigue al de San Agustín: el esquema de la *realidad garantizada,* que se nutre de la concepción medieval del espíritu humano, requiere, junto a la relación cognoscitiva de un sujeto y un objeto, "una instancia complementaria de mediación" (Blumenberg, 2012: 42), una garantía metafísica, esto es: Dios.

En el *Discurso del método,* Descartes afirma que el *cogito* es resultado de sus intentos por refutar a los escépticos. La duda cartesiana se presenta diferenciándose de la duda escéptica, porque por la duda metódica es posible alcanzar la verdad de la proposición "pienso, existo" que se le aparece al espíritu de manera clara y distinta, y que permite admitir como "regla general que todas las cosas que percibo muy clara y distintamente son verdaderas". La autobiografía que traza el filósofo revela su esfuerzo por observar con distancia crítica "las comedias" que se representan en el mundo, arrancando de su espíritu los errores:

> Y no es que imitara a los escépticos, que dudan por solo dudar y se las dan siempre de irresolutos; por el contrario, mi propósito no era otro que afianzarme en la verdad, apartando la tierra movediza y la arena, para dar con la roca viva o la arcilla. (Descartes, 2010: 56)

Descartes busca deshacerse del engaño que proviene de los sentidos, de los razonamientos, de las opiniones infundadas y de las creencias dudosas,

---

pirrónico de su principal concepto teórico, y también al escepticismo que siguió, en época helenística e imperial.

11 Véase *De Libero Arbitrio* II.8.

y para eso resuelve "fingir que todas las cosas, que hasta entonces habían entrado en mi espíritu, no eran más verdaderas que las ilusiones de mis sueños", rechazando como falso "todo aquello en que pudiera imaginar la menor duda". Al hacerlo, Descartes vuelve a diferenciarse del escéptico:

> advertí luego que, queriendo yo pensar, de esa suerte, que todo es falso, era necesario que yo, que lo pensaba, fuese alguna cosa; y observando que esta verdad: «yo pienso, entonces soy», era tan firme y segura que las más extravagantes suposiciones de los escépticos no son capaces de conmoverla, juzgué que podía recibirla sin escrúpulo, como el primer principio de la filosofía que andaba buscando. (Descartes, 2010: 57)

Al igual que para San Agustín, para Descartes no hay evidencia momentánea (ni inmediata) de la realidad última; el pensamiento todavía precisa confirmación metafísica. Lo que se percibe de manera clara y distinta en la evidencia queda garantizado como verdadero solo porque quien conoce es criatura de un Dios eminentemente perfecto. "No podemos saber nada de cierto si antes no sabemos que existe Dios".[12] Según Descartes, el ateo "nunca estará libre del peligro de dudar, si no reconoce previamente que hay Dios". O, como explica en una de las objeciones formuladas a las *Meditaciones*:

> No niego que un ateo pueda conocer con claridad que los ángulos de un triángulo valen dos rectos; solo sostengo que no lo conoce mediante una ciencia verdadera y cierta, pues ningún conocimiento que pueda de algún modo ponerse en duda puede ser llamado ciencia; y, supuesto que se trata de un ateo, no puede estar seguro de no engañarse en aquello que le parece evidentísimo. (Descartes, 1977: 115-116)

Solo con la garantía divina se puede descartar la posibilidad de un colosal engaño que el pensamiento no podría descifrar por sí solo.

Al camino especulativo que culmina en la afirmación del *cogito*, Descartes llega empleando dos ficciones escépticas: el genio maligno y la imposibilidad de discernir entre sueño y vigilia.[13] A la primera, la rechaza por entrar en contradicción con la noción misma de Dios; como se puede leer en la carta que Descartes escribe a Voetius en mayo de 1643, el solo pensamiento de Dios como engañador "implica una contradicción conceptual, es decir, no puede ser concebido" (Descartes, 1996: 86-60).

---

12 Descartes, 1977: 115. La cita, que retoma lo central del argumento de la Tercera Meditación, está en la Respuesta a las Segundas Objeciones.

13 "¡Cuántas veces no me habrá ocurrido soñar, por la noche, que estaba aquí mismo, vestido, junto al fuego, estando en realidad desnudo y en la cama!"; cf. Descartes, 1977: 19 y ss.

La segunda ficción, en cambio, parece un camino sin salida, ya que si no tengo un criterio para decidir sobre mi propio estado de sueño o de vigilia, ya no habrá manera de salir del laberinto escéptico. La cuestión era relativamente novedosa para la filosofía del siglo XVII,[14] y Thomas Hobbes señaló su dificultad dentro de las objeciones que propuso a las *Meditaciones* cartesianas,[15] sin embargo es manifiesto que el motivo escéptico del engaño a través de la ensoñación no era nuevo para la literatura. Grandes poetas ya habían hecho de esta duda un motivo central: ¿no estaremos tomando por real lo que es pura ensoñación, espectáculo, ilusión? ¿No se confunde nuestra realidad con ella? Shakespeare pone la cuestión en boca de Próspero, en *La Tempestad*.

> Estamos hechos en la misma madera
> que nuestros sueños; y nuestra corta vida
> está rodeada de ensoñación.[16]

Calderón de la Barca confía esa inquietud al monólogo de Segismundo en *La vida es sueño*:

> ¿Qué es la vida? Un frenesí.
> ¿Qué es la vida? Una ilusión,
> una sombra, una ficción,
> y el mayor bien es pequeño:
> que toda la vida es sueño,
> y los sueños, sueños son.
> (Calderón de la Barca, 2003: 90)

Es evidente, además, que Calderón advierte –y pone en escena– el desconcierto de los intelectuales de su tiempo frente a la generalidad

---

14 Lo novedoso no es el uso, en sede filosófica y gnoseológica, de la distinción entre sueño y vigilia, sino la idea de que, tomando la hipótesis en sentido radical, no habrá criterio alguno para distinguir cuándo estoy en un estado y cuándo en el otro. Esta dificultad aparece en el cuarto de los tropos escépticos de Enesidemo; cf. Sexto Empírico, 1993: 84-85.

15 En las Terceras Objeciones, "hechas por un célebre filósofo inglés", se lee: "No hay señal cierta y evidente mediante la cual podamos distinguir nuestros sueños respecto de la vigilia y la verdadera percepción de los sentidos"; allí mismo, más adelante, Hobbes repite que "la dificultad que hay para discernir la vigilia del sueño no es nada difícil de advertir". Cf. Descartes, 1977: 139.

16 La traducción de estos versos de *La Tempestad*, de Shakespeare, sigue la que sugirió J. L. Borges en "La pesadilla" (Borges, 1987: 39).

amenazante del argumento escéptico del sueño, como revelan los versos que siguen:

> Sueña el rico en su riqueza,
> que más cuidados le ofrece;
> sueña el pobre que padece
> su miseria y su pobreza;
> sueña el que a medrar empieza,
> sueña el que afana y pretende,
> sueña el que agravia y ofende,
> y en el mundo, en conclusión,
> todos sueñan lo que son,
> aunque ninguno lo entiende.
> (Calderón de la Barca, 2003: 90)

A pesar de la radicalidad y la novedad del modo en que formula la hipótesis del sueño (Burnyeat, 1982: 34-37), Descartes considera que puede hallarse un criterio para distinguir cuándo estoy dormido y cuándo estoy despierto sobre la base de la continuidad de sucesivos estados insomnes y de la existencia de un Dios que no engaña (Descartes, 1977: 266 y 375). La discusión en la tradición filosófica posterior muestra, no obstante, que Calderón no estaba equivocado sobre la dificultad de entender la aporía que significa para el conocimiento racional la equiparación del sueño y la vigilia.[17]

3. La crisis de las garantías metafísicas y la irrupción de los hechos

Contemporánea de la formulación cartesiana de la *realidad garantizada* es la exposición de Francis Bacon (1561-1626) del método inductivo, que contiene en germen la disolución de aquella concepción de lo real. Una de las claves de la ruptura que introduce el método está en la reivindicación de los datos sensoriales y de los hechos particulares *para uso y beneficio de la filosofía*. La segunda clave está en la denuncia de los obstáculos que interponen las ficciones en nuestro intento por acceder a la realidad. Para Bacon la mente no es una *tabula rasa* en la que ciertas realidades exteriores se imprimen de manera límpida, sino un vidrio esmerilado que debe pulirse de opacidades para poder captar la realidad. Por eso la suya es una propuesta disruptiva que consiste en

17 Véase la discusión más amplia que propone Burnyeat, 1982: 2-39.

conducir a los hombres frente a los hechos particulares, a sus series y a sus órdenes, de manera que ellos, por cierto tiempo, se impongan el renunciar a las nociones y comiencen a familiarizarse con las cosas mismas. (Bacon, 1889: 210; *Novum Organum* I 35 y 36)

El mero encuentro con "los hechos particulares" (*particularia*) no resulta ya un encuentro inmediato con lo real, o con "las cosas mismas" (*cum rebus ipsis*); la experiencia por la que aboga el *empirismo* de Bacon no es la experiencia mundana en su inmediatez; se trata, en todo caso, de un *uso teórico* de datos y hechos, que extirpa de la filosofía el dogmatismo. Al igual que Agustín y Descartes, también Bacon acusa recibo de las objeciones escépticas, de "los que defendían la acatalepsia".[18] Bacon no quiere que su crítica a la filosofía precedente lleve a pensar que él también integra las filas escépticas y que cree que no hay, en definitiva, conocimiento posible. Por eso aclara que la imposibilidad de conocer solo afecta "al camino que se sigue hoy en día", a la vez que advierte que es posible salirse de él, eliminando los "ídolos y falsas nociones" (*idola et notiones falsae*) que "asedian a la mente humana". Datos y hechos particulares permiten a la razón detectar el carácter ficticio de algunas teorías. Diferencias, excepciones y particularidades no constituyen un obstáculo sino, al contrario, la guía para el conocimiento de la realidad. Una *realidad* que, por otra parte, con la revolución científica y el *descubrimiento* del que entonces se llamó el *Nuevo Mundo*, se le fue imponiendo al pensamiento europeo con apabullante carga de novedad y contundencia.

No sorprende que en este período florezcan los géneros narrativos que anticipan el moderno periodismo: los boletines comerciales, la literatura diplomática, así como las cartas y relaciones que vienen de América y que constituyen un módico *boom* editorial en la feria de Frankfurt. En las primeras décadas del siglo XVII, comienzan a aparecer de manera periódica y regular las primeras gacetas: hojas de noticias que narran hechos de la crónica diaria, resúmenes y hasta chistes. Y además de la expansión del género periodístico (en sus variantes comerciales, sociales, diplomáticas y políticas), el siglo XVIII es el de la consagración de la *ficción realista*, con una marcada preferencia por las "vidas reales".

El *Robinson Crusoe* de Daniel Defoe, que tuvo cuatro ediciones solo en su primer año, es un buen ejemplo de esta tendencia. Aunque inspirada en un caso célebre (el del escocés Alexander Selkirk, que sobrevivió años en una isla del Pacífico, hasta ser rescatado en 1709), coloreado

18 Se refiere a los académicos Arcesilao y Carnéades, que discuten la teoría estoica del conocimiento vía *catálepsis*, según informa Sexto Empírico en *Adv. Math.* VII.

con elementos de otras historias reales de viajeros y sobrevivientes,[19] el de Defoe era un relato ficticio. Sin embargo, en su primera edición, se presentó como "auténtica historia de hechos". Así se lee en el Primer Prefacio de la edición original:

> El editor cree que se trata de auténtica historia de hechos (*facts*); no hay en ella apariencia alguna de ficción; y como sea que [el editor] piensa, puesto que todas estas cosas se despachan, serán los mismos tanto el mejoramiento, como la diversión y la instrucción del lector; y es por eso que [el editor] entiende, sin más cumplidos, que presta un gran servicio con esta publicación. (Defoe, 1719)

En la edición de 1801, "aumentada, con ilustraciones y grabados", se incluyó también el relato de la historia de Selkirk. Y puesto que el fabuloso éxito (en Inglaterra y en traducciones a varias lenguas) permitía prescindir del prestigio que pudiera prestarle la historia real a la ficción, un nuevo Prefacio admitía que el texto de Defoe podía ser invención. Aunque "muchos [...] le darán el nombre de novela", aun a la luz de esto "debe notarse que el mejoramiento, la diversión y la instrucción al lector serán los mismos".

4. Tercera figura: la realidad como realización de un contexto

A partir del siglo XVII, con el giro empirista que proclama el fin de los "mundos ficticios y teatrales" (Bacon, 1889: 210) de una teoría distorsionada por la fábula, y con el despertar "del sueño dogmático" del que habla Immanuel Kant hacia fines del siglo XVIII (Kant, 1984; AA 04), las concepciones de realidad ancladas en entidades metafísicas entran en fase terminal. En la *Refutación del idealismo*, Kant sale al cruce del "escándalo" que implica para la filosofía el resignarse a admitir "por fe", sin pruebas racionales, la existencia de cosas externas. Lo hace objetando, contra el *idealismo problemático* de Descartes, que la experiencia interna (el *cogito* que pone freno a la duda) solo es posible si presupone la experiencia externa, es decir, la existencia de un mundo allí afuera (Kant, 2007: 314; B 275). Estas aproximaciones, entre otras, van a impulsar un nuevo concepto: la *realidad como realización de un*

---

19 Arthur W. Secord, en su estudio sobre las fuentes de Defoe, advierte elementos de *An Historical Relation of the Island Ceylon* (1681), en el que Robert Knox relata su vida como náufrago y luego prisionero por diecinueve años en Ceilán, y también de *Three Years Travels from Moscow overland to China*, que Everard Ysbrants Ides publicó en 1706. Cf. Secord, 1963: 11-21.

contexto coherente, que a mi juicio encuentra su primera exégesis filosófica en la fenomenología de Edmund Husserl.

En este tercer sentido, la realidad se reconoce como el resultado de una "realización" que tiene su punto de partida en la experiencia, conformada tanto por *hechos* como por *intuiciones*. Las bases de esta concepción pueden rastrearse en las *Meditaciones Cartesianas* de Husserl, quien a la vez exige una revisión radical de la filosofía de su tiempo, una "crítica universal y absoluta", ya que se debe "empezar por crearse un universo de absoluta exención de prejuicios, absteniéndose de tomar toda posición que pretexte la existencia de cualquier realidad" (Husserl, 1942: 65; *Husserliana* I, 74).

Para Husserl es ilegítima toda pretensión de realidad que no tenga su fuente en la evidencia, que no provenga de "*experiencias* en las cuales no estén presentes las respectivas cosas y hechos objetivos *ellos mismos*" (1942: 25; *Husserliana* I, 54). La experiencia incluye lo dado en la sensibilidad y también en la intuición, ya que en ella algo se muestra o aparece *tal como es*, es decir, como *fenómeno,* palabra que conserva aquí el sentido del verbo griego *phaínǫ*, "aparecer", y del participio *tà phainómena*, "lo que aparece" o "lo que se manifiesta":

> Toda intuición en que se da algo originariamente es una fuente de derecho del conocimiento, [...] todo lo que se nos brinda originariamente (por decirlo así, en su realidad corpórea) en la 'intuición', hay que tomarlo simplemente como se da, pero también solo dentro de los límites en que se da. (Husserl, 1949: 58; *Husserliana* III, 52)

El concepto de *realidad como contexto* se despliega en un horizonte temporal medido en términos humanos; es por lo tanto un concepto abierto, que depende siempre de futuras experiencias y que reivindica la adopción de *perspectiva*, es decir la constitución de realidad a partir de aspectos parciales, con conciencia de sus límites y expectativa de consistencia. Esta noción de realidad presupone la totalidad ideal de todos los sujetos y la confirmación de la experiencia como elaboración de un mundo que se completa intersubjetivamente. La realidad se vuelve así resultado de una *realización*, algo que se constituye en fases sucesivas, cuya coherencia nunca es definitiva sino que se la retoma siempre, remitida a cada uno de los futuros en los que podrían intervenir elementos capaces de hacerla retroceder, expulsando hacia la irrealidad aquello que hasta entonces se admitía como real.[20] Realidad que emerge como resultado de experien-

20 Retomo, parafraseándola, la definición de Blumenberg, 2012: 43.

cias parciales, orientadas a una totalidad que nunca será definitiva, y que es imposible de expresar en todos sus aspectos; Blumenberg asocia esta figura típica con el surgimiento de la novela, el género poético de la Modernidad: "el género más lleno de mundo y el más vinculado al mundo; el género de un determinado contexto en sí finito pero que presupone el infinito y a él remite" (Blumenberg, 2012: 57). Precisamente esa "estructura épica" de la realidad, afirma Blumenberg, es la que expresa la novela de balzaciana y su "*modelo perspectivista*, en el cual la ilusión de realidad de toda una sociedad se estructura mediante la vuelta de los mismos personajes, presentados desde diversas perspectivas, de novela en novela" (69-70).

Pero incluso antes de llegar a esas dimensiones épicas y la estructura paradigmática de Balzac, quisiera detenerme en las diferentes experiencias narrativas de Stendhal, las cuales dan cuenta de ese cambio radical de mirada y enfoque que implica dejar de lado el aval metafísico de lo que se considera real para dirigirse en cambio a la descripción mundana y captar allí, en la precisión de los detalles, en la observación atomizada de cada partícula, lo que Erich Auerbach llama la "seriedad trágica y existencial en el realismo" (Auerbach, 1996: 453). El crítico alemán –perspectivista en su aproximación–[21] reconoce que, a pesar del resultado a menudo vacilante, desigual, incompleto, imperfecto, arbitrario, de corto aliento de la obra de Stendhal, fue él quien "se vio obligado a vérselas con la realidad en forma no conocida por los que lo habían precedido" (431).[22] Cuando analiza esa originalidad, Auerbach repara en la importancia que ganan, en cada trama, las dinámicas políticas, sociales, económicas, que Stendhal aborda "sin un sistema preconcebido", solo desde el profundo sentimiento de estar desacomodado respecto de esas dinámicas, a través de héroes "que piensan y sienten contra su época". Concluye entonces que la novedad está en la "actitud" de Stendhal, en la amplitud y en la clase de temas que trata seriamente, temas que no podían ser vertidos "en los niveles de captación y expresión cristianos, shakespearianos, racinianos" precedentes, y que con Stendhal forjan "un nuevo estilo elevado" (453).[23]

21 La definición es de Ginzburg, 2010: 242.

22 Y también: "Si tenemos en cuenta que el realismo moderno serio no puede representar al hombre más que inserto en una realidad total, en constante evolución político-económico-social –como sucede ahora en cualquier novela o película–, habremos de considerar a Stendhal como un fundador" (Auerbach, 1996: 435).

23 En un artículo en el que discute algunas tesis de Auerbach, Carlo Ginzburg enfatiza que ese "aislamiento" de los personajes de Stendhal, ese estar desacomodados de

William Somerset Maugham destaca otro elemento de originalidad que interesa a la relación entre concepto de realidad y aproximación literaria: Stendhal "carecía por completo" de inventiva, dice Maugham. Buscaba sus temas en crónicas y noticias documentadas. Se sabe que la descripción de la batalla de Waterloo que en *La cartuja de Parma* se narra a través de los ojos de Fabrizio Del Dongo está inspirada en las memorias de un soldado inglés que había luchado en la batalla de Victoria. Antiguos anales y memoriales italianos proveen información para el resto de esa novela (Somerset Maugham, 2004: 115), y para las *Crónicas italianas*. Casi todos los escritos de Stendhal están atravesados por una particular inquietud de historiador, o de quien persigue –como advierte Ginzburg– la "áspera verdad".[24] *Rojo y negro*, que en sus ediciones antiguas llevaba el subtítulo *Chronique de 1830*, toma su argumento de la historia real "horrible y sórdida" del joven seminarista Antoine Berthet. El caso contiene los mismos elementos que la vida novelada de Julien Sorel. Preceptor en casa de Monsieur Michoud y después en la de Monsieur de Cordon, Berthet "intentó seducir –de hecho sedujo– a la esposa del primero y a la hija del segundo" (Somerset Maugham, 2004: 120).[25] Expulsado y obsesionado con la idea de que la familia Michoud era responsable de su caída, disparó a Madame de Michoud durante una misa e intentó quitarse la vida. Sobrevivió, fue juzgado y ejecutado en febrero de 1828. Gran parte de los detalles del caso se difundieron en cuatro números sucesivos de *La Gazette des tribunaux*.

Además del tema central, en *Rojo y negro* hay múltiples cruces entre la ficción y diversas personas y hechos reales documentados.[26] Su relevancia

su época, es deliberado y se expresa con estrategias formales específicas, como la "puntuación quebrada y fragmentada" para introducir "repentinos cambios de perspectiva"; véase Ginzburg, 2010: 253-256.

24 La expresión, atribuida a Danton, aparece en el epígrafe que Stendhal puso al comienzo de *Rojo y negro*, e invoca una noción de verdad como "rechazo de toda belleza cosmética" (Ginzburg, 2010: 246).

25 "Horrible y sórdida" son calificativos que emplea S. Maugham.

26 Ginzburg repasa en *Rojo y negro* otros cruces con hechos reales: Géronimo, amigo de Julien Sorel, se inspira en el cantante Louis Lablache, quien encarnó el papel de Geronimo en el *Matrirnonio segreto* de Cimarosa el 4 de noviembre de 1830 en París (Ginzburg, 2010: 251). Una reflexión lateral de Julien incluye otra alusión a una persona histórica. Sorel llega al baile en casa de aristócratas, y Stendhal escribe: "¿Acaso Israel Bertuccio no tiene más carácter que todos esos nobles venecianos?, se decía nuestro plebeyo rebelde...". La persona detrás de la mención, Bertuccio Isarello, ejecutado por participar de una conspiración en la Venecia del siglo XIV, aparece también en

para la fundación del realismo trágico es obvia. Pero S. Maugham extrae otras conclusiones: a su juicio, en este caso, el hecho real contaminó en cierta forma el final de *Rojo y negro*. El ataque de Julien a Madame de Rênal, gratuito, así como la incapacidad de Julien para ejercer un mínimo autodominio (que había sido su rasgo distintivo a lo largo de toda la novela), desconcertaron a los críticos, que balbucearon algunas explicaciones: estos desajustes obedecen a la necesidad de incluir aspectos melodramáticos, o de violencia repentina en la trama. La tesis de S. Maugham es más simple y radical: Stendhal no habría podido escribir otro final más que éste, fallido, porque

> los hechos que le habían sido dados ejercieron sobre él un poder hipnótico del que no fue capaz de librarse; había seguido muy de cerca la historia de Antoine Berthet y se creyó en la obligación de atenerse a ella, en contra de toda credibilidad, hasta su terrible final. (Somerset Maugham, 2004: 128)

Auerbach considera que el compromiso de Stendhal con la expresión de realidad, esto es, con el "entretejido" en el que se unen la existencia trágica de Julien Sorel y su origen social inferior con la historia concreta de su época, "constituye un fenómeno completamente nuevo y extremadamente importante" (Auerbach, 1996: 429). Acaso tanto como para borrar lo estrictamente ficticio en beneficio de una expresión más *verdadera* de la nueva comprensión de lo real.

5. Cuarta figura: la realidad como resistencia

La *realidad como resistencia*, tipología cuyo tratamiento es mucho más acotado en la obra de Blumenberg, entiende por real "lo que no se revela sumiso al sujeto" y "le opone resistencia", lo que "resulta absolutamente inalcanzable", "el elemento ya no accesible al análisis"; lo que "no se deja esclavizar como simple material sujeto a la manipulación, a una manifestación cuyas coordenadas siempre se podrían modificar" y en cambio se revela "como *factum brutum* en su autonomía de excesivo poder", en su "fuerza imponente" y tirana. Una noción que parece expresada en la filosofía de Arthur Schopenhauer, en su noción de *voluntad*. En *Sobre la voluntad en la naturaleza*, el autor la describe con estas palabras:

---

la tragedia *Marino Faliero* de Casimir Delavigne, estrenada en París en 1829. A ella remite Stendhal los pensamientos de Julien Sorel en la novela. Lo más probable es, sin embargo, que las referencias de Stendhal al tema del hombre humilde entre cortesanos estén tomadas de otra obra anterior sobre el mismo Bertuccio Isarello, pero más profusamente documentada, de Lord Byron (cf. Ginzburg, 2010: 223-236).

La única cosa en sí, lo único verdaderamente real, lo único originario y metafísico, en un mundo en que todo lo demás no es más que fenómenos, es decir, mera representación, esta voluntad (...) presta a cada cosa, sea la que fuere, la fuerza para que pueda existir y obrar. (Schopenhauer, 1987: 40-41)

De esa fuerza que es la voluntad se originan "no solo las acciones arbitrarias de los animales sino hasta los instintos orgánicos de su cuerpo animado y la forma y constitución misma de ellos, hasta la vegetación de las plantas y, en el reino inorgánico, la cristalización, y en general toda fuerza originaria que se manifieste en fenómenos físico-químicos y hasta la gravedad misma". Además de ser *lo auténticamente real*, la voluntad está en todo, "es la fuerza que vive en la planta, la fuerza por la que se forma el cristal y por la que el imán se vuelve al Polo Norte" (Kenny, 2005: 400), pero como cosa en sí es radicalmente diferente de su fenómeno. "Íntima, oculta", libre de todas sus formas, reside fuera del tiempo, y aunque es fuente de todo, su naturaleza última escapa a nuestro conocimiento. Para Schopenhauer, lo más propiamente real no está en lo fenoménico sino en el deseo, la carencia, el sufrimiento, que son manifestaciones de aquella fuerza interior. Como explica en los *Manuscritos berlineses*, todo lo primordial, todo genuino ser es inconsciente (*Unbewusst*) (Schopenhauer, 1996: 203).

Esta visión constituye el trasfondo filosófico del que surge la teoría freudiana, para la cual los actos humanos obedecen a velados mecanismos que no se expresan como metas racionales, inaccesibles a la conciencia (se revelan en sueños, actos fallidos o síntomas neuróticos), y que se originan precisamente en una dimensión inconsciente. Aunque el psicoanálisis se propone como técnica de desciframiento del inconsciente, las características que Freud le atribuye –atemporalidad, ausencia de contradicción y predominio del principio del placer– tienen la marca de la noción de voluntad de Schopenhauer. La influencia de Schopenhauer es más decisiva aún en la filosofía de Friedrich Nietzsche, quien abre el campo para un amplio reconocimiento de la presencia funcional de la ficción en el mundo *real*. Con Nietzsche *la realidad* es una suerte de fosilización de diferentes estratos de *ficción* que van sumando el lenguaje, nuestra constitución sensible y nuestro modo de forjar conocimiento, aun científico y matemático.

La reflexión de Nietzsche sobre la presencia de ficciones comienza ya en los escritos tempranos; en ellos ya identifica el impulso hacia la construcción de metáforas como "impulso fundamental del hombre, del que no se puede prescindir ni un instante" (Nietzsche, 1996: 32). Metaforizar es la primera pulsión que explica tanto la formación del conocimiento como el surgimiento del lenguaje. La forma más básica de conocimiento, la sensación, es un impulso nervioso que se traduce en una imagen, y esa traducción se transforma, a fuerza de infinidad de repeticiones, en una relación de causalidad, tal como "un sueño eternamente repetido sería percibido y juzgado como algo absolutamente real" (34). Pero esta –advierte Nietzsche– es una operación exclusivamente *antropomórfica* que no puede alegar nada sobre *lo real* o *la cosa en sí*. Por eso, la *verdad* es "una noción antropomórfica" mientras que "la *cosa en sí* (la verdad pura, sin consecuencias) es totalmente inalcanzable" (34).

Si bien capturar lo real incógnito es imposible para un conocimiento humano, establecemos regularidades, parámetros, formas fijas: "operamos con cosas que no existen, con líneas, superficies, cuerpos, átomos, tiempo divisible y espacio divisible..." (Nietzsche, 1984: 103). El *mundo real* se vuelve un mito indispensable –"la naturaleza no conoce formas ni conceptos, ni tampoco ningún tipo de género, sino solamente una **x** que para nosotros es inaccesible e indefinible"– (Nietzsche, 1996: 22). De ahí que *verdadero* y *falso* se vuelvan conceptos relativos. Precisamente, *mentira en un sentido extra-moral* es para Nietzsche "la desviación consciente de la realidad que se encuentra en el mito, el arte, la metáfora", la "adhesión intencional a la ilusión", teniendo conciencia de su naturaleza ilusoria.

En *Humano, demasiado humano, Aurora* y *La gaya ciencia,* Nietzsche profundiza la idea de que las ficciones conscientes son necesidades teóricas. Las creencias, inclusive las de la ciencia, son "ficciones reguladoras" (Nietzsche, 1984: 170) y también biológicas, producto de nuestra fisiología. Conocemos con las sensaciones ("impulsos eléctricos") y a través de ellas solo captamos realidad representada, apariencias, fenómenos. En los escritos más tardíos[27] y en los fragmentos póstumos de la última época, retoma el *perspectivismo*, que era marca también de la tercera figura típica (la realidad como contexto). Sin embargo, Nietzsche no apela a un elemento que es central en la fenomenología husserliana: el presupuesto de una totalidad ideal de todos los sujetos como confirmación intersubjetiva de la experiencia. El perspectivismo de Nietzsche no tiene detrás *un* sentido sino innumerables sentidos. Y esto ha sido interpretado en el siglo XX como una forma de relativismo extremo que se aproxima una vez más, por otra vía, al escepticismo. Aunque se trata de una interpretación posiblemente sesgada, que no hace justicia a la reivindicación nietzscheana de la ciencia (entendida como suma de cono-

---

27 *Así habló Zarathustra, Más allá del bien y del mal, Genealogía de la moral, El crepúsculo de los ídolos, El Anticristo.*

cimientos verdaderos) y del ansia humana de verdad, no es infrecuente. En los textos de Nietzsche, la deriva escéptica aparece más bien como un efecto cultural del descrédito de los sistemas metafísicos, pero no como fin teorético (Nietzsche, 2001: 55).[28] El filósofo en cambio reivindica la necesidad de que la "cultura superior" preserve, "como una exigencia de la salud", el funcionamiento de "un doble cerebro":

> para sentir de un lado la ciencia, del otro lo que no es ciencia [...] de un lado la fuente de la fuerza, del otro el regulador [...] debe calentarse con ilusiones, unilateralidades, pasiones, y con la ayuda de la ciencia cognitiva deben prevenirse las consecuencias malignas y peligrosas de un recalentamiento. (Nietzsche, 2001: 164)

Reconoce también que "si el interés por lo verdadero cesa" y si ganan terreno las tendencias "asociadas con el placer", esto es: "la ilusión, el error, el fantaseo", entonces sobreviene "la ruina de las ciencias, la recaída en la barbarie" (164). Sin embargo, la interpretación escéptica subraya la lectura nihilista de algunos pasajes, como el célebre "no existen hechos, solo interpretaciones" (Nietzsche, 1999: 315)[29], como apertura a la indefinición y a la ambigüedad.

Si bien la naturaleza críptica y ambigua no es exclusiva de un solo género, muchos de los cuentos fantásticos de Guy de Maupassant son ilustración patente de esta visión de la realidad como resistencia, como algo que escapa a la explicación racional y adopta la forma de la paradoja. Esta visión surge de una indagación naturalista pero no es incompatible con el giro sobrenatural. Se plasma en cuentos como "El Horlá", "La cabellera", "Aparición" o "Sobre el agua", en los que el protagonista relata alguna situación anormal, aterradora e inconcebible, pero lo hace no obstante siempre delante de un público que incluye, por lo general, alguna figura autorizada, un médico o un juez que confirma que los hechos misteriosos son reales y no un invento.[30] Estos relatos exhiben también su abierta ambivalencia y dejan al lector la decisión: ¿delirio o verdad? "El atractivo [...] reside en que la narración se articula en torno a la duda y, al final, averiguar si el personaje está efectivamente loco carece de importancia ante la magnitud del horrible fenómeno que experimenta" (Benítez, 1979: 2-4). Lo incomprensible es oscuro y la idea de realidad, al parecer, se ha vuelto oscura también.

---

28 Véase también *El libro del filósofo* #37.

29 Véase también, contra las lecturas relativistas, Costa, 2019: 115-119 y la bibliografía allí referida.

30 Véase la introducción de E. Benítez (Guy de Maupassant, 1979: 2-4).

Referencias bibliográficas

Agostino D'Ippona, 2001, *La città di Dio*, trad. de L. Alici, Milán, Bompiani.

Auerbach, Erich, 1996, *Mímesis. La representación de la realidad en la literatura occidental*, trad. cast. de I Villanueva y E. Imaz, México, FCE [1942].

Benítez, Esther, Prólogo a Maupassant, R. A. Guy de, 1979, *El Horlá y otros cuentos fantásticos*, trad. y prólogo de E. Benítez, Madrid, Alianza.

Blumenberg, Hans, 2012, *Le concept de réalité*, París, Seuil.

Borges, Jorge Luis, 1987, *Siete Noches*, Buenos Aires, FCE.

Burnyeat, Myles, 1982, "Idealism and Greek Philosophy: What Descartes Saw and Berkeley Missed", *The Philosophical Review* 91/1, 3-40.

Calderón de la Barca, Pedro, 2003, *La vida es sueño*, Santa Fe, El Cid Editor.

Costa, Ivana, 2019, *Había una vez algo real. Ensayo sobre filosofía, hechos y ficciones*, Buenos Aires, Mardulce.

Cruickshank, Don, 2009, *Don Pedro Calderón*, Cambridge, Cambridge University Press.

Defoe, William, 1719, *The Life and Strange Surprising Adventures of Robinson Crusoe... Written by Himself*, Londres, W. Taylor.

Descartes, René, 1977, *Meditaciones Metafísicas con Objeciones y Respuestas*, trad. de V. Peña, Madrid, Alfaguara.

___ 1996, Œuvres, ed. Ch. Adam y P. Tannery, París, Vrin y CNRS, 11v.

___ 2010, *Discurso del Método*, trad. de M. García Morente, Buenos Aires, Espasa Calpe.

Esquilo, 1993, *Tragedias*, trad. de B. Perea Morales, Madrid, Gredos.

Ginzburg, Carlo, 2010, *El hilo y las huellas: lo verdadero, lo falso, lo ficticio*, trad. de L. Padilla López, México, FCE.

Husserl, Edmund, 1942, *Meditaciones Cartesianas*, trad. de J. Gaos, México, FCE.

___ 1949, *Ideas relativas a una fenomenología pura y una filosofía fenomenológica*, trad. de J. Gaos, México, FCE.

Kant, Immanuel, 1984, *Prolegómenos a toda metafísica futura que pueda presentarse como ciencia*, trad. de M. Caimi, Buenos Aires, Charcas.

___ 2007, *Crítica de la razón pura*, trad., introd. y notas de M. Caimi, Buenos Aires, Colihue.

Kenny, Anthony, 2005, *Breve historia de la filosofía occidental,* Buenos Aires, Paidós.

Maupassant, R. A. Guy de, 1979, *El Horlá y otros cuentos fantásticos*, trad. y prólogo de E. Benítez, Madrid, Alianza.

Nietzsche, Friedrich, 1984, *La gaya ciencia*, trad. de P. G. Blanco, Madrid, Serpa.

___ 1996, *Sobre verdad y mentira en sentido extramoral,* trad. de L. M. Valdéz y T. Orduña, Madrid, Tecnos.

___ 1999, *Nachgelassene Fragmente* 1885–1887, Kritische Studienausgabe. Ed. G. Colli y M. Montinari, Berlín, Deutscher Taschenbuch - De Gruyter.

___ 2001, *Humano, demasiado humano*, trad. A. B. Muñoz, Madrid, Akal.

Platón, 1988, *República*, trad., introd. y notas de C. Eggers Lan, Madrid, Gredos.

___ 2015, *Banquete*, trad., introd. y notas de E. Ludueña, Buenos Aires, Colihue.

Rodríguez López-Vázquez, Alfredo, 2016, "La doble vía de transmisión de *La Vida es sueño* y el establecimiento del estema", *Atalanta* 4/1: 87-110.

Schopenhauer, Arthur, 1987, *Sobre la voluntad en la naturaleza*, trad. de M. de Unamuno, Madrid, Alianza.

___ 1996, *Manuscritos berlineses*, trad. de R. R. Aramayo, Valencia, PreTextos.

Secord, A., 1963, *Studies in the narrative method of Defoe*, Urbana, University of Illinois Press.

Sexto Empírico, 1993, *Esbozos pirrónicos*, trad. de A. G. Cao y T. Diego, Madrid, Gredos.

Sófocles, 1981, *Tragedias*, trad. y notas de A. Alamillo, Madrid, Gredos.

Somerset Maugham, William, 2004, "Stendhal y *Rojo y negro*", *Diez novelas y sus autores*, trad. de F. Chueca, Madrid, Tusquets, 93-128.

Tarrant, Dorothy, 1955, "Plato as Dramatist", *The Journal of Hellenic Studies* 75, 82-89.

Vaihinger, Hans, 1996, "La voluntad de ilusión en Nietzsche", Apéndice a F. Nietzsche, *Sobre verdad y mentira en sentido extramoral*, Madrid, Tecnos.

La construcción del espacio carismático. Algunas aproximaciones al concepto

Rossana Scaricabarozzi

Universidad Católica Argentina

El carisma ha sido tradicionalmente concebido como la cualidad extraordinaria de una personalidad mediadora de la divinidad, o propia de una especie de superhombre o héroe en posesión de fuerzas sobrehumanas. Dicho término también ha representado una relación social eminentemente personal y de carácter emotivo, cuya legitimidad anida en su reconocimiento y solo mientras este perdure. Diversas voces provenientes de la literatura social y política han advertido que se trata de una irremediable rendición ante personalismos narcisistas, e incluso de un tipo de autoridad ajena a patrones discursivamente analizables. En síntesis, el carisma ha dado cuenta de una suerte de expresión irracional producto de la efervescencia emocional colectiva, y, por la misma razón, característica de los seguidores de una individualidad idealizada o líder.

En este capítulo nos proponemos problematizar dichas conceptualizaciones, que, de algún modo, encarnan ideas que continúan prevaleciendo en el campo. La hipótesis guía del trabajo sostiene que el carisma constituye un espacio simbólico resultante de una construcción socio-cultural, personal e histórica. Este proceso supone la presencia de algunos de los aspectos señalados, pero, también, *des-oculta* la existencia de una serie de componentes que demanda otras lecturas posibles.

1. Breve exégesis sobre el carisma

Entre los diversos autores que se han ocupado de estudiar el carisma existe consenso acerca de que sus orígenes se remontan a la Antigüedad griega, cuando se lo vinculaba con la acción de regalar, el regalo en sí o la belleza; así también, con la persona que busca ser percibida como agradable, pues se trata de una cualidad que no puede prescindir de la respuesta favorable de los otros (Santa Olalla, 2019: 19-20).

En el siglo I Pablo de Tarso transformó la semántica del término y lo adoptó como indicativo de la gracia o los dones divinos concedidos a los primeros cristianos a fin de que actuaran como un nexo dentro de la comunidad religiosa. Pero, tiempo después, el carisma perdió relevancia en la medida que la Iglesia adquirió las características propias de una organización burocrática para atender a su normal funcionamiento. Una vez estructurada como organización transnacional, y superada en parte la necesidad de un elemento aglutinador de sus miembros, el concepto permaneció en estado latente con algunas irrupciones hasta finales del siglo XIX (*Ibíd.*: 23-46).

En *Kirchenrecht für die altchristliche Gemeinde* (*Derecho eclesiástico para la antigua comunidad cristiana*, 1892, 1923), el teólogo y jurista alemán Rudolf Sohm empleó por primera vez el concepto, aunque no la terminología, para identificar la fuerza del espíritu en la primera iglesia cristiana frente a la artificialidad que representaba la pompa de la iglesia decimonónica, así como el carácter cimentador del *charismatum* frente a la legalidad católica (Weber, 1980: 173, 712). Sin embargo, a principios del siglo XX fue Max Weber quien impulsó el uso del término "carisma" tal como se lo conoce actualmente, para describir uno de los tres tipos de autoridad: la dominación carismática. Esta tipología no solo se diferencia de la dominación tradicional, cuya legitimidad se fundamenta en la costumbre consagrada por su valor inmemorial y por el respeto que suscita en los sujetos, sino, también, de la dominación legal, cimentada en la creencia en la validez de los preceptos de la ley y en la competencia objetiva fundada en normas creadas racionalmente (170-195).

Según Weber, la naturaleza del carisma se relaciona con cierta cualidad extraordinaria de una personalidad en virtud de la cual está dotada de "fuerzas sobrenaturales o sobrehumanas –o por lo menos específicamente extracotidianas y no asequibles a cualquier otro–, o como enviados del dios, o como ejemplar y, en consecuencia, como *jefe*, caudillo, guía o líder" (193). Ahora, el modo en que habría de valorarse "objetivamente" el carisma resulta insignificante, pues lo importante, para el tratadista alemán, es cómo se valora la cualidad en cuestión por parte del colectivo de adeptos. Tanto el carisma de un chamán o profeta como el de cualquier otro ser humano abocado a su demagogia política ostenta la misma jerarquía desde la perspectiva sociológica (193-194). La clave radica en la existencia de "lo siempre nuevo, lo extracotidiano, lo nunca visto y la entrega emotiva que [...] constituyen aquí la fuente de devoción personal" (711). En su análisis del carisma weberiano, Robert Nisbet concluye que se trata de una autoridad o influencia inseparable de la gracia del líder más que de un modo de organización social, en virtud de que no se reconoce por el carácter sustantivo de lo que la persona ungida dice o hace sino por la "adhesión emocional, suprarracional y suprautilitaria" de sus respectivos seguidores (2009: 109-111).

El reconocimiento efectivo de la misión personal del líder carismático por parte de los dominados, en los cuales se sustenta su poder, no se limita a un simple fundamento de legitimidad sino que, para Max Weber, adquiere la jerarquía de un deber y, por la misma razón, se castiga su negligencia (1980: 713). Como contrapartida, el portador del carisma puro no puede ostentar otra legitimidad que no sea aquella derivada de la propia fuerza que debe justificarse de manera incesante, puesto que el héroe carismático solo obtiene su autoridad y la conserva por el éxito que alcanzan las personas que a él se consagran y en él creen. Por tanto, cuando cesa el reconocimiento del pueblo, el soberano pasa a ser un individuo más de la esfera privada, transformándose, a su vez, en una especie de usurpador responsable si pretende estar por encima de esa condición (851). De lo dicho se deduce que la substancia de la autoridad carismática es particularmente inestable, razón por la cual Paulina Aronson sostiene que está sujeta a "mutaciones permanentes" y claramente puestas de manifiesto cuando el líder debe dar respuesta a los requerimientos materiales de la masa (2011: 121).

Tras la desaparición física del individuo carismático se plantea otro problema significativo: la sucesión. A partir de ese momento se inician los procesos sutiles aunque poderosos de transferencia a otras personas para procurar que la dominación carismática se transforme en una institución permanente tendiente a encuadrarse en el orden de lo estatuido y lo tradicional. Max Weber hace notar que, en rigor, la noción de carisma no es compatible con una libre elección, sino solo con el "reconocimiento" de que el pretendiente de la sucesión es portador del carisma. De este modo, afirma que debe conservarse esa suerte de epifanía que hace que el candidato en cuestión aparezca cualificado en lo personal para la misión que tiene por delante (858-860). En consecuencia, la dominación carismática auténtica no adhiere a principios ni reglamentos abstractos, ni tolera ninguna jurisdicción formal en aras de la glorificación del verdadero "carácter heroico y profético". Así es que, para el pensador alemán, "[e]l carisma vive en este mundo y, a pesar de ello, no es de este mundo" (849). Por consiguiente, su comportamiento revolucionario, irracional y contrario a los valores establecidos se pone claramente de manifiesto en la expresión "Está escrito, pero yo os digo" (851).

Partiendo de un análisis que atiende a las condiciones modernas de la sociedad, Reinhard Bendix destaca que Max Weber no tuvo en cuenta que la fe en el carisma se podía combinar con las estructuras propias de la burocracia secular, causando, de ese modo, una singular corrupción de ambas. De tal manera, explica que el líder carismático puede demandar una validez absoluta para todas sus declaraciones e impedir cualquier prueba de su autoridad al depositar la responsabilidad de su actuación en manos de las dependencias del gobierno. Esto hace que la supuesta sabiduría del especialmente dotado permanezca intacta desde la perspectiva de sus seguidores y los fracasos sean eventualmente adjudicados a los subordinados o, en última instancia, se interpreten como una muestra del abuso a la confianza del jefe. Y aunque, amparándose en el deber de obediencia de las órdenes impartidas, los subordinados traten de evadir la responsabilidad que se les pretende adjudicar, advierte que el juicio siempre puede prorrogarse en virtud de los rasgos de omnipotencia atribuidos al sujeto idealizado. Por tal razón, insiste en que los peligros inherentes a la autoridad carismática se entremezclan con los característicos de la administración burocrática. Y, por lo tanto, concluye: "La autoridad es sostenida por creencias en los poderes especiales de un individuo, aunque estas creencias se debilitan cuando el carisma es institucionalizado, o se pervierten cuando el carisma se corrompe" (Bendix, 1975: 180).

El tratadista clásico de la psicología de las masas Gustave Le Bon también abordó la noción de carisma, aunque lo hizo desde la perspectiva de los seguidores del líder, quienes supuestamente actúan de manera irracional, dominados por el inconsciente y bajo el imperio de la sugestión provocada por el especialmente ungido. Este enfoque asimila el concepto de carisma al de liderazgo, y ambos aparecen cifrados en el prestigio del líder o de la persona dotada de manera extraordinaria.

El autor manifiesta que el prestigio puede llevar ínsito ciertos sentimientos, como el temor y la admiración y, en ocasiones, puede tenerlos por base, aunque también puede estar presente sin ellos. Un ejemplo está dado por los seres muertos y, por ende, a quienes no tememos, como Alejandro, Julio César, Mahoma, Buda, entre otros, poseedores de un prestigio significativo. Del mismo modo, afirma que hay seres y ficciones que no nos provocan fascinación, pero que consideramos revestidas de un gran prestigio. Para Gustave Le Bon, esta cualidad es el resorte más poderoso de toda forma de dominación, pues consiste en

Una especie de dominio ejercido sobre nuestro espíritu por un individuo, una obra o una idea; dominio que suspende nuestras facultades de crítica, inundando nuestra alma de sorpresa y respeto. Como todos los sentimientos, el que provoca el prestigio es inexplicable, pero debe pertenecer al mismo orden que la fascinación que se experimenta por un sujeto magnetizado. (Le Bon, 1964: 139-140).

Con el fin de delimitar más aún el concepto, el autor agrega que el prestigio consiste en "una facultad independiente del título y de la autoridad, que posee un reducido número de personas que [...] imponen sus ideas y sentimientos a los que les rodean" (142), en tanto sostiene que es propio del prestigio impedirnos ver las cosas tal cual son y aplazar todos nuestros juicios.[1] Así es que los grandes directores de muchedumbres poseyeron prestigio en grado eminente y se impusieron, sobre todo, mediante él (141-142). Al respecto, subraya el poder extraordinario de fascinación del que estaba dotado Napoleón para comprender el "maravilloso" retorno de la isla de Elba:

Esa rápida conquista de Francia entera por un solo hombre, frente a todas las fuerzas organizadas en un gran país, cansado, al parecer, de su tiranía; bastó que mirara a los generales enviados para prenderle y que habían jurado apoderarse de él. Todos se sometieron sin discusión. (Le Bon, 1964: 144)

A diferencia de lo que sostiene Max Weber, para quien el carisma depende del líder en cuestión y se pone a prueba cada vez, Gustave Le Bon entiende que el prestigio constituye un componente esencial del proceso de persuasión que opera en forma previa a su reconocimiento por parte de los demás. El autor señala que, de manera consciente o inconsciente, la persona, la idea o la cosa que posee prestigio son imitadas mediante el contagio, y determinados modos de sentir y manifestar el pensamiento logran imponerse en forma general. Inclusive, indica que la imitación suele llevarse a cabo en forma inconsciente, perfeccionando, por tal motivo, la acción en ciernes (147-148).

Todo sentimiento o acto se torna contagioso en una multitud, al decir del sociólogo francés, en tanto el individuo se sacrifica muy fácilmente en pro del interés colectivo, aptitud esta que es muy contraria a la natura-

1 Gustave Le Bon circunscribe las distintas variedades del prestigio a dos formas principales: prestigio personal y adquirido. El prestigio personal es algo individual que puede coexistir con la notoriedad, la riqueza, la gloria, o estar fortalecido por ellas; pero, al mismo tiempo, puede existir sin estas. En cambio, el prestigio adquirido resulta del nombre, la fortuna o la reputación; y, además, puede ser independiente del primer tipo (1964: 140).

leza humana pero de la cual el ser humano es capaz cuando forma parte de una muchedumbre. Asimismo, Le Bon analiza que "observaciones muy determinadas" parecen demostrar que el sujeto, inmerso por algún tiempo en el seno de una masa tumultuosa, se encuentra de inmediato, por conducto de los efluvios que emanan de ella o por otras causas de sugestión que se desconocen, en un estado particular muy próximo al de fascinación en que se halla el hipnotizado. De ahí en adelante, entiende que los sentimientos y pensamientos son guiados en el sentido establecido por el hipnotizador (31-35). En consecuencia, el cuadro psicológico del hipnotizado presenta los siguientes aspectos:

> Desvanecimiento de la personalidad consciente, predominio de la personalidad inconsciente, orientación por vía de sugestión y contagio de los sentimientos y de las ideas en un mismo sentido, tendencia a transformar inmediatamente en actos las ideas sugeridas. [...] No es el individuo mismo, es un autómata, en quien no rige la voluntad. (Le Bon, 1958: 36).

A juicio de Sigmund Freud, este carácter inquietante y coercitivo de las formaciones colectivas, que se pone al descubierto en sus fenómenos de sugestión, puede atribuirse a la afinidad que guarda la masa con la horda primitiva, de la cual desciende. De esta forma, apunta que el caudillo o líder es aún el temido padre primitivo. A su vez, como la masa siempre quiere ser dominada por un poder ilimitado, pues está ávida de autoridad, recalca que mantiene una inagotable sed de sometimiento. Y justamente es el padre primitivo quien, en el marco de la teoría psicoanalítica, encarna el ideal de la masa, domina al individuo y se sustituye a su "ideal del yo" (Freud, 1974: 2599). Dicho de otro modo: el líder o caudillo hace coincidir el "yo" con el "ideal del yo" y esta acción le otorga sensación de triunfo (2600-2601).

Desde la perspectiva de Anthony Giddens, las obras clásicas de Gustave Le Bon y Sigmund Freud han sabido desarrollar los orígenes psicológicos del liderazgo carismático. El sociólogo inglés destaca la idea compartida acerca de que una fusión emocional con la figura del líder es substancialmente un fenómeno emocional y regresivo, especialmente digno de consideración cuando la "seguridad ontológica" de una sociedad se halla bajo amenaza o tensión. Igualmente, subraya que la identificación regresiva con la figura de un líder trae aparejado, en términos psicológicos, un incremento de "sugestibilidad" y de "volatilidad emocional". Por tal motivo, nos alerta acerca de que esa identificación emocional es capaz de generar una medida de dependencia que puede ser vehiculizada en direcciones muy diferentes. Más aún, he ahí donde supone que anida la causa del carácter ambivalente del nacionalismo. En efecto, para el autor, los individuos se volverían susceptibles de llegar a identificarse con cualquier tipo de figuras, lo mismo con aquellas que encarnen virtudes públicas y democráticas, que con un conjunto de valores "heroicos" capaces de inspirar tanto actos de nobleza como de barbarie, tal como nos han aleccionado diversos autores de la Escuela de Frankfurt (Giddens, 2006: 17; Giddens y Sutton, 2018).

En el marco del desarrollo expositivo centrado hasta el momento en los autores clásicos, Émile Durkheim constituye otra fuente inexcusable para pensar el *charismatum*. Partiendo de su obra *Las formas elementales de la vida religiosa* (1912), y siguiendo las conceptualizaciones de Edward Tiryakian (1985), Esteban Laso Ortiz y Miriam Guerra Hernández señalan que el carisma anida en la capacidad del líder de encarnar un mensaje ordenador de la efervescencia colectiva emergente, en especial, cuando el marco legal vigente resulta insuficiente para hacer frente a situaciones conflictivas de la vida social. En tal sentido, manifiestan que si bien el sociólogo y filósofo francés no se ocupa estrictamente del concepto, aporta una lectura del comportamiento colectivo cuya repercusión será clave en el campo: la supuesta capacidad del líder de organizar el sentido operante en los liderados (Laso Ortiz y Guerra Hernández, 2020: 222-223).

Dicha canalización de la experiencia colectiva, donde el líder es capaz de reducir el caos reinante en particulares circunstancias históricas y sociales y hacer frente a los estados de anomia, también es advertida por Pierre Bourdieu. En principio, el autor critica el concepto de carisma como un don de la naturaleza o algo inherente al sujeto. Y establece que, en rigor, se trata de una predisposición a ser líder, alguien capaz de interpretar las aspiraciones de un grupo que lo reconoce como tal (2019: 131-132, 142-143). Por conducto de cierta magia social, indica que el elegido se convierte en un "catalizador", figura simbólica que, a la manera de un espejo, promueve o pone de manifiesto la realidad colectiva operante mediante un proceso de mediación de las conciencias particulares (Bourdieu, 1981: 36-37; Deusdad Ayala, 2002: 221-229).

En un trabajo titulado *Les affects de la politique* (2016), Frédéric Lordon se inscribe, de algún modo, en el pensamiento de Pierre Bourdieu cuando hace referencia a que la multitud, envuelta en una corriente circular de afectos, se afecta a sí misma a través del individuo al que ha ungido como carismático; pero, sin embargo, esta última desconoce sus propios actos. Y es precisamente este desconocimiento, según hace notar, el que garantiza la eficacia del carisma, por cuanto este último consiste en el reciclaje de la potencia social. De ahí que elabora la siguiente definición: "El hombre carismático es un afecto común con patas", es decir, depositario de un afecto común y, al mismo tiempo, con capacidad de afectar lo común (2016: 80).

A partir de la década del setenta se produce un gire en el abordaje del concepto y son los autores enfocados en el liderazgo político y empresarial quienes realizan una nueva lectura del término carisma, adecuándolo, con sus variantes, para aludir al denominado liderazgo transformacional, tipología que pretende describir la capacidad de atraer que puede tener alguien dotado de singular magnetismo (Bass, 1985; Antonakis, 2012). A James MacGregor Burns se le atribuye el primer trabajo de seminario donde presenta la noción de liderazgo transformador, luego denominado transformacional, por oposición al modelo transaccional.[2] Por entonces, Bernard Bass señala que el autor describe al líder con características transformacionales como una persona que no solo alienta a sus seguidores según la jerarquía establecida por la pirámide de necesidades de Abraham Maslow, sino también los lleva a trascender sus intereses personales con miras a la autorrealización (Bass, 1985: 5-14; 1999: 12; Northouse, 2018).

El liderazgo transformacional tiene lugar –precisa MacGregor Burns– cuando uno o más individuos se vinculan con otros, de tal forma que líderes y seguidores se elevan mutuamente hacia niveles más altos de motivación y moral. Es entonces cuando los propósitos, que pueden haber comenzado por separado pero a su vez están relacionados, se fusionan hacia un objetivo común. Asimismo, hace hincapié en que estamos frente a un proceso "dinámico", donde los líderes se involucran completamente en la relación con los seguidores que se sentirán "elevados" por conducto de ella y con frecuencia más activos ellos mismos, y así surgirán nuevos equipos de líderes de carácter "participativo". Por otra parte, también destaca que líderes y seguidores no son lo mismo aunque puedan ser en función inseparables, puesto que el líder es quien toma la iniciativa al crear el vínculo líder-seguidor; y también, quien busca los nexos que posibilitan la comunicación y el intercambio para que este fenómeno acontezca (Burns, 2010: 382).

En síntesis, el autor concibe que este liderazgo es "elevador, movilizador, inspiracional, exaltador, edificador, apostolado, exhortante, evangeliza-

2 El liderazgo transaccional se refiere al intercambio de relaciones entre el líder y el seguidor para satisfacer los intereses personales. La prioridad del líder transaccional radica en la tarea por desarrollar y/o en las relaciones a mantener buscando un intercambio económico de costo en función del beneficio. Por tal razón, la posibilidad de que los seguidores persigan el cumplimiento de los objetivos del líder depende de la probabilidad percibida de conseguir el resultado y del valor del resultado (Bass, 1985: 5-14).

dor", e inclusive advierte que, en ciertas ocasiones, la aspiración ética del líder y del seguidor se elevan hasta producir un cambio en ambos protagonistas de la relación; tal fue el caso de Mahatma Gandhi, quien atendió las demandas de millones de indios, y cuya vida se transformó durante ese proceso (*Id.*).

Resulta oportuno aclarar que si bien MacGregor Burns tiende a considerar que el liderazgo transformacional es una relación social compartida por varios líderes de diferentes niveles dentro de una misma organización, a su vez entiende que el liderazgo propiamente carismático, en cambio, suele hacer foco en la personalidad individual de determinados líderes (Castro Solano & Lupano Perugini, 2013).

A la luz de la obra de James MacGregor Burns, Bernard Bass adopta la denominación de transformacional, en lugar de transformador, y señala que esta tipología se refiere al líder que alienta al seguidor más allá de los intereses personales inmediatos a través de la influencia idealizada, a la que llama *carisma*, la inspiración, la estimulación intelectual y la consideración individualizada. Además, afirma que esta tipología de liderazgo eleva el nivel de maduración e ideales del seguidor, así como también los intereses de logro, la autorrealización, y el bienestar de terceros, la organización y la sociedad (Bass, 1999: 10-11).

Desde la perspectiva de este autor, la "influencia idealizada" o carisma y el "liderazgo inspiracional" demuestran cuándo el líder prevé un futuro deseable, articulan cómo se puede alcanzar, establecen un ejemplo a seguir, marcan normas importantes de rendimiento y evidencian determinación y confianza.[3] De tal forma, destaca que los seguidores quieren identificarse con este modo de liderar. A su vez, la "estimulación intelectual" se presenta cuando el líder ayuda a los seguidores a ser más innovadores y creativos. Y, por último, la "consideración individualizada" aparece cuando los líderes prestan atención a las necesidades de desarrollo de los seguidores y apoyan y entrenan sus evoluciones, delegándoles tareas orientadas a su crecimiento.

A partir de dichas consideraciones, Bernard Bass deduce que el carisma es un componente necesario pero insuficiente para construir un liderazgo de esta naturaleza. Pese a ello, y a partir de una serie de estudios llevados a cabo con la colaboración de Bruce Avolio, manifiesta que los demás

---

3 Bruce Avolio y Bernard Bass (1991) eligieron sustituir el término "carisma" por el de "influencia idealizada", pretendiendo dar cuenta del siguiente sentido: ser influyente sobre los ideales. Para dar un ejemplo a nivel moral, explican que los líderes y seguidores se pueden dedicar a las causas ideales desinteresadas; y puede ser un factor motivacional poderoso el servir al país con las mejores habilidades que uno posee.

descriptores "conceptualmente diferentes" del carisma correlacionan en gran medida con él (Bass, 1999: 62).

Las investigaciones en el campo de la administración y las organizaciones de las últimas décadas concluyen que el líder transformacional parece más inclinado a adoptar medidas que alientan a los seguidores en la concreción de las metas propuestas en el marco de la organización. Y que el líder carismático, por otra parte, tiende a enfocarse en la necesidad de un cambio radical que solo se puede alcanzar si el séquito de seguidores se pone en sus manos. Sin embargo, una serie de estudios indican que ambas conductas parecen fundirse en el mismo fenómeno (Conger & Kanungo, 1994; Castro Solano & Lupano Perugini, 2013).

Por encima de una u otra caracterización, Meredith Elaine Babcock-Roberson y Oriel Strickland reivindican que, en cualquiera de los dos casos, los subordinados alcanzan resultados superiores a los normalmente esperados y observan conductas discrecionales capaces de incrementar no solo los beneficios propios del ámbito organizacional sino también el desarrollo de la innovación (2010: 313-323). Al respecto, Gary Yukl (1999) señala que el liderazgo, tanto en su modalidad transformacional como carismática, enfatiza las emociones y los valores, a diferencia de las teorías tradicionales sobre el tema que se basan en procesos racionales.

Antes de dejar atrás esta breve exégesis sobre el carisma consideramos oportuno hacer alguna mención al estudio de John Antonakis, Nicolas Bastardoz, Philippe Jacquart y Boas Shamir (2016), donde los autores realizan un balance histórico del concepto a partir de cómo ha sido tratado en la literatura sociológica y organizacional. A lo largo de su desarrollo exponen la dificultad latente en delimitar el carisma por su frecuente confusión con el liderazgo transformacional, el uso de herramientas metodológicas inapropiadas y la ausencia de modelos causales correctamente especificados.

De todos modos, y a fin de contribuir a generar un nuevo espacio de investigación, llevan adelante su aporte teórico al que denominan teoría del señalamiento. En tal sentido, afirman que el carisma consiste en una "forma de señalamiento basada en valores, simbólica y cargada de emoción" (2016: 14.12). Esta forma, según explican, se materializa en un conjunto de acciones que el líder lleva adelante y que, en alguna medida, están destinadas a comunicar. De ahí que el liderante deba observar los siguientes comportamientos: justificar su misión inscribiéndola en un sistema de valores; preservar la claridad expositiva y la expresión vívida del mensaje; ser capaz de simbolizar la unidad moral de los seguidores; y mostrarse apasionado y convincente frente a su labor, apelando a un lenguaje emocional.

La exposición presentada en los párrafos precedentes da cuenta, a grandes rasgos, de las corrientes dominantes en el campo. En el próximo apartado realizaremos una primera aproximación a la problematización del concepto. La hipótesis guía de nuestro trabajo, tal como adelantamos en la introducción, sostiene que el carisma constituye un espacio simbólico resultante de una construcción socio-cultural, personal e histórica. Este proceso no descarta algunos de los aspectos mencionados hasta aquí sino que, por el contrario, abreva en su riqueza. Pero, también, se propone repensar una serie de componentes cuya relevancia no ha sido debidamente considerada.

2. En busca de un nuevo enfoque del *locus* carismático

Las teorías predominantes sobre el carisma confunden habitualmente este concepto con el proceso de liderazgo; y, además, conciben a este último como una relación social centrada en una persona excepcionalmente dotada, ungida o líder. En efecto, sus cualidades carismáticas y personalísimas son las que presuntamente ejercen atracción sobre los individuos y, a su vez, permiten conducir a los seguidores o liderados en uno u otro sentido, en tanto estos son presas de fuertes emociones o desasosiego, como si se tratara de una suerte de fascinación ritual. De esta manera, toda luminosidad se halla focalizada en el carisma del líder y parece que el proceso de liderazgo se iniciara por las solas irradiaciones personalistas de este y, en cierta medida, se redujera a él.

Es pertinente aclarar que nuestro propósito no es afirmar que las cualidades personales del individuo carecen de valor en el marco del fenómeno de liderazgo. Sin embargo, pueden cobrar relevancia a partir de cierta instancia del proceso y bajo determinadas condiciones. Pese a ello, pensar el liderazgo asimilándolo al carisma del líder o, por otra parte, centrándolo en él, es una interpretación demasiado frecuente y errónea que a todas luces reduce la complejidad de dicho fenómeno social.

Por tanto, es necesario reconocer la existencia y actividad del otro pilar de la relación, representado por el agrupamiento social. Este agrupamiento es proveedor de los nexos de relación entre ambos protagonistas del vínculo social. No obstante, en forma habitual, su relevancia es despreciada bajo una nómina de apelativos de signo negativo mayoritario, tales como masa, muchedumbre o multitud, o, de algún modo, su presencia suele quedar relegada a un segundo plano (Labourdette & Scaricabarozzi, 2010).[4]

4 El desarrollo de este apartado se inspira en el concepto de liderazgo formulado por Sergio Labourdette en la obra *Pensar el mundo social*. El autor sostiene que se trata

El pilar de la relación conformado por el agrupamiento social, llamado erróneamente "seguidores", está provisto de un poder significativo.[5] Y aunque parezca lo contrario, no solo dispone, entre otras características, de la capacidad weberiana de reconocer sino también de la capacidad de construir, sin la cual el líder, al igual que el carisma que encarna, no tendría existencia o dejaría de existir. El agrupamiento social utiliza al supuesto líder como su punto de referencia, como factor de unidad en su nombre, y como director estratégico y táctico, siempre que lo haga en el marco de determinados parámetros fijados por el grupo.

A pesar de esta relevancia que ostenta el agrupamiento social, o los supuestos seguidores, a menudo parecería que el portador del carisma o líder pudiera actuar según su arbitrio, es decir, conducir de cualquier manera en virtud de sus dotes extraordinarios. Sin embargo, tal posibilidad no se corresponde con la ecuación real de esta particular forma de poder que constituye la construcción sociocultural, personal e histórica de un espacio carismático en el marco del liderazgo. Pues aunque el individuo dotado de ciertas cualidades especiales está presente, no hay proceso posible si un conglomerado social no lo reconoce y no le adjudica las características que necesita poseer. La mejor evidencia empírica anida en la historia. Así, tanto los grandes líderes como los más localizados siempre están sujetos a las corrientes sociales que los proyectan y reconocen. De este modo, grandes líderes de distintas orientaciones políticas, religiosas, etc., han tenido que ejecutar, en parte, los encuadres y las acciones demandadas por el grupo dado que están asidos al designio del conjunto social.

La acción que desea y necesita realizar el colectivo es agruparse para llevar adelante una marcha de reivindicaciones, necesidades, requerimientos, objetivos, etcétera, bajo el imperio de particulares circunstancias históricas y sociales. Esta es justamente la función clave que, con frecuencia, suele dejarse de lado (Labourdette, 2003). Y que, tal como se desprende de algunos de los autores visitados, a menudo se reduce a un estado de irracionalidad colectiva minado de afectos y emociones desordenadas, donde el mero carisma del líder se transforma en un cata-

---

de una relación social diádica signada por la relevancia que adquiere la fuerza del agrupamiento social en desmedro del líder. Desde nuestra perspectiva, en cambio, planteamos que se trata de un proceso de construcción social en el que ambos pilares de dicha relación ostentan su debida importancia.

5 La denominación de seguidor implícitamente pondera la figura del líder como centro de la relación. En cambio, consideramos que los "seguidores" son también "liderantes-liderados".

lizador de dichas manifestaciones. Sin embargo, es preciso señalar que el aglutinante fundamental no anida en el carisma y su reconocimiento por parte de los prosélitos, sino en el fenómeno de liderazgo, en razón de que este constituye un eje de la construcción social e inclusive, en algunas oportunidades, hasta perdura más que la misma persona del líder. De ahí que, inspirados por las distintas elaboraciones acerca de los procesos de creación social formuladas por Alfred Schütz (2004, 2012), Peter Berger y Thomas Luckmann (2015), Ludwig Wittgenstein (2003), Jürgen Habermas (1993) y Philippe Corcuff (2013), entre otros, planteamos que el carisma constituye un espacio sociocultural, personal e históricamente construido dentro de un fenómeno social mayor denominado liderazgo.

Una vez más resulta a todas luces equívoco intentar poner el acento en el carisma operante en el líder, pues este último conforma solo uno de los pilares de la relación y se transforma en un agente de la construcción social. Dicho de otro modo: el quid de la cuestión radica en el arte de construir sociabilidad, estado que supone la existencia de un espacio carismático pero que no se restringe a él. Al mismo tiempo, esta construcción puede alcanzar distinto signo y proyección. Incluso si el líder deserta o muere, siempre el colectivo puede reemplazarlo o continuarlo mediante su rutinización o el uso de emblemas míticos, tal como ha quedado demostrado a través de los siglos.

Detengámonos ahora en un caso histórico que, a la manera de una *addenda*, pretende ilustrar la problematización expuesta a lo largo del presente análisis. En un texto titulado *Actualización de la identidad justicialista* (1988), José Enrique Miguens describe el impacto que produjo la movilización del 17 de octubre de 1945 en la clase dirigente de aquel momento. Explica que el "hecho social real" constituyó un acontecimiento para el país oficial y el régimen establecido. Ambos quedaron sumidos en el desconcierto, sin saber a qué atenerse, frente a una realidad que irrumpió de repente y que escapaba a su comprensión. En palabras del autor: "Fue como si hubieran recibido una súbita aparición fantasmal proveniente del mundo subterráneo que los dejó paralizados" (Miguens, 1988: 14).

El sociólogo y filósofo argentino sostiene que este hecho social superó ampliamente las expectativas de sus promotores, pues nadie hubiera podido imaginar lo que luego efectivamente ocurrió. Los organizadores de la marcha, Eva Duarte, Domingo Mercante y Cipriano Reyes, no pudieron prever el número de personas que se movilizarían espontáneamente para reclamar la liberación del coronel Juan Domingo Perón, quien por entonces había detentado los cargos de Secretario de Trabajo, Ministro de Guerra y Vicepresidente de la Nación, ni la posterior repercusión que este acontecimiento iba a cobrar con el transcurso de los días. La irrupción de esta muchedumbre particularmente ataviada en el ámbito de Buenos Aires daría origen a los apelativos de "aluvión zoológico" por parte de la oposición política y de "descamisados" en palabras de los peronistas. El impacto fue de tal envergadura que se convirtió en un jalón histórico clave capaz de engendrar un movimiento político de transformación social.

Ahora bien, lo importante para nuestras consideraciones es que dicho colectivo contribuyó a construir al líder Juan Domingo Perón ya que proyectó en él, en ese constructo social y personalmente construido y encarnado, determinadas demandas de sociabilidad manifiestas en cierto tiempo histórico. Parafraseando a José Enrique Miguens, podríamos afirmar que la masa representada por las fuerzas populares exigió reconocimiento y dignificación por parte de los sectores antagónicos. En efecto, esa realidad social que no existía oficialmente, de repente, se manifestó en el centro de la mencionada ciudad. El colectivo perteneciente en su mayoría a los sectores socialmente desfavorecidos pretendía dar muestras de una existencia aparentemente negada por una "sociedad europeizante" y "civilizada" en palabras del autor.

Por su parte, Sergio Labourdette (2003) apunta que, a partir de 1945, la formación peronista se transformará en la más relevante de la Argentina, a pesar de la presencia de otras de gran envergadura. Esta formación, al igual que otras, no es perceptible a primera vista, pero tiene una función encubierta que se manifiesta en gran variedad de movimientos sociales, organizaciones dotadas de un gran dinamismo, etcétera.

En la trama social hay permanentemente un sinnúmero de personas buscando encarnar el carisma, pero lo que regularmente acontece es que muy pocas de ellas lo logran. Esto parece haber acontecido aquel 17 de octubre cuando las masas de "descamisados" construyeron, en torno a la persona de Juan Domingo Perón, el líder Perón; y al mismo tiempo, depositaron en ese constructo sociocultural, personal e histórico demandas de sociabilidad que hacían a su reconocimiento social. De ahí en adelante, esa figura carismática, dotada de tantas proyecciones cuasi mágicas, conserva el poder de unificar y galvanizar al colectivo.

A propósito de esta sucinta lectura local, también cabría mencionar otras expresiones del fenómeno social que nos ocupa y de sus diversas extensiones e irradiaciones, además de extraordinaria presencia, tales como las vinculadas con Martin Luther King, Winston Churchill, Charles de Gaulle, Mahatma Gandhi, Che Guevara, Teresa de Calcuta, Nelson Mandela o el Papa Francisco, entre otros. A partir de todos ellos podemos plantear que el carisma no se reduce a las supuestas cualidades extraordinarias del líder ni tampoco al mero reconocimiento por parte de un agrupamiento social animado por ciertas emociones efervescentes, aunque la relación social en juego suponga ambas condiciones.[6]

La hipótesis propuesta a modo de cierre supone que el espacio carismático es obra de una construcción sociocultural, personal e histórica particular que constituye una excepcionalidad, para tomar un aspecto clave en Max Weber, pero que es la excepcionalidad del liderazgo: un complejo proceso particular donde el carisma estalla en significaciones y cuyo análisis pormenorizado excede ampliamente el objetivo del presente capítulo.

Referencias bibliográficas

Antonakis, John; Bastardoz, Nicolas; Jacquart, Philippe y Shamir, Boas, 2016, "Charisma: An ill-Defined and ill-Measured Gift", *Annual Review of Organizational Psychology and Organizational Behavoir* 3, 293-319. URL: https://www.researchgate.net/publication/294107449_Charisma_An_Ill-Defined_and_Ill-Measured_Gift

Aronson, Paulina P., 2011, "La centralidad del carisma en la sociología política de Max Weber", *Entramados y perspectivas, Revista de la carrera de Sociología, Universidad de Buenos Aires*, 1,1.

Avolio, Bruce J. y Bass, Bernard M., 1991, *The full range of leadership development: Basic and advanced manuals*, Binghamton, NY, Bass, Avolio & Associates.

Babcock-Roberson Meredith E. y Oriel Strickland, Oriel J., 2010, "The relationship between charismatic leadership, work engagement, and organizational citizenship behaviors", *The Journal of Psychology* 144-3, 313-326. URL:https://doi.org/10.1080/00223981003648336

Bass, Bernard M., 1985, *Leadership and performance beyond expectations*, New York, Free Press.

___, 1999, "Two Decades of Research and Development in Transformational Leadership", *European Journal of Work and Organizational Psychology* 8-1, 9-32.

Bendix, Reindhard, 1975, *La razón fortificada. Ensayos sobre el Conocimiento Social*, México, Fondo de Cultura Económica.

Berger, Peter L. y Luckmann, Thomas, 2015, *La construcción social de la realidad*, Buenos Aires, Amorrortu Editores.

Bourdieu, Pierre, 1981, "La representation politique. Elements pour une théorie du champ politique", *Actes de la Recherche en Sciences Socials* 2, 36-37.

___, 2019, *Curso de sociología general 1, conceptos fundamentales, Buenos Aires*, Siglo XXI Editores Argentina.

Burns, James MacGregor, 2010, *Leadership*, Nueva York, Harper Collins Publishers.

Castro Solano, Alejandro y Lupano Perugini, María Laura, 2013, "Estudios sobre el liderazgo. Teorías y evaluación", *Psicodebate. Psicología, Cultura y Sociedad* 6, 107-121. URL: http://www.palermo.edu/cienciassociales/publicaciones/pdf/Psico6/6Psico2008.pdf

Conger Jay A. y Kanungo, Rabindra N., 1994, "Charismatic leadership in organizations:

6 Adherimos a la postura formulada por la filósofa Martha Nussbaum (2001), quien, entre otros autores, postula que las emociones se hallan claramente presentes en la vida humana y, por lo tanto, no pueden considerarse ajenas al pensamiento racional ni a las acciones de las personas.

perceived behavioral attributes and their measurement", *Journal of Organizational Behavior* 15, 439-452.

Corcuff, Philippe, 2013, *Las nuevas sociologías, principales corrientes y debates 1980-2010*, Buenos Aires, Siglo XXI Editores Argentina.

Deusdad Ayala, María Blanca, 2002, *El carisma político en la teoría sociológica* (tesis doctoral), Universidad de Barcelona, Facultad de Economía, Departamento de Teoría Sociológica. URL: http://hdl.handle.net/2445/34974

Durkheim, Émile, 2008, *Las formas elementales de la vida religiosa*, Madrid, Alianza Editorial.

Freud, Sigmund, 1972, *Obras completas*, Madrid, Editorial Biblioteca Nueva, Tomo V.

Friedrich, Carl. J., 1981, "Jefes del ejecutivo y sistemas de gabinete", *El Gobierno: Estudios comparados* (227-234), Buenos Aires, Alianza Editorial.

Giddens, Anthony, 2006, "Estados nacionales y violencia", *Revista Académica de Relaciones Internacionales* 5, 1-21.

Giddens, Anthony y Sutton, Philipe W., 2018, *Sociología*, Madrid, Alianza Editorial.

Habermas, Jürgen, 1993, *Perfiles filosóficos políticos*, Madrid, Taurus.

Labourdette, Sergio D., 2003, *Pensar el mundo social*, Buenos Aires, Grupo Editor Iberoamericano.

Labourdette, Sergio D. y Scaricabarozzi, R., 2010, "Hacia un nuevo concepto de Liderazgo", *Orientación y Sociedad. Revista Internacional e Interdisciplinaria de Orientación Vocacional Ocupacional* 10, 17-29.

Laso Ortiz, Esteban y Guerra Hernández, Miriam A., 2020, "La doma del carisma. Revisión histórica de las teorías psicosociales del carisma político", *Estudios Políticos* 51, 217-247. URL: http://www.revistas.unam.mx/index.php/rep/article/view/77183

Le Bon, Gustave, 1964, *Psicología de las multitudes*, Buenos Aires, Editorial Albatros.

Lordon, Frédéric, 2016, *Les affects de la politique*, París, Le Seuil.

Miguens, José Enrique, 1988, "Actualización de la identidad justicialista", *Racionalidad del peronismo*, Buenos Aires, Grupo Editorial Planeta, 9-51.

Nisbet, Robert, 2009, *La formación del pensamiento sociológico,* Buenos Aires, Amorrortu, Tomo II.

Northouse, Peter G., 2018, *Leadership. Theory and Practice*, Kalamazoo, Western Michigan University.

Nussbaum, Martha, 2001, *Upheaveals of Thought*, Cambridge, Cambridge University Press.

Santa Olalla, Javier Bernad, 2019, *El carisma en la comunicación en público de los dirigentes empresariales: un modelo de análisis a partir del desarrollo conceptual del liderazgo carismático* (tesis doctoral), Universidad Complutense de Madrid, Facultad de Ciencias de la Información. URL: https://eprints.ucm.es/id/eprint/50671/

Schütz, Alfred, 2012, *El problema de la realidad social*, Buenos Aires, Amorrortu editores.

Schütz, Alfred y Luckmann, Thomas, 2004, *Las estructuras del mundo de la vida*, Buenos Aires, Amorrortu.

Tiryakian, Edward A., 1995, "Collective Effervescence, Social Change and Charisma: Durkheim, Weber and 1989", *International Sociology* 10-3, 269-281. URL: https://doi.org/10.11772F026858095010003002

Weber, Max, 1980, *Economía y sociedad. Esbozo de sociología comprensiva*, México, Fondo de Cultura Económica.

Wittgenstein, Ludwig, 2003, *Investigaciones filosóficas*, México, Instituto de Investigaciones Filosóficas, Universidad Autónoma de México.

Yukl, Gary, 1999, "An evaluation of conceptual weaknesses in transformational and charismatic leadership theories", *The Leadership Quarterly* 10, 285-305. URL: https://www.sciencedirect.com/science/article/pii/S1048984399000132?via%3Dihub

PARTE 3

Cartografías emocionales de la literatura

La racialización de la infancia en "El Rey Herodes" de Lastenia Larriva de Llona

Ana Peluffo

University of California, Davis

El paradigma racializado de la infancia angelical que se impuso en América Latina con el avance de la modernidad dependió de la conversión del niño en un sujeto puro e inocente, pero también irracional, que se articulaba con la idea del buen salvaje de Rousseau. A esa niña, o niño, se adherían emociones negativas como la cólera, en su versión menor de rabieta o berrinche, los celos y el miedo que el sujeto adulto y civilizado buscaba expulsar de su subjetividad. El uso de la palabra "adherir" para hablar de las emociones normativas y anti normativas remite a la terminología de Sara Ahmed y a su idea de que las emociones circulan en la esfera pública y se pegan con particular ahínco a la superficie de ciertos cuerpos (2004: 49). La tensión entre el afecto y la retórica del control desde la que se buscó disciplinar la infancia en el siglo XIX estuvo en el corazón del discurso victoriano sobre la niñez y de la literatura pedagógica que se propuso civilizarla. Mientras que el objetivo principal de la modernidad fue ritualizar lo que Kyle Schuller (2017) llama la "biopolítica de los sentimientos" en un proceso que feminizó ciertas emociones y masculinizó otras, una zona no menos importante de este corpus tuvo como objetivo inculcar en los niños una pedagogía racializada de los afectos.

Lejos de pensar en la infancia como una categoría homogénea y unificada, me interesa establecer un recorte dentro de ella para detenerme en lo que Wilma King llama "la infancia robada" (2011: xi-xx) de los niños esclavos del siglo XIX. A partir de una lectura del cuento "El rey Herodes" de la escritora peruana Lastenia Larriva de Llona (1848-1924), y de textos anteriores de Juana Manuela Gorriti (1818-1892), Clorinda Matto de Turner (1852-1909), Sebastián Lorente (1813-1884) y Abelardo Gamarra (1850-1924), entre otros, trazaré una genealogía de la figura del cholito/cholita para investigar de qué manera la oligarquía limeña normalizó la trata de niños en la época de la modernización nacional. Entre las preguntas que busco plantearme figuran la siguientes. ¿Cómo se racializa la categoría cultural de la infancia en el siglo XIX? ¿Es la infancia una edad cronológica o cultural? ¿Qué lugar ocupan los niños indígenas en los imaginarios empáticos? Y por último, ¿qué pasa cuando estudiamos la infancia desde una óptica interseccional que incluye, no solo la edad como factor de subalternización, sino también la raza, la clase y el género?

En la construcción de la infancia sentimental como una categoría separada del mundo adulto, una distinción que según Philippe Ariès no existía antes de la modernidad, se excluía a los niños impuros, racialmente otros, marginales y/o contaminados por el mundo de la calle o el trabajo.[1] Dentro de este paradigma, los niños esclavizados, traficados, robados y/o regalados a los que me referiré en este artículo constituyen una zona oscura del paisaje cultural decimonónico porque estaban sumidos en un perpetuo "estado de excepción" al ser arrancados de su entorno por la fuerza, separados de su lengua (el quechua) y de sus padres para ingresar al mundo urbano de la servidumbre y el trabajo. Según José Ragas en un artículo titulado "Cholitos, militares y activistas: La campaña de rescate de niños (1867-1868)", el tráfico de niños indígenas no fue algo nuevo en el siglo XIX, sino que se remontó a los primeros años de la sociedad colonial. Esa práctica ilegal se agudizó a mediados de siglo, para beneficiar a una clase alta urbana en expansión y para suplir la abolición definitiva de la esclavitud por el gobierno de Castilla en 1854. La economía de la servidumbre doméstica a la que estaban destinados estos niños convertidos en mercancía funcionó, según Ragas, como un "sistema pre-capitalista" de explotación formado por densas redes económicas y afectivas que de alguna manera sirvieron para absorber el excedente de mano de obra provocado por la inexistencia de una verdadera industrialización (2017: 514).

Pensar el racismo y la infancia juntas es una tendencia que adquirió protagonismo en la comunidad académica norteamericana a mediados del siglo XX, cuando los investigadores Kenneth y Mamie Clark realiza-

1 En *Guardians and Angels*, David S. Grylls cuestiona la idea de Ariès de que la infancia fue "descubierta" o inventada en la modernidad por encontrarla demasiado tajante y categórica. Problematiza también la visión "nostálgica" que tiene el historiador de una época premoderna en la que los niños era más felices por no haber sido "descubiertos".

ron desde el campo de la psicología un conocido estudio para demostrar que los niños interiorizan desde una temprana edad modelos de belleza anclados en jerarquías raciales dominadas por el ideal de la blancura. En este conocido experimento llamado Clark, que se realizó en 1939, y del que existen variaciones en diversos países latinoamericanos, los investigadores entrevistan a niños y niñas afro-americanos sobre sus preferencias estéticas a la hora de elegir una muñeca. Cuando una voz en off les pregunta a los protagonistas del experimento cuál es la muñeca más linda, o cuál es la muñeca más buena, los niños señalan en su gran mayoría a la muñeca de tez más clara, pese a que las dos muñecas (una blanca y una negra) son exactamente iguales. En *Racial Innocence: Performing American Childhood from Slavery to Civil Rights (America and the Long Nineteenth-century)* (2011), Robin Bernstein comenta este estudio y sugiere que los niños responden performáticamente a una serie de expectativas culturales en las que han sido socializados y alfabetizados (199). Según Bernstein, en la época de *black lives matter* [las vidas negras importan], los niños norteamericanos siguen aprendiendo a pensar en términos racializados una serie de binomios encadenados que hemos heredado del siglo XIX (belleza-fealdad, maldad-bondad, ley-delito) y que nunca son neutrales ideológicamente. Más recientemente, Marta Lamas ha estudiado la cultura de las muñecas en México y ha reflexionado sobre cómo la cultura material de los juguetes permite la circulación de ideologías sexistas, racistas y clasistas. En una conferencia que dio en Casa de las Américas, la antropóloga comenta, en lo que parece una versión mexicana del estudio Clark, que al tener que elegir entre una Barbie rubia, una muñeca de trapo mazahua y/o una muñeca zapatista, las niñas mexicanas optan indefectiblemente por la primera. Lo que Lamas dice sobre la Barbie en México, se puede expandir como ideal aspiracional a otras niñas latinoamericanas para las que las barbies actúan no solamente como íconos de un modelo sexualizado de subjetividad sino también como un ideal estético de pureza racial.

En un cuento para niños titulado "El Rey Herodes: Cuento navideño", la escritora peruana Lastenia Larriva de Llona (1848-19924) ficcionaliza desde una perspectiva interracial la relación entre una niña blanca de la clase dirigente y un niño robado o cholito.[2] En el cuento, Lolita es una

2 En la introducción a *Obras Completas* II (1919), Lastenia Larriva le agradece a su hija María Eugenia por haber recopilado, editado y reunido los cuentos para niños que había escrito a lo largo del siglo XIX y que recién en su vejez procede a recopilar y editar (39).

niña rubia de ojos azules que se encapricha con la idea de que los padres le regalen para su cumpleaños un niño indígena de servicio. En el cuento, la autora habla de los cholitos como "mercancías vivientes", niños a los que las clases altas trataban como esclavos y que ni siquiera merecían el apelativo de niños. Salvaje, mimada y consentida, Lolita es una niña de cinco años a la que Larriva de Llona construye como un diamante en bruto que debe ser limado y bruñido para brillar en sociedad. Huraña por fuera, pero buena por dentro, caprichosa pero tierna, Lolita es un modelo con el que cualquier niña lectora de la clase dirigente podía identificarse.

El cuento de Larriva de Llona arranca con un *tableau* navideño en el que se presenta a Lolita en el día de su cumpleaños que es también Nochebuena. En el centro de la escena se coloca a la niña blanca rodeada de juguetes costosos que sus parientes y amigos le han regalado, con el objetivo de congraciarse con su padre que es Ministro de Guerra. Dentro de un grupo amorfo de cajas a medio abrir, dispersas por el suelo, el ojo de la autora se detiene, como el *zoom* de una cámara, en una colección de muñecas de porcelana lujosamente ataviadas y enviadas desde París que "venían dentro de su mundo, *ad-hoc*, con ajuar completo de ropa y de casa, y que sabían dormir, hablar, mover el abanico y el lente con graciosa coquetería y dar una vuelta sin necesidad de ajenos pies, por el salón" (1919: 40). Pese a la abundancia material de regalos, Lolita está triste porque hay algo en su mundo que le falta. La pregunta brutal "¿Hasta qué hora no me traerán mi cholito?" (44) irrumpe en la escena iniciando un diálogo con la madre, que continúa de la siguiente forma:

> —No me acuesto hasta que venga el cholito, repitió Lolita, con esa terquedad de los niños demasiado mimados y consentidos. —Pero dime, Lolita, hija mía, ¿para qué quieres un serranito feo, como ha de ser el que te envíe tu padrino? ¿No tienes ahí tantas señoritas y niñas preciosas y elegantes? le preguntó Dolores señalándole las muñecas. —Esas no saben jugar, replicó Lolita. Yo quiero el cholito porque es de carne y está vivo: un serranito así como el que tiene mi prima Rosita que hace todo lo que ella quiere. Ya no me gustan esas muñecas, continuó golpeando impaciente los pies del sillón con los diminutos suyos, mientras lanzaba una mirada de soberano desprecio a las arrogantes y tiesas parisienses cuyos ojos inmóviles de cristal [...] parecían mirar a Lolita con extraña fijeza como si se asombraran del mal gusto que revelaban sus palabras. (45)

El sujeto narrativo antropomorfiza las muñecas de Lolita que son moralmente superiores a ella y que "se sorprenden" de la insensibilidad de su dueña. Esas muñecas blancas que representan un modelo de feminidad al que debe aspirar Lolita (masivamente producidas, graciosas, elegantes y coquetas) han dejado de ser objeto de interés para la niña que quiere una muñeca viva a la que la pueda obligar a hacer las cosas que los juguetes no pueden hacer. Tal y como lo señala Diana Aristizábal García en un libro titulado *Juguetes e infancia en el siglo XIX* (2016), las elites latinoamericanas frecuentemente fotografiaban a sus niños en compañía de juguetes caros, novedosos y/o recién comprados para visualizar su poderío económico y para ostentar un estatus de clase que consolidaba su poder económico y social en la época de la modernización (42). En algunos casos, las muñecas de porcelana eran de gran tamaño y aparecían vestidas con ropa exactamente igual a la de sus dueñas (véase figura 1).

Fig. 1. Eugenio Courret, "Niña Villa", 1911.

El deseo racista de la niña de que le regalen una muñeca viviente, o cholito, está en "El Rey Herodes" motivado por una de las emociones que la autora quiere erradicar de la subjetividad infantil. Me refiero a la envidia, en la que la alegría de la prima por poseer un cholito genera tristeza y malestar en Lolita. El hecho de que Lolita quiera tener un cholito para ser como su prima nos demuestra que robar, traficar y regalar niños indígenas era una práctica generalizada en el siglo XIX. Ya Sebastián Lorente en una crónica de viaje titulada *Pensamientos sobre el Perú,* publicada como folletín en 1855, señalaba que en el siglo XIX tener un cholito, al que él definía como un niño indio "esclavizado casi al salir de la cuna" (29), era un símbolo de estatus para las mujeres limeñas que los ordenaban por encargo a traficantes de niños en la zona andina. Añade en su crónica que "cuando salís para la sierra [...] no dejan de pediros un cholito y una cholita, y a veces os encargan tantos, que juzgaríais se encuentran en los campos por parvadas" (29). Lorente procede a enumerar diferentes maneras de obtener estos niños, convertidos en mercancías o cosas, que iban desde que la madre accediera a venderlo, obligada por la miseria de su situación a que fueran "cazados" por la fuerza, él dice, como si se tratara de vicuñas o llamas, o incluso, lo que era más común, que "fueran sustraídos a la ternura maternal por alguno que quisiera especular con la carne de sus hermanos, o hacer algún regalo" (29). Desde una perspectiva necropolítica, el cuerpo del cholito era para Llorente altamente desechable y menos valioso que el del esclavo africano porque, como no tenía precio, "si enfermaba se le dejaba morir" (30). Nadie era castigado, señala el cronista, por cometer este crimen sancionado por la costumbre, en parte porque en el siglo XIX se pensaba que el cholito, al ser robado de su entorno de barbarie, podía tener acceso a una mejor vida mediante su entrada al mundo de la civilización.[3] En algunos pasajes de su etnografía, Lorente pone en duda el justificativo moral del rapto cuando afirma que aun los cholitos más afortunados, es decir los que eran tratados benévolamente por sus amos, carecían de derechos legales, humanos y afectivos: "...A lo más que puede aspirar [el cholito] es a ser bien mirado por las niñas de la casa, y a ocupar en el corazón de ellas un lugar entre el mono y el perrito de faldas" (30). El autor incurre aquí en dos estrategias de deshumanización que me interesa destacar: una es la animalización de los cholitos cuando los compara con mascotas (llamas, monos o perritos) y otra es su desindividualización, es decir, su conversión en eslabones de una cadena indiferenciada de niños esclavos que son reemplazables, unos por otros, porque su subjetividad se define por lo que Albert Memmi llama "la marca plural del grupo" (2003: 39).

---

3 Lorente se refiere al tráfico de niños explícitamente cuando dice en su crónica que los niños eran "sustraído[s] a la ternura materna por alguno que quisiera especular con la carne de sus hermanos o hacer algún regalo" (29).

El cuento de Lastenia Larriva colabora desde la ficción con los manuales de urbanidad y etiqueta que se publicaron a lo largo del siglo a ambos lados del Atlántico, con el objetivo de domesticar y civilizar las emociones infantiles. Aunque este corpus pedagógico estuvo dominado en un principio por una idea mayormente andrógina de la infancia, hacia mediados del siglo XIX empezaron a aparecer manuales específicamente destinados a las niñas, escritos en forma de carta, verso o historieta. Según Manuel Antonio Carreño, autor del *Manual de urbanidad y buenas maneras* (1854), la urbanidad era una forma extrema de autocontrol de los impulsos inciviles motivado por el afán de "promover el bien [...] aun con sacrificio nuestro" (7). Obsesionados por el orden, los manuales proponían una política de la obediencia para los niños y jóvenes, con encabezamientos que iban desde lo más alto (Dios) hasta lo más bajo (criados), pasando por el punto intermedio de padres, maestros y familiares. De particular interés para reflexionar sobre la relación entre infancia, raza y clase es la sección de los manuales en la que se discutía la relación de los niños con los criados y otros grupos subalternos dentro del espacio doméstico. Casi todos los manuales de la época recomendaban que los niños trataran a la servidumbre con un delicado equilibrio entre distancia (respeto) y cercanía (afecto caritativo). Esta recomendación se hacía, por un lado, para que los niños no se contagiaran de los modales rústicos del subalterno, y por otro, para que los criados no se salieran del lugar que las elites les asignaban en la coreografía hogareña.

En "El rey Herodes", la madre le dicta a la hija una plegaria destinada a fomentar en el sujeto infantil una serie de carencias feminizadas que sirven para reforzar la dicotomía entre los géneros. La niña le pide a Dios que no le dé belleza, que no le dé talento, que no le dé riquezas, que no le dé poder, en parte porque solo en ese estado de total despojo, es decir, "pobre, desvalida, fea y torpe", podrá acceder a "la dicha eterna que vale más que esta corta existencia ..." (1919: 49). El proceso de construir una identidad femenina en miniatura se articula, en el cuento, no solamente con la domesticación de las emociones peligrosas, sino también, con el disciplinamiento del lado salvaje o caprichoso de la niña blanca. Además de regalos y muñecas hay en la casa un elaborado pesebre que coloca en el centro a un niño Jesús sobre una cuna de pajas de oro al que los reyes magos y otros personajes de la historia bíblica le traen regalos. Mientras la madre de Lolita le cuenta a su hija la historia de cómo el rey Herodes mandó matar en Belén a todos los niños menores de dos años para evitar que Jesús se transformara en Rey, la mirada de Lolita se detiene en un sector del nacimiento que representa de manera animada un cuadro de Guido Reni titulado "La matanza de los inocentes" (véase figura 2).

Fig. 2. Guido Reni, "La matanza de los inocentes", 1611.

La mención de este cuadro establece, de manera oblicua, un paralelismo político y transhistórico entre la matanza de niños en Belén y el rapto de cholitos en el siglo XIX. Para demostrar la capacidad de Lolita de conmoverse por el sufrimiento ajeno, la narradora de Llona afirma que al escuchar la historia del rey Herodes, la niña "dirigió en seguida sus miradas a los conmovedores grupos [del cuadro] que formaban aquella madre que huye desesperada para salvar al tierno fruto de su entrañas de la espantosa carnicería y del bárbaro soldado que la detiene por los cabellos, y a aquella otra que, cubriendo a su hijo con el manto, echa a correr presa de indescriptible pavor" (45).

Dentro de la genealogía cultural de la figura del cholito, la novela *Si haces mal no esperes bien* (1861), de Juana Manuela Gorriti, ocupa un lugar privilegiado. En el primer capítulo, titulado "El rapto", una cholita está juntando flores para su madre en el paisaje bucólico de la sierra, mientras los soldados las espían para detectar un momento de distracción de la madre que les permita robar a la cholita. El texto de Gorriti narra, de manera extremadamente gráfica, la crueldad del momento del rapto que tanto el cuento de Llona como la crónica de Lorente omiten:

> El soldado se dirigió hacia ella [la cholita] al galope y llegando a su lado, inclinóse sobre el estribo y la arrebató entre sus brazos. Mas al momento de enderezarse sobre la silla para colocar a la niña en el arzón, sintió dos manos de acero, que aferrándose a su garganta lo derribaron en tierra. La india había corrido en auxilio de su hija y teniendo la cabeza del soldado bajo su rodilla buscaba con ojos feroces una piedra para acabar de matarlo. Arrancó en fin un grueso guijarro mas en el momento que lo alzaba sobre el soldado, sintióse asida por los cabellos. El oficial que había ordenado el rapto arrastrándola sin piedad, la arrojó al fondo de un barranco. (Gorriti, 1861: 156)

Gorriti recurre aquí a la tercera persona para narrar el secuestro de la niña desde una perspectiva ajena a la de su personaje. Más tarde en la novela, el sujeto narrativo vuelve a contar la escena desde la perspectiva de esa madre indígena que no puede acceder a la ideología de la maternidad republicana por su identidad racial, y que trata de evitar a toda costa que le roben a su codiciada hija. La madre de la cholita cuenta que mientras cuidaba su rebaño escondía a su hija y que "temblaba de miedo" cuando cualquier viajero se acercaba a acariciarla porque "ahora que somos pobres, ahora que nada pueden ya quitarnos nos roban nuestros hijos para hacerlos esclavos en sus ciudades" (179).

La novela de Gorriti peruaniza el tópico del rapto de las cautivas blancas en la iconografía rioplatense de la generación del 37, una generación con la que Gorriti, que se define a sí misma como argentina de nacimiento y peruana de corazón, tiene una conexión biográfica y cultural. En las pinturas de Johann Moritz Rugendas y Ángel della Valle, que Laura Malosetti Costa pone a dialogar iconográficamente con obras como *La Cautiva* (1837) y *El gaucho Martín Fierro* (1872-1879), los indios aparecen a caballo y armados de lanzas, arrastrando por la pampa los cuerpos desfallecientes de inocentes mujeres blancas a las que habían arrebatado por la fuerza del mundo de la civilización. En la novela de Gorriti, los enemigos no son los indios que se adueñan de los cuerpos de las cautivas, sino los militares peruanos que violan a mujeres racialmente otras y secuestran a sus hijas.[4] Al igual que la cautiva de Echeverría,

---

4 La figura sufriente de la cautiva por la que debían apiadarse los lectores de Echeverría

la india de Gorriti es un personaje andrógino que ataca físicamente a su enemigo para defender a su hija al mismo tiempo que trata de ahorcarlo y matarlo. En este choque de fuerzas altamente desigual, la cholita se convierte en la pieza más valiosa de un botín de guerra en el que se desdibuja la frontera entre objetos y personas. Al final del día, los soldados enumeran una larga lista de artefactos rapiñados entre los que figuran catorce mulas, tres sombrereras, dieciocho baúles y una cholita (159). En la cadena de usos a la que es sometida la cholita, la niña va cambiando de manos hasta ser ilegalmente adoptada por un viajero francés que se la lleva a París. A medida que avanza la novela, la violencia racial se ejerce no solamente sobre el cuerpo manipulable de la cholita que iniciará a partir de este momento un doloroso y forzado camino hacia la modernidad europea, sino también, sobre una madre indígena que queda excluida a partir del rapto de la racionalidad civilizatoria. Transformada en "la pastora loca de Huairos", la india de Gorriti deambulará por la sierra en busca de su hija robada hasta reencontrarse, doce años más tarde, con esa cholita ya adulta, afrancesada y civilizada, que vuelve al Perú a conocer la patria de su prometido y acaba suicidándose en el mismo lugar donde fue separada por la fuerza de la madre muchos años atrás.

En "El Rey Herodes", el deseo de la niña blanca de que le regalen un cholito genera un desorden afectivo en el espacio doméstico ya que, en vez de obedecer y reconocer la autoridad de los padres, Lolita busca imponer su voluntad sobre ellos. A medida que avanza el cuento, el miedo paterno reemplaza a la ternura maternal como herramienta pedagógica civilizatoria en un proceso que coincide con la somatización del pudor como mecanismo sexualizado de autocontrol. Lo que provoca vergüenza en el yo infantil no es el deseo perverso y cruel de poseer a otro niño, sino su propia terquedad a la hora de enfatizar la urgencia de su reclamo. Una tecnología disciplinaria que el sujeto narrativo usa para domesticar el lado salvaje de la niña es colocarla en el centro de un panóptico regido por la figura de un Jesús todopoderoso que observa desde arriba las acciones de los niños sin ser mirado por ellos.

—¿Qué dirá, al verla así *enfurruñada,* y al escuchar el tono áspero de su voz el Niño Jesús, ese niño Jesús, que era todo dulzura y que jamás dio a su madre el más leve

---

y Hernández se transforma en la novela de Gorriti en un personaje desexualizado: una niña de cinco años a la que la madre ya no tiene la posibilidad de cuidar y proteger. El texto de Gorriti interviene transnacionalmente en dos debates que son: por un lado, la relación entre indios y cautivas en el imaginario rioplatense, y por otro, el robo de cholitos en la zona andina.

motivo de queja? [...] Al escuchar, pues, la merecida reprimenda de los labios de su padre, de esos labios tan prontos siempre para acariciarla, se arrepintió de su terquedad y de las desabridas respuestas que había dado a las afectuosas frases de su madre; y sintiendo que su cólera se deshacía en lágrimas, corrió hacia Dolores y abrazándola apretadamente, escondió su rostro, que la vergüenza coloreaba, en el regazo maternal. (46-47, énfasis del original)

El proceso de auto-vigilancia que Norbert Elias (2012) estudia en los manuales europeos de conducta depende en "El rey Herodes" de la estetización de dos emociones feminizadas (la vergüenza y el miedo) que empequeñecen a la niña frente a la figura magnificada del padre. El cuento muestra asimismo la manera en que Lolita interioriza el racismo de una oligarquía limeña que se adjudica el derecho de apropiarse de los niños ajenos. Ni el padre ni la madre de Lolita ponen en tela de juicio el deseo de su hija de poseer un cholito: la objeción radica solamente en la falta de paciencia para lograr su objetivo. Cuando la niña vuelve a preguntar "¿Hasta qué hora no me traerán mi cholito? ¿Por qué no me lo habrá mandado todavía mi padrino?", la madre le contesta "—No le habrá sido posible, vida mía [...] te lo enviará mañana, no tengas cuidado. Ahora ve a acostarte" (44). En la lucha pedagógica que el cuento de Llona ficcionaliza, el cuerpo de Lolita se convierte en un campo de batalla entre emociones bárbaras y civilizadas. Las emociones inciviles o negativas que desbaratan la relación jerárquica entre padres e hijos no son fáciles de vencer y la niña sigue insistiendo en que le traigan a su cholito. Finalmente, es con la llegada del cholito-regalo, envuelto en ropas europeas que "de seguro se ponía por primera vez en la vida", que se completa el proceso de domesticación de ambos niños (50).

El sufrimiento del niño quechua, a quien le ponen el nombre de Tomasito y que lleva sus ropas andinas en un "quipe" o atadito, contrasta en un principio con la mirada extasiada de Lolita que al toparse con su regalo humano "dio simultáneamente un brinco, una palmada y un grito [...] y luego quedó absorta con las manos juntas, y casi sin respirar" (51). El encuentro interracial entre niños miniaturiza las jerarquías de poder entre amos y esclavos tal y como se daban en el mundo adulto del gamonalismo andino. Es por eso que la madre de Lolita le dice al cholito que se acerque y que no le tenga miedo a esa niña que a partir de ahora será "SU niñita", es decir su patrona. Una vez en el salón de las muñecas, Lolita empieza a visualizar en voz alta el lugar que le asignará al niño en su colección de juguetes. Dice:

— Tengo más de veinte muñecas ... ¡Que veinte! ¡Más de mil! Y una cocinita para hacer comida de *verdad*. ¿No te gusta a ti jugar a las *comiditas*? Con las muñecas me fastidia hacer bodas, porque no comen … A ti te voy a dar cosas muy ricas: confites, caramelos, pasteles, chocolates, pasas…uff!… tantas, tantísimas, *tantísimas* cosas! ¡Pero habla, pues, Tomasito! ¿Por qué no quieres hablar? (53)

En este *tableau* la niña blanca convierte al cholito en el muñeco-estrella de su colección, un artefacto de carne y hueso que hará lo que ella diga y lo que las muñecas no pueden hacer, en este caso, comer las comidas de mentira que ella prepara. Aunque en un principio el niño esboza una sonrisa, seducido por la idea del juego como nivelador de las diferencias sociales y raciales, queda claro para el lector que la relación entre Lolita y Tomasito será jerárquica y que el cholito será un juguete vivo, destinado a satisfacer la voluntad de su ama.

La conversión del cholito en muñeco queda reforzada en el cuerpo del texto mediante referencias a la mudez e inmovilidad de ese niño de "color atezado" que era, según la voz narradora de Llona, "un bonito tipo de su raza" (52). Traumatizado por la violencia de la situación, el cholito se niega en un principio a contestar las preguntas que le hacen en quechua y castellano. "A no ser por la intensidad y viveza de su mirada habría podido tomárselo por una pequeña estatua de bronce" (53). Finalmente, es cuando el tío dice haber comprado el cholito en la sierra, a una de esas madres indígenas que los venden por unas pocas monedas "como lo hacen frecuentemente esas mujeres, en quienes la abyección e ignorancia ahogan hasta el instinto maternal", que el cholito exclama entre llantos que eso es mentira porque ha sido violentamente robado (54). Las lágrimas del cholito le hablan a la niña blanca que toma en ese momento conciencia de la magnitud del crimen que cometen a diario los miembros de su clase social. El ascenso moral de Lolita coincide en el cuento con la capacidad de compenetrarse con el sufrimiento ajeno, en este caso el del niño serrano, y con tomar una decisión en contra de sus propios intereses que parece cuestionar, desde la pedagogía de la compasión, el racismo de los padres: "—¡Mamá! gritó Lolita, con una voz en la que había vibraciones hasta entonces desconocidas […] —¡Mamá, mi padrino es un Rey Herodes! ¡Yo no quiero ya a Tomasito! ¡Que se lo devuelvan a su mamá!…" (56). Lo que el tío de Lolita ve como un favor que se le hace al niño, quien todo el día llora por su sierra pero que "ya se irá civilizando" (52), es para la niña una oportunidad didáctica de auto-mejoramiento moral. El espectáculo del sufrimiento del niño serrano y su inminente aculturación desemboca en un gesto noble de Lolita, que se arrepiente de su capricho y propone devolver el niño a la sierra. Si en un principio es la indignación o la rabia lo que motiva su cambio de actitud, esa modalidad afectiva va a ser aplacada y contenida por el discurso de la caridad. En el desenlace del cuento, la madre de Lolita cancela el gesto empático de la hija cuando decide traer a toda la familia del cholito a la ciudad de Lima para que puedan beneficiarse en conjunto de los avances de la civilización. La madre de Lolita es, en este sentido, el espejo adulto en el que el ideal de la niña tierna y caritativa se mira: es una madre afectuosa con los necesitados que, "habituada desde que nació a ver cómo se recluta a los infelices indiecitos de ambos sexos para dedicarlos a la servidumbre, [...] no había creído hacer nada reprochable al encargar a su amigo y compadre, el Coronel Monforte que le trajese un cholito de regalo para su hija Lolita" (55).

En un texto de Abelardo Gamarra titulado "Los hijos de los indios" (1870), el autor cuzqueño brinda una visión no fetichizada de la relación interracial entre niños. Al mismo tiempo, ironiza sobre la idea de que los cholitos "se civilizaban" al entrar a trabajar en las casas de la oligarquía terrateniente cuando denuncia de manera irrevocable la falta de misericordia de las mujeres criollas para con ellos. Por lo general, apunta Gamarra, las mujeres blancas a las que les "regalaban" estos cholitos no eran bondadosas como Lolita y su madre, sino que los trataban con una "dureza inquebrantable" que frecuentemente incluía maltratos físicos como "palo, látigo, coscorrones" (Gamarra, 1910: 102-103). Este autor menciona asimismo el mal genio de las patronas y "la ira de las niñas mujeres de la familia decente que desfogan en las costillas de los cholitos o de las chinitas, de los cholos o de las chinas del servicio, cuyos cuerpos acardenalados más de una vez podrían servir para un reconocimiento de juicio criminal" (103-104). En la lectura de Gamarra, el ángel del hogar no es sentimental y magnánimo sino iracundo y violento. Es un sujeto cómplice con el racismo republicano que, pese a su marginalidad de género, recurre a la explotación infantil para reforzar la ideología de la supremacía blanca de su clase.

En un estudio pionero sobre la esclavitud infantil de los cholitos en el siglo XIX, Alberto Flores Galindo (1994) examina los anuncios clasificados que se publicaron en el diario *El comercio* (1839-1859) y afirma que el hecho de que no hubiera avisos durante esos años para solicitar el empleo de cholitos, como sí lo había para reclutar servidumbre adulta, prueba que estos se obtenían ilegalmente, fuera de la mirada de la ley. Por otro lado, la gran cantidad de anuncios que se publican para encontrar cholitos robados o fugados de las casas limeñas durante esta época lo lleva a concluir que, para muchos de esos niños maltratados, escaparse de las casas de la oligarquía limeña era la única opción viable que tenían en casos de maltratos físicos, castigos o flagrantes abusos.[5] Lo que Gamarra hace en su crónica es denunciar el tráfico de niños, algo que también hace Clorinda Matto de Turner en *Aves sin nido* (1889) cuando narra la historia de Rosalía Yupanqui, una cholita de cuatro años a la que el cobrador del pueblo andino de Killac roba en pago por las deudas de lana de sus padres. El sujeto literario dramatiza el terror de los padres de la niña a punto de ser vendida como esclava por las autoridades de Killac porque "[a]quí las venden a los majeños y se las llevan a Arequipa!" (Matto de Turner, 1889: 38). Al igual que en *Si haces mal no esperes bien* de Gorriti, la cholita de Matto será adoptada por una familia criolla a la muerte de sus padres, pero desaparecerá sospechosamente de la trama de la novela luego de salir herida de un accidente de tren que la lleva, junto a sus nuevos padres adoptivos, a la modernidad de Lima.

En "El rey Herodes" la función cultural del cholito es educar sentimentalmente a los niños de la clase dirigente, confirmando en el proceso el estatus humano de la niña blanca. La visión sentimental de la infancia normativa tiene un componente económico ya que la aculturación del cholito y su conversión en objeto de piedad facilita la explotación económica de todo un grupo social. Así como las ilustraciones de "El rey Herodes" diluyen las diferencias fenotípicas entre el cholito y Lolita (véase figura 3), el cuento de Larriva de Llona jerarquiza a nivel semántico las diferencias entre ellos. Las pretensiones de igualdad afectiva entre niños se cancelan cuando la autora contrapone "los cabellos brillantes, sedosos y claros como los del maíz tierno" (52) de Lolita con "los ojos y cabellos negros como el ala del cuervo" (52) del cholito. Pese a la sugerencia de que el afecto puede cruzar barreras raciales entre los niños, Llona nunca cuestiona la asociación de la negritud con la fealdad y de la belleza con la blancura. En este sentido, la democratización utópica de la relación interracial entre niños queda subvertida por la asociación del cholito con el lado devaluado del binomio racializado tal y como lo sugerirá más tarde el estudio Clark.[6] La distribución de roles dentro de la relación infantil solidifica las jerarquías y distancias entre Tomasito y su ama.

5 Fueron justamente los avisos clasificados para encontrar cholitos, según Ragas, los que actuaron como motor ideológico-afectivo de una serie de campañas filantrópicas a favor de los indios entre las que el autor destaca la campaña de la Sociedad amiga de los indios, desarrollada en los años 1867-1868.

6 Aunque Lolita es un año menor que Tomasito, las diferencias de clase y raza trastocan esta jerarquía a nivel corporal. Expresa la narradora de Llona que la niña blanca caminaba de manera más erguida y hablaba con más aplomo que el cholito.

Mientras que para la niña blanca Tomasito es un juguete, un muñeco de carne y hueso al que puede obligar a hacer cosas que las muñecas no pueden hacer (comer, caminar y hablar), para Tomasito, la niña es una deidad o niño Jesús (de hecho en un momento la compara con la figura estrella del pesebre) a la que tiene que amar e idealizar. En un momento del cuento, la autora afirma que Tomasito miró a Lolita con devoción religiosa porque "la tomó por la divinidad de ese santuario" (52).

Y le atraía hácia sí, suavemente.

Fig. 3. Ilustración de "El rey Herodes".

En los imaginarios empáticos del siglo XIX, la compasión sentimental no consigue rescatar a los cholitos de su estatus cosificado de mercancía. El diminutivo "cholito" cancela la peligrosidad de una diferencia racial que es más soportable en la infancia que en su contraparte adulta. En este sentido, así como la economía feudal gamonalista depende de la conversión del niño en esclavo, el sentimentalismo usa al niño serrano como herramienta viviente para la educación de sus amos. Si las muñecas entrenaban a las niñas en las prácticas de una maternidad futura, los cholitos les enseñaban a las niñas de las elites a ser futuras amas y/o patronas. Lo que cristaliza en el cuento de Larriva de Llona es finalmente un proceso de domesticación doble (del cholito y de la niña) en el que se solapan y refuerzan una serie de jerarquías racializadas. El sistema de usos de la trama emotiva remite, por un lado, al cuerpo violentado del niño indígena, al que las clases altas silencian y arrebatan a su familia como si se tratara de un objeto o cosa; y por otro, a una niña blanca que pese a que se indigna inicialmente con sus padres por la forma en que maltratan y explotan al cholito, recurre finalmente a la compasión para domesticar sus emociones peligrosas y convertirse, aunque solo sea temporariamente, en un ángel de ternura y caridad.

Referencias bibliográficas

Ahmed, Sara, 2004, *The Cultural Politics of Emotion,* Londres, Edinburgh Press.

Ariès, Philippe, 1962, *Centuries of Childhood,* Nueva York, Vintage Books.

Aristizábal García, Diana Marcela, 2015, *Juguetes e infancias. La consolidación de una sensibilidad moderna sobre los niños en Colombia (1840-1950),* Bogotá, Ediciones Uniandes.

Bernstein, Robin, 2011, *Racial Innocence. Performing American Childhood from Slavery to Civil Rights,* Nueva York, New York University Press.

Carreño, Manuel Antonio, 1853, *Manual de urbanidad y buenas maneras para uso de la juventud de ambos sexos,* París, Garnier hermanos.

Elias, Norbert, 2012, *El proceso de la civilización. Investigaciones sociogenéticas y psicogenéticas,* trad. Ramón García Cotarelo, México, Fondo de Cultura económica.

Flores Galindo, Alberto, 1994, *Buscando un inca: identidad y utopía en los Andes,* Lima, Horizonte.

Gamarra, Abelardo, 1910, *Artículos de costumbres de El tunante,* Primera Serie, Lima, Librería Francesa Científica.

Gorriti, Juana Manuela, 1861, *Si haces mal no esperes bien, Sueños y realidades,* Tomo II, 153-183.

Grylls, Davis, 1978, *Guardians and Angels. Parents and Children in Nineteenth-Century Literature,* Londres, Faber and Faber.

King, Wilma, 2011, *Stolen Childhood. Slave Youth in Nineteenth-Century America,* Bloomington, Indiana University Press.

Lamas, Marta, 2010, "Muñecas mexicanas: ¿Güeras o prietas?", Conferencia en el Festival VivAmérica, México, Casa de América, disponible en https://www.youtube.com/watch?v=Ghui-P-HaA4.

Larriva de Llona, Lastenia, 1919, "El rey Herodes: Cuento de navidad", *Obras completas,* Tomo II, Lima, Imprenta del estado mayor del ejército, 39-57.

Lorente, Sebastián, 1855, *Pensamientos sobre el Perú,* Lima, Tipografía de la voz del pueblo.

Mannarelli, María Emma, 2018, "La infancia y la configuración de los vínculos en el Perú. Un enfoque histórico", *La domesticación de las mujeres. Patriarcado y género en la historia peruana,* Lima, La Siniestra Ensayos, 139-189.

Matto de Turner, Clorinda, 1889, *Aves sin nido,* Valencia, Sempere y Compañía.

Memmi, Albert, 2003, *The Colonizer and the Colonized,* Londres, Earthscan.

Patterson, Orlando, 1982, *Slavery and Social Death,* Cambridge, Harvard University Press.

Portocarrero Grados, Ricardo Felipe, 1942, *El trabajo infantil en el Perú. Apuntes de una interpretación histórica,* Lima, Instituto de Formación para Educadores de Jóvenes, Adolescentes y Niños Trabajadores de América Latina y el Caribe (IFEJANT).

Ragas, José, 2017, "Cholitos, militares y activistas. La 'sociedad amiga de los indios' y la campaña de rescate de niños indígenas (Lima, 1867-1868)", Valenzuela Márquez, Jaime (ed.), *América en diásporas. Esclavitudes y migraciones forzadas en Chile y otras regiones americanas (siglos XVI-XIX),* Santiago de Chile, RIL Editores, 511-533.

Schuller, Kyla, 2017, *The Biopolitics of Feeling. Race, Sex, and Science in the Nineteenth Century*. Durham, Duke University Press.

Síndromes del viajero: espacio y afectos en *Viajes y otros viajes*, de Antonio Tabucchi

Maira Scordamaglia

Universidad Católica Argentina

La obra del italiano Antonio Tabucchi abarca principalmente los textos narrativos que lo elevaron al reconocimiento mundial, pero también incluye una vasta cantidad de artículos periodísticos y de opinión, fruto de su participación comprometida en los hechos de la actualidad y su diálogo constante con los interrogantes del presente.[1] *Viajes y otros viajes*, editado en español en 2012 y publicado en Italia dos años antes, testimonia el encuentro entre la literatura de Tabucchi y su producción destinada a los medios periodísticos.[2] Este peculiar libro es una recopilación de artículos publicados a lo largo de su vida (algunos de ellos, adaptados para la inclusión en la obra y otros, producidos *ad hoc*) que revelan una de las temáticas más trabajadas por el autor: el viaje.

---

1 Antonio Tabucchi (Pisa, 1943 – Lisboa, 2012). Entusiasta lector desde pequeño, se abocó a las letras en su juventud. Conoció, durante un viaje en tren, *Tabaquería* de Fernando Pessoa y se convirtió en un ferviente lector de la obra del poeta portugués, y en un gran difusor de la literatura y cultura portuguesas en Italia. La obra narrativa de Tabucchi, iniciada con la publicación de *Piazza d'Italia* en 1975, plantea la ficción como vía de escape de una realidad monótona y angustiante. Sus personajes y los conflictos que atraviesan reflejan las dificultades que conlleva la búsqueda de la propia identidad; de ahí que el viaje (real, inerior u onírico) y la búsqueda de sí mismo sean constantes en la mayoría de sus obras. La reivindicación de lo periférico, la problematización de la complejidad de su tiempo, la búsqueda de un futuro a través del retorno nostálgico a la memoria y al pasado, la conciencia de la fragmentación de la vida y un optimismo subyacente, a pesar de los límites y las dificultades, convierten a Tabucchi en un "humanista posmoderno" (Capano, 2007).

2 Para este trabajo nos basamos en la edición de la editorial Anagrama, que ofrece el texto traducido al español por Carlos Gumpert.

Viajes y otros viajes presenta una taxonomía interna muy particular que interesa explicitar antes de profundizar en su análisis. Fiel a su estilo, el escritor italiano encabeza el libro con una "Nota del autor", presentación en la que aclara su postura frente al viaje y la génesis de la obra: "Nacidos en circunstancias de lo más variado, siempre a partir de viajes pero nunca de viajes realizados para convertirse en literatura de viajes después, estos textos vagaban como islas en un archipiélago fluctuante" (Tabucchi, 2012: 9). Continúa un capítulo dedicado a una conversación con el escritor Paolo di Paolo, titulado "El tío de Lucca en Singapur", donde reflexiona acerca de su concepción de viaje y de la presencia de este en sus obras y en su propia vida. Se procede, a continuación, con los seis capítulos que reúnen los 56 artículos: el primero de ellos consiste en un punto de partida que reflexiona acerca de la creación de los atlas y de la mirada inexorablemente sesgada que su producción siempre ha acarreado; los demás están reunidos bajo una unidad temática o geográfica. En el capítulo "Viajes con miras" los textos repasan trayectos por diversos países y continentes, mientras "En la India", "Cuaderno australiano" y "¡Oh, Portugal!" congregan artículos dedicados a dichos países. Resultan de especial interés los artículos del último capítulo, puesto que narran viajes "Por persona interpuesta", es decir, viajes realizados no físicamente sino a través de la literatura, sus autores y sus personajes.

Dan cierre al libro tres índices de índole diversa. Primero se incluye la imagen de un atlas con todas las ciudades mencionadas a lo largo de los artículos con los números de página, a modo de "índice geográfico". Luego, sigue el apartado "Los libros de este libro", que presenta una lista de la bibliografía citada o aludida. Finalmente, viene "Noticia sobre los textos", un listado de los artículos incluidos en *Viajes y otros viajes*.

La heterogeneidad de los textos otorga al volumen un cariz múltiple, "espurio" según el autor, quien emplea la metáfora del archipiélago para representar cuán dispersos y diversos resultan los escritos compilados. La variedad se halla en las circunstancias de producción de cada artículo, en su momento y lugar de publicación, en las ciudades visitadas, en el estilo y tono empleados para relatar cada viaje.

Podemos considerar la totalidad de la obra como literatura hodopórica[3] puesto que, en palabras de Sofía Carrizo Rueda, esta presenta el

3 "La palabra, propuesta por el italianista Luigi Monga, procede del adjetivo griego 'οδοιπορικός, 'relacionado con el viaje', formado a su vez por 'οδός, 'camino', y πορεία, 'viaje'[...]. *[O]deporico* está en los diccionarios italianos actuales como adjetivo, en el sentido de 'relacionado con el viaje', y, como sustantivo masculino, como sinónimo de 'relato de viaje'" (Nucera, 2002: 246-247).

relato de un itinerario en el que predomina lo descriptivo para preservar un "carácter de serie abierta que va enhebrando [...] variados tipos de descripciones sin estructurarlos hacia un desenlace" (2008: 50). Esta configuración no impide la coherencia interna, en tanto que, más o menos intencionalmente, subyace una dimensión "documental", un registro de los contactos que estableciera el autor con diversos "fragmentos del mundo" (Ibídem).

Carrizo Rueda advierte cómo, desde las postrimerías del siglo XX hasta la actualidad, a una vastedad de conceptos diversos se los suele reunir bajo el rótulo de "viaje", lo que conduce a que el relato de viajes esté conformado por la relación de vivencias, reflexiones y datos que buscan testimoniar lo que la investigadora denomina "el espectáculo del mundo". Sigue a Weinrich al postular que la tendencia a desnarrativizar propia de fines del siglo XX privilegió el discurso descriptivo para representar la complejidad social existente.[4] De una manera bastante similar, Ottmar Ette propone explicar el relato de viajes como "un modelo de experiencias puesto en escena, moldeado de tal manera que pueda apropiarse de las formas de percepción de elementos de culturas extranjeras" (2008: 26). Precisamente, *Viajes y otros viajes* reúne relatos de experiencias personales de Tabucchi acaecidas en distintos lugares del mundo. En ellos, la acción tiene un lugar secundario frente a la descripción o, en ocasiones, a la escritura ensayística, para revelar las percepciones del viajero.

A continuación se propondrá una lectura de los artículos en los que el autor italiano relata (o describe) sus viajes en Latinoamérica.[5] Nos interesa preguntarnos acerca de la variedad textual que la recopilación ofrece para crear un gran relato de viajes, así como el rol fundamental que juega la afectividad en los procesos de captación y descubrimiento de los lugares que conforman el itinerario.

Adherimos a la noción de afecto que Moraña destaca en Seigworth y Grigg, para quienes

---

4 "[L]a preponderancia de lo descriptivo y el encastre libre basado en una sucesión de los elementos, propios de la morfología del relato de viajes, conforman un idóneo "almacén mnemónico" para la inmanejable cantidad de elementos con la que se enfrentan los más variados relatos culturales de la segunda modernidad, con su fuerte tendencia, además, a involucrar lo sociológico" (Carrizo Rueda, 2008: 49).

5 Los artículos en cuestión son: "México. Un viaje a los chiles" (p. 94), "Los Robinsones" (p. 97), "Brasil. Congonhas do Campo" (p. 103), "Ouro Preto" (p. 106). Dentro de la sección "Por persona interpuesta", citaremos: "Con Borges por las calles de Buenos Aires" (p. 223), "El síndrome de Stendhal" (p. 230), "El síndrome opuesto" (p. 235) y "El sueño amazónico" (p. 241).

afecto es el nombre que damos a esos impulsos viscerales que se distinguen del conocimiento consciente y que incitan o paralizan nuestro movimiento. A un tiempo íntimo e impersonal, el afecto (la capacidad de afectar y de ser afectado) marca la pertenencia del sujeto con respecto al mundo de encuentros y desencuentros que habitamos y que a su vez, de diversas maneras, nos habita. (Moraña, 2012: 318)

El individuo y su entorno pueden entablar, por lo tanto, relaciones afectivas, pero es del entorno *espacial* del que nos ocuparemos, valiéndonos de los aportes del geógrafo Yi-Fu Tuan (2007), quien postula tres ejes involucrados en la construcción del lazo afectivo que se puede desarrollar con un determinado espacio: la *percepción*, la *actitud* y la *cosmovisión*.

El primer eje pone en juego la respuesta de los sentidos frente a los estímulos, teniendo en cuenta que lo que percibimos y retenemos es aquello que tiene un valor para nosotros. Este eje comprende la recepción de la información a través de los cinco sentidos y, además, la captación de los datos en un plano cognitivo, sin que un campo excluya al otro: todo lo contrario, la percepción física implica la mental y viceversa (Rodaway, 1994: 10).[6] La *actitud* enfatiza el intercambio cultural que se da entre el espacio y el individuo, que se logra mediante la experiencia, teniendo en consideración que cada ser humano está situado social y culturalmente, además de contar con una biografía individual que singulariza su actitud frente al entorno. La *cosmovisión*, en palabras de Tuan, "es la experiencia conceptualizada" socialmente, ya que supone creencias y actitudes compartidas por un conjunto de personas. Este eje pone en evidencia que la percepción no se reduce a un mero contacto físico con el mundo: el contexto social de quien experimenta con su entorno actúa como un "filtro" que incide en la manera en que aquel se ve afectado (Rodaway, 1994: 23).

1. Partida

> En el acto de partir [...] hay una muerte y luego un nacimiento, una separación y luego el intento de conjunción con el futuro. (Nucera, 2002: 248)

Viajes y otros viajes se abre con un artículo titulado "Atlas", en el que Tabucchi se remite a los atlas que leía de pequeño y que configuraron su visión del mundo a una temprana edad, para luego darse cuenta de que "la representación del mundo es relativa [...], un país coloreado de rojo

6 La traducción del inglés es nuestra.

se vuelve verde, de que uno que era grande se vuelve pequeño, de que las fronteras se desplazan y los confines no son inmóviles" (2012: 24). Admite, además, que dichas obras comenzaban con la descripción de la geografía europea, "dado que, según los europeos, el mundo empieza en Europa" (23). Se revela en Tabucchi la conciencia de pertenecer a una cultura del centro, es decir, el autor reconoce que ha sido criado con la mirada puesta en el mundo *desde* Europa. Pero, a la vez, se muestra capaz de criticar y de demostrar la falibilidad de esa perspectiva en su intención de concebir el mundo desde distintos ángulos. Es consciente de que permanecer siempre en el mismo lugar "puede provocar un peligroso equívoco, el de hacernos creer que esa tierra nos pertenece" (10). Se presenta a sí mismo abierto al mundo, atento a los "filtros culturales" que se anteponen a sus visiones y percepciones.[7]

2. Viaje

«viaje» es «lo que se consume durante el camino». (Nucera, 2002: 248)

En el primer artículo de nuestro corpus, "México. Un viaje a los chiles", Tabucchi delinea dicho país a través de su gastronomía sin hacer casi menciones topográficas, puesto que "el viajero no podrá evitar tropezarse con un elemento unificador y común a las culturas mexicanas más diversas: los chiles" (94). Sin importar la zona de México en que uno se halle, o la comida del día que se consuma, el chile ocupará un lugar de privilegio al que ni el visitante europeo, prevenido por las guías turísticas que advierten sobre los efectos que este alimento puede ocasionar en la estabilidad gástrica del consumidor, puede escapar.

A través de un narrador identificado con su persona autobiográfica, Tabucchi explica que ha hecho caso omiso de las advertencias y se aventura en la degustación. Si nos remitimos a la perspectiva de la Topofilia de Tuan, observamos que la percepción del espacio en este caso es expresada mediante el sentido del gusto.

---

7 *The cultural filter reflects the shared values and taken-for-granted practices of a specific society (or sub-group within a society). In other words, we see, hear, smell, taste and touch the world through the mediation, the filter or lens, of our social milieu, the context within which we have become socialised, educated and familiarized* (Rodaway, 1994: 23).

> El *chile poblano* es familiar y materno. En cuanto tal, dispone de un vientre acogedor para rellenos de verduras y de quesos [...]. En pocas palabras: una perfecta reunión de familia con la ocasión del cumpleaños de nuestra querida abuela; el *secoa* es bastante familiar, sabio como una vieja tía [...]. Se usa para dar aroma a las salsas, el *dulce* [...] asegura un suave picor, de una elegancia púdica y maliciosa a la vez, como ciertas damas del siglo pasado. (Tabucchi, 2012: 95).

El gusto es un sentido "háptico": a diferencia de la vista y el oído, requiere del contacto estrecho, íntimo, entre el estímulo y el cuerpo, ya que degustar implica introducir un determinado elemento en la cavidad oral. Es preciso señalar, a propósito de las observaciones de Highmore (2010), que los sabores presentan la particularidad de tener un correlato emocional: la dulzura o la amargura son cualidades de algunos alimentos... y de ciertos individuos. En los fragmentos citados no hallamos una descripción objetiva del sabor de cada ají; por el contrario, la percepción del alimento despierta asociaciones que conectan a este con determinamos tipos humanos y su esfera cultural. Tabucchi nos remite a su utilidad culinaria (cómo se lo cocina) y social (cuándo se lo consume) y a sus propias impresiones: la forma del pimiento le recuerda un vientre, lo que desencadena una serie de asociaciones con palabras que integran el campo semántico de lo hogareño: "familiar", "materno", "abuela". En los comentarios suscitados a partir del sabor opera el trabajo de "traducción" que el relato de viajes supone "en tanto traslada las experiencias individuales a los acervos de conocimiento colectivos, o por lo menos los pone en relación recíproca" (Ette, 2008: 35). Tabucchi expresa su propia experiencia sensorial mediante el entrecruzamiento de imágenes que aproximan al mundo del lector el sabor del alimento americano.

Tras su catálogo, el autor resuelve que quien se enfrente a la intensidad de una variedad en particular, el chile *habanero,* "delante de un mexicano, manteniendo una expresión serena sin empezar a soltar alaridos, habrá conquistado la ciudadanía honoraria" (96), no sin antes declarar que quien lo resista puede "hacerse la ilusión de formar parte de una cultura milenaria, que la colonización europea hizo lo posible por destruir en gran parte" (96). La resistencia a dicho ají se convierte, entonces, en un rasgo que describiría metonímicamente a la sociedad mexicana.

Son conocidas al lector de Tabucchi sus constantes referencias a la gastronomía, nota de antropología cultural que sabe muy bien deslizar en sus relatos a través de catálogos, de recetas, o de simples menciones. Como expresa Capano, "[e]l hombre se alimenta del mismo modo en que lo hace el grupo social al que pertenece, y de este modo cristaliza su identidad" (2007: 113). El autor italiano no hace menciones étnicas, topográficas o paisajísticas en este artículo: reconstruye su viaje por México, no desde el sentido de la vista –el más caro al hombre moderno– sino a través del gusto, un sentido mucho más emocional; describe minuciosamente las tonalidades sensoriales y sinestésicas que los ajíes provocan en él, puesto que conocer la cocina de un pueblo es conocer su cultura e inclusive, su historia. El chile es fortaleza y resistencia, es familia e historia, es la cultura mexicana concentrada en un solo alimento.

Hay otro artículo dedicado a México, el titulado "Los robinsones". Tabucchi y su esposa, deseosos de concluir su viaje en una alejada cabaña de una playa virgen, desembocan –producto de un equívoco– en un hotel llamado *Robinson* que, lejos de ser un paradero aislado y natural, es un *resort* con una gran variedad de comodidades y colmado de "robinsones", que según el autor, son los contingentes de turistas alemanes: "Son aproximadamente unos trescientos, entre hombres y mujeres: todos rubios, altos, robustos, de aire fatigado" (97).

La expectativa inicial de austeridad paradisíaca se ve completamente destruida por la abundancia casi ridícula del *buffet*, la música a todo volumen para practicar aeróbics, la variedad sospechosa de cócteles, con los que la percepción se ve sobrepasada de estímulos que invaden todos los sentidos ("los líquidos de las jarras de cristal son *muy* rojos, *muy* verdes o *muy* anaranjados"),[8] pero agrega irónicamente que, en las habitaciones, "ventiladores de techo estilo colonial y una alfombra de colores colgada en la pared les confirman [a los robinsones] que se hallan realmente en México" (99).

La decepción de Tabucchi frente al lugar visitado alcanza también a la gastronomía, y marca un fuerte contraste con respecto al artículo anterior. Durante la cena en el *buffet*, el viajero observa que los turistas "más audaces" se animan a probar los platos autóctonos y tradicionales, aunque no sin antes cubrirlos de kétchup, mientras que la mayoría opta por la barbacoa y las salchichas. El tono con que Tabucchi recrea esta escena vespertina señala cuán vastos son los alcances de la noción de "gusto", que no permanece dentro de los límites de una mera categoría sensorial, sino que se extiende para designar una noción estética, cultural y afectiva. Como explica Highmore, el gusto [*taste*] "*vividly registers the imbrication of sense and status, of discernment and disdain, of the physical and the ideational*" (2010: 124). El degustador (italiano) de la gran variedad de ajíes mexicanos mira con desprecio a los "hijos de los robinsones" (alemanes) que "piden con insistencia patatas fritas: «Chips, chips,

8 El subrayado es nuestro.

chips...», se oye piar en todas las mesas" (100). Highmore sentencia: "*taste is more than cultural capital, it is cultural power played out on a violently affective plane*" (125). En consonancia con el postulado de este estudioso, Tabucchi no disimula su desdén por los turistas estereotipados, cuyas descripciones los sitúan en el anonimato o en un proceso de animalización colectiva: son solamente "clientes", "robinsones", "gringuitos".

La descripción de la rutina en el *resort* demuestra la condición de "no lugar" del hotel, en términos de Marc Augé, quien designa con dicho concepto el espacio *no antropológico*, es decir, que no fomenta la construcción de una identidad, que no forja relaciones entre los individuos y que carece de la vinculación con una tradición sustentada por los antepasados. El no lugar entabla "una comunicación tan extraña que a menudo no pone en contacto al individuo más que con otra imagen de sí mismo" (Augé, 2000: 45), y es precisamente lo que Tabucchi advierte al referirse a los vacacionantes por la función inmediata que cumplen dentro del hotel: son "robinsones" durante su estadía y, más específicamente, "aeróbicos y aeróbicas" cuando se ejercitan en la pileta al ritmo de la música.[9] No se narra en el artículo del autor italiano intercambio alguno con los otros turistas, ni un encuentro real entre ellos y el entorno. Después de todo, quizá no fuera producto del azar el hecho de que el hotel que ostentara el nombre de *Robinson* albergase tal sentimiento de soledad a pesar de la multitud que se hospedaba en él...

El tono sardónico de este artículo delata el inconformismo del autor frente a los espejismos del turismo masivo, que solamente traslada lo familiar a otra parte del mundo, sin provocar cuestionamientos en el viajero, hasta el punto que cabe preguntarse si quien se desplaza geográficamente de esa forma está realmente viajando, o sea, traspasando las fronteras del mundo propio. A diferencia de lo manifestado en el artículo sobre los chiles, aquí el escritor se ve imposibilitado de delinear una cosmovisión del país visitado: la sobreestimulación sensorial dentro del *resort* no refleja ni construye la identidad cultural de México a tal punto que los detalles autóctonos resultan falsos, desconectados de la tradición que los engendró.

---

9 "El pasajero de los no lugares sólo encuentra su identidad en el control aduanero, en el peaje o en la caja registradora. Mientras espera, obedece al mismo código que los demás, registra los mismos mensajes, responde a las mismas apelaciones. El espacio del no lugar no crea ni identidad singular ni relación, sino soledad y similitud" (Augé, 2000: 57).

Dos artículos se centran en otro país iberoamericano: "Brasil. Congonhas do Campo" y "Ouro Preto". Ambos hacen foco en la descripción y reseña histórica de dos iglesias barrocas. En el primero, el autor insiste en su falta de admiración por las playas de Río de Janeiro dado que, exceptuando lo pintoresco del paisaje, no tienen nada demasiado distinto, según él, del resto de las playas. Por tal motivo, se desplaza a la Basílica del Bom Jesus de Matosinhos, donde contempla las célebres esculturas religiosas del artista leproso Aleijadinho.[10] El relato de este viaje también es predominantemente descriptivo, y el sentido de la vista es el más evocado para reconstruir con palabras los rasgos peculiares de la basílica. No obstante, el autor emplea imágenes auditivas para recrear la atmósfera de la noche en que visita el templo: oye el cantar de los grillos, que semeja una orquesta que dedica un réquiem a la pasión de Cristo, recreada en las esculturas del Vía Crucis del Aleijadinho.

En el segundo escrito dedicado a Brasil, la contemplación de la belleza del casco histórico de Ouro Preto remite instantáneamente a las injusticias sufridas por los esclavos durante su edificación: "Y se convirtieron a la nueva fe, confiando en un dios que los salvara de la esclavitud y que, por mera coincidencia, era el mismo de quienes los habían convertido en esclavos" (107). De nuevo, la percepción de la magnificencia áurea del templo sitúa al observador a una obligada distancia del elemento observado y da lugar a una reflexión cargada de desaliento y desencanto ante la injusticia ejercida por el poder religioso siglos atrás.

Como se sugirió más arriba, la vista es un sentido menos "íntimo" que otros. Explica al respecto Yi-Fu Tuan:

> La visión no involucra nuestras emociones de manera profunda. [...] La persona que solamente «ve» es un espectador, un visitante, alguien que no es parte de la escena. El mundo que se percibe con los ojos es más abstracto que el que experimentamos a través de los otros sentidos. (Tuan, 2007: 22)

En los dos textos centrados en Brasil advertimos la figura de un autor menos movilizado e implicado que en los artículos mexicanos. Al ser la vista el sentido predominante en los episodios brasileños, el lector es

10 Tabucchi se refiere a António Francisco Lisboa. "Este prodigioso escultor, acaso el más grande del periodo barroco portugués, contrajo la lepra siendo muy joven (Aleijadinho significa «lisiado», el lisiadillo) y se cuenta que cuando ya era incapaz de caminar se hacía llevar en parihuela hasta la catedral para esculpir sus estatuas con los escalpelos atados a los muñones de sus brazos roídos por la enfermedad" (2012: 104).

testigo de una reacción emocional mitigada, que margina la sensorialidad del resto del cuerpo del narrador-protagonista (Rodaway, 1994: 123).

3. La ciudad leída

A la hora de pensar el encuentro entre el espacio y la literatura, no podemos obviar la observación que realizara Westphal al señalar que *"[t]he city is a book, a space that one explores like a book"* (2011: 150). La ciudad se plasma en el texto, y este dialoga con ella hasta que ambos se imbrican: el ciudadano-lector, explica el crítico francés, recorre avenidas como recorre renglones; puede perderse, así como recuperar el hilo de la historia (Westphal, 2015: 29). El espacio urbano se erige sobre los estratos de su pasado, acumulados uno sobre el otro para sustentar el presente. Cada ruina, monumento, plaza o calle bajo el solio actual aporta un significado que actúa sobre lo que el ciudadano ve, visita o recorre cada día. De manera análoga, el texto también posee diversas capas o niveles de significación que va descubriendo la lectura.

Por otra parte, el espacio está constituido por una estratificación intertextual trazada gracias al diálogo constante con los textos, que lo transforman cada vez que es representado en la literatura. Ni el lector ni el escritor podrán escapar de dicha red al plasmar en el texto la ciudad, sea esto con o sin afán de referencialidad. La carga intertextual de los espacios es explorada por Tabucchi en los artículos que integran el capítulo "Por persona interpuesta", donde se narran viajes realizados no física, sino literariamente. La guía turística, tan cuestionada por el autor italiano, le deja su lugar a la literatura, en cuyo territorio propenso a la libertad y la incertidumbre él traza su propio itinerario. El viaje es abordado entonces en su dimensión metafórica (Carrizo Rueda, 2008: 48-49): en el despliegue de la ficción se produce un traslado del lector, un desplazamiento en el tiempo y en el espacio, que por supuesto se desarrolla en el plano de la imaginación. La literatura, al igual que el viaje, es "una forma de conocimiento más" (Tabucchi, 2012: 14), una toma de consciencia de nuevas realidades, una contemplación de lo desconocido. Así como el viaje demuestra que el mundo es mucho más grande que el espacio que conocemos, la literatura nos invita a ampliar nuestro horizonte de expectativas e incluso a mirar con ojos nuevos, "extrañados", la realidad cotidiana que nos rodea.

Aunque Tabucchi viajó mucho y conoció gran cantidad de lugares, nunca visitó la Argentina. Esto no le impidió evocar a lo largo de su obra topónimos de nuestro país ni viajar "Con Borges por las calles de Buenos

Aires".[11] *Fervor de Buenos Aires* es el libro que posibilita el viaje literario; a través de su lectura borgiana, Tabucchi va pergeñando su propia imagen de la ciudad: "Borges, ya enfermo de metafísica, canta los amaneceres y las noches, la música de Buenos Aires, plazas dechirichianas donde el tiempo parece ausente. Buenos Aires es ya [...] una ciudad símbolo, una ciudad metáfora" (224). Así como Borges, mediante la poesía, insufla a la ciudad un carácter imaginario y abstracto, Tabucchi retoma la ciudad imaginada por el poeta y la reconfigura a través de su propia lectura, aproximando la ciudad imaginaria al registro pictórico que evocan las plazas desoladas y enigmáticas del italiano Giorgio de Chirico.

Buenos Aires, en tanto ciudad literaria, resulta ser un espacio dinámico, afectivo y cercano, que se resignifica y actualiza en cada lectura. Tabucchi nunca puso pie en la Buenos Aires *real*, ni tampoco persiguió la búsqueda de una reproducción mimética del espacio mediante una investigación documental, pero sin embargo su artículo demuestra que la frontera entre ficción y realidad es permeable, y que la ficción contribuye al desarrollo de lo real (Westphal, 2011: 153). Tabucchi-lector le da cuerpo en su imaginación a la ciudad descrita y creada por Borges, aportando a su vez una nueva capa de sentido que enriquece la configuración semiótica del realema. De ese modo, el autor italiano inscribe a Buenos Aires entre los lugares propensos a la nostalgia, una predilección personal recurrentemente evocada en su poética narrativa.

La Amazonia es visitada literariamente en "El sueño amazónico", escrito que consiste en una nota preliminar a *Le Rêve amazonien*, de Michel Braudeau. Sin buscar en ella una travesía por las selvas o los meandros de sus afluentes, Tabucchi más bien se deja guiar por la conciencia ecológica al reflexionar en torno a las intervenciones humanas sobre el ecosistema natural. Su reflexión a partir de Braudeau subraya la caducidad de la lectura del territorio selvático como un nuevo Edén (categoría que Europa importó a los territorios americanos y sobre la que construyó su poderío), en favor de una interpretación realista y, consciente o no de ello, *ecocrítica* de los procesos económicos y ecológicos que el ambiente ha sufrido. Tomando en cuenta que dicha disciplina postula el intercambio entre la cultura humana y el entorno físico en el afectarse mutuamente (Glotfelty, 1996: xix), el autor propone la metáfora de la Amazonia como "pulmón herido de nuestro globo" (2012: 242). La identificación del cuerpo humano y de la tierra como organismos se relaciona con las nociones de macro y microcosmos, paralelismo que realza el

11 Ver "La Argentina en la obra de Antonio Tabucchi", en Capano, 2007: 205-217.

vínculo de topofilia entre el ser humano y su entorno. La vulnerabilidad del sujeto se intensifica al verse afectada la integridad de ciertos órganos como el pulmón, ¿qué sería, entonces, del mundo entero si se anegara el órgano encargado de oxigenar a todos los seres que lo habitan? La acción humana, cegada por la codicia, afecta la salud del cuerpo terrestre y, en última instancia, se aniquila a sí misma.

Los libros orientan los viajes de Tabucchi por el mundo. El autor visita Brasil a través de la *Storia de la letteratura brasiliana* de Stegnano Picchio, obra que reseñara en el *Corriere della sera*. Titulado "El Edén de nuestros remordimientos", el capítulo de *Viajes y otros viajes* refleja la construcción del espacio brasileño a través de textos que pautaron su rumbo desde incluso antes de la llegada de los portugueses: desde las "Islas Afortunadas", mítico territorio paradisíaco de los griegos, pasando por la *Carta do achamento* de Vaz Caminha, que describe la naturaleza virgen del "paraíso" americano a los ojos de los primeros conquistadores, hasta el siglo XX, inaugurado por el gran hito de la Semana de Arte Moderno vanguardista. Las obras y los autores mencionados en el artículo tienen en común el haber (re)pensado el territorio habitado: un espacio leído como edénico y a la vez diezmado por el asedio de los europeos.

El remordimiento es un sentimiento explorado por Tabucchi en algunas de sus obras y atraviesa todos los hitos históricos y literarios mencionados en este artículo. [12] Este sentimiento de culpa o de pesar ante el reconocimiento de una acción moralmente mala surge de una reflexión crítica de la perspectiva eurocéntrica. A propósito de esto, Tabucchi relata una anécdota personal con Carlos Drummond de Andrade, quien le preguntó una vez: "¿Sabe lo que es este Brasil de *ustedes*? [...] [E]s un sueño de ustedes. Solo que nosotros vivimos en él" (1994: 249). La pesadumbre del remordimiento se expresa a raíz de verse el europeo (*"ustedes"*) reflejado en un mundo construido por él, un mundo paradisíaco que él mismo creó según sus propios paradigmas, sobre el que ya no tiene potestad, pero en el que aún se logra reconocer, lejanamente, en el otro de ultramar (*"nosotros"*).

---

12 El remordimiento es tratado largamente en *Réquiem. Una alucinación.* En esta *nouvelle* el protagonista conversa con un pintor, quien le revela que este sentimiento se asemeja al actuar del herpes zóster: permanece dormido hasta que irrumpe violentamente en la superficie de la piel, para volver a adormecerse más tarde. Nótese la dimensión somática y, más específicamente, *táctil* del virus en cuestión.

4. Regreso

> Llegar a un lugar y quedarse allí no es viajar. [...] En cambio, es el retorno lo que completa y califica el viaje. (Nucera, 2002: 250)

Finalizaremos el recorrido de los viajes literarios mencionando dos artículos que no visitan ciudades latinoamericanas, pero que en nuestra opinión dan claves para interpretar los viajes, tanto literarios como reales. Tabucchi trae a colación, en "El síndrome de Stendhal", que las visitas a ciudades con una fuerte impronta histórica y cultural pueden ocasionar, en los turistas, desde mareos y palpitaciones hasta desfallecimientos. La expresión, indica Tabucchi, proviene de la lectura de los diarios de Stendhal, quien registró una perturbación fisiológica durante una visita a la iglesia de la Santa Croce, en Florencia. Indagando acerca de las causas de este síntoma, Tabucchi señala que el turista es proclive a sufrirlo dado que su aproximación al arte es precaria y poco frecuente. Además, el viaje turístico tiene la cualidad de prever y preestablecer cada paso del itinerario; entonces, la aventura y la sorpresa reprimidas se escaparán "bajo forma de una crisis, de un desequilibrio, de una momentánea pérdida del sentido de la propia identidad" (Tabucchi, 2012: 232). Es decir: el viaje interior, reprimido por el control que el viaje turístico impone, se "fuga" de manera forzada a través de la corporalidad del viajero. El autor da un paso más en su argumento: "todos los días la repugnancia del mundo nos acosa, nos es familiar en la pantalla televisiva, y nos hemos acostumbrado a ella. En cambio, la belleza puede hacernos enfermar" (234). La percepción saturada de estímulos obtura la capacidad del individuo de construir una actitud definida frente al espacio que ocupa; por lo tanto, a causa de su desborde estético, de su colapso sensorial, fallará la conceptualización de su experiencia y no será posible el trabajo intelectual a partir del intercambio afectivo.

Al comentar su lectura de *Jerusalem. City of mirrors*, de Amos Elon, Tabucchi advierte acerca de los malestares y la desazón que sufren los viajeros que visitan la Ciudad Santa. No se trata en este caso de una reacción estética ante la arquitectura o el peso histórico del lugar, sino de una respuesta física y emocional ante la religiosidad –en sus distintos credos y sus variantes– en un espacio geográficamente tan reducido: "Es plausible que el visitante laico [...] empiece a incubar la angustiosa duda de que pueden existir tres dioses distintos" (236). La experiencia religiosa que la ciudad impone al viajero no creyente le advierte que

Jerusalén es "la ciudad donde todos recuerdan haber perdido algo" (236); de ahí el surgimiento de la angustia y el malestar como reacciones ante la consciencia del vacío espiritual que el sujeto posmoderno lleva consigo.

El espacio afecta al viajero, lo transforma, le recuerda quién es y qué le falta. El contacto físico, sensorial con el entorno tiene repercusiones que logran permear las profundidades del individuo. El viaje, en tanto entrecruzamiento de tiempo y espacio, en tanto movilizador del cuerpo y de las emociones, tiene su correlato en la intimidad. Tras recordarnos que el viaje implica traspasar las fronteras para comparar el aquí y el allá, Domenico Nucera señala que "cuando el retorno conduce al punto de salida, uno no vuelve para encontrarse en la misma situación que antes [...] uno se aleja de sus propias costumbres para que muera una parte de sí y al mismo tiempo para que nazca una nueva" (2002: 251).

Todo viaje involucra un contacto del cuerpo con el espacio que tiene un impacto en la propia identidad; implica reorganizar el universo conocido, dejar atrás el atlas y la guía turística, y cuestionar los propios límites: "el relato de viajes (trans) pone en movimiento (vivo) lo presabido, la memoria individual y colectiva" (Ette, 2008: 50). Los textos que hemos repasado han puesto en evidencia cómo el encuentro con el espacio moviliza los sentidos, las emociones, el cuerpo y las creencias del sujeto, borroneando las fronteras entre la interioridad y el afuera. Tabucchi apunta que la evidencia de la aventura se muestra en los ojos de quienes han vivido el viaje con plenitud; en cambio, cuando no hay un diálogo real entre el cuerpo y el espacio, dice el autor, "en sus rostros no hay nada escrito" (2012: 20).

Si el estudio de la literatura puede ayudarnos a descifrar el mundo, como afirma Westphal, nos preguntamos: ¿qué hemos podido descifrar a partir de los viajes latinoamericanos de Tabucchi?

Nuestra porción del continente se recorre en sus monumentos y en su naturaleza, en su gastronomía y en su literatura, universos semióticos que suscitan la admiración estética tanto como la reflexión profunda sobre el pasado y los capítulos más oscuros de la historia. Nuestro continente es tierra labrada por ficciones o sueños *locales,* como los imaginados por Borges y los vanguardistas brasileños, y *extranjeros,* tal como la buscaron los conquistadores y hoy la persiguen los turistas masivos. Paraíso primigenio y preciado destino turístico, el espacio americano se manifiesta en su complejidad como una realidad cambiante y polimorfa, atravesada por múltiples heridas coloniales. Al menos así nos invita a verlo y sentirlo la sensibilidad lúcida y autocrítica de Antonio Tabucchi.

Referencias bibliográficas

Augé, Marc, 2000, *Los «no-lugares». Espacios del anonimato. Una antropología de la sobremodernidad,* Barcelona, Gedisa.

Capano, Daniel A., 2007, *El errático juego de la imaginación. La poética de Antonio Tabucchi.* Buenos Aires, Biblos.

Carrizo Rueda, Sofía M., 2008, "El viaje omnipresente. Su funcionalidad discursiva en los relatos culturales de la segunda modernidad", *Letras,* 57-58. URL: http://bibliotecadigital.uca.edu.ar/repositorio/revistas/viaje-omnipresente-funcionalidad-discursiva-relatos.pdf

Ette, Ottmar, 2008, *Literatura en movimiento,* Madrid, Consejo Superior de Investigaciones Científicas.

Glotfelty, Cheryll, 1996, "Introduction", Glotfelty, Cheryll y H. Fromm (eds.), *The Ecocriticism Reader. Landmarks in Literary Ecology,* Athens, University of Georgia Press, xv-xxxvii.

Highmore, Ben, 2010, "Bitter and Taste: Affect, Food, and Social Aesthetics", Gregg, Melissa y G. J. Seigworth (eds.), *The Affect Theory Reader,* Durham & Londres, Duke University Press, 118-137.

Moraña, Mabel, 2012, "Postscríptum. El afecto en la caja de herramientas", Moraña, Mabel e Ignacio M. Sánchez (eds.), *El lenguaje de las emociones. Afecto y cultura en América Latina.* Madrid-Frankfurt, Iberoamericana-Vervuert, 313-337.

Nucera, Domenico, 2002, "Los viajes y la literatura", Gnisci, Armando (ed.), *Introducción a la literatura comparada,* Barcelona, Crítica, 241-289.

Rodaway, Paul, 1994, *Sensuous geographies: Body, sense and place,* Londres, Routledge.

Tabucchi, Antonio, 1994, *Réquiem. Una alucinación,* Barcelona, Anagrama.

___ 2012, *Viajes y otros viajes,* Barcelona, Anagrama.

Tuan, Yi-Fu, 2007, *Topofilia,* Santa Cruz de Tenerife, Melusina.

Westphal, Bertrand, 2011, *Geocriticism. Real and Fictional Spaces,* Nueva York, Palgrave Macmillan.

___ 2015, "Aportes para un enfoque geocrítico de los textos", en García, Mariano, María José Punte y María Lucía Puppo (comps.), *Espacios, imágenes y vectores. Desafíos actuales de las literaturas comparadas,* Buenos Aires, Miño y Dávila, pp. 27-57.

La experiencia en retazos: exploraciones narrativas en María Negroni, Cynthia Rimsky y Nona Fernández

María José Punte

Universidad Católica Argentina

> La emocionalidad de los textos es una manera de describir cómo se están "moviendo" o cómo generan efectos.
> (Sara Ahmed, *La política cultural de las emociones*)

El punto de partida para esta exploración se aferra a un abanico narrativo desplegado a partir de algunos hechos más o menos fortuitos en la vida de tres escritoras, que funcionan como impulso para la escritura. Dichas veleidades, sin embargo, parecen hacer serie y nos interpelan. María Negroni se va por cinco semanas a la ciudad de Stuttgart en Alemania, gracias a una invitación cursada por los Institutos Goethe en Alemania y en Argentina, en el marco de las actividades que la Feria del Libro de Frankfurt realizó durante el 2010, año del Bicentenario de la Independencia. De esa experiencia surge *Cuaderno alemán* (2015). Cynthia Rimsky hace un viaje en el año 1998 hacia las regiones desde donde provenían sus antepasados (Ucrania, Polonia, Moldavia), pero que la lleva a vagabundear entre Europa y Oriente Medio. El resultado de ese diario de viajera es *Poste restante*, publicado en Chile en el año 2002 y en Argentina en el 2016. Nona Fernández se obsesiona con un relato familiar para concretar una forma de viaje hacia el pasado y revisar, de ese modo, la historia chilena a partir de una anécdota bastante puntual: la introducción de la luz eléctrica en el país. Esa indagación adquiere la forma de una crónica-ensayo, *Chilean Electric* (2015). Los tres textos comparten una forma fragmentaria, de textualidades epigramáticas y deshilvanadas. Exhiben sin pudores la cocina de la escritura, sus entretelones. Producen el efecto de mostrar algo como si se lo estuviera viendo a través de una mirilla o lente, con lo que colocan al lector/lectora en el rol del *voyeur/voyeuse*.

A pesar de que los relatos parecen enmarcarse dentro de lo que hoy se denomina como "narraciones autoficcionales", se aplica en ellos mejor lo que plantean Irene Depetris Chauvin y Natalia Taccetta en la introducción a su libro sobre afectos y cultura visual:

> Por el contrario, el "giro afectivo" no se vincula con un regreso al sujeto, sino con la puesta en evidencia de la discontinuidad constitutiva de la subjetividad contemporánea y la experiencia de la no-intencionalidad de las emociones y afectos en los intercambios cotidianos. Por lo tanto, supone el desafío de introducir al cuerpo en la ecuación de la experiencia como una esfera que tensiona el sistema lingüístico y obliga a prestar atención a la percepción como otro modo de cognición y significación. (2019: 10)

Los tres libros transmiten una primera impresión que solo puede ser definida como la sensación de desconcierto. No solo se refiere al efecto que nos produce la lectura ante textos de dudosa adscripción y que nos obligan a reacomodar nuestros pactos de lectura. Crónica, diario de viajes, diario de escritura, *travelogue*, ensayo. La denominación de "cuadernos" les cuadra a los tres. Notas, bocetos, apuntes. En estas configuraciones aletea Walter Benjamin, con la noción de trapero, aquella figura ocupada en recoger los restos y los desechos de la cultura. Y se devela como no casual que la protagonista de *Poste restante* lleve en su mochila un ejemplar de *Cuadros de pensamiento* (*Denkbilder*) de este autor.[1] Más allá de lo formal, la desorientación parece ser la atmósfera que recrean las tres narradoras mediante sus inquisiciones, que van desde lo personal hasta lo político, desde su labor con la palabra hasta sus reflexiones sobre los procesos modernizadores del siglo XX. La idea de desconcierto o desorientación, en el sentido de cierto estado de confusión, puede ser leída a partir de lo que propone Sara Ahmed, para quien son las orientaciones las que moldean todo nuestro mundo y afectan lo que pueden hacer los cuerpos, generando los sentimientos de (in)comodidad (2015: 223), así como nuestras respuestas emocionales al entorno.

Los tres textos tienen algo de boceto, del orden de lo incompleto o de lo efímero. También aparece el elemento de la falsedad o falsificación. Y, sin embargo, respira en ellos un deseo de escritura unido a una urgen-

---

1 En una entrevista, Rimsky comenta que gracias a este libro de viajes que le regala una ensayista chilena se convirtió en escritora, al comprender que la mirada no viene dada, sino que se construye, y que recoge y transforma lo mirado en otra cosa. Eso la lleva a cambiar su enfoque de la escritura al constatar que, más importante que intentar plasmar supuestos sentimientos internos, escribir supone estar atenta al afuera. Véase la semblanza de la autora que hace Franco Spinetta (2019) cuando se publica la novela *Los perplejos* en Argentina (tras diez años de su aparición en Chile).

cia de archivo, ambos relacionados con los modos en que se inscribe la memoria en la escritura. Y, desde ya, en una defensa de la potencia de la imaginación. En las siguientes páginas, vamos a seguir los recorridos propuestos por estas tres autoras a partir de la observación de algunos ejes que parecen atravesar las tres obras. En primer lugar, el gusto algo caprichoso por lo menor o minorizado, no solo por aquello que se vincula con las memorias de la niñez, elemento más presente en los textos de Rimsky y de Fernández, sino también por lo que llamo "deseo de infancia" y que en Negroni se manifiesta en sus modos de concebir el lenguaje, sobre todo el poético. Emergen sentimientos que les salen al paso de manera impensada a las tres narradoras y que las obligan a volver los pasos de la rememoración a ciertas atmósferas vinculadas con las respectivas infancias: la figura de la rayuela que se le aparece a Negroni, los recuerdos de la niñez que asaltan a Rimsky en su travesía, las imágenes que Nona Fernández recupera de su pasado y las anécdotas en las que ella intenta desenmarañar lo fantasioso y lo veraz. El segundo eje que atraviesa las lecturas va a ser el de la espacialidad, tomando la idea de Sara Ahmed de que los afectos surgen a partir de las interrelaciones entre los sujetos y los objetos. Constituyen, de ese modo, formas de reacomodamiento. En los tres casos, somos espectadores de un impulso escriturario que supone rearmar una subjetividad a la que se percibe como disgregada, tras la búsqueda de una nueva figura. Una muestra muy concreta del modo en que funciona el modo de pensar a partir del montaje aparece en el dispositivo de la imagen al que recurren las tres autoras. Siguiendo la dinámica del álbum familiar, que aparece citado de modo explícito en Rimsky, pero estaría aleteando en los otros dos textos, vemos el uso que se hace de las fotografías en esta búsqueda de reconfigurar la experiencia. Activan algo que no es explícito, sino del orden de lo inconsciente, y que responde a la sospecha de que está acurrucado allí, latiendo en los márgenes de lo no dicho. De ahí, la necesidad del relato de barajar y volver a tirar de nuevo.

1. María Negroni: la escritura como intemperie

María Negroni continúa en *Cuaderno alemán* con sus temas obsesivos, a partir de los que conforma esas listas caprichosas que incluyen los museos, los gabinetes de curiosidades, el arte, el gesto fetichista, las miniaturas, las guías turísticas, los archivos, y varios etcéteras más.[2]

2 Ana Porrúa aborda una serie de textos de Negroni a partir de lo que denomina un

Por otra parte, ella aquí se coloca en el rol explícito de "inmigrante de la cultura", con lo que da un giro en su modo habitual de abordar estas colecciones para trabajar uno de los matices de la subalternidad, a saber, el sistema de diferencias que constituye de manera estructural a las sociedades contemporáneas. El viaje que da origen al texto es impulsado por los gajes del oficio de escritora, resultante de un mundo que se autodefine "global" y que esgrime la intercomunicación como una estrategia indispensable para la obtención de prestigio y legitimidad. Desde una mirada más sardónica puede ser leído –y así lo lee la voz autoral– como el gesto de las instituciones literarias europeas tras la caza de lo exótico, en una especie de continuación del colonialismo por otros medios, más elegantes. La pregunta por la eficacia de semejante emprendimiento que abre el texto con cierta escéptica contundencia, quedará flotando como un vapor etéreo hacia el final, sin definirse por completo en una posición a favor o en contra.

La miniaturización como cifra de la escritura se manifiesta tanto en lo formal como en lo argumental. Es otro más de esos libros pequeños o minorizados, que se asoman casi como pidiendo permiso. En el caso de María Negroni, dicho formato es prácticamente su marca registrada. Esta constatación le produce un mohín irónico en el texto, cuando se topa con un incauto que le pregunta "¿cuál es la temática de tus libros (sic)?" (18). Como sabemos sus lectores, no hay nada parecido a una "temática" en los libros de Negroni, si es que por esto entendemos una historia narrada. Sus pequeños volúmenes dispersos siguen adoptando la forma del libro, aunque se parecen cada vez más a un objeto indeterminado que se derrama más allá de los propios límites, lo que Florencia Garramuño denomina "inespecífico" (2015).[3] En el caso de *Cuaderno alemán*, la idea

---

"archivo de la imaginación poética". En el caso concreto de esta autora, lo define como un "archivo de la modernidad" (2013). Lo ve asociado a ciertos tópicos recurrentes de Negroni como el gótico, el fantástico, el fin del siglo XIX, las vanguardias (tanto en EEUU como en Europa). Ese archivo, al modo benjaminiano, se da a ver en colecciones de las que Negroni se vale para leer modos de la experiencia cultural de la Modernidad. Además, agrega Porrúa, Negroni une archivo con miniatura, y lo asocia al poema, lo que le sirve para definir desde ahí su propio programa literario.

3 Florencia Garramuño se refiere a obras provenientes de las artes plásticas y/o de la literatura mediante las que se cuestionan nociones tales como especificidad, pertenencia o individualidad. En ellas, las distinciones de género textual o de soporte dejan de tener relevancia, ya que se caracterizan por desbordar tanto los campos como los límites materiales. Garramuño analiza el libro-objeto *Buenos Aires Tour* (2004), en el que la autoría de Negroni se funde con la de otros dos artistas, Jorge Macchi y

del proyecto se inicia –a tono con lo que podría verse como una especie de moda– con la tarea de hacer un blog sobre su estadía en carácter de "escritora invitada" en la ciudad de Stuttgart. Para exorcizar su primera reacción de espanto ante esta exigencia que le resulta del todo ajena, Negroni compra un cuaderno de papel ("apaisado", nos aclara) y escribe a mano allí algo que no sabe si definir como diario de viajera. Lo sazona con dibujos hechos por ella misma con tinta azul que emulan los garabatos de infancia. Con este gesto, deja constancia una vez más de su gusto por lo anacrónico, que se suma a lo que ella vincula en otro lado con su "debilidad por lo arcaico, lo diminuto, lo arisco".[4]

Una de las primeras reacciones que se produce en la escritora es la turbación. Europa se propone como el museo por antonomasia y la literatura le sale a cada paso. El anonadamiento resulta sintomático en el sujeto proveniente de la periferia y deslumbrado por aquello que no es otra cosa que el producto de una distribución inequitativa de bienes simbólicos. Lo que a ella la toma de sorpresa es que, en lugar de lanzarse con fruición a estos espacios que deberían sintetizar la idea de paraíso para una mujer de letras, preferirá dedicarse a investigar una inexplicable sensación de "horror" que le genera ese contacto con el mundo civilizado. Uno de los reflejos de la narración consistirá en desviar la mirada de esa alta cultura a la que hay que venerar (Goethe, Schiller, Weimar), para posarse una y otra vez sobre lo banal que ella encuentra antes que nada en el consumo *kitsch*, alimentado con el caldo de cultivo del *spleen* urbano. Al poco tiempo de llegar, irá descubriendo que más que en un museo se siente como si estuviera suelta en un zoológico. Tal vez provenga de ahí la fijación por la temática de los perros, en la que se mezcla una cuota de aprensión con algo de curiosidad. Lo que percibe allí es una forma de amaneramiento degradado. La figura que emerge sigue los lineamientos que Negroni viene desplegando desde sus otras obras inespecíficas y que se caracteriza por tramar los claroscuros de la Modernidad. Puede ser leído mediante la metáfora de los "monstra"

Edgardo Rudnitzky. El libro, que funciona como una especie de guía apócrifa, está formado por textos de Negroni, imágenes de Macchi, un mapa, un CD-Rom con los materiales encontrados en el recorrido y elaborados para la guía, postales realizadas con fotos de los puntos del itinerario, una plancha de estampillas, etc. Véase http://www.jorgemacchi.com/es/obras/30/buenos-aires-tour

4 Lo afirma en el prólogo de su volumen *Pequeño Mundo Ilustrado*, en donde completa la idea aclarando que este gusto remite a "todo aquello que, a mi entender, favorece la construcción de un lenguaje insumiso contra la clausura y las formas rígidas que impone siempre el realismo del poder" (2011, 8).

(monstruos) y los "astra" (astros) de la cultura occidental, rescatada por Georges Didi-Huberman del pensador Aby Warburg.[5]

Si bien todas sus disquisiciones se dirigen siempre al mismo punto de fuga que consiste en pensar el carácter de la poesía en tanto que "herida humana", este diario de viajera se caracteriza por construirse como un "abanico emocional" con su gama de percepciones. Como una expresión de lo que ella define como su flexibilidad o intolerancia ante lo extraño, hace declaraciones del estilo de "El primer mundo es incomprensible" (25). En el libro, las opiniones ante todo aquello que se le va atravesando por el camino exhiben un movimiento de vaivén, bajo la forma de tesis y de antítesis que no parecen resolverse, pero que traducen estados de ánimo. Este tironeo afectivo urde una trama que adopta la forma de un vértice por el que se abisma la narradora y que concluye con un desmantelamiento programático del significado. El cuaderno cierra con una serie de catorce poemas a los que el título de esta sección define como "pequeños muros derruidos". Es así como, al volver de una de sus excursiones (a los Archivos Marbach, dedicados a los autores y sus objetos personales), ratifica la idea de que no hay domicilio para el lenguaje: "Cuando regreso en el tren pienso que todos estos archivos, colecciones de reliquias, museos-mausoleos –que son la versión póstuma de las actuales residencias de escritores, becas y premios literarios– no desmienten que la escritura sea la intemperie; por el contrario, lo confirman, perversa y pulidamente" (63).

Tal vez un ejemplo muy preclaro de todo lo anterior se sintetice en las reflexiones que le despierta la visita al Museo de la empresa automotriz Mercedes Benz, que está precisamente en Stuttgart. Su concepción arquitectónica le recuerda al Museo Guggenheim de Nueva York. En este comentario, se encarga de borronear la distinción entre arte y tecnología, dando por clausurada la idea de autonomía. En cuanto al contenido, se detiene en el montaje fotográfico propuesto por el museo como un archivo visual del siglo XIX hasta el presente y que exhibe "fotos emblemáticas" (55) de los logros tecnológicos o de los eventos históricos destacados del período que se abre en 1830 con el primer tren de pasajeros, hasta la creación del euro. La enumeración que hace la autora llega hasta 1914, pero da una noción de su heterogeneidad. Incluye invenciones como el tren, el teléfono, el motor de combustión interna, la bicicleta, los rayos X;

5 Georges Didi-Huberman desarrolla este tema en su libro *Atlas ou le gai savoir inquiet. L'oeil de l'histoire 3*, París, Les Éditions de Minuit. Para su relación con una obra de Negroni, véase Punte (2018).

personajes tan disímiles como Einstein, Thomas Mann y las sufragistas; paradigmas del afán modernizador como la Exposición Universal de París o el desarrollo del turismo en Niza. La autora confirma que este espacio funciona como "un catálogo de imágenes del siglo XX entendido como Siglo del Movimiento" (54).[6] Pero el carácter de vidriera que culmina con una apología de la política de posguerra de la empresa (a partir de lo que se denominó el "milagro alemán") en defensa de los derechos humanos, no deja de tener una cara oculta: el conocido apoyo al Partido Nacionalsocialista tanto en su surgimiento como en su consolidación, así como la producción de armamentos durante la guerra utilizando mano de obra forzada. La autora también menciona el rol jugado por esta empresa en la dictadura militar argentina de 1976. Y cierra el fragmento con una foto del monumento a Juan Manuel Fangio.

Uno de los temas que aletea, sin lugar a dudas, es el de la extranjería frente a la idea de hogar. Otro de los tironeos de lo que da cuenta es el de una subjetividad que se encuentra "entre el afán de volver y la moral de partir" (85). El deseo de largar todo y de retornar se sabe limitado por la constatación de que no hay una casa a la que volver. Pero a lo que se refiere no es al espacio material, sino a una dimensión que tiene que ver con el lenguaje. Un aspecto importante de la extrañeza se vincula con el desconocimiento del idioma local, el alemán, que genera algunos conflictos a la narradora. Hay un primer momento de "escozor" que le produce una lengua que parece haber quedado contaminada por los eventos históricos: Alemania es el país de Dachau y Nuremberg, "el corazón del teatro nazi". Pero también es la patria de Sebald y de Hölderlin, de Bach y su *Arte de la fuga*, de Novalis y su flor azul (que funciona para ella como un talismán). Este devaneo que se parece mucho al juego de la rayuela le permite construir un breve glosario personal del idioma alemán, juntando términos que le resultan "indispensables". De hecho, lo son para su estética: *Nacht* (noche), *Angst* (miedo), *Dichtung* (poesía) *Kind* (niño), *Kino* (cine), *Leid* (pena), *Liebe* (amor), *Puppe* (muñeca), *Sammlung* (colección), *Verlangen* (deseo), undsoweiter (etcétera.). Más adelante hará notar que rayuela, en alemán, se dice *Himmel und Hölle*, que quiere decir literalmente "el cielo y el infierno". Así es como percibe,

---

6 Esas reflexiones están en sintonía con el análisis que propone Graciela Speranza en su libro *Cronografías. Arte y ficciones de un tiempo sin tiempo* (2017), que abre con la imagen del tren para pensar una determinada construcción de las nociones modernas de temporalidad, muy unidas a la máquina y a una temporización del espacio que termina subyugándolo.

una vez más, la realidad alemana del siglo XXI: existen los contrastes, si se sabe observar más allá de la reluciente fachada pregonada por el "milagro". Adquiere otro significado, entonces, la noción de hogar y se entiende la razón por la que ya no hay algo así como una casa a la que volver en este sistema-mundo global que no sea la del lenguaje.

2. Cynthia Rimsky: una poética de los restos

Los viajes traman la obra de la escritora chilena Cynthia Rimsky, no solo en tanto que ficción narrada sino por afincarse con comodidad tanto en la situación de nomadismo como en la escritura de viajes.[7] En el caso de *Poste restante*, el aliciente del viaje y su consiguiente escritura es un álbum de fotos que la narradora encuentra en un mercado de pulgas en Santiago. Este objeto atrae su atención porque en él aparece la palabra "Rimski" (escrito con i latina, no con y griega al final), lo que dispara la fantasía de posibles lazos entre la vida familiar exhibida en esas fotos y sus propias raíces ancestrales. A sabiendas de la falsedad de este vínculo, la protagonista se embarca en un periplo que la llevará a desandar los pasos de sus bisabuelos. El viaje que emprende Rimsky tiene mucho que ver con lo iniciático, con la salida del hogar, el deseo de aventura que se liga al aprendizaje. "¿Hay un camino acertado y uno equivocado?" (2016, 37), se pregunta, retóricamente. Esta narradora es como el personaje del relato infantil, Gretel, que va siguiendo las piedritas dejadas en el camino por quienes la antecedieron, lo que no quiere decir que las vaya guardando en el bolsillo. Por eso es que va consignando todos los objetos que pierde por el camino: un aro, la chalina de seda azul, los anteojos oscuros, su gorro de lana "chilote".[8] Rastros que ella va lanzando hacia el vacío o con la incierta esperanza de que alguien pueda seguir esa senda

7 Rimsky, radicada en la Argentina desde hace algunos años, lleva publicados los libros *La novela del otro* (2004), *Los perplejos* (2009), *Ramal* (2011), *Fui* (2016), *El futuro es un lugar extraño* (2016). Imparte cursos de escrituras de no ficción y realiza talleres sobre las escrituras de viaje.

8 Esta anécdota se encuentra al comienzo mismo del libro en un fragmento que lleva por título "Estaciones" y que tiene lugar en Londres, apenas arribada en suelo europeo. La protagonista narra una serie de escenas inconexas, de las que ella va siendo testigo y a las que vincula con las estaciones del metro. El capítulo abre con la mención de una bufanda de lana gris que ve tirada en la estación *Kilburn* y cierra con el comentario de que perdió su gorro de lana en *Tottenbam Court Road*. Repite, de alguna manera, en abismo la estructura circular implicada en todo el periplo del libro.

en el futuro. Como sostiene en el mercado de Estambul ante los *souvenirs* que se venden allí: "Con el paso del tiempo, la muerte y las mudanzas, los objetos llegarán al mercado persa donde serán encontrados por sus hijos o nietos, quienes asociarán las baratijas al relato mítico, volverán a comprarlas y la réplica tomará el lugar del original" (106). Hace presente la idea de que los caminos dibujan figuras circulares porque conducen hacia el afuera para luego retornar.

Paula Siganevich aborda el texto de Rimsky para pensar los vínculos entre memoria, identidad y escritura. Desdibujar la verdad sobre los relatos familiares supone una ganancia en una escritura que trabaja a partir de lo imaginario, pero también de cómo el mundo nos afecta, dice Siganevich citando al filósofo Spinoza. Así es como "[l]a recreación de la memoria da lugar a la creación artística" (2018, 118). Siganevich recalca la vinculación entre territorio, recuerdo y creación estética establecida en el texto. Concretamente, porque la reflexión de Rimsky pasa por los desgarros que produjo la migración, una gama de violencias que los relatos familiares tienden a ir olvidando y que permanecen en el orden del trauma. El proyecto estético de Rimsky se coloca en la posición de "contemplar la trizadura" (120), para dejar emerger dicho trauma por los resquicios. Agregaría yo a la lectura de Siganevich que el núcleo de cierta turbación pasa en el texto de Rimsky por las políticas migratorias que fueron la bandera de los procesos modernizadores en América Latina. Las ideas de pertenencia e identidad, desarraigo y olvido, oscilan en los apuntes de esta viajera. La conciencia de extranjería le permite dudar, hacer y rehacer la historia familiar, a la vez que va echando una mirada descolonizadora a su paso. La lleva a preguntarse –entre otras cosas– "¿De quién es el mapa?" (2016: 76). El objetivo de recuperar lo escamotado por los relatos oficiales, por mínimo y banal que sea, pero también por el desajuste que provocó el carácter de ser transterrados, va siendo reacomodado por la narradora al contrastar con el presente de los territorios que atraviesa, fracturados por sus actuales enfrentamientos.

El desajuste identitario que parece ser tan típico de las historias de migración, con sus lapsos temporales y los desplazamientos espaciales, se canaliza en el texto en primera instancia a través de las reflexiones dedicadas a la identidad judía. El viaje tiene como una de sus escalas iniciales la ciudad de Jerusalén, lo cual le permite a la narradora establecer algunos diálogos en torno a la dicotomía entre modernidad y tradición. Que el conflicto entre religión y política siga siendo algo vivo y que tiene lugar en las calles la lleva a desnaturalizar algunas de las certezas en las que abrevó su infancia, en donde su universo familiar era un espacio que ofrecía confort. Estas reflexiones adquieren letra, sobre todo, en el intercambio epistolar con sus amistades chilenas y que remiten de modo explícito al título de la obra: *Poste restante*. Se trata de las cartas que va recibiendo siempre a destiempo, con atraso, o a su regreso. El punto de vista que recibimos es el de los remitentes. O, más bien, escuchamos la voz de la narradora a través de las respuestas que le dan sus amigos. De ese modo, el relato opera una forma de travestimiento que interrumpe la supuesta objetividad de esta narradora, que se propone transmitir de manera bastante puntual aquello que ve.[9] A través de este recurso diferido, ella deja fluir sus opiniones. Sin lugar a dudas, la función de todo viaje es brindar la posibilidad de tomar contacto con la otredad y, de ese modo, volver a calibrar la mirada sobre lo propio. Como confirmará esta "extranjera", "[v]iajar es una forma de mirarse, no al espejo, sino en el charco" (173).

En su estudio sobre la fotografía, Philippe Dubois hace referencia a los álbumes familiares para afirmar que aquello que les confiere valor no son los contenidos en sí mismos, ni las cualidades plásticas o estéticas. Tampoco el grado de semejanza o de realismo de las fotos. Es la dimensión pragmática, vale decir, lo que este autor define como el elemento específico del acto fotográfico que es su naturaleza de índex. En otras palabras, "el hecho de que se trata de verdaderas trazas físicas de personas singulares que estuvieron allí y que tienen relaciones particulares con los que miran las fotos" (2008: 76). Esto los convierte, según Dubois, en "monumentos funerarios" o "momias del pasado" (76). Una de las principales torsiones del texto de Rimsky es que su narradora juega con esta idea, pero con clara conciencia de que se trata de una atribución falsa. Pone en escena este acto de venerar un objeto que se fue transformando a lo largo del siglo XX en inseparable de la construcción familiar para certificar la genealogía, a pesar de que el objeto en sí no se vincula con el referente: ella no está emparentada con esas personas que le muestran las fotos del álbum. Sin embargo, busca los vínculos con ellas utilizando como conexión la idea de lazos familiares y del entramado que

9 La imagen de ella como una "ventana" mediante la que es posible acceder a otras realidades aparece consignada en una anécdota en la que la narradora charla con un muchacho en una playa de Melanda en la entrada "Domingo 21 de febrero". El fragmento narra de manera muy escueta su excursión de ese domingo hacia esa playa y el encuentro con el muchacho, que establece esa comparación: "Al despedirnos dice que hablar conmigo fue como mirar por una ventana" (92). Tras ese supuesto objetivismo, el relato se abre a numerosos sentidos, pero –sobre todo– a la impostura de que una narración pueda ser objetiva, por más despojada que se presente.

se construye mediante ellos. A través de los fragmentos que se titulan "Álbum de familia", la narradora retoma una y otra vez la cuestión de la transmigración familiar para trazar la médula de un recorrido que tiene lugar en su intimidad. En el primero de estos fragmentos, aclara que su interés radica en imaginar esa historia, más que en ir detrás de las huellas de sus antepasados. El periplo que se va armando a lo largo del texto apunta no tanto al reencuentro con sus orígenes, sino con una búsqueda que la tiene a ella como meta. La torsión se produce a los seis meses de haber partido de Chile, cuando una eslovena que conoce en Capadocia le confirma que el álbum está escrito en esloveno, lo cual le permite a esta mujer reconocer los lugares. Y, como si no hubiera estado todo el tiempo allí, la mujer le indica una fecha que la narradora parecía no haber advertido: 1940. Esta anagnórisis pone fin a la fantasía que utilizaba como guía, pero le sirve para cambiar de dirección hacia el punto al que quiere llegar y que alcanza en el último de estos fragmentos, casi al final. Aquí se da el cambio de la tercera persona narrativa, que llamaba la atención al comienzo del libro, a una asumida primera persona: el mismo texto repite la historia en un efecto de espejo, pero cambiando la persona gramatical. Así es como la voz narradora concluye que "Contemplo mi trizadura que transporto como un hogar..." (219). Adquiere sentido, entonces, la potencia narrativa estimulada a partir de la salida del espacio conocido, pero que confirma una vez más a la escritura como forma de translación.

3. Nona Fernández y el ojo luminoso

El texto de Nona Fernández sigue el hilo conductor de una historia que le contó su abuela, Blanca, y que coloca su genealogía en el centro neurálgico de un evento que revolucionó la vida cotidiana: la introducción de la luz eléctrica.[10] Mediante esta anécdota de su abuela, que luego Fernández descubrirá como apócrifa, comienza a remontar la corriente de la historia chilena del siglo XX, buscando ciertas conexiones a partir de hitos que unen la historia nacional con la personal. Si en *Cuaderno alemán* no parece quedar concluido el capítulo de la barbarie que clausuró tantas expectativas con respecto a la Modernidad (lo que Negroni suele

10 La fusión entre la narradora y el personaje de su abuela Blanca aparece tematizado en otro cuento de la autora que lleva ese título e integra el volumen *El Cielo* (2000). Esto revela algo de concéntrico en el sistema de escritura de Fernández que va integrando sus diversos textos en una estructura mayor.

definir como el lado B del Iluminismo) con su ejemplo superlativo de la experiencia nacional-socialista, Nona Fernández lo piensa en relación con la fetichización de lo tecnológico. La historia de la electrificación de Chile, que puede ser la de cualquier país del orbe, le resulta inseparable de la guerra entre Chile y Perú por el dominio del salitre,[11] del golpe contra Salvador Allende y la dictadura pinochetista, y de un presente signado por la incertidumbre laboral y la debacle ecológica. La electricidad que iluminó tantas escenas reconfortantes de infancia, con sus "foquitos tímidos que tintinean en medio del olvido" (66), pasa por un cable conector que indefectiblemente habla del progreso capitalista, con sus luces y sombras. Por eso el título que elige, *Chilean Electric*, uno posible entre otros, restalla como una marquesina incandescente para hacer referencia (muy cargada de ironía) a la sensación de incomodidad frente a un desarrollo tecnológico tan deseado como cuestionable a la luz de las fuerzas que desató a lo largo del siglo.

Joaquín Vargas (2018) analiza los aspectos formales de *Chilean Electric* utilizando la noción de "escritura esquizofrénica" tomada de Frederic Jameson. También se remite a lo que planteaba Nelly Richard para la escritura de los años noventa en Chile, a la que ve caracterizada por la obsesión en torno a los restos, desechos, residuos. Es algo que esta autora diagnostica como una reacción frente a la idea del progreso impuesta por el neoliberalismo y que se extiende a lo social, económico y cultural. Vargas constata que el texto de Nona Fernández apuesta a recuperar los nombres olvidados y los cuerpos maltratados, junto con la experiencia de habitar la ciudad posmoderna, cuestionando no solo la idea modernizadora que preconizaba el Chile de posdictadura, sino también su barrido de la memoria colectiva. La construcción de una identidad citadina-nacional se lleva a cabo mediante el seguimiento de las zonas oscuras, en tanto que suprimidas o que permanecen como residuales.

Los hechos históricos seleccionados son hitos que la narradora ordena bajo la denominación de "cortocircuitos". La idea de cortocircuito, además de con la noción de corte, tiene bastante que ver con la imagen del fogonazo o relámpago que ilumina una escena, un punto de fuga. De ahí

---

11 La "Guerra del Salitre" o "Guerra del Pacífico" tuvo lugar entre 1879 y 1884, y se desarrolló en el desierto de Atacama y en las serranías y valles peruanos. El conflicto se inició entre Bolivia y Chile, por un nuevo impuesto que el gobierno boliviano estableció a la empresa chilena Compañía de Salitres y Ferrocarriles de Antofagasta. Perú se vio involucrado en la guerra por el Tratado de alianza defensiva que había firmado previamente con Bolivia, que abandonó militarmente la guerra en 1880.

se desprende el carácter fuertemente visual del modo en que el texto lee la historia, pero también la transformación de esos sucesos en motivos o figuras que la colocan en el papel del testigo. La narradora deslinda cuatro momentos: 1) una foto tomada en 1975 cuando tenía cuatro años; 2) una demostración en 1984 en la Plaza de Armas en donde ve a un adolescente golpeado por la policía que pierde un ojo; 3) el secuestro y posterior desaparición de varios miembros de la familia Recabarren que tuvo lugar en abril de 1976; 4) el día de la inhumación de los restos de Salvador Allende, el 17 de agosto de 1990, bajo la presidencia de Patricio Aylwin y su entierro con pompas el 4 de septiembre de 1990, acto en el que ella está presente. Todos estos sucesos tienen lugar en la Plaza de Armas que se le aparece como una especie de *omphalon*, el ombligo de Chile, tanto en sentido espacial como temporal.[12] Es el espacio en donde se da comienzo al sistema de alumbrado y se pone en escena dicha inauguración. Durante la Colonia, se nos señala en el texto, era el escenario del castigo público: allí se ubicaba la horca. En ese sentido, funciona lo que hace notar Mariela Peller a propósito de toda la obra de Fernández, construida a partir de la necesidad de hacer retornar a los cuerpos ausentes mediante la forma de lo espectral o fantasmático. Es un imperativo político y ético, que adopta las "herramientas de la ficción", que incluyen desde la acción de narrar, a las de inventar o imaginar, y nombrar. La transmisión de relatos, sobre todo de aquellos producidos por sujetos subalternos (mujeres viejas, infantes), se aúna a una "política de la nominación" (Peller, 2017: 5).

En el caso de *Chilean Electric*, la sensación de estupor es lo que une la experiencia narrada por aquella niña rubia que vio la luz eléctrica por primera vez tras la cuenta de "*ein, zwei, drei*" (su abuela), a la de esa otra niña que muchos años más tarde descubrirá que su abuela no tenía ombligo. Esta narradora sabe que su obsesión escópica la mantiene presa en el ámbito de lo imaginario, como hipnotizada, por lo que desea romper el hechizo y lo hace mediante la escritura. Intenta leer aquella conexión como una especie de mensaje secreto, algo que se va revelando

12 La idea de una espacialidad que se caracteriza por la forma de espiral y a la que confluyen las diversas temporalidades anulando un tiempo lineal constituye también el principio constructivo de su primera novela, *Mapocho* (2002). Allí, diversas épocas de la historia chilena desde la colonia hasta el presente parecen superponerse a partir del pivote que supone la territorialidad del río Mapocho que atraviesa la ciudad, así como la violencia que tramó esos diversos episodios históricos, convirtiéndose de esa manera en su cifra.

como en una fotografía, o "[u]na especie de morse luminoso que abre el camino para interpretar mensajes de otro tiempo" (2018: 65). Su misión se irá perfilando hasta dejarle en claro que esta consistirá en "Observar y registrar, iluminando con la letra la temible oscuridad" (90). Esta última frase se repite una y otra vez generando un ritmo o imitando el gesto de alguien en el acto de salmodiar o de hacer uso de una estrategia para no olvidar. A su vez, la escritura, con su forma lineal, ofrece la posibilidad de salir de un sistema de círculos concéntricos, sintetizados por ese ombligo que también es un ojo (la lente de la cámara, el logo de la compañía de electricidad CAME), y que implicaría el eterno retorno de lo mismo. En términos históricos y geográficos, sociales y políticos, ese *omphalon* se identifica con la Plaza de Armas de Santiago de Chile, lo que equivale a decir con una historia que parece haber quedado fijada en una dinámica reincidente.

De los tres libros abordados, *Chilean Electric* es el que de manera más explícita establece los lazos entre memoria, imagen y escritura en su vinculación con el trauma. Eso que la voz narradora denomina como "los tiempos de la sombra y los tiempos de la luz" (87) escenifica los modos en los que se construye el recuerdo tanto personal como histórico, a partir de lo que pervive como zona consciente y de todo aquello que es sustraído y permanece soterrado hasta que se lo saca a la superficie. A través de esta intromisión de lo íntimo y personal en lo social, el texto asume una considerable carga afectiva que permite pensar de otro modo lo colectivo. Con respecto a este tema, es iluminadora la reflexión que aporta Leonor Arfuch (2013).[13] Para indagar en el carácter narrativo de la imagen, esta autora comienza por decir que la escena traumática queda en una huella inconsciente gracias al mecanismo de supervivencia que supone su olvido, especialmente en hechos cruzados por la violencia. La memoria busca recuperar aquello que falta, la ausencia, en un esfuerzo por escamotear del olvido lo que constituye esa "impronta originaria" (64). Porque, aclara,

13 Leonor Arfuch lo piensa a partir del análisis de la novela *Austerlitz* (2002) del autor alemán W.G. Sebald. En ella, un hombre descubre de adulto su verdadera historia de niño judío enviado a Inglaterra y dado en adopción para ser salvado del Holocausto. Este descubrimiento surge como una imagen azarosa, ligada al lugar en donde empieza esa parte de su vida, la estación de trenes que da título a la novela. Todo ese recuerdo, así como el de la zona previa de su vida, había quedado sepultado hasta ser traído nuevamente a la luz por esa imagen que, al principio, se le hace enigmática. Según Arfuch, la novela de Sebald constituye un ejemplo notable del "ejercicio de transmisión de la memoria", a la vez que construye la "escena emblemática" de esa transmisión (2013: 69).

ese funcionamiento de la memoria está ligado a "una imagen venida de otra parte que del asedio visual cotidiano –y de su violencia– o de los interrogantes que nos suscitan la memoria pública y la reflexión teórica" (64). Arfuch sostiene que la imagen también da cuenta de la temporalidad, lo que la instaura como narrativa. En ese poner en juego la temporalidad, la imagen adquiere la cualidad del acontecimiento. A su vez, la carga afectiva que emerge desde la imagen y nos sale a la conciencia, tiene un consecuente impacto corporal. Y también concluye que el fomento de las "memorias mínimas" forma parte del funcionamiento que planteaba Maurice Halbwachs para lo que definía como la "memoria colectiva". En el texto de Nona Fernández, el dato apócrifo funciona como esa "impronta originaria", el hilo de esta Ariadna que la llevará al centro del laberinto chileno para poder salir de allí por arriba, pegando un salto mediante el recurso de la ficcionalización.

4. La salida a la intemperie

El desconcierto, ese estado de confusión o desorientación, es el motor de los tres relatos examinados, lo que dinamiza la escritura. Por eso la tarea que se va delineando como prioritaria a través de las narraciones es la de producir una forma de reubicación en el espacio. Si pensamos, como lo hace Sara Ahmed, que los afectos son efectos de la circulación de los sujetos entre sí y con los objetos, es decir, del encuentro que aleja o acerca al sujeto del objeto (2015: 28), se hace más asequible aquello de movilizante que encierran las translaciones en el espacio. Sea porque los viajes remueven traumas (de la historia familiar o colectiva), sea porque incitan al sujeto a salir de sus espacios confortables para situarlo en una intemperie no necesariamente deseada, esa es también la razón por la que los relatos de viaje encierran en sí la potencia de lo narrativo. Se narra para encontrar un sentido, lo que en términos de la teoría de las emociones quiere decir, buscar una reorientación ante el estado en el que nos sume ese contacto con lo otro. Ahmed parte de la idea de que las superficies de los cuerpos, tanto los colectivos como los individuales, adquieren formas a través de las impresiones que los otros dejan en nosotros. Las emociones, por lo tanto, son cruciales para la constitución de lo psíquico y lo social en tanto que objetos. Su argumento es que "las emociones se mueven a través del movimiento o circulación de los objetos, que se vuelven 'pegajosos' o saturados de afectos, como sitios de tensión personal y social" (35). Como se recordará, emoción y movimiento tienen la misma raíz etimológica. Curiosamente, aquello que nos mueve, en el sentido de hacernos sentir, es lo que según Ahmed nos mantiene en nuestro sitio o nos da un lugar para habitar (36).

La disgregación formal de cada uno de estos tres libros responde a esta miríada de emociones que se despliegan como una tira de tarjetas postales. Los textos respiran a través de los espacios en blanco que se dejan libres entre imagen y escritura, sugiriendo un movimiento de sístole y diástole. Pero, además, hablan de la fractura de las subjetividades que ponen en acto la narración, mostrando sus fisuras, como proponía la cita inicial de Depetris Chauvin y Taccetta. Los tres volúmenes incluyen fotografías, dibujos y croquis que aportan su carácter de documental a lo narrado y parecen buscar certificar el "esto ha sido" barthesiano, o la Referencia en su orden fundante (Barthes, 1989: 120-122). En *Cuaderno alemán*, su autora comienza el prólogo anunciando que incluirá dibujos hechos por ella misma con tinta, pero que ella no es una buena dibujante. Se disculpa de antemano por sus falencias. Los dibujos, efectivamente, son garabatos que evocan ciertos estadios de una escritura infante. Las fotos incluidas parecen tomas espontáneas y circunstanciales, que no pretenden ofrecer vistas estetizantes. En *Poste restante*, las fotos también son precarias. Por otro lado, vienen acompañadas de epígrafes que abren otro tipo de textualidad, una que reflexiona desde un formato minimizado, pero que agrega una información nueva y, por momentos, indispensable. En el caso de *Chilean Electric*, el juego con la grafía remite a la máquina de escribir Remington, herencia de la abuela, vestigio de un período que parece estar en franco retroceso y desaparición, el del mundo de lo analógico y mecánico. Las fotos y mapas incluidos son utilizados para marcar la ficcionalización de todo relato, en especial, aquella foto de la niña montada sobre un caballo falso que posa en la Plaza de Armas, en un día de fiesta patria. En todos los casos funciona a pleno la idea de Roland Barthes de la fotografía como una herida, cuyo poder es el del orden del afecto (1989: 52). Y, a pesar de este supuesto afán documentalista, las fotografías actúan más por lo que silencian que por lo que muestran; por los espacios en negro que abren en el movimiento de palpitación de la página en blanco. La fotografía da forma clara a lo espectral.

Los tres libros abordados aquí tienen en común esa aproximación con respecto al uso de las imágenes y de su vinculación con la letra escrita, así como con la potencia mnemónica que se pone en juego cuando se realiza el montaje entre textos, fotos y dibujos. Dicho montaje no supone una mera organización estética de materiales inconexos, sino una apuesta por un lenguaje que dé cuenta de cómo maneja hoy lo textual una subjetividad atravesada por toda clase de estímulos visuales. Responde, tal vez, a la pregunta de cómo seguir recordando en una cultura que nos satura de imágenes, pero que nos somete al permanente cambio de página y a la velocidad de la constante actualización. Hay mucho de anacrónico en los tres libros a los que en el mejor de los casos podemos definir como crónicas de una subjetividad contemporánea. Mujeres viajeras las hay desde hace mucho tiempo. Mujeres que toman la posta de narrar historias familiares para asegurar la transmisión oral, todavía más. Lo que no encontramos en estos textos es lo que Lauren Berlant denomina el "sentimentalismo nacional" (2012).[14] La sensación de desasosiego muestra subjetividades que apuestan a un reacomodamiento del lugar, a no dejarse caer confortablemente en los espacios establecidos.

Referencias bibliográficas

Ahmed, Sara, 2015 [2004], *La política cultural de las emociones*, México, Universidad Nacional Autónoma de México.

Arfuch, Leonor, 2013, "Memoria e imagen", *Memoria y Autobiografía. Exploraciones en los límites*, Buenos Aires, FCE, 61-72.

Barthes, Roland, 1989 [1980], *La cámara lúcida. Notas sobre la fotografía*, Barcelona, Paidós.

Berlant, Lauren, 2012, *El corazón de la nación. Ensayos sobre política y sentimentalismo*, México, FCE.

Depetris Chauvin, Irene y Natalia Taccetta (comps.), 2019, *Afectos, historia y cultura visual. Una aproximación indisciplinada*, Buenos Aires, Prometeo.

Didi-Huberman, Georges, 2011, *Atlas ou le gai savoir inquiet. L'oeil de l'histoire 3*, París, Les Éditions de Minuit.

Dubois, Philippe, 2008 [1990], *El acto fotográfico y otros ensayos*. Trad. Víctor Goldstein. Buenos Aires, la marca editora.

Fernández Silanes, Nona (2019 [2002]), *Mapocho*, Buenos Aires, Eterna Cadencia.

___ 2018 [2000], *El Cielo*, Córdoba, Caballo Negro Editora.

___ 2018 [2015], *Chilean Electric*, Barcelona, editorial minúscula.

Garramuño, Florencia, 2015, *Mundos en común. Ensayos sobre la inespecificidad en el arte*, Buenos Aires, FCE.

Negroni, María, 2011, *Pequeño Mundo Ilustrado*, Buenos Aires, Caja Negra.

14 Berlant objeta el uso del sentimiento como arma crítica, pero se refiere a una forma particular de "expansión de la inconsciencia de clases" que soslaya mediante el acto de erigir un héroe peculiar (cifrado, sobre todo, en la figura del niño explotado), la imagen del ciudadano en sí que sigue siendo tan normativa como utópica. Es una forma de las subjetividades de alejar de sí la responsabilidad, sin dejar de verse como comprometidas con la crítica a los escándalos producidos por el capitalismo. Ese "sentimentalismo" del que habla se pretende motor del cambio mediante la acción positiva, pero tiende a construir una figura del subalterno dolorosa y pasiva.

___ 2015, *Cuaderno alemán*, Santiago, Alquimia Ediciones.

Peller, Mariela, 2017, "Cuerpos y escritura. Memorias de la violencia en las novelas de Nona Fernández", *MM, 13º Mundos de Mulheres & Fazendo Gênero 11*, Florianópolis, 2017.

Porrúa, Ana, 2013, "La imaginación poética: entre el archivo y la colección", *VI Jornadas Internacionales de Filología y Lingüística y Primeras de Crítica Genética*, La Plata, 7 al 9 de agosto de 2013, http://jornadasfilologiaylinguistica.fahce.unlp.edu.ar

Punte, María José, 2018, "El domicilio inalcanzable: archivo y montaje en *La Anunciación* de María Negroni", *452ºF. Revista de Teoría de la Literatura y Literatura Comparada*, Dossier: "El paradigma del archivo en la narrativa y la cultura visual contemporáneas, #18, 16-30. URL: https://452f.com/domicilio-inalcanzable-punte/

Rimsky, Cynthia, 2016 [2002], *Poste restante*, Buenos Aires, Entropía.

Siganevich, Paula, 2018, "La lengua, lazo poético y afectivo con el territorio de origen: las viajeras Lina Meruane, Cynthia Rimsky y Paloma Vidal", *La precariedad como experiencia de escritura*, Buenos Aires, Editora Grumo, 113-120.

Speranza, Graciela, 2017, *Cronografías. Arte y ficciones de un tiempo sin tiempo*, Barcelona, Anagrama.

Spinetta, Franco, 2019, "La escritora chilena que se enamoró de un pueblito bonaerense". *La Nación*, Cultura, 9 de junio de 2019. URL: https://www.lanacion.com.ar/cultura/la-escritora-chilena-se-enamoro-pueblito-bonaerense-nid2254971.

Vargas V., Joaquín, 2018, "Escritura y fotografía en *Chilean Electric* (2015) de Nona Fernández", *XXVI JJI, Jornadas de Jóvenes investigadores de AUGM*, Universidad de Cuyo, 17 a 19 de octubre 2018.

Recorridos urbanos y cartografías emocionales: notas para pensar la transterritorialidad de la poesía argentina en el siglo XXI

María Lucía Puppo

Universidad Católica Argentina
CONICET

1. Territorios y afectos en salida

En su ensayo "*The Sense of Place*" (1977), Seamus Heaney citaba una frase de Carson McCullers: "Para saber quién eres, necesitas tener un lugar de donde venir" (cit. en Priamo, 2017: 92). El poeta irlandés entendía que la presencia de un lugar le otorgaba continuidad y estabilidad a la poesía, por otro lado un discurso fluctuante, orientado a darle visibilidad a las experiencias más íntimas (Heaney, 1996). Transitadas ya dos décadas del siglo XXI, en tiempos de globalización, grandes migraciones y transnacionalización de la literatura, el lugar de origen parece ser todavía la marca definitoria de un escritor y su obra. Puede cambiar el paisaje, el estilo de vida y el idioma que se utiliza cotidianamente en los intercambios, pero –salvo especiales y contadas excepciones– la patria de un autor o una autora se identifica con la lengua natal. A partir de su propia vivencia autobiográfica, explica Sergio Chejfec:

> No digo que el escritor sea una contención o una analogía de la lengua, digo que cuando está fuera del territorio advierte que la lengua es lo único que lo sostiene como imaginación literaria. La geografía o el entorno extranjeros pueden ser más o menos hostiles o benignos, pero la verdadera brecha se levanta entre el origen y el presente. Y con el origen, por esas argucias del tiempo y de la elipsis, resulta cada vez más incierto vincularse. (2017: 139)

Tras haber justificado los motivos por los cuales solo publica sus textos en Argentina, el escritor porteño –radicado primero en Venezuela y luego en Estados Unidos– complejiza los vínculos que conforman la tríada *lugar de origen-lengua-autor*. Si el lazo que une a un escritor fuera del país con su tierra natal es siempre imaginario y problemático, la lengua es el puente que traza y modula esa relación tensa. Chejfec introduce la imagen de la *elipsis* para hacer referencia al desfasaje (*brecha*) que se produce entre el país que recuerda el escritor y el que encuentra en cada nueva visita: "A veces sugería que la escena de visitar el país propio era equivalente a saltearse páginas de una novela. Después del salto uno debe someterse a la actualización" (132).

Elipsis y saltos caracterizan la relación del escritor expatriado con la tierra que dejó atrás, en tanto que el léxico, los giros y las modulaciones propias del habla de origen le permiten preservar, aun al margen del tiempo y de la historia, ciertas "supersticiones afectivas y culturales" asociadas a una identidad compartida (137). Distancia espacial y cercanía afectiva caracterizan el estatuto intrínsecamente conflictivo de los autores exiliados, diaspóricos, expatriados, extra o transterritoriales.[1] En ellos el uso de la lengua resulta particularmente autoconsciente, en constante estado de observancia y hasta de acecho. Nombres como Juan José Saer, Witold Grombowicz, Copi, Rodrigo Fresán, Laura Alcoba y Samanta Schweblin, además del mismo Chejfec, confirman la diversidad de voces y destinos extranjeros que integran el constructo semiótico que llamamos "literatura argentina".

En este trabajo proponemos una lectura contrastiva de dos poemarios escritos por autores argentinos transterritoriales: *El lago de los botes* (2005), de Edgardo Dobry y *Rasgado* (2006), de Lila Zemborain. Examinaremos las cartografías emocionales que escenifican estos textos a partir de los recorridos urbanos del y la poeta-personaje, haciendo foco en las percepciones, los recuerdos y las mediaciones culturales que confluyen en la apropiación subjetiva del espacio.[2] Tras analizar las estrategias discursivas y las torsiones que caracterizan la lengua poética como un habla extraña, ajena a la estandarización y el automatismo, nos interesa pensar la poesía argentina actual como una *comunidad afectiva* que se

---

1 Cada una de estas categorías amerita una definición propia, pero el esfuerzo de enumerarlas y contrastarlas excede los fines de este trabajo. Dado que los autores de las dos obras que analizaremos no se vieron forzados a abandonar el país por urgencias políticas o socioeconómicas, apelaremos preferentemente a las nociones amplias de *trans* y *extraterritorialidad.* Mientras que la primera remite a la idea de traspaso de un lugar a otro, la segunda acentúa el rasgo de no pertenencia a un territorio circunscrito y fijo.

2 Agradezco especialmente la generosidad de ambos poetas, quienes leyeron estas páginas antes de ser publicadas y me brindaron información relevante a la hora de concretar la revisión del escrito original. Una versión previa y más extensa de este trabajo fue leída como conferencia en un ciclo virtual organizado por el Centro de Estudios de Narratología y la Universidad del Salvador en Buenos Aires, el 17 de noviembre de 2020.

sostiene, al modo de un archipiélago, a pesar de las divergencias estéticas y la dispersión geográfica.[3]

2. "Portátil, de sí mismo": un sujeto-entre-ciudades

Poeta, ensayista, traductor, crítico y docente universitario, Edgardo Dobry (Rosario, 1962) reside desde los años ochenta en Barcelona. *El lago de los botes* (2005) es su segundo libro publicado, que fue precedido por *Cinética* (1999) y al que siguieron, luego, *Cosas* (2008), *Pizza Margarita* (antología, 2011) y *Contratiempo* (2013).

"Toda ciudad está atravesada por tensiones nómadas y sedentarias: taxistas y peluqueros, los mirados y los que miran, los transeúntes y los testigos quietos". Esta observación que Juan Villoro incluye en *El vértigo horizontal* (2019: 100) resulta apropiada a la hora de caracterizar *El lago de los botes*. Si el poema que da título al libro evoca el agua "opaca" y "quieta" de un parque rosarino que custodia "un cisne rechoncho de cemento" (2005: 16-17), otras composiciones ponen en el centro los desplazamientos del sujeto: caminatas por una Barcelona invernal, descensos al metro, huellas de recorridos turísticos y recuerdos de viajes en colectivo por rutas provinciales que ostentaban "la chatura del paisaje" (60).

Un poema fundamental en el que regresan las imágenes del pasado es "Correspondencia":

> Estaba imprimiendo un e-mail
> –si a veces merece el papel
> ese promedio de teléfono y carta–
> y la síncopa de la impresora
> trajo con la correspondencia
> el recuerdo de un viaje
> en colectivo entre la Capital
> y la Ciudad Nativa –no sé por qué,
> no lo sé–, miraba por la ventanilla,
> veía una vena de lluvia
> cruzar el vidrio más otras

---

3 Como explica Veronika Zink, las comunidades afectivas no solo surgen a partir de procesos de colectivización, sino que ellas mismas se constituyen como modos de relacionar a los individuos entre sí. A través del afecto –entendido socialmente–, las personas desarrollan una sensación de afinidad y mutua cercanía (2019: 289). [En todos los casos que se cita bibliografía en lengua extranjera y no se indica una edición en español, se trata de mis traducciones.]

finas líneas afluentes,
venas o ríos formaban
una lira en la ventana y había afuera
una luz de yeso, rayada
como una lente que el contorno
borraba de las cosas y veía
el campo hasta el horizonte, allá,
allá, tan lejos, la lluvia traía
una ansiedad de estirar
un verso solo, un solo verso largo
como el hilo de una caña
de pescar y enrollar [...] (32)

Observamos que el hablante se presenta en una situación cotidiana, cuando de repente le viene a la memoria una anécdota del pasado ligada a un viaje emblemático, el que lo traía de regreso de Buenos Aires ("la Capital") a Rosario ("la Ciudad Nativa"). El paisaje del recuerdo se extiende bajo la lluvia mientras el sujeto lo percibe desde su sitial de privilegio, junto a la ventaba del colectivo. La mirada es relacional y organiza el espacio, de modo tal que los lugares se constituyen, ante todo, como sistemas de relaciones (Urry, 2007: 80). La visión exterior se superpone con los juegos del agua sobre el vidrio, generando un anhelo en el interior del poeta: lograr la escritura de un verso que sea capaz de unir en un *continuum* la sucesión de imágenes.

Así, el poema se perpetúa en una sola oración larga de respiración proustiana, destacando algunos hitos del trayecto: un auto abandonado de la Policía Caminera, las chimeneas de una fábrica, el puente de Zárate. Los versos finales vuelven a la escena inicial. El mail ha terminado de imprimirse y el padre del poeta lo espera "dulcemente" en la estación de micros "tres plataformas / más allá", entre los pasajeros que llegan de otro destino (35).

Daniel Samoilovich fue uno de los primeros en advertir que en la poesía de Dobry existe "una melancolía simétricamente dispensada" entre Barcelona y Rosario, puesto que en ella "los lugares obseden siempre, ya sea porque regresan desde el pasado, o porque uno se desliza sobre ellos en una precariedad, una imposibilidad de posesión que es en rigor, como siempre, la de la vida misma" (2004: s/p). La "síncopa" de la impresora que se menciona al principio y al final del poema puede asimilarse a la brecha y el salto a los que hacía referencia Chejfec. En todos los casos se trata de dos tiempos contrastados, de una distancia insalvable que implica omisiones y fallas en el mecanismo causal de los acontecimientos. El desvío del padre equivale a la imposibilidad del poeta para traducir la simultaneidad de las sensaciones vividas a la linealidad propia del lenguaje. El trecho que va desde el acto de decir hasta lo dicho define el giro autorreferencial del poema, es decir, la pregunta de la poesía sobre sus propios límites y alcances. De ese modo, experiencia biográfica y conciencia de la escritura se funden en un texto que, como lo explicitó José Kozer en la contratapa del libro, presenta en todo momento al poeta "en estado de observación" (2006: s/p). En una entrevista de 2019, Edgardo Dobry aludió a esa extrañeza que experimenta con la tierra natal y que funciona como estímulo para la escritura poética:

> Me fui de Argentina a los veintitrés años. En buena medida, creo, me quedé a vivir en Barcelona porque percibí que aquí podía dedicarme a ser poeta; no en el sentido de no hacer otra cosa sino de concentrarme en eso. Tengo la sensación de que salir del país natal puede tener un efecto paralizante para un escritor o lo contrario: ser un estímulo. Por supuesto, el costo es elevado: la soledad, el extrañamiento, esa parte de la extranjería que nunca se extingue por muchos años que vivas en el mismo lugar. Incluso diría que se duplica, porque el país de origen se vuelve, también, un poco extraño. (Dobry en Quevedo Rojas, 2019: s/p)

La cita alude a la atmósfera solitaria que se percibe en muchos poemas de *El lago de los botes*. Al margen de las anécdotas rosarinas que provee la memoria involuntaria, el contexto multicultural de Barcelona enfrenta al poeta con los habitantes nativos y con otros expatriados. Como señaló Valentina Litvan (2007), el balcón es la imagen que funciona como metonimia de la gran ciudad catalana. Balcones, ventanas y puertas delimitan el espacio propio, comunican y, a la vez, separan de los otros. En el poemario resulta especialmente significativo el personaje que encarna "la vecina norteamericana", quien había vivido muchos años en Chile y no podía entender por qué había tanto caos "en esos países «por lo demás maravillosos»" (Dobry, 2005: 56). Ante este tipo de comentarios oídos en suelo extranjero, como es habitual, el escritor argentino profundiza su conciencia de pertenecer a la gran familia latinoamericana.

El poema más extraterritorial de *El lago de los botes* se llama "En el cielo" y expresa la ambigüedad de un viaje en avión, cuando no es "de noche ni de día", en una tierra que no es "soberanía de nadie" (24). En este cronotopo de la era global el reloj pulsera pierde su sentido, al punto de resultar "un bibelot abolido de lata" (25), mientras el cruce del Océano resulta otra manera de nombrar la brecha y perpetuar el salto.

Ahora bien, otros poemas del libro invitan a explorar un significado más profundo del estatuto nómade del poeta, que estaría relacionado con la ascendencia judía. Leemos al comienzo de "Teorema de tal":

> Con matemática pureza
> Madre inoculaba el bacilo
> de la letra. Teorema de tal:
> atravesado entre los tropos
> secantes para ser
> el marcado niño hebreo:
> para siempre única patria,
> y portátil, de sí mismo. (73)

En versión posmoderna y satírica, el judío errante es el escritor que sabe que su hogar está en la letra. La novela de infancia se despliega en escenas que remiten a la asistencia a la Hebraica los viernes por la tarde, antes del sabbath; las visitas a la sinagoga con el abuelo que solo hablaba en ídish; el Bar Mitzvá que nunca fue (68-70). La familia de origen se prodiga en primos y tíos e interactúa a diario con gentiles, *shikses* y *goies*. Como en un poema de Tamara Kamenszain, ser judíos resulta una manera más de ser argentinos.[4] A través de esta isotopía, se profundiza en el sujeto el extrañamiento y la conciencia de una identidad y una pertenencia complejas, en el cruce de territorios, historias y tradiciones. Esto se manifiesta en el procedimiento de la escritura a través de "una mirada desdoblada", que frecuentemente le permite al hablante "colocarse en otro lugar y verse a sí mismo desde una mirada externa" (Litvan, 2007, s/p).

El humor, una fina ironía y la ternura solapada atraviesan las composiciones de Edgardo Dobry, donde los quiebres de verso, las aliteraciones y otros recursos fónicos acentúan la elegancia de las formas. La crítica ha notado las rarezas estilísticas de un autor que no rehúye de arcaísmos, hipérbatos exacerbados, citas de otros autores y toda suerte de proezas neobarrocas y objetivistas (Samoilovich 2004, Battilana 2006, Delgado 2007). Como señala Nora Catelli, existe en su obra una voluntad de "hacer visible su sistema de lecturas; en suma de reconocer la herencia,

---

4 Me refiero concretamente al poema "Judíos" incluido en *El Ghetto* (2003), que describe a un grupo de turistas argentinos que visitan Río de Janeiro. Allí leemos: "Nosotros / los de la combi en éxtasis foráneo / [...]. / Pueblito que baja y se pierde / ni raza ni nación ni religión / del argentino la parte en camiseta / (lo que transpira destiñe al Che) / hay una diáspora subida al Corcovado [...]" (Kamenszain, 2012: 300).

de articular su recepción" (2020: 285). En ocasiones ocurre que el discurso poético puede orientarse hacia el relato y el registro informativo, como cuando se narra la visita de Freud a Roma en 1901 y su contemplación del Moisés de Miguel Ángel. Entonces, en un giro insospechado de la trama, la posición de la cabeza de la estatua –"echada hacia atrás rígidamente"– evocará en el poeta el gesto indignado de su abuelo Moshé (Dobry, 2005: 37-39).

Hijo, nieto, hermano, habitante de dos, tres y múltiples mundos, el poeta se autofigura además como amante y como padre. Si las historias de amor parecen superponerse y no terminar bien con el tú al que se dirigen varios poemas, en cambio el vínculo con Luca, el hijo pequeño, sella como una marca indeleble todos los mapas que dibuja el texto. Luca es uno de los destinatarios citados al comienzo del libro; lo vemos jugar al fútbol con un primo en el campo santafecino (19); luego, el accidente que sufrió su autito de juguete es tema del poema "Estropicio" (49); por otra parte, en "La cuestión del chocolate" el poeta se pregunta en una esquina barcelonesa si es demasiado "severo" o, por el contrario, un "desastre de padre" al debatirse entre comprar o no comprarle golosinas a su hijo (51-52).[5]

Una apreciación general sobre *El lago de los botes* revela la figura del poeta contemporáneo como sujeto-entre-ciudades, sometido a los vaivenes de una existencia saltarina, sincopada, donde la escritura y la paternidad funcionan acaso como los hilos de Ariadna que ofrecen orientación en el laberinto de la vida. Como síntesis de esta propuesta interpretativa podemos citar unos versos de "Asado en Soldini". Allí el poeta se encuentra disfrutando de un reencuentro con familiares y amigos, cerca del cuarto que lo vio crecer y donde aún guarda sus viejos libros. En los seis versos finales delinea, claramente, su autorretrato de escritor y padre trashumante:

> Y así, en duermevela sobre la frazada a flecos,
> soy yo, soy yo el que camina,

---

5 En una conversación con Sergio Delgado, el propio Dobry hizo referencia a "dos haces" o "movimientos" que estructuran semánticamente *El lago de los botes*: "uno horizontal" –que se mueve entre las oscilaciones del paisaje, el ir de un mundo a otro– y "otro vertical" – relacionado con "la línea de la filiación: el poeta como hijo y como padre". Agrega luego que ambos ejes "se reflejan entre sí", pero no de un modo mecánicamente directo, "pues se producen diversos cruces y complicaciones deliberadas" (Delgado, 2012: s/p). El judaísmo podría funcionar, entonces, como un punto de intersección entre ambos movimientos.

cargo una mochila de libros deshojados,
por declives bromurados voy
de un mundo a otro,
llevo un niño de la mano. (19-20)

Este fragmento introduce un hipertexto del poema XVIII de *Trilce*: "madres que ya muertas / llevan por bromurados declives, / a un niño de la mano cada una". El poema de Dobry reescribe con cambio de persona, de género y de número –de las madres vallejianas al yo paterno del sujeto poético–, en un doble gesto de parodia y homenaje, los versos de ese otro latinoamericano en Europa que fue César Vallejo.

3. La ciudad estallada: "en la zona cero de la existencia"

Lila Zemborain (Buenos Aires, 1955) reside en Nueva York desde 1985. Entre 2009 y 2012 dirigió la Maestría en Escritura Creativa en Español de New York University, donde actualmente es profesora. Publicó en Buenos Aires los libros de poesía *Ábrete Sésamo debajo del agua* (1993), *Usted* (1998), *Guardianes del secreto* (2002), *Malvas orquídeas del mar* (2004), *Rasgado* (2006), *El rumor de los bordes* (2011) y *Materia blanda* (2014), varios de ellos traducidos y reeditados en diversas oportunidades. Recientemente el sello Bajo la luna publicó *Matrix Lux, Poesía reunida 1989-2019*, volumen que incluye además el nuevo poemario que da título al libro.

Rasgado es, como las otras obras de Zemborain, "un artefacto poético único y particular que expande, en su universo, su propia teoría, su poética, su plasticidad" (Caleta, 2019: s/p).[6] El universo que se expande en *Rasgado* es el de una Manhattan caótica, polvorienta y aterrorizada, concretamente la que surge minutos después de la caída de las Torres Gemelas. La estructura del libro se organiza en torno a un diario íntimo en verso que empezó a escribirse el 11 de septiembre de 2001, en el instante en que una madre salió corriendo a buscar a su hijo de la escuela, ubicada a pocas cuadras del lugar de los atentados. El primer poema, fechado ese mismo día, da cauce al habla de una mujer desesperada:

6 Existe una edición bilingüe francesa del poemario: *Déchiré / Rasgado*. Traducción de Sarah T. Reyna. París: L'Oreille Du Loup Editions, 2014. Por otra parte, en revistas literarias se publicaron las traducciones al inglés de algunos poemas del libro realizadas por Rosa Alcalá y Mariela Méndez y Danny Coudriet.

como un rasguido, un rasgado del
alma, un celeste rasgarse de la atmósfera con
el ruido ensordecedor que surca los cielos, que rasga
los cielos, cielo celeste rasgado por el clamor, sonido
que rasga el celeste, celeste cielo escolar, celeste
cielo que damos por sentado, celeste cielo
que allí permanece, pero el sonido como una
trincheta rasga el celeste, cae del cielo el emisario
se dirige con su instinto hacia las sombras

amor, amor celeste de los cielos, cielo de mis
entrañas, mi hijo, mi hijo, por qué no ser un solo
llanto, un solo llanto y ser un solo llanto celeste
ensordecedor en el cielo celeste del otoño todo
rasgado, todo rasgado por el ruido ensordecedor del
cielo, cielo celeste rasgado, cielo celeste, azul celeste

lorenzo, lorenzo y el horror tan ajeno de lo
otro, de lo otro que es horror, pero es un hijo que
está allí, tan cerca del impacto, por suerte, tan cerca
del impacto que es alivio y pavor e incertidumbre y
constancia, pero es hijo que está allí vivo, los
árboles en su lugar, la escuela en su lugar, la plaza
en su lugar, lorenzo en su lugar, lorenzo en
su lugar, lorenzo en su lugar, mi hijo lorenzo en su
lugar, mi hijo lorenzo en su lugar, lorenzo en su lugar
lorenzo en su lugar, lorenzo en su lugar, lorenzo
lorenzo, lorenzo, lorenzo, lorenzo lorenzo, lorenzo
lorenzo, lorenzo, lorenzo, mi amor lorenzo
mi hijo lorenzo, lorenzo en su lugar, lorenzo
lorenzo, lorenzo, lorenzo, lorenzo, lorenzo, lorenzo
lorenzo, lorenzo, lorenzo en su lugar, lorenzo en
su lugar, y un deseo y sensación de abrazo, de enorme
amor en la distancia, lorenzo en su lugar, y todo lo que
es mío y es lorenzo, y todo lo que es mío y es lorenzo, es
mi vida y es lorenzo, es mi amor y es lorenzo, rasgado
el cielo, rasgado el celeste del amor, rasgado el cielo
en mil pedazos, rasgado el cielo, lorenzo, rasgado el
cielo, lorenzo, es mi amor, es mi amor, es lorenzo, rasgado
el cielo, es lorenzo, es lorenzo, mi amor es lorenzo,
mi amor rasgado el cielo es lorenzo

y no poder dar fin a ese dolor del que se salva, y no
poder dar rienda suelta al dolor del que se
salva, dar rienda suelta al dolor, y es tan otro
el dolor de los otros que es intolerable, y es tan
otro el dolor que no se puede ver ni oír, aunque se
ve y se oye, allí en la permanencia del celeste

(Zemborain, 2006: 15-16)

Cielo rasgado como el alma de la madre; color celeste del cielo y de la infancia; ruido ensordecedor y pánico; alivio de encontrar al hijo; dolor inconmensurable en la ciudad atravesada por el terror: en este poema inicial se advierte lo que Mariela Méndez ha señalado como una apelación al "poder mágico de las palabras repetidas hasta el cansancio, con el objetivo último de anclar el evento temible en lo simbólico, en el orden de lo real, de lo inteligible y por ende tolerable" (2015: 165). El ritmo quebrado, los encabalgamientos violentos, la falta de puntuación y de mayúsculas son recursos que vuelven patente la intensidad de las dos emociones primordiales que expresa la hablante, amor y dolor. No falta la culpa del sobreviviente, la impotencia, la solidaridad con quienes han perdido a un ser querido en la catástrofe, aquello que constituye "la socialidad del dolor", definido por Sara Ahmed como el "vínculo contingente" de ser con otros (2015: 64).

Miedo, desasosiego, cansancio, asombro, estupor, tristeza y odio son otras estaciones del afecto que transita la poeta en este diario que terminó de escribirse un año después de los atentados. Como sabemos, los sucesos terribles y el clima de paranoia y racismo que se instaló a partir de ellos en el país gobernado entonces por George W. Bush fueron el punto de partida para las reflexiones que Judith Butler reunió en *Vida precaria. El poder del duelo y la violencia*. Allí, parafraseando a Freud, la filósofa se refería al hecho de que, tras el paso de la violencia y ante la instancia de duelo, el sujeto experimenta que ha sido "despojado de un lugar o de una comunidad", puesto que perder al tú implica, para el yo, perder también el lazo que los une (Butler, 2006: 48). En el escenario que describe *Rasgado* hay vidas, una ciudad y una sociedad entera que se han visto arrebatadas y despojadas. La vulnerabilidad de la existencia es un tópico sobre el que vuelven los poemas:

[...] ¡oh la humana
incertidumbre tantas veces dicha en la poesía! No
hay forma de estancar el dolor en una sola zona,
sin que se esparza por etapas; ahora son los ojos

que acusan pesadez en las mejillas sabiendo que
hay que meter el pollo con cebollas al horno;
de la carne que se templa en sus efluvios se abriga
el corazón [...] (21)[7]

En un trabajo anterior, referido a otro poemario de la autora, expresábamos que los textos de Zemborain hacen foco en la corporalidad a través del examen de una "dinámica de las glándulas" que escapa del control racional (Puppo, 2009: 219-224). En el texto que ahora nos ocupa, la búsqueda y recuperación de ese "hijo que se ama a lo guernica" (Zemborain, 2006: 33) comprueba que "el amor está / en el cuerpo y es células mamarias" (19); se trata del cuerpo materno que se ha vuelto "nudo / entero, roca, árbol añoso enraizado en las /digitaciones del miedo, el estallido en las dendritas / transmitiendo de una célula a otra" (33). Entre la parálisis que ocasiona el shock y la intranquilidad sin descanso, la hablante poética le dice al padre de su hijo: "el corazón galopa en la llanura de tu pecho" (35). Pasados unos días, ella intentará retomar las actividades cotidianas (cocinar, limpiar la casa), pero estas tareas supuestamente ordenadoras no lograrán encauzar el afecto desbordado: "toda esa maraña de energía que no / sabe si hacia arriba, hacia abajo, hacia dónde o / hacia qué" (73). Como las imágenes recogidas por Martha Nussbaum en *Paisajes del pensamiento*, serán las metáforas espaciales las que mejor expresarán la situación de una madre "en la zona cero de la existencia" (77), que ha comenzado a "entrar en la noche oscura del alma" (93).[8]

En consonancia con lo que venimos señalando, Arturo Carrera estima que toda la obra poética de Lila Zemborain puede ser considerada "como un tratado de las emociones", en el que se presentan "mundos" que interpelan constantemente "a los otros mundos, a los otros cuerpos, a las multiplicidades y versos que se van transformando en científicos «multiversos»" (Carrera, 2019: 7). Por nuestra parte destacamos que esta poesía no busca explicar ni interpretar sino más bien "describir" las emociones y percepciones, es decir, nombrarlas en su estado más puro, dando cuenta de que "existir es objeto de una constatación directa y *no se construye* en el pensamiento" (Jullien, 2018: 221).[9] En este sentido, la inmediatez

7 Excepto el poema inicial, todas las otras composiciones del libro presentan gráficamente los versos dispuestos en el centro de la página.

8 El poema que menciona el sintagma de San Juan de la Cruz evoca un sueño en que la autora se ve tomando el té junto a sus padres, escena que es seguida por un fuerte viento y el recuerdo del rezo del rosario en el país de su infancia (93-94).

9 El subrayado es del autor.

con que se presentan las sensaciones y experiencias en *Rasgado* estaría respondiendo a la convocatoria que Susan Sontag lanzaba en su célebre ensayo *Contra la interpretación*, de 1966, en donde abogaba por un arte capaz de despertar los sentidos y el erotismo en el contexto de una era que, cada vez más, apaga y uniforma los registros sensoriales.

La ciudad que se despliega en *Rasgado* es un "inhóspito territorio" (45) donde se advierte la polisensorialidad del espacio señalada por la Topofilia de Yi-Fu Tuan (2007) y la Geocrítica de Bertrand Westphal (2007). Allí se respira polvo y vapor, mientras el cielo se ha vuelto gris y "el verde se / retira" (Zemborain, 2006: 27) ante los dispositivos de seguridad que bloquean el paso. El poema más extenso del libro, ubicado en el centro del mismo y fechado el 8 de noviembre de 2001, detalla un transcurso de la poeta por la "circunvalación del área destruida": la protagonista empieza el circuito en Greenwich Street y Chambers, donde se para a llorar frente al patio del colegio de su hijo; luego las calles la conducen a la iglesia St. Peter's, adonde entra para resguardarse "del vacío vertical". Continúa el recorrido y hacia el oeste observa que "sigue la debacle en la ciudad / fantasmagórica de pelli" hasta acercarse a la zona de homenaje en la *Ground Zero*, donde se apilan innumerables ositos de peluche en una "fosa común / que repite el colapso de los cuerpos" (59-61). El poema duplica la estructura circular de la caminata, que devuelve a la poeta a la esquina del patio de la escuela.

Otras composiciones también presentan recorridos a pie a través del "museo de deshechos" (67). Si las sensaciones son descritas como lugares, por otro lado la ciudad resulta una "tumba abierta" que constata el vacío, como el cuerpo de una mujer a la que le han quitado los ovarios y el útero (95). El último poema del libro lleva por título "11 de septiembre 2002" y relata la caminata lenta, de ida y vuelta, hacia la ceremonia masiva que conmemora el primer aniversario de los atentados. Como en otras oportunidades, ir al lugar de los hechos no aporta un re-conocimiento sino que afianza el des-conocimiento y la turbación de la poeta (Méndez, 2015: 165).

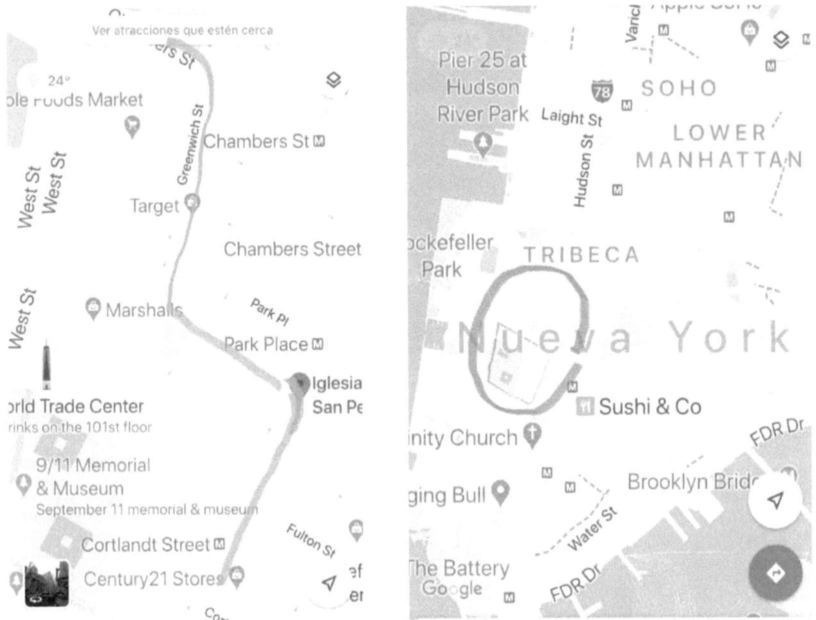

Figuras 1 y 2: Imágenes de Google Maps
donde hemos trazado el itinerario aproximado de la poeta.

El mapa de esa "babel en bíblica sutura" (49) hace una referencia explícita al libro de George Steiner y su tapa original, que mostraba una torre destruida. El lenguaje y la traducción se vuelven tema de la poesía cuando irrumpe en ella el inglés:

> el mundo me pone triste, pero no triste, not angry,
> not fearful, sino sad, sad is the word upon my
> flesh; an immense sadness falls over me like sand
> blowing in a desert storm, sadness is love in
> reverse, malignancies spreading like aliens in open
> space; where is that sense that only emerges when
> I see a baby breathing the stench of the broken
> city? o baby breathing in the site of destruction!
> ground zero for her tender flesh, legs crawling in
> the dampness of her mother`s womb, the only
> place to be … (37)

A este poema bilingüe le siguen tres textos escritos completamente en la lengua foránea. Surge la pregunta "what is this compulsion to write in english?" (43): la hablante no da una respuesta clara, aunque explica que *sad* es la palabra que mejor expresa su estado de ánimo. Evoca también la poca fluidez de las palabras en la lengua inglesa, característica que favorece la expresión de sus sensaciones mezcladas y truncas. Podemos interpretar que la intimidad de la lengua materna se ha visto invadida a tal punto por la violencia, que el idioma castellano ha comenzado a derrumbarse como una torre.

Figura 3: Tapa de la edición original del ensayo de Steiner (Oxford University Press, 1975)

El análisis de *Rasgado* comprueba la tesis de Michael Richardson que indica que la escritura involucra tanto la *experiencia* del afecto –la resonancia de las palabras en el cuerpo– como su *expresión* (2016: 21).[10] Por cierto, pocos textos demuestran de forma tan evidente que, como señala Anne Fleig, el afecto es un resultado de lo escrito pero, antes, forma parte del proceso mismo de escritura (2019: 178). En el cruce de esquinas, lenguas y emociones encontradas, el poemario de Lila Zemborain delinea la figura de la poeta-artista como médium o traductora de las emociones vitales:

---

10 Los subrayados son del autor.

> [...] atravesada estoy siendo ahora
> por un gran calor, tamizada por un calor que va de
> adentro hacia afuera, como si algo estuviera
> hirviendo en todo el cuerpo, sentir la
> fermentación, la disolución ¿ser atravesada,
> como monet, por lo atmosférico interno? (105)

Cuando las palabras no parecen suficientes, el registro pictórico le permite a la hablante poética expresar su sensación de ser "atravesada" por los acontecimientos. Su notable intuición la lleva a introducir el concepto de atmósfera, tan significativo a la hora de explorar los vínculos entre el espacio y las emociones, como lo demuestran los dos primeros artículos de este volumen colectivo.

4. En el mar de la extraterritorialidad, el anclaje espacio-afectivo del poema

La apropiación subjetiva del *espacio* donde se desarrolla la experiencia vivida define el *lugar* (Tuan 2007). Toda descripción de un lugar conlleva la de un punto de vista, de modo que en literatura, y especialmente en poesía, el *locus* deviene *focus*. El espacio como signo y referente introduce el mundo de lo real en el poema, pero su sintagmática es articulada por la mirada subjetiva y la configuración estética diseñada por el o la poeta. De este modo, lugar exterior y espacio interior confluyen en la plasmación de *un paisaje inédito*, un estado particular (*Stimmung*) o atmósfera que solo existe a partir de la alquimia poética (Puppo, 2013: 24-25).

El espacio-lugar referido en el poema y el poema en tanto espacio-de-escritura están constituidos por las expresiones, los recuerdos y la fantasía de una subjetividad implicada en ellos, dando origen a auténticos *mapas poético-afectivos*. Hoy se habla de topografías y cartografías emocionales en una zona de intersección entre disciplinas tales como la geografía, la antropología, la sociología, la etnografía, la filosofía y la psicología (Dundon y Hemer, 2016: 2-3), en tanto que desde el campo artístico y literario han surgido propuestas como la Geocrítica (Westphal, 2007), la Geografía Literaria y la Geopoética (Collot, 2015). Esto es así porque el espacio en cuanto tal exige un enfoque de análisis interdisciplinario, hecho que ha sido confirmado a partir del llamado *spatial turn* producido en el interior de las Ciencias Humanas y Sociales.

Los mapas cambiantes del afecto se han hecho perceptibles en los dos poemarios examinados en este trabajo. En el caso de *El lago de los botes*, se trata de un planisferio donde se erigen continuos puentes entre Rosario y Barcelona, puentes que dan el gran salto de un continente a otro y que, a veces, hacen foco en detalles del repertorio familiar y las idiosincrasias argentinas y catalanas. Diferente es el caso de *Rasgado*, donde la cartografía se concentra en unas pocas cuadras de Tribeca y el Lower Manhattan, dibujando círculos en torno al epicentro del terror. El tono nostálgico y viajero del libro de Edgardo Dobry da cuenta de una geografía expansiva, a la inversa de lo que sucede en el texto de Lila Zemborain, donde la constricción del espacio y el afecto bordea el hueco que dejó la violencia.

Si la lengua es la patria natal de los poetas, entonces ella ha de manifestar también la distancia, el extrañamiento y la "síncopa" que sufren los hablantes transterrados. El idioma de Dobry procede como experto equilibrista para evitar el voseo y asumir sin estridencias el tú de España.[11] En su habla se entremezclan vocablos de la infancia rosarina ("alfajor", "despelote"), huellas del ídish familiar y expresiones arcaizantes provistas por la tradición poética. Estos factores confluyen en la búsqueda de "una gramática de flejes calcinados, / un léxico que admita alguna gema" (Dobry, 2005: 65). Tal concepción de la escritura como un trabajo de orfebrería, que supone tallar y pulir contantemente las frases, puede resultar opuesta a la sensación de espontaneidad y percepción sin mediaciones que transmiten los poemas de Zemborain, fechados al calor de los sucesos y las emociones extremas.[12] La irrupción de la lengua inglesa no parece provocar aquí un efecto de distanciamiento al modo brechtiano (*Verfremdungseffekt*), sino que se perfila más bien como índice del descalabro, igual que la repetición incontrolable del primer poema. Se trata de poner en evidencia que ningún idioma basta para expresar el impacto de la violencia sobre ese "alto amor inmanejable" (Zemborain, 2006: 35) que sacude a una madre y a un padre cuando temen por la vida de su hijo.

---

11 El propio autor se refirió a la tensión entre las inflexiones peninsulares e hispanoamericanas de la lengua poética en su ensayo "Dicción en la poesía argentina", incluido en *Orfeo en el kiosco de diarios. Ensayos sobre poesía* (2007).

12 Se trata de dos efectos antagónicos que genera la lectura contrastada de estos textos. Ahora bien, cabe aclarar que la mencionada sensación de espontaneidad e inmediatez que transmiten los poemas de Zemborain no deja de ser un artificio deliberadamente buscado, como lo prueba el hecho de la autora publicó *Rasgado* cuatro años después de la fecha atribuida al último poema del libro.

En el complejo entramado de emociones, cuerpos y trayectos espaciales que presentan los libros examinados, tienen centralidad los vínculos que se establecen entre el hijo y su padre o madre. Hemos advertido que la paternidad es un factor de arraigo que opera como unificador entre generaciones en *El lago de los botes*, en tanto que *Rasgado* nos enfrenta con una maternidad puesta en jaque –como la ciudad– y llevada al paroxismo.

Para volver a la reflexión inicial de este artículo, podemos concluir que estos dos textos –surgidos en las antípodas del sentimiento y del mapa del hemisferio norte– ofrecen, cada uno a su modo, *tres posibles anclajes* que asume la poesía argentina contemporánea escrita en las aguas abiertas de la extraterritorialidad: primero, la pertenencia a *un habla común* –asociada a la infancia, lo íntimo y el extrañamiento– que posee rasgos inconfundibles y que Chejfec identifica como "la música de las anomalías" (2017: 139); segundo, *una atmósfera cultural* compartida en los primeros años de vida del/la poeta que, a partir de entonces, embebe las percepciones de los vínculos familiares, sociales y espaciales en cualquier otro rincón del mundo; y tercero, *la persistente refiguración del territorio* por parte de un sujeto que nunca termina de irse, de instalarse lejos ni de regresar del todo a su lugar de origen.

Referencias bibliográficas

Ahmed, Sara, 2015, *La política cultural de las emociones,* México, Programa Universitario de Estudios de Género de la UNAM.

Battilana, Carlos, 2006, "Dos tiempos, dos lugares", *La Nación*, 22/10/06. URL: https://www.lanacion.com.ar/cultura/dos-tiempos-dos-lugares-nid851212/

Butler, Judith, 2006, *Vida precaria. El poder del duelo y la violencia,* Buenos Aires, Paidós, 2006.

Caleta, Lucía, 2019, "*Matrix Lux* de Lila Zemborain", *Revista Otra Parte*, 8/08/19. URL: https://www.revistaotraparte.com/literatura-argentina/matrix-lux/

Carrera, Arturo, 2019, "Prólogo", Lila Zemborain, *Matrix Lux. Poesía reunida 1989-2019,* Buenos Aires, Bajo la luna, 7-11.

Catelli, Nora, 2020, "La forma esquiva. Sobre *El lago de los botes*, de Edgardo Dobry", *Desplazamientos necesarios; lecturas de literatura argentina,* Prólogo de Beatriz Sarlo, Edición de Martín Prieto, Paraná, EDUNER, 2020, 281-291.

Chejfec, Sergio, 2017, "La música de las anomalías", *El visitante,* Buenos Aires, Editorial Excursiones, 127-140.

Collot, Michel, 2015, "En busca de una geografía literaria de los textos", Mariano García, María José Punte y María Lucía Puppo (eds.), *Espacios, imágenes y vectores. Desafíos actuales de las literaturas comparadas,* Buenos Aires, Miño y Dávila, 59-75.

Delgado, Sergio, 2007, "El poema y la ciudad. Paisaje urbano e hiperurbano en tres poetas rosarinos (Dobry, García Helder y Prieto)", *Cahiers de LI.RI.CO* 3, URL: http://journals.openedition.org/lirico/788

___ "La ocasión del poema" Conversación con Edgardo Dobry. *Cahiers de LI.RI.CO* 7 (2012), URL: http://journals.openedition.org/lirico/709

Dobry, Edgardo, 2005, *El lago de los botes,* Barcelona, Lumen.

___ 2007, "Dicción en la poesía argentina", *Orfeo en el kiosco de diarios. Ensayos sobre poesía,* Buenos Aires, Adriana Hidalgo. Disponible en *Rialta Magazine,* junio 2020, URL: https://rialta.org/diccion-en-la-poesia-argentina/

Dundon, Alice y Hemer, Susan R., 2016, "Ethnographic intersections: Emotions, senses and spaces", Susan R. Hemer y Alice Dundon (eds.), *Emotions, Senses, Spaces: Ethnographic Engagements and Intersections,* South Australia: The University of Adelaide Press, 1-15.

Fleig, Anne, 2019, "Writing Affect", Jan Slaby y Christian von Schebe (eds.), *Affective Societies. Key Concepts.* Routledge Studies in Affective Societies, Londres y Nueva York, Routledge, 178-186.

Heaney, Seamus, 1996, "La sensación de pertenencia a un lugar", *De la emoción a las palabras,* Barcelona, Anagrama, 115-140.

Jullien, François, 2018, *Vivir existiendo. Una nueva ética,* Buenos Aires, El cuenco de plata.

Kamenszain, Tamara, 2012, *La novela de la poesía. Poesía reunida,* Buenos Aires, Lumen.

Kozer, José, 2005, Información de contratapa. Edgardo Dobry, *El lago de los botes,* Barcelona, Lumen.

Litvan, Valentina, 2007, "La argentinidad en Edgardo Dobry: fatalidad y máscara", *Cahiers de LI.RI.CO* 3. URL: http://journals.openedition.org/lirico/789

Méndez, Mariela, 2015, "Memoria, espacio y lenguaje en *Rasgado* de Lila Zemborain", Alicia Salomone (ed.), *Memoria e imaginación poética en el Cono Sur,* Buenos Aires, Corregidor, 163-176.

Nussbaum, Martha C., 2008, *Paisajes del pensamiento. La inteligencia de las emociones,* Barcelona, Paidós.

Puppo, María Lucía, 2013, *Entre el vértigo y la ruina. Poesía contemporánea y experiencia urbana,* Buenos Aires, Biblos.

___ 2009, "Eros urbano: lectura de tres poemarios recientes de Diana Bellessi, Tamara Kamenszain y Lila Zemborain", Mariana Genoud de Fourcade y Gladys Granata de Egües (eds.), *Unidad y multiplicidad. Tramas del Hispanismo actual. Volumen III,* Mendoza: Asociación Argentina de Hispanistas - Universidad Nacional de Cuyo, 219-224.

Priamo, Luis, 2017, "Con menos agua que barro: trilogía del Maldonado", *Temas de la Academia. Dimensión estética de lo emocional hoy,* Buenos Aires, Academia Nacional de Bellas Artes, 91-96.

Quevedo Rojas, Aleyda, 2019, "Como flores de aire evaporado. Una entrevista con Edgardo Dobry", *Vallejo & Co.,* 12/10/19. URL: http://www.vallejoandcompany.com/como-flores-de-aire-evaporado-una-entrevista-con-edgardo-dobry-parte-i/

Richardson, Michael, 2016, *Gestures of Testimony: Torture, Trauma and Affect in Literature,* Nueva York y Londres, Bloomsbury.

Samoilovich, Daniel, 2004, "Rodeando el lago de los botes", *Vox Virtual* 17. URL: http://www.proyectolux.com.ar/virtual_17.htm#samoilovich

Sontag, Susan, 1984, *Contra la interpretación y otros ensayos,* Barcelona, Seix Barral.

Tuan, Yi-Fu, 2007, *Topofilia,* Santa Cruz de Tenerife, Melusina.

Urry, John, 2007, "The Place of Emotions within Place", Joyce Davidson, Liz Bondi y Mick Smith (eds.), *Emotional Geographies,* Londres y Nueva York, Ashgate, 77-83.

Villoro, Juan, 2019, *El vértigo horizontal. Una ciudad llamada México,* Barcelona, Anagrama.

Westphal, Bertrand, 2007, *La Géocritique. Réel, fiction, espace,* París, Minuit.

Zemborain, Lila, 2006, *Rasgado,* Buenos Aires, Tsé-tsé.

Zink, Veronika, 2019, "Affective Communities", Jan Slaby y Christian von Schebe (eds.), *Affective Societies. Key Concepts,* Routledge Studies in Affective Societies, Londres y Nueva York, Routledge, 289-299.

Las emociones como un nuevo territorio poético para el lector niño: lenguaje científico y objetos cotidianos en dos poemarios de Juan Lima

Marina di Marco

Universidad Católica Argentina
CONICET

En la relación entre emociones, sensaciones corporales y cognición, se torna fundamental la cuestión del contacto con el objeto: según Sara Ahmed, "los objetos se leen a menudo como la causa de las emociones durante el proceso mismo de adopción de una orientación hacia ellos" (2015: 27). Del objeto nace la emoción, y por ello su identificación con la sensación es inmediata. En este sentido, el poema constituirá en muchas oportunidades el resultado de ese contacto: se trata de la presentificación de la emoción y la sensación suscitadas por el objeto. En sus poemarios para niños, el argentino Juan Lima combina lo icónico y lo verbal, para mostrarnos de manera simultánea tanto las emociones como el objeto que las ha suscitado.

En efecto, Cecilia Bajour ubica a Lima entre los poetas que integran una nueva "poesía que no tiene una visión infantilizada de sus destinatarios", lo cual "se manifiesta particularmente en un tratamiento original y audaz de la palabra y de su relación con el sonido y el espacio, [...] una poesía que evita el tratamiento edulcorado del lenguaje y de los temas, escapa a lo bienpensante [...] y no cae en los lugares comunes efectistas tanto en lo sonoro como en el plano de los significados" (Bajour en Barbosa Canijo, 2015: 214). Nacido en El Perdido, en la provincia de Buenos Aires, en 1944, Juan Lima puede definirse como un artista integral: poeta, ilustrador, fotógrafo y diseñador gráfico, reconoce con sus propias palabras tener "intereses difuminados que se focalizan en la poesía para chicos (y no tanto) y en la gráfica, [...] destilando una poética personal en modo libro, libro-objeto, poesía visual, diseño" (Lima en Micheletto 2017, párr. 4).

Sus poemarios *Botánica poética* (2016) y *Astronomía poética* (2018), publicados por Calibroscopio –y el primero de los cuales fue distinguido con el Segundo Premio Nacional de Poesía 2016 por la Secretaría de Cultura de la Nación Argentina, y con el nombramiento entre los Destacados ALIJA 2016 como Mejor Libro de Poesía y el Gran Premio ALIJA 2016–, dan cuenta de esta forma de hacer poesía "para chicos (y no tanto)". En el presente trabajo nos proponemos ubicar estos poemarios en el marco de una comprensión integral y contemporánea de la poesía infantil, que nos permita acceder, desde la emoción, a ese espacio fronterizo al que el poeta invita al lector niño: la frontera entre el territorio de lo subjetivo y el de lo objetivo, entre el territorio de lo científico y el de lo poético.

1. La materialidad del libro-álbum como origen de la emoción

La primera cuestión a tener en cuenta en nuestro encuentro con *Botánica poética* y *Astronomía poética* remite a su materialidad en tanto objetos. Es preciso hacer notar que Juan Lima ha organizado ambos libros con una concepción totalizadora, según su poética y su desempeño artístico: él ha estado a cargo no solo del texto y de las ilustraciones, sino también del diseño. En relación con esta cuestión constitutiva de los poemarios, Cecilia Bajour los considera "especialmente rico[s] para pensar en cómo el cuerpo del lector es interpelado al dirigir sus sentidos a este encuentro multifocal entre lenguajes" (2018: 31), y se refiere a *Botánica poética* como una suerte de folioscopio, al cual "se podría entrar [...], en un primer asomo, haciendo pasar levemente el dedo pulgar por el corte de cada hoja como si se diera comienzo a una función de cine vegetal" (Bajour, 2018: 31).

Gracias a ello, Lima elabora sus poemarios con un proceso que podríamos considerar afín al del libro-álbum –Carola Vesely (2020) lo ha catalogado con la denominación de "álbum lírico"–, a pesar de que esto no se evidencia desde la disposición espacial, que parecería más propia del libro ilustrado. El libro-álbum constituye un género posibilitado a partir de la década de 1950 por las tecnologías de la impresión por medio de las cuales texto escrito e imagen podían convivir (Silva-Díaz, 2006: 33). Con una importante expansión en los años 80, ha llegado a ocupar un lugar de privilegio en el canon de la literatura infantil contemporánea. En él, las imágenes, a diferencia de lo que ocurre con las ilustraciones tradicionales, pasan a construir significado en un nivel de interdependencia total respecto de la palabra, al punto de que "uno [el texto] no se puede entender sin las otras [las palabras]" (Silva-Díaz, 2006: 32). Lejos de repetir lo enunciado por el texto, las imágenes lo complementan, lo contradicen o incluso, para un lector atento, pueden sugerir nuevas interpretaciones. Ello pone en juego la relación espacial y visual entre lo verbal-escrito y lo icónico, elevando también el diseño a un factor de producción de significado.

Aquí, a la habitual tensión existente en la literatura infantil entre el "*prodesse*" y el "*delectare*" (Alvarado y Masset, 1989: 54) se suma la tensión entre la palabra y la imagen. Con maestría artística, las mejores obras del género saben resolver esta tensión a través de la construcción de un lector ideal activo –pero niño–, que recoge y reconstruye la multiplicidad de sentidos que genera la yuxtaposición entre los dos lenguajes. Al respecto, Perry Nodelman señala que, a diferencia de las palabras, las imágenes solo pueden implicar actitudes, pero, dada la semejanza con los objetos representados, nunca afirmarlas (Nodelman, 1988: 229). Esta idea puede ser retomada desde una concepción que expresa Martine Joly (1999: 95): "ni verdadera ni falsa [...], una imagen no es ni una proposición ni una declaración. Esta falta de capacidad asertiva se percibe como polisémica...". Esta riqueza semántica da pie en el libro-álbum a la configuración de nuevos paradigmas de lectura, sobre los cuales Cecilia Bajour afirma: "estamos [...] ante textos que por medio del contrapunto de miradas, saberes y voces postulan un lector con un alto protagonismo en la construcción de la intriga, que se le revela de forma privilegiada" (Bajour, 2010: 111).

En efecto, en *Botánica poética* y *Astronomía poética*, el lenguaje icónico excede al verbal, abriendo el texto, a los ojos del niño, a una polisemia aún mayor. El cruce entre los géneros que allí se tocan, poesía y libro-álbum, manifiesta, en general, algunos puntos de contacto preexistentes entre ellos: el ritmo de lectura –que interactúa con la visión tradicional del ritmo en la poesía–, la configuración de un mundo de sentido que se refleja en isotopías propias, la libertad para trasponer los límites de la linealidad tradicional del discurso literario, la importancia del uso del espacio, y la problematización gnoseológica y –en el caso de la poesía– enunciativa en torno a la relación entre el sujeto y el objeto (Di Marco, 2017). Al respecto, no deja de resultar elocuente que estos elementos comunes entre los dos géneros se vean posibilitados por la vehiculización de la palabra a través de la escritura –y, más aún, del soporte libro–.

De este modo, se emparentan dos géneros de orígenes muy diversos: la poesía se aleja cada vez más de su raíz oral, para anclarse en su conjunción con un género cuya especificidad está atada al quehacer editorial, y a un quehacer editorial pensado para niños.[1] El sonido se vuelve más perceptible que nunca, al introducirse en un medio architextual en el cual cada elemento visual, cada espacio lleno y cada espacio vacío repercuten en el plano del significado, construyendo un sujeto niño con una capacidad perceptiva nueva. Tal sujeto se mostraría afín al teorizado por Julio Ramos, quien señala: "cuando se juntan [la mirada y la escucha...], la agudeza nueva del ojo con la precisión del oído, se socava el control del poder sobre las visiones, sobre la imaginación misma; se fractura el horizonte de la verosimilitud audiovisual y se borronea la división del trabajo que separa y estratifica los órganos sensoriales" (2010: 50). En particular, en el libro-álbum de poesía, esta "fractura [d]el sujeto" (Ramos, 2010: 51) busca introducir a los niños en un universo en el que la dimensión sonora de la palabra y su repercusión en el cuerpo del lector jueguen de la mano con la dimensión visual brindada por la imagen y el diseño. En ese mundo nuevo, entonces, el ingreso a la significación se presenta como posterior al disfrute de la explosión sensorial brindada por la materialidad del poemario-objeto.

2. Entre la palabra, creadora de intimidad, y la imagen, creadora de mundos

En el caso de los poemarios de Juan Lima, Cecilia Bajour señala que la utilización de fotografías como lenguaje de la ilustración, en principio, tensiona la cuestión mimética: si bien su grado de iconicidad sería, en teoría, muy alto –remitámonos, sin ir más lejos, a la falta de capacidad asertiva de la imagen, mencionada por Martine Joly (1999: 95)–, en *Botánica poética* las imágenes confieren entidad a "creaciones vegetales hasta el momento inexistentes" (Bajour, 2018: 32). Esto resuena respecto de las expectativas de lectura a las que, poniendo en juego toda una genealogía del conocimiento, nos condiciona la palabra "botánica" del título: Marianela Trovato subraya que, en sus fotografías, "un clásico libro de botánica pondría en evidencia una intención referencial", mientras que "*Botánica poética* no pretende reflejar la realidad y cerrar los sentidos a una verdad preconcebida desde la racionalidad científica" (2016, 232).

---

1 Es preciso hacer notar que tal intersemiosis ya ha sido desarrollada por la poesía visual; sin embargo, la consideración de la mirada de infancia y el hecho de que el texto llega a través de la voz del mediador mayor que lee –pues, previamente a la alfabetización, los niños muchas veces acceden al libro-álbum de poesía primeramente por lo visual– hace que este encuentro de lenguajes cobre una nueva dimensión.

Se trata, al decir de Carola Vesely, de "posar la mirada en estos objetos que nos rodean pero que no vemos, reivindicar la naturaleza visual de lo poético y la naturaleza poética de lo cotidiano" (2020: 59). De este modo, las esculturas vegetales, que podemos asumir como efímeras, se vuelven perennes en su captación fotográfica, y su armado o ensamblaje previo nos pone frente a otra instancia de creación: se proponen, hasta por su disposición en la página, como un espejo o una metáfora del quehacer poético. Mientras que, por un lado, Lima exhibe sus creaciones vegetales, por el otro, las "hace florecer en el poema".

En verdad, la aparición de esa novedad que conllevaría seguir la máxima huidobriana refleja la naturaleza lingüística –con su sencillez, y también con su complejidad– que subyace a todo artificio poético. Ciertamente, con su mixtura de lenguajes, Lima nos permite adentrarnos en la factura del poemario, atendiendo no solo al sentido como globalidad, sino, ante todo, a la materialidad de cada elemento. Así como el yo lírico combina desde lo verbal frases hechas –"(no sé si me explico)"–, metáforas coloquiales –"irse para el lado de los tomates"–, recursos fónico-espaciales propios del caligrama, y alusiones bíblicas –"por mis / frutos me / reconocerán"–, las fotografías invitan al lector a un juego de reconocimiento de las partes. Podremos ir discerniendo cómo está conformada cada escultura vegetal a partir de un todo que se nos presenta como dado; mientras tanto, en las páginas de guarda –casi como en un libro del estilo "busca y encuentra"–, hallamos "estos elementos no [...] intervenidos, sino en su estado *puro*" (Vesely, 2020: 67). La invitación al juego está explícita en el primer poema:

> Esta almendra es cálida como una casa
> (huele a mazapán y a turrón)
> y es mucho más suave de lo que parece
> es mucho más dura
> (no sé si me explico)
> si uno va de visita
> puede quedarse a jugar
> entre sus cáscaras secas
>
> es un pequeño refugio
> donde la magia actúa
> solo día por medio
> y las semillas
> crecen en cámara lenta
> como si no existiera
> el apuro

hay casas que se siembran
y hay casas que se cosechan

(el poeta nos abre la puerta
imaginaria)
(Lima, 2015: 4)

Observamos que el yo lírico adopta un tono íntimo, a través de un léxico simple –que incluye verbos habituales y, fuera de su contexto, poco significativos, como "ser", "existir" o "haber"–, del uso de parentéticas y paralelismos sintácticos –que recrean la naturaleza potencialmente paradójica de la semilla que describe, en la contraposición de adjetivos: "es mucho más suave" y "es mucho más dura"–, y de una métrica que anuncia, en el primer y en el tercer verso, dos premisas fundamentales, expresadas en vistosos dodecasílabos, para luego desmigajarse en versos más breves, que alcanzan incluso las cuatro o cinco sílabas. Con este tono, y partiendo del pronombre "esta", gracias al cual se enfatiza la cercanía del yo lírico con el objeto a describir, se guía al lector niño hacia la coda. Esta –compuesta de dos versos, y entre paréntesis y en negrita en el original– ofrece un formato que encontraremos en cada uno de los poemas del libro y brinda, sin abandonar el tono íntimo, un distanciamiento: el yo lírico adopta en ellas la actitud metaliteraria de un comentador, que Juan Lima suele plasmar a través del paréntesis (Vesely, 2020: 65), y logra acompañar al lector en su mirada respecto del poeta. Así, "el poeta", como figura, también se transforma en este punto en un objeto a analizar, que se expone ante la mirada común del yo y del lector. Según Carola Vesely, en este poema, "el hablante da vida a un universo ideal en que la infancia cohabita con el juego, la magia, los afectos y la imaginación, subvirtiendo de este modo el orden de lo real para abrir infinitas puertas hacia la construcción de otros mundos posibles" (2020: 62).

De modo semejante, en *Astronomía poética* Juan Lima nos introduce en un universo en el cual un uso alusivo, metafórico, de las texturas visuales sirve de fondo para objetos celestes cuya yuxtaposición y tridimensionalidad habilitan la pregunta acerca de su proveniencia. La concepción icónica de este poemario manifiesta un imaginario subyacente del coleccionismo y este aspecto encuentra, según Cecilia Bajour, ecos en muchas producciones de la poesía infantil contemporánea:

> La búsqueda de una aproximación a la mirada infantil con su manera de posarse en los objetos y relacionarse con ellos está presente en mucha de la poesía que se destina a los niños. El despojamiento de la utilidad cotidiana de los objetos, su posibilidad

de reubicarlos ya sea en su integralidad o en sus retazos en un nuevo orden, el del juego, son las actitudes que según Benjamin emparentan la mirada infantil con la del coleccionista. [...] El asomo a ese pequeño mundo [que relaciona, según Benjamin, productos residuales] parece estar presente en el tratamiento de una zona de la poesía infantil que busca mirar los objetos a la espera de la reinvención de la manera de nombrarlos. (Bajour, 2019: 63)

En *Astronomía poética*, esta estética *vintage* del coleccionismo aprovecha, en efecto, todo tipo de productos residuales –combinando, por ejemplo, juguetes en desuso con texturas de papel absorbente– y logra erigirse como un puente entre la subjetividad del yo lírico, la del lector niño, en quien despierta curiosidad, y la de un lector adulto, que puede identificar estos objetos y relacionarlos con su pasado personal. Juan Lima abrevia con ello la asimetría adulto-niño, considerada –en muchas ocasiones, adecuadamente– constitutiva de la literatura infantil, pues, según Sandra Carli, "en la relación de representación, los representados están ausentes del sitio en que la representación tiene lugar, [por lo cual] el representante [adulto] siempre transforma la realidad del representado [niño]", de modo tal que "la representación de niño remite a una relación asimétrica [y] el representante adulto se ubica en una posición no simétrica, no horizontal, de no paridad, respecto del niño" (2006: 83-84). Graciela Montes desarrolla una propuesta semejante, partiendo de un análisis de la figura del ogro: "Lo que hace que la infancia sea la infancia, lo que la define, es la disparidad, el escalón, la bajada. Adulto-niño, grande-chico, maestro-alumno, el que sabe y el que no sabe, el que puede y el que no puede. Lo desparejo. Una relación marcada irremediablemente por la hegemonía" (2001: 34).

Por el contrario, Lima acorta las distancias, planteando un espacio lúdico en el que se pone en entredicho, o entre paréntesis, el juego de poderes. El primer poema de *Astronomía poética* constituye un excelente ejemplo de esta subjetividad lúdica:

Dibujo
en el cuaderno
una nave con forma de flecha
apuntando al cielo
enciendo los motores
remonta vuelo
parece un pájaro
oriento la antena
y mando señales bip bip

le saco una pluma
y escribo este
poema.
(Lima, 2018: 5)

La reflexión metapoética acerca de la creación se hace aquí explícita desde la alusión a la materialidad de la escritura. En principio, el hablante lírico refiere uno de los quehaceres del artista, introduciendo el soporte: "Dibujo / en este cuaderno". Ambos versos, al igual que la mayoría de los términos –en particular, nominales– que componen el léxico del poema, presentan elementos conocidos, e incluso habituales o cotidianos, para el habla infantil. Este yo se manifiesta como tácito a través de la mayoría de los versos, lo cual construye una figura del sujeto en la cual el único dato acerca de sí reside en su predominio absoluto como agente creador del poema. De este modo, Lima nos ofrece como primera clave de acceso a su poemario esta unión de lenguajes, gracias a la cual "dibujo" y "escribo" se identifican como parte del proceso poético.

El objeto decisivo, en este sentido, es justamente el referente del poema: ese dibujo de "una nave con forma de flecha" con el cual el yo se permite jugar –y que podría diferir, por lo que se nos dice, de la fotografía que Lima utiliza en esta página–. Siempre abordada desde las acciones transversales del hablante lírico –es decir, amoldándose permanentemente a su subjetividad–, la nave "remonta vuelo", al tiempo que el poema crece en vuelo metafórico: la nave se vuelve maleable, pues "parece un pájaro", en principio, por su capacidad de volar, y luego, porque descubrimos también que tiene plumas. La falta de puntuación y la construcción sintáctica[2] contribuyen a diluir el límite entre el hablante lírico y la nave respecto de lo auditivo: en el verso "y mando señales bip bip" se nos permite escuchar las señales, gracias a la onomatopeya, cuya convención activa la identificación entre mirada y escucha a la que aludía Julio Ramos, y que, en el contexto –ya sonoro– de la lengua poética, se presenta como un exceso que, a modo de intervalo, "pone en riesgo la

2 Estos dos elementos, poco habituales en la imagen tradicional de la poesía para niños, se mantienen a lo largo de ambos poemarios. En este sentido, la obra de Juan Lima responde a la caracterización que hace Enrique Foffani del lenguaje poético al referirse a las innovaciones propias de este discurso que introdujo Rubén Darío: "Es evidente que se trata del momento de máxima poeticidad cuando, paradójicamente, la lengua poética comienza a percibirse como una rara resonancia [...]: lo que hay es un recurso sintáctico que desborda el verso, un procedimiento que compromete el orden del pensamiento con el orden sintagmático" (2004: 28).

integridad psicosensorial del sujeto, su principio de realidad" (Ramos, 2010: 49). Se nos propone escuchar ese "bip bip"; pero, si la voz del poema es "voz imaginada" (Masiello, 2013: 13), ¿qué voz debemos imaginar que emite ese sonido en particular? ¿Se trata de la voz humana del yo lírico, o de señales sonoras no lingüísticas emitidas por la nave? Ello no queda claro, y este destello de "sobresalto acústico" que constituye la onomatopeya continúa dislocando al sujeto y a su objeto en un "tiempo múltiple y divergente" (Ramos, 2010: 61).

Finalmente, en una última transformación del objeto, paralela a la indeterminación del sujeto, esa misma pluma –ya con reminiscencias del léxico infantil propiamente escolar– adopta otro significado: ahora se puede escribir con ella "este poema". La aparición del pronombre "este", una vez más, revela la cercanía del poema con el poeta, y por tanto, la inmediatez del acto creador: maleable e imprecisa, permeable tanto al dibujo como a la escritura, e identificada con el modo de ser del sujeto, la "nave con forma de flecha" *es* el poema, que, sin constituir estrictamente un caligrama, llega a tener cierta reminiscencia con esta figura, al iniciar y terminar con los dos únicos versos de tres sílabas –"Dibujo" y "poema"– y tener un solo verso más largo que los demás, de diez sílabas –justamente el que enuncia con mayor claridad el objeto: "una nave con forma de flecha"–. Creación visual y creación verbal se hermanan en este punto, exponiéndose como un *continuum* en el que las únicas constantes son el desdibujado yo y la fotografía que acompaña el poema. Se trata de un juguete que evidencia marcas del uso y del paso del tiempo, y que apunta no solo hacia el "arriba" de su espacio autónomo, inmanente al mundo allí creado, sino también hacia la siguiente página: constituye, entonces, una invitación para que el lector avance hacia el próximo poema.

3. Espacio exterior y vida vegetal: subjetividades en un nuevo territorio poético infantil

Este juego que expone el artificio creador apela, desde la emoción y la memoria, a territorios comunes –la botánica, la astronomía...– para encauzar la lengua poética hacia un territorio antes desconocido, en el que el lector adulto y el lector niño se encuentren. Un territorio que podríamos describir, en principio, como intangible, y que, sin embargo, cobra una indudable presencia corpórea en el tratamiento que Juan Lima hace de la materialidad de sus libros-álbum de poesía, en tanto objetos, en la conjunción entre palabra e imagen. Este territorio podría identificarse con lo que Pozuelo Yvancos denomina "espacios de indeterminación enunciativa", realzando la importancia del lector niño, pues ese rasgo de la lírica "contribuye a crear un contexto enunciativo muy peculiar que requiere del lector una actitud especial de recepción, que no reclama tales contextos y acepta los vacíos situacionales no como una merma, sino como un esquema discursivo necesario para el tipo de recepción y para la consecución de los fines de tal discurso" (Pozuelo Yvancos, 1998: 55).

Un receptor de estas características se podría corresponder con la idea de Mario Montalbetti según la cual "al poema no le falta nada; y, en particular, no le falta interpretación para completarlo; porque no hay nada que completar. Y esa falta de nada es precisamente la relación que existe entre el poema y el mundo" (2018: 12). Desde este punto de vista, la actitud del receptor que, en palabras de Pozuelo Yvancos, "acepta los vacíos situacionales" le permite acceder al poema a través de su materialidad, de ese "lenguaje que vale la pena" para Montalbetti, y que emerge, junto con el "sentido del poema [...], más bien, como dirección", en el momento en que "el poema [...] borra a su autor" (Montalbetti, 2018: 13), tal como hemos visto que sucede, gracias al distanciamiento provocado por las codas de *Botánica poética*, y gracias al desdibujamiento del sujeto, en los dos poemarios de Juan Lima. Ello resultará vital ante la consideración de un receptor infantil, pues supone que el niño está habilitado a acceder al espacio propuesto por el poema –y, en este caso, por su manifestación conjunta con los aspectos icónicos del libro-álbum– desde el pleno disfrute de su configuración textual, independientemente de la búsqueda de un "más allá" de la significación o de las referencias biográficas en las cuales la crítica ha insistido largo tiempo, y en la cual muchas veces el ámbito escolar, atravesado por una concepción contenidista, continúa insistiendo.[3] Una representación de niño con estas características, como lector activo de poesía, pone de manifiesto la confianza en su capacidad de ingresar al juego que supone cada poema, pues, en consonancia con la propuesta de Montalbetti, "la poesía, cada poema, no es tanto un mensaje que hay que descifrar, como una regla que debe ser puesta en práctica" (Núñez Ramos, 1992: 92).

---

3 Al respecto, Pedro Cerrillo –quien comprendía bien cuán profundamente se enraizaba la poesía en la infancia, a través de canciones y juegos de transmisión oral–, refiriéndose a la importancia de la mediación, señalaba: "El lector no nace, se hace; pero el no lector también: nos hacemos lectores o no lectores con el paso del tiempo, a lo largo de un proceso formativo en el que interviene el desarrollo de la personalidad y en el que vivimos experiencias lectoras motivadoras y desmotivadoras, casi siempre en dos únicos contextos, el familiar y el escolar" (2009: 2).

Ahora bien, ante la consideración de este receptor niño y de la importancia de las emociones, cabe preguntarnos: ¿de qué modo se relacionan, en este nuevo territorio, espacio y subjetividad? Para dar respuesta a esta pregunta, corresponde profundizar en ciertos aspectos de una teoría de la lírica enfocada hacia la poesía para niños. Al describir los participantes de la enunciación poética, Pozuelo Yvancos hace hincapié en que el sujeto lírico no resultará identificable fuera del poema (1999: 186-189). A su vez, destaca que el "tú" puede tener un referente designado por el propio texto, o bien, puede ampliarse para abarcar al lector, e incluso al mismo sujeto. En esta pérdida de la identidad extradiscursiva, el poema gana universalidad, de la mano de la multiplicación de los contextos y de la universalización de la experiencia.

Pero este fenómeno, aclara Pozuelo Yvancos, no se limita a los deícticos personales, sino que se extiende al contexto espacial y al contexto temporal, generando lo que Oomen llama "espacio de percepción": "en poesía [...] se mencionan a menudo objetos y acontecimientos como si vinieran dados por un espacio de percepción y como si el destinatario formara parte de dicho espacio y estuviera, por tanto, familiarizado con él" (cit. en Pozuelo Yvancos, 1999: 189). En el procedimiento de configuración espacial que hemos advertido en los poemarios de Juan Lima, a través de la unión entre lo icónico y lo verbal, se constata este acercamiento entre sujeto, objeto y lector, de modo tal que lo que se refleja en esta familiaridad son los imaginarios subyacentes a cada libro, que se proponen como un ámbito común. En efecto, Puppo ha puntualizado que, al "pensar la relación entre *el espacio del poema* (el espacio referencial o ficcional donde se sitúa el hablante lírico) y *el poema como espacio* (en tanto dispositivo icónico, superficie sonora y universo semiótico)", el vínculo que une a ambos se define como el territorio del imaginario, entendido este como "el dinamismo o la energía que integra en una danza única todos los elementos del poema", desde sus aspectos formales y semánticos hasta los ideológicos y cosmovisionales (2013: 64).

En el campo de la poesía infantil, ello puede conducirnos a pensar en la imagen de mundo que se ofrece al niño a través de la semántica del poema, en la que confluyen el espacio y las emociones. En ningún momento podemos desdeñar la presencia enunciativa del destinatario niño y, por ende, la relación que esta particular perspectiva –mediada a través de la voz del autor adulto y de su visión de la infancia– establece entre el sujeto y el objeto. Por ello, la representación de niño –sea como la caracterizada por Sandra Carli y Graciela Montes, o más cercana a la propuesta poética de Juan Lima– repercutirá como un factor estructurante del poema: hacia ella se orientarán los aspectos semánticos, y desde ella surgirán las implicancias pragmáticas, siempre en el tono de una apelación equilibrada con lo estético, puesto que, al decir de Maite Alvarado y Elena Masset, la literatura infantil se ubica "en la intersección de un mensaje estético, literario, y un mensaje que hemos llamado apelativo, en contradicción con el primero" (1989: 54). Esto nos lleva a hacer hincapié en la importancia de una reflexión acerca de la representación de infancia que subyace en cada poema. Con respecto a ello, Cecilia Bajour afirma:

> Así como en la narrativa destinada a niños reflexionar sobre la voz y la mirada casi siempre implica un posicionamiento sobre las diversas representaciones de infancia y de literatura que se supone presentes en los relatos, en la visión crítica de la poesía [...] a las múltiples invenciones del "yo" se agrega un elemento específico que no se encuentra en la poesía para adultos [...], que tiene que ver con la mirada de infancia. (Bajour, 2019: 56-57)

La voz que se sitúa en esta particular mirada –identificándose con el niño, o bien, teniéndolo en cuenta como receptor lírico o como lector ideal– establece una relación especial con ese espacio de percepción que se genera en el poema como una imagen de mundo. En este vínculo se comprueba que "la poesía rompe la polaridad sujeto-objeto", pues "el Yo que enuncia el poema se define por su distancia o cercanía con respecto a los objetos o hechos que nombra, y esto permite devolverle al sujeto poético su rol de «enunciador de la realidad» sin caer en el biografismo ingenuo" (Puppo, 2013: 25). La mirada del niño en la configuración de la voz poética cobra tal importancia que, según Bajour, "el choque entre las imágenes disímiles o cercanas, las inversiones lógicas o la desautomatización de frases hechas son algunos de los atajos para llegar al camino metafórico", pues "los niños suelen asociar con total desparpajo elementos insospechados y así activan usinas de metáforas y animaciones de lo inanimado" (2019: 64).

La estética de pastiche y de yuxtaposición que Juan Lima pone en juego tanto en lo icónico como en lo verbal recupera esta mirada desautomatizante, que crece hasta envolver al lector, como se puede constatar en este poema de *Botánica poética*:

> Más blancos que la espuma
> amontonados como nieve
> se dan un baño de rocío
> y a las seis de la mañana
> (hora local)
> florecen los jazmines

eterno
es
su
perfume

(el poeta
interrumpe el poema
y riega)
(Lima, 2015: 24).

Acompañado por una fotografía de los jazmines cuyo detalle visual los vuelve casi palpables y aromáticos –a pesar de presentarse como una imagen extrañada del conjunto floral, en la cual una sola flor se ve completa, mientras que las otras aparecen metonómicamente fragmentadas por el encuadre–, este poema hace estallar, a la vez, los sentidos del lector y las referencias temporales. En ellas se cimentaría un espacio preconcebido, que ahora ha quedado obsoleto: mientras que el presente de la primera estrofa tiñe de cercanía el distanciamiento que podría generar la frase hecha "(hora local)" –al punto de que el lector no duda de que debe situarse en ese horario–, la coda nos pone en contacto pleno con el tiempo de enunciación poética. Por su parte, la estrofa central se encarga de explicar el porqué de esta unificación absoluta de temporalidades: el secreto reside en la eternidad del perfume de los jazmines, que va se va derramando sobre la página verso a verso.

Al ofrecernos tanto los poemas como las representaciones fotográficas de los objetos que suscitaron las emociones subyacentes a ellos, Lima realza ese mundo de los afectos, que termina también por invadir al lector. Resuenan aquí las palabras de Mabel Moraña, quien sostiene: "el afecto no es [...] solamente un aspecto del mundo, es el mundo todo, entendido éste como universo de potencialidad afectiva" (2012: 321). La configuración del espacio se hace posible desde esta unión totalizante entre objetos y emociones, todo ello tamizado por la mirada del niño, y en un movimiento doble: por un lado, por medio del lenguaje científico; por otro, recurriendo a una visión descentralizadora del mundo natural.

Respecto de lo primero, Juan Lima atribuye a la poesía la prerrogativa de desterritorializarse en el lenguaje científico, de modo que este no solo queda a la par del lenguaje cotidiano, y pleno de posibilidades estéticas, sino que también se evidencia como un territorio común a la poesía, aun si inscribimos a Lima en una genealogía poética, como se evidencia en sus alusiones a la Luna como tema recurrente en la tradición literaria, en *Astronomía poética*. De hecho, no resulta azarosa su elección de estos versos de Nicanor Parra para la contratapa del libro: "Te regalo la luna / seriamente –no creas que me estoy burlando de ti: / te la regalo con todo cariño", idea que resuena en el poema que dedica a la Luna (Lima, 2018: 21). En él, primero se proponen numerosas aseveraciones acerca del satélite de la tierra, en las que se intercalan reflexiones científicas más o menos precisas –"las fases de la Luna ayudan a la agricultura"; "remolinos de Luna producen las mareas"– con apreciaciones del hablante –"la Luna es más imprevisible que la astronomía / su misterio está más allá de cualquier opinión"– y metáforas e imágenes de pretendida veracidad –"La Luna es un satélite tatuado por meteoros"; "de día carga energía de noche da brillo a la Tierra"–. Luego de todas estas afirmaciones, y recién en el verso final, se llega efectivamente al territorio explícito de la emoción, cuando el poeta lanza una pregunta para concluir abriendo nuevos horizontes de reflexión: "¿qué sería del amor sin la luna?".

De este modo, en la articulación con la cita de Nicanor Parra, *Astronomía poética* presenta poemas que podrían inscribirse en lo que Barthes llamaría "texto de placer", aquel que, "ligado a una práctica *confortable* de la lectura", no rompe con la cultura, sino que coloca al lector en el marco de una tradición. Pero el mismo poemario propone también otro tipo de poemas, que, alejándose de la tradición de la poesía infantil y de todo convencionalismo, "hace[n] vacilar los fundamentos históricos, culturales, psicológicos del lector, la congruencia de sus gustos, de sus valores y de sus recuerdos, pone[n] en crisis su relación con el lenguaje"; es decir, poemas que podrían comprenderse como "textos de goce" (Barthes, 1993: 25). Y logra este procedimiento, principalmente, a través del extrañamiento que generan el uso del lenguaje científico y la aparición de caracteres no lingüísticos: "Cuando / son las siete / de la tarde / en Calamuchita / serían más o menos / las 00000082,509 / en Plutón" (Lima, 2018: 13).

En segundo lugar, y en consonancia con el punto anterior, en su manejo del espacio y la emoción, los poemarios para niños de Juan Lima recurren a una inspiración en la naturaleza que poco tiene que ver, por ejemplo, con el paisaje idílico del género bucólico o con la utilización tipificada del bosque como cronotopo en los cuentos tradicionales infantiles, ambos de corte antropocéntrico. En efecto, cabe destacar hasta qué punto la propuesta de *Botánica poética* desnaturaliza matrices culturales: desde las consideraciones recientes de la *Plant Theory*, podemos observar que el poemario se enfoca en la vida vegetal, en una relación simbiótica y descontracturada con la subjetividad del hablante. Tal perspectiva se ve muy bien ejemplificada por el siguiente poema, del cual reproducimos aquí un fragmento:

Un árbol ancho y antiguo
con cara de bueno
está parado
a mitad del poema

¿a ustedes les parece
que un árbol frutal
puede mudarse
al interior de un libro
de poesía?

el poeta pregunta:
¿qué onda, don Olivo?

dice el árbol:
he venido de incógnito
¿cómo me reconociste?

el poeta contesta:
por esas aceitunas que tiene
entre las ramas
(Lima, 2015: 8)

La fotografía que acompaña este poema muestra una ramita de olivo posicionada para asemejarse a un árbol y con tres aceitunas dispuestas de modo tal que parecieran estar unidas a la rama; sin embargo, si nos detenemos a observar en detalle, en verdad no lo están. Nuevamente, se nos pone frente a la labor creadora del sujeto, ese ser invisible que colocó las aceitunas cerca de su ramita, para que pudiéramos reconocerlo. En este caso, el hablante se dirige a un imaginario "ustedes", con lo cual la intimidad del tono poético cobra una dimensión plural –casi al modo de la voz de un cuentacuentos–, y se distancia del poeta, refiriéndose a él en tercera persona como el ausente en el diálogo con el olivo. Lo que descentra al sujeto es la aparición "a mitad del poema" del árbol, que lo compele a entablar una conversación en términos sencillos y cotidianos. Situándose en un lugar de paridad respecto de ello, el poeta cuestiona la relación entre lo vegetal y lo poético, y termina reconociendo que el libro constituye un espacio posible para las plantas. Pero no solo eso: la personificación de la primera estrofa –"está parado"–, que anuncia la capacidad de dialogar del olivo, ya nos habilita a pensar que aquello que suscita el poema –aquello que, por lo tanto, inaugura el espacio poético– es el objeto, es decir, el árbol mismo. Por eso no está de más notar que una de las escasísimas rimas del poema son la que asocia fónica y semánticamente "libro", en la segunda estrofa, con "don Olivo", en la tercera.

Esta forma de posicionarse ante lo vegetal, característica de esa relación simbiótica entre el hombre y el mundo vegetal que Jeffrey Nealon denomina "*distributed, interconnected life*" (2016: 119), alcanza la totalidad de *Botánica poética*, como se revela en el poema final:

El que hizo puré a la batata
(y le puso aceite y sal)
fui yo

el que pidió visa
a los repollitos de Bruselas
fui yo

el que tuvo que dibujarle
las vetas a la cáscara de maní
fui yo

el que convenció a las arvejas
para ser vegetarianas
fui yo

soy Juan
(el que hace cola en la verdulería)
y por mis
frutos me
reconocerán

(el poeta está ahí
a la sombra del poema)
(Lima, 2015: 42)

Este poema presenta, finalmente, a un hablante en forma de "yo", que figura explícito con el pronombre personal y se hace cargo en las primeras estrofas de hasta qué punto ha sido el agente detrás de los hechos expuestos. Así como se necesitaba que alguien –intuimos, este mismo sujeto– pusiera las aceitunas cerca de la rama de olivo, para que el poeta pudiera reconocerlo por ellas, el hablante se revela en la coda como aquel que estuvo escondido "a la sombra del poema". Estuvo ahí, nos dice, a lo largo de todo el libro, y ahora que hemos terminado la lectura –ahora que vemos por completo ese fruto que es el poemario– podemos, siguiendo la clave bíblica, reconocerlo. El biografema "Juan", que remite en principio al autor empírico, queda relativizado por su cercanía con el mundo vegetal, pues, si bien se introduce la temática de la nutrición, de la consumición de las plantas –e incluso de su comercialización, pues Juan es "el que hace cola en la verdulería"–, el respeto por lo vegetal no deja de existir. De hecho, en la primera estrofa, se utiliza la "a" para objeto personal, para referirse a la batata; en la segunda, el yo, con su pedido, se ubica en posición subalterna respecto de los repollitos de Bruselas; en la tercera, muestra su dedicación respecto de la parte desechable del maní –que el autor efectivamente ha usado en una de sus esculturas vegetales–, y, en la cuarta, plantea la nutrición desde una postura lúdicamente paradójica. Subjetividad, artificio poético y espacio se aúnan en estos últimos versos, brindándose a la mirada del lector niño como un modo de apelar a un nuevo paradigma espacial de la vida. Al igual que ocurría con el espacio poético inaugurado por la presencia del olivo, en este paradigma, según señala Emanuele Coccia, lo vegetal se revela como la clave de la espacialidad:

> Le piante, la loro storia e la loro evoluzione mostrano che sono invece i viventi a produrre l'ambiente in cui vivono piuttosto che essere obbligati ad adattarvisi. Esse hanno modificato definitivamente la struttura metafisica del mondo. Siamo abituati a pensare il mondo fisico come l'insieme di tutti gli oggetti, lo spazio inclusivo di tutto ciò che è stato, di tutto ciò che è e sarà: l'orizzonte definitivo che non ammette più un'ulteriore esteriorità, il contenente assoluto. Rendendo possibile il mondo di cui esse sono porzione e contenuto, le piante distruggono la gerarchia topologica che sembra regnare nel cosmo" (2018: 9).

Multiplicando los significados y habilitando fructuosas aproximaciones a esa subjetividad descentrada y lúdica subyacente al poemario, las plantas presentadas por Juan Lima en *Botánica poética* también se erigen como aquello que posibilita y vivifica el mundo poético. En un itinerario de crecimiento lector que nos reconduce al primer poema, descubrimos que todo este movimiento, este nuevo ordenamiento del cosmos, no tiene otro origen que la semilla –en este caso, la almendra– y cabe considerar que, en palabras de Coccia, "per esistere la pianta deve confondersi con il mondo e non può farlo che nella forma del seme" (2018: 10). Es allí, en la semilla, donde el fruto total del poemario tiene su germen; es allí donde el nuevo mundo poético comienza a hacerse espacio, de la mano de lo vegetal. Cuando "el poeta nos abre la puerta / imaginaria", también nos está introduciendo en el mundo poético como él lo concibe: un objeto en el que cada elemento guarda una relación con el todo, y cuya paradoja –pues es al mismo tiempo “más suave de lo que parece” y “mucho más duro”– funciona solo si uno acepta la invitación “a jugar / entre sus cáscaras secas”. Será la emoción de los lectores y las lectoras, adultos o niños, la que guiará el descubrimiento de estas verdades que solo son asequibles a través de una lectura gozosa de la poesía.

4. Conclusión

Como punto de contacto entre nuevos territorios poéticos, podemos señalar que subyace en *Botánica poética* y *Astronomía poética* la emoción que conlleva la evocación del pasado, clave en la relación entre el sujeto y los objetos que lo rodean. A partir de la presentificación del objeto, aquello que se rememora activa el proceso de evocación del pasado como totalidad, ya que en este proceso el objeto revela su carácter metonímico, por el cual se incluye tanto lo que se recuerda como lo que se ha olvidado. Por ello, relata Walter Benjamin en *Infancia en Berlín hacia 1900*: “La nostalgia que despierta en mí [su juego favorito de la niñez] demuestra cuán estrechamente ligado estaba a mi infancia. Lo que busco realmente es ella misma, toda la infancia” (Benjamin, 1982: 77). Así, el filósofo se apega a la evocación, como proceso paralelo a la memoria en la mirada individual hacia el pasado, y este constituye el único modo posible de reconstrucción de lo acontecido (Benjamin, 1973: 183).

En Juan Lima, esa evocación opera ya no desde la tristeza nostálgica, sino desde la picardía y la ternura. Como hemos visto, aquí se desarman y se miniaturizan los significantes hasta llegar a su mínima expresión, a lo más orgánico; en definitiva, a la raíz de la emoción, es decir, al objeto como primera semilla del poema. Esto condice con la presencia de un lector ideal niño activo, capaz de aproximarse a los potenciales significados de los poemas y de las imágenes que los acompañan, así como de resignificar las relaciones entre ellos. De este modo, con el niño como una suerte de coautor, Juan Lima conforma un mundo –desde el mínimo interior de las flores y los frutos hasta las inmensidades del espacio exterior– en el que objetos y emociones se confunden, en un juego de deconstrucción y reconstrucción, a través del camino de la materialidad de las imágenes y los poemas.

Referencias bibliográficas

Ahmed, Sara, 2015, *La política cultural de las emociones*, México, Universidad Nacional Autónoma de México.

Alvarado, Maite y Masset, Elena, 1989, "El tesoro de la Juventud", *Filología* XXIV, 1.2, 41-59.

Bajour, Cecilia, 2010, "El arte de la sorpresa: la metonimia de la imagen en los libros-álbum", Teresa Colomer (ed.), *Cruces de miradas: nuevas aproximaciones al libro-álbum*, Caracas, Banco del Libro de Venezuela / Gretel, 111-127.

___ 2018, "Poesía infantil contemporánea o la materia que nos toca. Cuando el cuerpo (del lector) lee el cuerpo (del poema)", *Kapichuá* 1, 25-36.

Barbosa Canijo, Silvana, 2015, "Um dedo de prosa sobre poesia: diálogos sobre o poético na infância e o poema como «convocação ao corpo, aos cinco sentidos» (entrevista com a pesquisadora argentina Cecilia Bajour)", *Linguagem – Estudos e Pesquisas* 16-1, 211-217.

Barthes, Roland, 1993, *El placer del texto*, Madrid, Siglo Veintiuno.

Benjamin, Walter, 1973, "La obra de arte en la época de su reproductibilidad técnica", *Discursos interrumpidos I: Filosofía del arte y de la historia*, Madrid, Taurus, 14-60.

___ 1973, "Tesis de filosofía de la historia", *Discursos interrumpidos I: Filosofía del arte y de la historia*, Madrid, Taurus, 175-192.

___ 1982, *Infancia en Berlín hacia 1900*, Madrid, Alfaguara.

Carli, Sandra, 2006, "El problema de la representación. Balances y dilemas", Graciela Frigerio (ed.), *Infancias y adolescencias: Teorías en el borde cuando la educación discute la noción de destino*, Buenos Aires, Contro dc Publicaciones Educativas y Material Didáctico, 80-88.

Cerrillo Torremocha, Pedro César, 2009, "Sociedad y lectura. La importancia de los mediadores de lectura" [conferencia], Lisboa, Fundación Gubelkian. URL: http://blog.uclm.es/pedrocesarcerrillo/files/2017/03/MEDIADORES.Lisboa2009.pdf.

Coccia, Emanuele, 2018, *La vita delle piante*, Bologna, Il Mulino.

di Marco, Marina, 2017, "Poesía infantil y diálogo intersemiótico: la teoría de la lírica frente a un receptor niño que lee imágenes", *Meridional* 9, 355-379.

Foffani, Enrique, 2004, "Ensayo sobre la frontera. La lengua poética latinoamericana: de Vallejo a Rubén Darío", *Lucera* 5, 24-29.

Joly, Martine, 1999, "Imagen y significación", *La imagen fija*, Buenos Aires, La Marca, 94-149.

Lima, Juan, 2015, *Botánica poética*, Buenos Aires, Calibroscopio.

___ 2018, *Astronomía poética*, Buenos Aires, Calibroscopio.

Masiello, Francine, 2013, *El cuerpo de la voz (poesía, ética y cultura)*, Buenos Aires, Beatriz Viterbo.

Micheletto, Karina, 2017, "El enigmático cosmos gatuno". Entrevista a Juan Lima, *Página/12*, 04/07/2017.

Montalbetti, Mario, 2018, *La ceguera del poema*, Bahía Blanca, N direcciones.

Montes, Graciela, 2001, "No hay como un buen ogro para comprender la infancia", en *El corral de la infancia*, México, D.F., Fondo de Cultura Económica, 29-43.

Moraña, Mabel, 2012, "Postscríptum. El afecto en la caja de herramientas", Mabel Moraña e Ignacio Sánchez Prado (eds.), *El lenguaje de las emociones. Afecto y cultura en América Latina*, Madrid-Frankfurt, Iberoamericana-Vervuert.

Nealon, Jeffrey, 2016, *Plant theory: biopower and vegetable life*, Stanford, Stanford University Press.

Nodelman, Perry, 1988, "Irony in picture books", *Words about pictures. The Narrative*

Art of Children's Picture Books, Georgia, University of Georgia Press, 222-241.

Núñez Ramos, Rafael, 1992, *La poesía*, Madrid, Síntesis.

Pozuelo Yvancos, José María, 1998, "¿Enunciación lírica?", *Diálogos Hispánicos* 21 [*Teoría del poema: la enunciación lírica*], 41-76.

Puppo, María Lucía, 2013, *Entre el vértigo y la ruina. Poesía contemporánea y experiencia urbana*, Buenos Aires, Biblos.

Ramos, Julio, 2010, "Descarga acústica", *Papel Máquina II* 4, 49-77.

Silva-Díaz Ortega, María Cecilia, 2006, *Libros que enseñan a leer: álbumes metaficcionales y conocimiento literario* [tesis doctoral]. Barcelona, Universitat Autònoma de Barcelona. URL: <http://hdl.handle.net/10803/4667>.

Trovato, Marianela, 2016, "Botánica poética: la poesía echa raíces y florece", *Catalejos* 2-3, 231-237.

Vesely, Carola, 2020, "Trayectorias y discontinuidades en la poesía infantil: el caso del álbum lírico", María Angélica Franken y Mary Mac-Millan (eds.), *Cuadernos intermediales I: infancia y representación*, Santiago de Chile, Cuarto Propio, 45-75.

PARTE 4

Materialidades, artes y afectos: las proliferaciones discursivas

Retrato y escritura biográfica en los primeros años de *La Lira Chilena*: sociabilidad, materialidad y emociones[1]

Claudia Darrigrandi

Universidad Adolfo Ibáñez

Introducción

El primer número de *La Lira Chilena*, "Publicación quincenal ilustrada"[2] que apareció en Santiago entre 1898 y 1907, tiene en su portada el retrato de Don Luis. F. Rojas, de quien se escribe una breve reseña o perfil en una sección de la primera página que hoy, diríamos, ocupa el texto editorial. Desde otro punto de vista, el texto que cumpliría la función de la editorial del primer número, firmado por "La Redacción", se enfoca en presentar al artista, Luis. F. Rojas, uno de los ilustradores más prolíficos en la historia editorial y gráfica del cambio de siglo chileno y quien, unos meses más tarde, asumiría la dirección artística de la revista. Curiosamente, en esa edición inaugural no se presenta ni explica la aparición de la revista. Por algunos textos insertos de los lectores y algunas declaraciones de su director, bajo el seudónimo de Montalvini, en lugares no necesariamente muy visibles ni estratégicos de la revista, nos enteramos de que antes de *La Lira* existió

---

1 Esta investigación en curso es parte del proyecto Fondecyt Regular N° 1190499, titulado "Detrás de las secciones: trayectorias, saberes y oficios en revistas ilustradas/ magazinescas y culturales chilenas (1900-1950)", del cual soy investigadora responsable, y del proyecto Fondecyt Regular N° 1190182, dirigido por Antonia Viu y del cual soy co-investigadora.

2 El primer año de su publicación su epígrafe es "Publicación quincenal ilustrada", luego en 1902 cambia a "Publicación semanal ilustrada de los domingos" y un tercer epígrafe que aparece el año 1904 es "La revista literaria de los domingos de mas [sic] vasta circulación". Se publica, en sus inicios, cada quince días y luego semanalmente. Su tiraje alcanza los 8.500 ejemplares en abril de 1900, llegando a 12.000 a finales de ese mismo año.

un ensayo de revista llamado *La Pluma;* el director justifica el cambio de nombre de la revista con el argumento de que cambiar de nombre es una costumbre permitida y común, hasta para las personas. La revista tiene, al parecer, un antecedente que hace innecesaria su presentación o la inclusión de un prospecto. De este modo, esa portada compuesta por el título de la revista junto con la reseña biográfica que lo complementa son aspectos a tener en cuenta como claves de lectura para los primeros años de la publicación.[3]

La presentación de Luis F. Rojas, por un lado, enfatiza el carácter ilustrado de la revista, siguiendo las cuatro acepciones con las que Paulette Silva Beauregard identifica lo ilustrado. Las revistas son ilustradas por las imágenes que contienen, porque instruyen, por su carácter civilizatorio y por hacer ilustres, tanto a las personas como los objetos que son expuestos en la revista (Silva Beauregard, 2006: 373-401). Rojas es presentado por la dirección como el único artista con la capacidad de hacer ilustraciones litográficas –señal de modernidad–; se indica que ha sido premiado y elogiado, que en su arte domina el "criterio ilustrado" y que, además, es modesto. Eso, en cuanto al carácter del protagonista de esa portada, cuya presentación enfatiza su ejemplaridad y cuyos logros se ajustan al carácter ilustrado de la revista. Este último punto se va acentuando a medida que comienza el siglo XX: la exhibición de contenidos vinculados a la cultura, a la actualidad y a otros elementos asociados a la modernidad.

La escritura biográfica se convierte en un recurso *ad hoc* para los propósitos ilustrados, en este caso implícitos, de *La Lira Chilena*. Sin embargo, el cierre de esa reseña biográfica abre una puerta a otro elemento que interesa explorar en este artículo cuando se señala que Rojas "[e]s mui querido de sus amigos porque ha hecho un culto de la amistad" (año 1,

---

3 Esta práctica no es una novedad de *La Lira Chilena*. *La Revista Cómica*, dirigida al inicio por Ricardo Fernández Montalva, hermano del director de *La Lira Chilena*, acompañado por Luis F. Rojas, quien estuvo hasta el final, reproduce en su portada un retrato y, en los últimos números, se añade el perfil o reseña biográfica en la "página editorial". En cuanto a la tipografía, la diagramación *La Lira Chilena* es bastante similar, al menos en sus inicios, a *La Revista Cómica*. Es posible entender *La Lira Chilena* como un proyecto que continúa el comenzado por Ricardo Fernández Montalva, acentuando el rasgo familiar y nuclear de ambos impresos. El retrato y la biografía también son recursos utilizados por la revista *La Ilustración*, que se publica desde septiembre de 1899 hasta 1905, así como por muchas otras revistas del fin de siglo. Sería interesante hacer un trabajo comparativo de las implicancias de estos recursos en estas y otras revistas.

nº 1: s/p). Esta valoración de la amistad es otro factor relevante en la producción de la revista. Sugiero que la convergencia en *La Lira Chilena* de lo ilustrado con lo biográfico, en este gesto de apertura que incluye el retrato de la portada más la breve reseña biográfica, se articula a través de los vínculos de amistad, rasgo que en ocasiones tendría más injerencia que el valor de lo ilustrado en sí mismo. Durante los primeros años de la revista, es por medio de la amistad que se construye el entramado social que reúne en un mismo espacio, material y simbólico, al director de la revista con quienes son ilustrados, cuyas vidas son reseñadas, con quienes colaboran en la revista aportando textos de diversa índole y con el público lector. Parte de los contenidos de la revista, por lo tanto, se elaboran a partir de un recorte social, de una constelación social condicionada por las emociones y lazos afectivos del Santiago finisecular, que se proyectan, impulsan o consagran en el impreso.

La revista es un proyecto comercial y personal de Samuel Fernández Montalva; él dirige la revista y escribe una cantidad considerable de contenidos haciendo uso de su nombre o de su seudónimo: Montalvini (o A. de Montalvini). Su hermano Ricardo, si bien no figura cumpliendo alguna responsabilidad formal, publica constantemente sus poemas y sus relatos. El otro miembro del equipo visible es el ilustrador, Luis E. Gutiérrez, quien deja la revista después del primer año; luego continúa Luis Fernando Rojas, quien –como se ha dicho– figura en la portada del primer número [Fig. 1]. A pesar de lo familiar del proyecto, por algunos períodos la publicación también contó con el apoyo de Pedro Pablo Figueroa, importante biógrafo chileno del fin de siglo, que cumplió funciones de Redactor en Jefe, además de ser un asiduo colaborador.[4]

La Lira Chilena es un buen ejemplo del cambio que se da en la prensa a finales del siglo XIX con la aparición de la prensa comercial. Es también una muestra de la diversificación de los impresos acorde a la especialización de los discursos. En un inicio, la revista acentúa su carácter artístico y literario, subordinando, en cierta medida, la literatura al ámbito de las artes. Junto con poemas, relatos breves y crónicas, los artículos publicados se enfocan principalmente en personas u obras vinculadas

4 Como era común en el cambio de siglo, muchos de los colaboradores firman con seudónimos. Entre otros y otras destacan durante los primeros años Pedro Pablo Figueroa, Julio de Schat, A. Mauret Caamaño, Mauro Terbelat, "Flor de Lis", Salvador Allende, Juan de Sánchez, Enriqueta Meiggs de Briseño (quien firma como "Violeta"), "Jack the Ripper", Esperanza (seudónimo de Josefina Isaza M.), "No Me Olvides", "Pascual Polilla", María Eugenia Martínez ("Maruja"), etc.

al arte con un énfasis en la construcción de perfiles para presentar al público lector a quienes son parte del mundo de la literatura y el arte. Durante sus primeros tres años mantuvo cierta homogeneidad en sus contenidos y en su estructura. Dedica gran parte de sus páginas a los contenidos literarios: poemas, narraciones breves y relatos por entrega acompañan las secciones de genealogía, correspondencia, economía doméstica, el correcto uso de la lengua, notas de actualidad y variedades. El intercambio social subyace a esos contenidos. Los tres primeros años, sobre todo en los dos primeros, la revista es un espacio de intercambio social íntimo; poemas con dedicatorias, cartas y extractos de álbumes son frecuentes y correspondidos. Admiración, amor y amistad marcan el tono de esas escrituras y dedicatorias, rasgo que hace manifiesto, por un lado, el carácter aglutinador del impreso y, por otro, la expresión pública de una intimidad afectiva. Otros textos, cercanos a la crónica semanal o social, anuncian lo que en unos años más serán las páginas sociales: recuentos de veladas, salones de arte y noticias de compromisos. Desde una mirada global, la revista en su totalidad es una exhibición de los lazos y/o espacios de encuentro de los miembros de un sector de la sociedad capitalina. Las ilustraciones no son muchas y siguen más o menos una misma estructura y paginación en cada número; esa condición permite verlas como una posible ruta de lectura. A partir del cuarto año, la revista diversifica sus contenidos, las secciones de actualidad aumentan, las ciencias y la industria entran en escena, así como otras áreas del saber ilustrado que le restan primacía a lo artístico y literario con el objetivo de captar a una audiencia lectora más diversa. En ese sentido, lo que en este artículo se propone rastrear ya no estaría vigente a partir del cuarto año de circulación.

Después de su tercer año, el tono íntimo, muchas veces revelador de un círculo social acotado, y el énfasis en lo biográfico, desaparecen. Teniendo en cuenta este cambio, propongo que los retratos y lo biográfico son elementos axiales que articulan la materialidad de la revista y también sus contenidos durante sus primeros tres años. El retrato, por su parte, contribuye a esta constelación biográfica que se hace presente en la revista e introduce el rasgo icónico-indicial de esa vida. *La Lira Chilena* es un dispositivo de exhibición, como lo ha estudiado Paulette Silva (2006) respecto de revistas como *El Cojo Ilustrado* y *El Zulia Ilustrado*. En palabras de Geraldine Rogers, en tanto dispositivo de exhibición las revistas funcionan como "arquitecturas de aparición periódica que disponen de manera conjunta lo visible y lo legible" (2019: 12). Por escritura biográfica entiendo todas aquellas escrituras que remiten al relato de una vida, de una trayectoria o, simplemente, a aspectos de esa vida que intentan identificar o caracterizar al individuo al que refieren. Si bien en la revista el formato de esas escrituras se ajustaría más a una reseña biográfica, semblanza o perfil, con variantes en su profundidad y extensión, y, en ningún caso a una biografía en tanto género escritural, la sucinta revisión que hace François Dosse, en "Las mil y un vidas de la biografía", desde sus orígenes hasta el día de hoy, ilumina sobre el carácter ejemplificador, explicativo o crítico que ha tenido la escritura biográfica (Dosse, 2012: 191-205). En el caso de *La Lira Chilena,* estas escrituras tienden a realzar el carácter modélico, ejemplarizante y/o ilustrado de las personas biografiadas, aunque en ocasiones resultan un medio para canalizar lo que en ese momento se consideraba crítica de arte o crítica literaria. Por otra parte, cuando se comparan las biografías escritas por el director de la revista con las escritas por otros colaboradores, en especial, las de Pedro Pablo Figueroa, se observa que estas últimas se constituyen en un espacio para identificar la especialización y profesionalización de la escritura biográfica.

1. La ruta del retrato

Desde su primer número hasta aproximadamente su tercer año de circulación, *La Lira Chilena* publica en su página editorial una breve biografía de quien, en forma ilustrada, ocupa la portada de la revista [Fig 2]. Mientras el retrato se publica sin interrupción, la nota o reseña biográfica a veces se omite. Esto ocurre especialmente cuando quienes ocupan las portadas son mujeres; en el caso de los hombres, se advierte que a medida que la revista iba ganando lectoría, el director incluía una breve nota excusando la ausencia de la reseña biográfica. La extensión de estas notas es irregular; suelen ser de uno a tres párrafos y, salvo casos excepcionales, el texto se extiende con holgura a más de una plana. En un primer momento, las ilustraciones de la portada corresponden a colaboradores/as de la revista, a figuras vinculadas al quehacer gráfico, literario y periodístico nacionales, lo que acentúa el carácter nuclear y familiar de la publicación. A medida que avanza en sus ediciones, también ocupan ese lugar artistas de diversas ramas, unos pocos científicos, militares y políticos, sean chilenas/os o extranjeras/os que están de paso o residiendo en el país. Por lo general, cada uno de ellos/as tiene un vínculo con el país o con la ciudad, o, en muy menor medida, son figuras públicas de alcance internacional que han fallecido recientemente. En ese sentido, el cuerpo social que habita la ciudad finisecular habita también la revista y en esta se reorganiza un recorte de la geografía social.

Siguiendo las propuestas iniciales de Bertrand Westphal, en las que plantea la necesidad de poner en interacción el espacio humano con el espacio literario y poético para una geocrítica, me interesa la posibilidad de leer la revista a través de la metáfora del archipiélago y las formas en las que la geografía humana, la *civitas*, interviene en *La Lira Chilena* tanto en sus contenidos como en su materialidad (2015).[5] En esa intervención se establece un fluir entre el espacio humano y el espacio material y simbólico de la revista. Si bien *La Lira Chilena* no es una obra literaria, sí es un artefacto cultural complejo en el que circulan escrituras literarias, biográficas, históricas, pedagógicas. Sus lectoras y lectores son también quienes habitan la revista con sus cartas, notas, retratos, reseñas biográficas, por medio de gestos, muchas veces, endogámicos. Los retratos son signos icónicos indiciales de una élite política y cultural que, en forma de trazos, constituyen la materialidad de la revista que devuelve sus miembros a la ciudad en otra piel y en otro traje: los devuelve a la ciudad ilustrados y multiplicados, reproducidos en serie en cada uno de los ejemplares de una edición.

La vida social urbana en los últimos años del siglo XIX santiaguino todavía estaba bastante anclada en las tertulias domésticas, los salones, o en los escasos espacios de sociabilidad que disponía la ciudad, algunos más públicos que otros: clubes, salones de arte, teatros, en especial, el Teatro Olimpo y el Municipal, en los que se concentran las notas de *La Lira Chilena* de esos primeros años. Si los espacios urbanos físicos para la exhibición son limitados en el Santiago finisecular, en comparación a lo ocurrirá en los años veinte, durante los albores de la sociedad de masas, el aparecer retratado/a en *La Lira Chilena* cobra una mayor potencia como posibilidad de hacer ilustre a la burguesía emergente. La revista es, por lo tanto, otro espacio de sociabilidad, es un espacio impreso de reunión social y es otra forma de circular y exhibirse.

---

5 Señala Westphal en "Aportes para un enfoque geocrítico de los textos": "Una nueva lectura del espacio deberá tener como condición el abandono del singular; ella orientará al lector hacia una percepción plural del espacio, o hacia la percepción de espacios plurales. La geocrítica correspondería de ese modo a una poética del archipiélago, espacio donde la totalidad es constituida por la articulación razonada que todos los islotes –móviles– que lo componen. De todos los espacios, el archipiélago es el más dinámico; no vive sino a través de los deslizamientos de sentido que lo afectan y lo sacuden perpetuamente" (Westphal, 2015: 36).

Fig. 1. Portada Año 1, Nº 1 de *La Lira Chilena.* Colección digital Memoria Chilena, Biblioteca Nacional.

D. LUIS FERNANDO ROJAS

Es el primero de nuestros artistas, por sus dibujos al lápiz i retratos. Es el único, que sabe hacer ilustraciones litográficas.

I lo mui noble de su vida, es que se ha formado por sí solo. Apenas hubo empezado sus estudios en la Academia de Bellas Artes, se vió obligado a suspenderlos, para dedicarse al trabajo.

Mediante su intelijencia, su raro tacto para sorprender los secretos del arte, su criterio ilustrado para escojer los asuntos i fecunda imajinacion para tratarlos, ha conquistado gloriosos laureles, que nadie ha osado ni podido arrebatarle.

Don Benjamin Vicuña Mackenna, le encargó las ilustraciones del *Album de la Gloria*, que es un monumento de buen gusto i de correccion.

Aunque ha tenido oportunidades brillantes para ir a Europa a perfeccionar sus estudios, no lo ha hecho. Su gran modestia,—porque todos los hombres de valer son modestos,—ha querido sacrificarse en beneficio de otros amigos suyos. Pero, sería para Chile obra de justicia i de patriotismo, pensionarlo en el Viejo Mundo.

Es director fundador de *La Revista Cómica*, único periódico en nuestro pais que ha sabido conquistarse los favores del público, i que, Rojas, ilustra con verdadero *amore* i oportuna gracia i donaire.

Es mui querido de sus amigos, porque ha hecho un culto de la amistad.

LA REDACCION

Fig. 2. Reseña biográfica que refiere al retrato de la portada del Nº 1 de *La Lira Chilena.* Colección digital Memoria Chilena, Biblioteca Nacional.

La portada es la carta de presentación de la revista. En esa primera página se despliegan el título y el retrato. Si bien forma parte del contenido de la revista, en tanto primera hoja, también es lo inmediatamente visible de ese soporte. "Debemos ver, apunta Bhaskar, cómo los contenedores [en este caso la revista] mismos moldean el contenido, cómo los contornos de un contenedor afectan los contornos del contenido" (Bhaskar, 2014: 97). Para efectos de este artículo entiendo la portada como un elemento distintivo del marco, una categoría móvil y flexible, siguiendo a Bhaskar en su teoría del contenido. Los marcos –término que Bhaskar utiliza para referirse a los "contenedores" (revista, libro, etc.)– "refieren tanto a la presentación de contenido como al acto de contenerlo. [...] son mecanismos de distribución, canales y medios; son contextos, modos de entender tanto como tecnologías de reproducción"; también son "un modo de experimentar el contenido" (98). En la medida que los marcos corresponden al soporte y/o al canal –en este caso, la revista– son, a su vez, "una combinación de papel, tecnología de impresión, tinta, texto, imágenes" (98). Es decir, se componen de una materialidad que se imbrica con el contenido. En síntesis, explica Bhaskar: "Los marcos no solo son medios, sino que activamente crean la experiencia de los medios; los marcos tienen un elemento subjetivo [...] y un elemento distribucional o de almacenamiento. Los marcos sirven a la presentación, pero –a causa de esto– también a la recepción" (104).

Teniendo en consideración estas ideas, la portada, por lo tanto, encuadra un interior textual y visual impreso y, a su vez, es un espacio fronterizo poroso, que conecta con el exterior de la revista, con la ciudad. En tanto puente o pasaje, en la portada (y en el soporte en general) convergen el universo material y simbólico de la revista y el público lector, que sería el nexo con un entramado más amplio: la burguesía santiaguina finisecular.[6] Dicho en otras palabras, la portada, en tanto puerta de entrada a la revista, es también un espacio de mediación entre los contenidos y quienes, primero, toman la revista y, después, la leen u ojean. La portada anuncia lo que contienen las páginas siguientes y en este caso es un rostro que, si no es ya reconocido por la no muy numerosa burguesía santiaguina, a partir de su aparición en la revista sí lo será, al menos para el público lector de la publicación. ¿Qué implicancias tiene un retrato en la portada de una revista a finales del siglo XIX en el entendimiento de la revista como un artefacto cultural?

Aunque refiere a libros y no específicamente a revistas, la teoría de Bhaskar plantea que el contenido no existe sin el marco. Pero tampoco existe sin el modelo. Y el modelo, de acuerdo con este autor, es la razón de ser del contenido: es decir, la propuesta editorial. Tanto el marco (el

---

6 En "Apuntes para una semiótica de la frontera", Massimo Leone aborda diferentes formas en las que se constituyen las fronteras (naturales, étnicas, etc.). En ese contexto indica que una frontera establece o implica una barrera comunicativa. Aunque en ese texto Leone no refiere a la noción de frontera que pueden adquirir artefactos culturales, idea que esbozo aquí al tratar la portada como una frontera entre el mundo socio-cultural de la *urbs* y la *civitas* y el mundo material simbólico de la revista, vale decir que la portada no necesariamente implica una barrera comunicacional, aunque efectivamente podría llegar a serlo en la medida que las portadas recortan un sector social determinado. Mi hipótesis se alinea más con lo que Leone plantea cuando se detiene en la frontera entre México y Estados Unidos, que une Tijuana y San Diego, cuando señala que "[p]odríamos indicar con el nombre de 'frontera' el punto o la línea, los cuales señalan el pasaje entre diversos segmentos de la articulación espacial" (Leone, 2019: 18).

soporte y la portada, en todas sus dimensiones) como la propuesta editorial (misión, objetivos, público lector deseado, etc.) contribuyen a conformar el contenido. El contenido no solo comprende los temas abordados, los objetos o sujetos que circulan en imágenes o en palabras, sino también el resultado de la interacción de estos con el marco y el modelo. De este modo, que la portada incluya un retrato anuncia el no tan evidente pero cuantioso contenido biográfico, en un sentido laxo y amplio, que se inscribe en las páginas de la revista. En efecto, lo biográfico aparece casi permanentemente en las páginas de cada ejemplar, al menos en sus primeros años, lo cual no constituye un rasgo destacado en las definiciones o tipologías de las revistas ilustradas. Para el caso de *La Lira Chilena,* la presencia de lo biográfico refuerza la importancia de los lazos sociales en una comunidad burguesa que, a través de la revista, no solo promueve los avances de la modernidad, sino también exhibe una intimidad, la vida de otro u otra, y recurre a la revista como medio de expresión de afectos. Como señala Juan Poblete en su análisis sobre la contribución de las revistas en la democratización de la escritura y la lectura, "[p]ara los liberales, la revista [haciendo referencia al género, no a *La Lira Chilena* en particular] significaba la posibilidad de desarrollar la especificidad burguesa de sus propios discursos. La novela, la poesía íntima, la crónica social, el artículo de conocimientos generales [...]" (2003: 120).

En términos de Beatriz Sarlo, las revistas poseen una sintaxis que "es casi siempre producto de juicios de valor tanto como de la elección de los textos que se ordenarán según esa sintaxis. La política de una revista es un orden, una paginación, una forma de titular que, por lo menos idealmente, sirven para definir el campo de lo deseable y lo posible de un proyecto" (Sarlo, 1992: 12). Además de los retratos de la portada, durante sus primeros años la revista dedica una o dos páginas, más o menos en la mitad, a publicar ilustraciones de carácter humorístico y retratos, aunque la inclusión de estos últimos no es siempre constante. La última hoja de la revista, a modo de cierre, también reproduce ilustraciones, algunas veces cómicas, cercanas a la caricatura y a la sátira. Con el paso del tiempo en esa última página se va consolidando la práctica de incluir otros retratos, casi exclusivamente femeninos primero, y luego alternando con retratos masculinos [Fig. 3].

Fig. 3. Panorámica de paginación de *La Lira Chilena*. Se destacan los tres lugares que son ocupados por imágenes y retratos: la portada, una de las páginas del medio y la página de cierre. Colección digital Memoria Chilena, Biblioteca Nacional.

Los retratos del medio, durante el primer y segundo año, refieren la mayoría de las veces al mundo del espectáculo teatral; luego, con el paso de los años se va diversificando el tipo de personas que ocupan ese espacio, pero responden a criterios similares a los de la portada [Fig. 4]. Ya en el tercer año, en variadas ocasiones, esos retratos se complementan con perfiles que serán destacados, desde el punto de vista de su diagramación y diseño, en las páginas que le anteceden, aunque esto nunca se constituye es una práctica permanente. Durante el segundo año, en la página de cierre comienzan a dominar los retratos femeninos, que casi han desaparecido totalmente de las portadas; a partir del tercero, ocupan también ese lugar hombres [Fig. 5]. Estas ilustraciones que cierran la edición parecieran tener una función más ornamental y el deseo de cumplir con los requerimientos de contenido visual que domina en las revistas ilustradas. Era necesario mantener una cierta cantidad de ilustraciones. A diferencia de las imágenes de la portada o del medio, las del cierre solo son acompañadas por el nombre y un breve poema o nota, escrito por el director de la revista. Quizás, esa inclusión responde a una demanda de representatividad por parte de las regiones del país o de una larga lista de espera de personas que, no pudiendo ocupar el lugar principal por falta de méritos o para falta de una biografía o trayectoria ilustrada, al menos son gratificadas con ocupar la última página. De este modo, apertura y cierre de revista enmarcan el contenido y orientación de cada edición.

Fig. 4 Retrato del medio. Sra. Elvira Isaza de Vergara (año 2, nº 25). Colección digital Memoria Chilena, Biblioteca Nacional.

Fig. 5. Retratos de cierre (año 2, nº 41). Colección digital Memoria Chilena, Biblioteca Nacional.

Siguiendo esta última idea, los retratos, en tanto elementos gráficos, destacan, señalan una ruta y componen una sintaxis que, en términos de Sarlo, es también la política de la revista. Esta idea es homologable a "la razón de ser del contenido" desarrollada por Bhaskar. Entonces, si bien, por un lado, el modelo refiere a lo ilustrado, leer la revista desde los retratos da cuenta de otro modelo, que también sitúa lo social en un lugar privilegiado y, por momentos, tendría un ímpetu más destacado que el ideal ilustrado. Si seguimos de forma lineal la sintaxis articulada a partir de la visualidad, es decir, siguiendo el orden de una lectura ideal de comienzo a fin, ocurre un tránsito de lo ilustrado a la exhibición meramente social. En ese sentido, el resultado de la relación entre las imágenes de los rostros y los textos biográficos implicaría una jerarquía desde el punto de vista de la cantidad de contenido. Mientras los retratos de apertura son acompañados, casi indefectiblemente, por una reseña escrita, de las personas cuyas ilustraciones ocupan un lugar destacado en el centro de la revista, muchas veces solo se sabe un poco más que sus nombres en la medida que aparecen mencionados en las páginas de la primera mitad de la revista en las secciones "Notas sueltas", "Paja Picada", "Crónica", entre otras. Solo los lectores y las lectoras más dedicados lograrían establecer la relación entre esos rostros y los contenidos escritos previos. En algunas oportunidades sus trayectorias o experiencias de vida cobran un poco más de protagonismo, sobre todo cuando son miembros de compañías teatrales que pasaron por el Teatro Olimpo, lugar que se menciona en reiteradas ocasiones durante el primer año de la revista. Solo durante el tercer año de circulación las personas de los retratos de las páginas del medio, en algunas ocasiones, van a contar con reseñas biográficas acotadas, explícitas y destacadas mediante algún recurso gráfico (tamaño y tipografía, encuadre del texto, etc.). Las del cierre, como ya se mencionó, cuentan solo con sus nombres y, a veces, con una breve dedicatoria, comentario o poema del director.

2. La ruta de lo biográfico

En la portada del número 4 del primer año de circulación, destaca el retrato de la colombiana Josefina Isaza M. El perfil que refiere a ella en la página editorial, sin firma, se enfoca en sus dones de poeta y es destacada como un ejemplo en el ámbito de las letras, porque, dentro de los argumentos esgrimidos, su poesía se distancia de la escuela decadentista.[7] Con el seudónimo de Esperanza, en ese número –y en muchos otros posteriores–, Isaza colabora con poemas y también se le dedican textos a ella. La apertura con el rostro y el perfil de Isaza, su presencia, por decirlo de otra forma, se prolonga en otras páginas de la revista y, aunque lo que ocurre en esta edición de *La Lira Chilena* es bastante excepcional en comparación con otros números de los primeros años de la revista por la cantidad de textos que refieren a la persona que ocupa la imagen de portada, permite reflexionar sobre algunas cuestiones en cuanto a los contenidos de la revista y su disposición. Por un lado, ese número podría representar un ideal de la forma en cómo se articulan los contenidos del interior de la revista a partir de la portada. Ahora bien, la

7 La mayoría de los perfiles o reseñas biográficas son escritos por el director de la revista, o eso inferimos, pues algunas las firma, otras no. De todos modos, como se verá más adelante, en una cantidad notoria, otras son escritas por Pedro Pablo Figueroa, o son extraídas de sus libros; otras son firmadas por Tito V. Lisoni y, por último, algunas otras son aportadas por colaboradores que figuran menos en la revista.

dificultad de replicar esa estructura en cada edición dependería, quizás, de la relación de la persona ilustrada en la portada con el director de la revista y el círculo de personas que colaboran en ella. También se invita a considerar la idoneidad del área de la que proviene el quehacer del o la homenajeada. Es decir, es más afín a los contenidos de la revista, al menos en sus primeros años, una persona proveniente del mundo de las artes y las letras, que un científico o un estratega. Un escritor o una escritora, un humanista o un ilustrador podrían colaborar de forma más espontánea o natural con contenidos para la revista que los representantes de otros oficios.[8] De hecho, durante los tres primeros años de circulación dominan los retratos de poetas, periodistas, pintores, escultores, ilustradores, actores, escenógrafos, declamadores, músicos, abogados, humanistas, y personas dedicadas a las artes en general. Esporádicamente el retrato corresponde a médicos, científicos, militares, ministros u otras personalidades políticas de Chile u otros países, cuestión que se hace presente de forma más recurrente en el segundo y tercer año. Asimismo, la elección del retrato de portada, sea de una persona chilena (la gran mayoría de las veces) o no, también depende de las efemérides que se estén celebrando cerca de la fecha de publicación del número o, en otras ocasiones, la decisión se ve precipitada por el reciente fallecimiento de la persona que es homenajeada.

Retomo la reflexión sobre la edición Número 4, que abre con el retrato de Josefina Isaza. Si se considera la idea del archipiélago de Westphal, tendríamos al retrato de la portada y el perfil de la página editorial como islotes centrales, y el poema de Isaza y los textos dedicados a ella constituirían el resto del archipiélago que "no vive sino a través de los deslizamientos de sentido que lo afectan y lo sacuden perpetuamente" (2015: 36). En este archipiélago de textos e imágenes, por medio de una economía de los afectos, se construyen relaciones sociales y también se legitima una autoría: Isaza es reconocida como poeta. En la primera página editorial se publica un poema de ella, firmado bajo el seudónimo Esperanza, y un poema dedicado a ella, con fecha anterior a la publicación de ese número, firmado por Eduardo de la Barra. Además, se publican, en otras páginas, otros dos poemas dedicados a ella, uno de Salvador Allende –también con fecha anterior a la publicación de la revista, que, como en el caso del poema de Eduardo de la Barra, podría dar señas de

8 Aunque solo en 1904 se hace oficial y explícito el carácter literario de la revista, al incluir la siguiente bajada de título: "La revista literaria de los domingos de más vasta circulación". Los años anteriores se enfatiza el carácter ilustrado.

una relación ya establecida– y otro de Ricardo Fernández Montalva. Isaza, como visita ilustre, y Esperanza, como poeta, se hacen presentes en casi toda la revista. La información que provee la breve reseña biográfica, junto con la publicación de su propio poema, refiere a la función de la revista como un espacio para forjar la autoría. No obstante, hay otro texto en relación con ella que nutre la discusión sobre la presencia de lo biográfico y de la proyección en la revista de una sociabilidad que se ha forjado en otros espacios como el salón. En la segunda página, bajo el título "Isaza" se reproduce un extracto de su álbum correspondiente a un texto de Luis Thayer Ojeda.[9] El texto comienza con una reflexión etimológica de la palabra "Isaza" para derivar en una explicación genealógica del apellido de la mujer homenajeada en la portada. Más allá del tono galante del texto, pues comienza Thayer Ojeda con la indicación de que Isaza significa "flor de retamo", el fragmento contribuye a complementar el perfil biográfico de la página editorial al explicar el origen del apellido y su llegada a Colombia, y con ello también ilustra el origen de la poeta. La publicación de ese texto expone una intimidad entre Thayer Ojeda e Isaza. Desde el punto de vista de los afectos, en el texto domina el tono laudatorio y coqueto. Ese fragmento consolida un entramado social.

En su libro *Literatura chilena del siglo XIX: entre públicos lectores y figuras autoriales*, Juan Poblete destaca la relevancia de los salones y los álbumes para la construcción de la autoría que, en su análisis, se detiene en el caso de la escritora Rosario Orrego. No obstante, menciona otros aspectos interesantes para pensar en la revista como una proyección espacial y afectiva de la sociabilidad burguesa del Santiago finisecular. Poblete señala que "[e]l álbum operaba [...] como una suerte de cartografía de las relaciones sociales que su propietaria tenía" (2003: 170). Si bien los ideales ilustrados potenciaban en las páginas de la revista la proyección de una sociabilidad, de una civilización acorde a los valores republicanos y los procesos modernizadores, desde otro lugar, la publicación de fragmentos del álbum de Isaza potencia la exhibición de esos lazos en particular. La relación de amistad entre Isaza y Thayer Ojeda se formaliza ante el público lector de la revista. De este modo, el álbum, artefacto que, como el salón, según Poblete "servían de nexo

9 La práctica de publicar fragmentos de álbumes es muy recurrente, sobre todo el primer y segundo año, aunque no siempre corresponden a las personas ilustradas en la portada o en otras páginas de la revista. Como sea, a veces refieren a otros y otras colaboradores de la revista o personas que se infiere son lectores y lectoras o forman parte del círculo de sociabilidad que se ha construido en torno a la revista.

y separación entre un interior privado y un exterior público" (170), en la revista contribuye a un proceso de subjetivación, de identificación y, además, intensifica el contenido intimista y social por sobre los fines de instrucción. Esa función de "nexo y separación" que señala Poblete se tensiona al publicarse fragmentos del álbum en la revista, en la medida que ya no hay separación entre un interior privado y un exterior público. Lo privado deja de serlo en tanto que adquiere una nueva dimensión al hacerse visible y legible para las y los lectores de la revista. La reproducción del álbum hace más porosa la frontera entre el interior y el exterior, cuyo marco está dado por la portada y el retrato de Josefina Isaza. En términos de Bhaskar se observa, por un lado, la portada como marco, que enfatiza el protagonismo de una figura, que en la revista se hace pública y visible y que cobra fuerza con la inclusión de los poemas y el fragmento del álbum, difuminando la posibilidad de considerar la imagen de la portada como mero elemento decorativo. Se refuerza así la idea de que la portada sugiere algunos de los contenidos de las siguientes páginas. Por otro lado, si cambiamos de eje la noción de marco y consideramos que la revista en sí misma es el marco (hay que recordar que es una categoría móvil) que encuadra el álbum, entonces podemos pensar que ella dota de una nueva vida al álbum en la forma de contenido, contenido que refiere a una sociabilidad ilustrada.

Paula Bruno plantea que la biografía también puede ser un recurso: "se utilizan perfiles, semblanzas o trayectorias como un medio para explicar procesos históricos o cuestiones más generales, más que como un fin" (2016: 270). En este caso, el recurso biográfico se presenta con más de una finalidad. Uno de ellas es la que ya se ha señalado, que responde al modelo (Bhaskar) de la revista, a su carácter ilustrado, orientado a la instrucción y a la promoción de la modernización y la civilización. También es un recurso, desde un punto de vista más acotado, para proponer una estética deseada. En el caso de Isaza / Esperanza, según la redacción que firma el breve perfil que apela a su trayectoria profesional, se adscribe a los criterios estéticos de la dirección de la revista, que tienden al romanticismo y rechazan algunas de las propuestas modernistas como el decadentismo. Incluir su retrato y su perfil junto con los poemas permite ubicar a la revista dentro del campo literario, que durante el fin de siglo está en proceso de articulación y consolidación.

Poco a poco, a medida que pasa el tiempo, la escritura biográfica que sucede al retrato de portada indica explícitamente lo que ya sus lectoras y lectores saben: aparecer en la portada es una señal de distinción, una forma de ser homenajeado/a. En el primer número se anuncia de esta manera al retratado: "Es el primero de nuestros artistas, por sus dibujos al lápiz i retratos. Es el único, que sabe hacer ilustraciones litográficas". Y en uno de los últimos números del segundo año, para referirse a Carlos Concha S. se dice: "Engalanamos nuestra primera página con el retrato del ilustre hombre público don Carlos Concha" (año 2, nº 52). Otro ejemplo es el de la edición nº19 del segundo año: aquí el retrato corresponde al diplomático Eduardo Phillipis, y al final de su biografía se indica que "[l]a Lira Chilena, al publicar su retrato en la pájina [sic] de honor, lo hace como un deber de simpatías que guardan para con él muchos lectores" (año 2, nº 19). Es así que, si en el primer número se hace ilustre a una figura que podía estar pasando desapercibida pero que cumplía una función fundamental en el desarrollo de la prensa ilustrada y que respondía a los ideales de modernidad gráfica,[10] en ese número del segundo año la trayectoria de quien ocupa la portada le añade otro valor a la revista: son los y las lectoras las que esperan ver a ciertas personas ocupando ese lugar de honor.[11] No se trata de una figura del "interior" de la revista; no es un colaborador o colaboradora, tampoco es poeta u humanista; es una personalidad que poco o nada tiene que ver con la producción de la revista. Por otro lado, en otros casos, el tono laudatorio con rasgos hagiográficos de la reseña biográfica difumina la frontera entre qué ilustra a quién o quién ilustra qué, si la revista hace ilustre al retratado o si el o la retratado/a hace ilustre la revista.

Lo anterior lleva a otro asunto, referente al modo de producción de la revista. A diferencia de la aplicación de tecnología e innovaciones materiales, en que la *La Lira Chilena* llevó la delantera por un tiempo, en el diseño y definición de los contenidos primaron más criterios no necesariamente profesionales ni comerciales. Los vínculos y las necesidades afectivas del director fueron determinantes, al igual que en la decisión sobre el retrato de la portada. Salir o no salir en la portada también pudo ser un factor que removió las emociones en la sociedad capitalina. En uno de los números del segundo año, Pascual Polilla, seudónimo del colaborador

---

10 Algo similar ocurre cuando la portada la ocupa "Violeta"; seudónimo de Enriqueta Meiggs de Briseño, colaboradora con mucha presencia en los primeros números de la revista.

11 La diferencia expuesta entre el ejemplo del primer número de la revista y el nº 52 del segundo año no implica, necesariamente, que haya un cambio progresivo o lineal respecto de la significación que pueden tener las personas que ocupan la portada. No obstante, los ejemplos sirven para ilustrar los diversos sentidos que pueden tener las reseñas biográficas.

de la sección "El libro viejo del tío alejo", que se enfoca en la genealogía de las familias chilenas, declara con cierto tono defensivo: "Supongo que los lectores de *La Lira Chilena* deben estar fastidiados con los parrafillos sobre los orígenes de familia que a menudo les inserto porque a quienes no les toca incienso rabian y a quienes les toca también rabian" (año 2, nº 13). La elección del rostro de portada parece ser a criterio exclusivo del fundador y director de la revista, quien a medida que pasan los años deja entrever las expectativas de sus lectores y lectoras y, sobre todo, a partir del tercer año –cuando él mismo escribe el perfil– suele hacer explícitos los vínculos de amistad que lo unen con los retratados. En algunos momentos es evidente que sus relaciones sociales inmediatas, y no necesariamente estrechas, determinan esa elección. Este asunto se hace más evidente cuando la persona que ocupa la portada no proviene del área de las letras o las artes. Por ejemplo, se hace visible cuando por motivos patrióticos decide tomar un curso para milicianos en el Instituto de Aplicación de San Bernardo. A las pocas semanas, uno de los retratos que aparece en la portada de la revista es el del militar Francisco Solís de Ovando (año 1, nº 11), profesor de dicha institución. Como sea, las relaciones de amistad también son el medio para conseguir colaboraciones, sobre todo al inicio de la revista. En el número 3 del año 1898 (año 1, nº 3), en la sección "Notas sueltas", un colaborador que firma bajo el nombre de Raúl señala: "Mi buen amigo, el Director de *La Lira Chilena*, me ha pedido le escriba una sección cualquier para su interesante publicación" (s/p). Declaraciones como estas difuminan cualquier idea muy elaborada o preconcebida sobre los contenidos temáticos de la revista, al menos en sus comienzos.

La amistad es uno de los vínculos más preciados por Samuel Fernández Montalva. Se advierte desde el primer perfil, el de Luis F. Rojas que, como se mencionó en un inicio, destaca sus dotes de buen amigo. Una práctica común en las revistas desde el siglo XIX y a lo largo del XX ha sido publicar las cartas de lectores dirigidas a la redacción o al director. En el caso de *La Lira Chilena*, este mecanismo permite profundizar en la relevancia que cobra para el círculo social capitalino salir en la portada y ser reseñado biográficamente en el editorial. Ese es el caso, entre otros, de Marco Antonio Pérez quien, en cartas separadas, agradece el arte del ilustrador y las hermosas palabras del director para referirse a su persona. Pérez cierra la carta despindiéndose como "su amigo que lo quiere de corazón" (año 1, nº 10). Cuando Fernández Montalva se refiere al periodista Julio Videla, en su perfil, señala: "Me liga para con Julio, además de una amistad antigua i sincera, un distinguidísimo cariño que supo captarse, con su espléndido comportamiento i las muchas amabilidades que gastó para conmigo, durante la sepultación de los restos de mi querido hermano ¡pobre Ricardo! [sic]" (año 3, nº 6). Y un caso más que ejemplifica esta idea es el perfil que refiere al poeta Bórquez Solar, en el que se conjugan los afectos del director con la complacencia hacia sus lectores y lectoras: "Este es el señor Bórquez Solar, que tantos deseos de conocerle me habían manifestado mis lectores. [...]. Me liga para con Bórquez una vieja amistad heredada de Ricardo [su hermano fallecido]... Eran los dos tan poetas [...]" (año 3, nº 47). Junto con la amistad y la voluntad de hacerla pública, hay una reciprocidad afectiva. La inclusión de estas personas es una forma de recompensar, reconocer y agradecer lo recibido, estableciendo de esta forma una economía de los afectos. El retrato como objeto fetichizado –tematizado en la poesía y la literatura romántica finisecular que también circula en *La Lira Chilena*– se contempla y, en la experiencia de la contemplación, supone una experiencia afectiva. El texto que le sigue en la página editorial prolonga esta retórica de la admiración que el retrato por sí solo pareciera evocar. Sara Ahmed propone un modelo de socialidad de las emociones, es decir, de "ser con otro", en el que "las emociones no están 'en' lo individual ni 'en' lo colectivo" sino que ocurren en la medida que circulan" (2014: 34-35). La revista deviene en un espacio de intensidad afectiva en que los perfiles e intercambios epistolares son objetos impresos que, siguiendo la terminología de Ahmed, resultan "pegajosos o saturados de afectos". El retrato de la portada y la escritura biográfica constituyen canales para agradecer las atenciones que el director recibió en el pasado y también son un puente para mantener vivo el recuerdo del hermano. En ese sentido, hay una familiarización de la amistad, acortando la distancia social entre el director de la revista y los biografiados.

Si eso ocurre, generalmente, con las biografías escritas por el director, la diferencia la establece Pedro Pablo Figueroa, amigo también de Samuel Fernández Montalva. En no pocas ocasiones las reseñas biográficas son escritas por Figueroa, quien también fue portada en el primer año de *La Lira Chile*na. Sus textos se caracterizan por ser más largos de lo habitual y por mantener un tono más sobrio y recatado. Por su parte, el director de la revista dedica espacio para anunciar los nuevos libros de Figueroa, al igual que todos sus logros, dejando entrever que un lazo de amistad y de mutua admiración los une. La colaboración de Figueroa se presenta de dos maneras. La primera corresponde a la reproducción de textos ya publicados en su *Diccionario biográfico de Chile* (1887), libro editado en tomos que se promociona y comenta en la revista. Esa escritura extraída del libro ya publicado opera como una intervención del saber profesional, en contraste con la escritura *amateur* del director de la revista. La segunda manera que asume la participación de Figueroa es mediante textos escritos especialmente para la revista o que, por el momento, no han sido publicados en forma de diccionario. Menciono brevemente el caso de Figueroa porque, por un lado, visibiliza un proceso especialización y profesionalización que el director de la revista no ejerce, al menos, en la decisión de los contenidos (diferente es si lo vemos desde el punto de vista de la producción material de la revista). Por otro lado, porque siendo amigo de Fernández, desde las escrituras de las biografías interviene también la retórica de la amistad y de los afectos del director. Aunque la amistad (¿o el interés?) pareciera ser la puerta de entrada de Figueroa a la revista, son sus mismas colaboraciones las que resultan un punto de fuga del tono general de la revista. La escritura profesional del biógrafo conecta con otro "exterior", el de la circulación de los impresos y la profesionalización de saberes como el de la historia biográfica. A través de Figueroa, la revista se implica en el saber especializado del biógrafo, quien ya ha publicado muchísimos libros y es reconocido por el medio. Los aportes de Figueroa, por un lado, alimentan el espíritu ilustrado-pedagógico de la revista; pero por otro, tensionan el tono hiperbólico, laudatorio, afectivo y poco profesional de las reseñas biográficas escritas por el director.

Mientras los retratos ocuparon el mismo lugar casi de forma constante gracias a la permanente participación de un director artístico a cargo de las ilustraciones y se constituyeron en un componente de fácil identificación, las escrituras biográficas, por su parte, un poco menos estables, menos homogéneas y más móviles, estuvieron al servicio de estas imágenes, dando forma a varias rutas de lecturas. La metáfora del archipiélago, que Westphal evoca para explicar la perspectiva geocrítica, ofrece una posibilidad de leer los retratos y reseñas biográficas de *La Lira Chilena*, en tanto artefacto cultural, como "islotes" que componen distintas dependiendo de las rutas de lectura que se sigan, sea la textual o la visual, o ambas en una relación dialógica (Westphal, 2015: 36). Desde otro punto de vista, siguiendo las propuestas de Bhaskar, leer la revista a partir de los conceptos del marco y modelo, en su teoría del contenido, hace visible, y casi bullente, la preferencia por el contenido biográfico y las formas diversas en que este contenido se puede presentar, a la vez que potencia una lectura de las interacciones existentes entre estos materiales, sean visuales o verbales.

Retratos y escrituras biográficas tienen una doble vida articulada a partir de la portada como espacio fronterizo poroso. Una primera, "exterior", que los conecta con la sociedad santiaguina. La revista circula por las manos de lectores y lectoras, de colaboradores y colaboradoras que escriben en ella. Ese exterior se proyecta e interviene en la revista cobrando nuevas formas y sentidos. Esto da paso a la segunda vida, la que ocurre al "interior" de la revista, en la que textos e imágenes se afectan y sugieren rutas o claves de lectura que, a través de los rostros como signo indicial, anuncian la fuerte presencia de las escrituras de vida, un registro biográfico que en la pluma de Pedro Pablo Figueroa revela el proceso de profesionalización y su potencialidad de convertirse en un saber axial. Desde otro punto de vista, es posible leer la revista como proyección de un espacio alternativo de sociabilidad de la *civitas*. Esto permite tensionar, mas no eliminar, su estatuto de revista ilustrada para preguntarse por su carácter de revista social, que apunta a una "socialité" *à la* fin de siglo y que constituye, acaso, un antecedente primario de las revistas de farándula que adquirieron protagonismo durante las últimas décadas del siglo XX.

Referencias bibliográficas

Ahmed, Sara, 2014, *La política cultural de las emociones,* 2ª ed., México, Universidad Nacional Autónoma de México.

Bhaskar, Michael, 2014, *La máquina de contenido,* México, Fondo de Cultura Económica.

Bruno, Paula, 2016, "Biografía, historia biográfica, biografía – problema", *Prismas* 20, 267-272.

Dosse, François, 2012, "Las mil y un vidas de la biografía", *El giro reflexivo de la historia,* Santiago de Chile, Ediciones Universidad Finis Terrae, 191-205.

La Lira Chilena, 1898-1900, Santiago de Chile [números correspondientes a esos años].

Leone, Massimo, 2019, "Apuntes para una semiótica de la frontera", *Revista Chilena de Semiótica* 12, 7-22.

Poblete, Juan, 2003, *Literatura chilena del siglo XIX: entre públicos lectores y figuras autoriales,* Santiago de Chile, Cuarto propio.

Rogers, Geraldine, 2019, "Las publicaciones periódicas como dispositivos de exhibición", Delgado, V. y Rogers, G. (coords.), *Revistas, archivo y exposición: Publicaciones periódicas argentinas del siglo XX,* Universidad Nacional de La Plata, Facultad de Humanidades y Ciencias de la Educación, 11-28.

Sarlo, Beatriz, 1992, "Intelectuales y revistas: razones de una práctica", *América. Cahiers du RICCAL* 9-10, 9-16.

Silva Beauregard, Paulette, 2006. "Un lugar para exhibir, clasificar y coleccionar: las revistas ilustradas como una galería del progreso", Jens Andermann y Beatriz González Stephan (eds.), *Galerías del progreso: museos, exposiciones y cultura visual en América latina,* Buenos Aires, Beatriz Viterbo Editora, 373-401.

Westphal, Bertrand, 2015. "Aportes para un enfoque geocrítico de los textos", Mariano García, María José Punte y María Lucía Puppo (eds.), *Espacios, imágenes y vectores. Desafíos actuales de las literaturas comparadas,* Buenos Aires, Miño y Dávila editores, 27-57.

Celos, envidia y bronca: sentimientos portuarios en las poéticas del tango y del fado

Dulce María Dalbosco

Universidad Católica Argentina
CONICET

Durante los últimos veinte años, en la escena musical porteña se ha generado un reencuentro entre el tango y el fado, dos géneros poético-musicales que comparten varios puntos de diálogo en su acontecer como productos culturales. Esta re-unión fue encabezada por Karina Beorlegui, quien a fines del siglo XX se destacaba como cantante de tangos. En esa época conoce el fado y, estimulada por las semejanzas que encuentra con el tango, lo incorpora a su repertorio artístico. Este gesto se afirma en sus tres discos mixtos –*Caprichosa (2003)*, *Mañana zarpa un barco* (2008) y *Puertos cardinales* (2012)– y en otros proyectos que han congregado a ambas músicas, como el Fado Tango Club (2008-2018) y el Festival Porteño de Tango y Fado (2012, 2014, 2017, 2019). Siguiendo su estela, otros artistas argentinos han emulado esta clase de repertorios mixtos. Algunas fadistas internacionales como Mísia, Cristina Branco o Carminho también han incursionado en el tango o se han referido a su relación con el fado (cfr. Mísia, 2017). Por otra parte, en sintonía con estos intercambios luso-argentinos, cabe mencionar que en nuestro país han surgido otras agrupaciones consagradas al fado y a la música portuguesa, como *Alma lusa* o *Fadeiros*.

La convivencia entre el tango y el fado dista de ser un encuentro exclusivo de la actualidad. En los años treinta Carlos Gardel cantaba algunas canciones rotuladas como *fados*, aunque con versos en castellano, entre las cuales la más recordada es "Caprichosa", cuyos pintorescos versos tienen un carácter ligero y estereotipado: "En Portugal tengo un nido/ hasta ahora abandonado/ donde, si escucha el oído,/ siempre oirás cantar un fado" (Aguilar, "Caprichosa"). A su vez, Amália Rodrigues ha declarado en sus visitas a la Argentina que de pequeña cantaba los tangos del Zorzal. Daniel Gouveia se refiere al "furor porteño" que esta música argentina había desatado en el país lusitano, manifestado en la presencia del tango en el cine y en los bailes populares, y sostenido durante años (2013: 237).

La idea de Beorlegui de congregar el tango y el fado en los albores del siglo XXI no se limita al gusto personal, sino que también se fundamenta en la percepción de algunos aspectos análogos, relacionados con la vivencia de un espacio específico:

> Creo que el tango y el fado, a pesar de tener muchas diferencias también, tienen una bohemia especial de ciudades de puerto, de ríos anchos, puertos que fueron tránsito y refugio de marinos mercantes, pescadores, inmigrantes. Esa atmósfera de Quinquela Martín o Pessoa, Borges y Saramago... el barrio, el arrabal, la mística... van muy en paralelo. (2016)

Creemos que el sentido de estas palabras se ilumina si nos detenemos en la densidad del concepto de *atmósfera*, entendida esta como un flujo que emerge del espacio para formar configuraciones de personas, objetos, lugares, sentimientos e imaginarios (Sumartojo y Pink, 2018). Como podemos advertir, entonces, uno de los argumentos comúnmente esgrimidos para justificar la movida musical de tango y fado surgida en Argentina es la afinidad emotiva entre ambos, ligada a su carácter "atmósférico" de expresiones del espacio portuario. Miguel Ángel Vera Sepúlveda destaca que el éxito de estos géneros a comienzos del siglo XX se debe, entre otros factores, a su capacidad para sintetizar los sentimientos inherentes a la vida de los puertos marítimos (citado en Gouveia, 2013: 230), entre los cuales menciona el desengaño, la fatalidad y los celos (233). A menudo son estas "pasiones oscuras" (Bordelois), "feas" (Ngai) o "negativas" (Reidl) las más nombradas a la hora de hablar de la configuración afectiva de estas poéticas,[1] aunque, en realidad, el espectro pasional asumido por la voz es bastante más amplio. En esta ocasión esbozaremos de qué manera se plasman algunas emociones usualmente calificadas como tales en algunos tangos y fados clásicos, y su relación con la vivencia de un espacio específico: las urbes portuarias de Buenos Aires y Lisboa. Nos ocuparemos principalmente de los celos, pero también en

1 Ana Peluffo sintetiza elocuentemente la tendencia de los pensadores del "giro afectivo" a desconfiar de las emociones canónicas, como la felicidad o el amor, y a "reevaluar aquellas consideradas negativas por la cultura dominante", como la envidia, el resentimiento o la indignación (2016: 24). Cecilia Macon, por su parte, rescata de estos autores la reivindicación de los afectos llamados *feos* y el cuestionamiento de la dicotomía entre afectos positivos y negativos, así como también de otros dualismos como interior/exterior, público/privado, etcétera (2013: 9).

menor medida de la envidia y de la bronca, pues se trata de emociones que a veces son difíciles de distinguir. En efecto, como sucede en la vida ordinaria, en estos cancioneros las fronteras entre los tres afectos no son tan claras. Esta permeabilidad es sobre todo evidente en el caso de los celos y la envidia, como se refleja en el plano lingüístico: habitualmente estos términos son usados en el lenguaje coloquial de manera intercambiable, a tal punto que, en algunos idiomas, como en el inglés, se utiliza la misma palabra –*jealousy*– para cubrir un espectro que abarca las dos actitudes (cfr. Reidl, 2005: 146). Por otra parte, los celos constituyen una emoción compleja, por cuanto suelen manifestarse como un proceso, en el que intervienen otras reacciones afectivas o sentimientos, entre los cuales figuran la bronca o el enojo (cfr. Reidl, 2005: 362-363).[2]

Así entendidos, los celos, la bronca y la envidia con frecuencia se han manifestado en estos géneros portuarios como una reacción ante la libre circulación de los cuerpos, la fluctuación de las identidades y las relaciones asimétricas. El puerto, como todo espacio, es una estructura social susceptible de modificar otras estructuras sociales; entre ellas la primera afectada es la aglomeración urbana surgida como consecuencia del movimiento de personas y bienes generado por aquel (Sandrín y Biangardi, 2015: 8 y 9). La dinámica de un espacio así abierto al intercambio cultural, al flujo cambiante de personas y a la presencia de una población flotante modela indefectiblemente la relación de los hombres y las mujeres entre sí y con el espacio.[3] Por esta razón, en las poéticas del tango y el fado la ciudad portuaria se configura como una geografía emocional (cfr. Davidson, Bondi y Smith, 2007).

---

2 Reidl Martínez explica que los celos están compuestos por otras emociones básicas, como el miedo, la tristeza o el enojo, que acontecen juntas o en secuencia (2005: 362-363).

3 La influencia del puerto sobre las ciudades de Buenos Aires y Lisboa ha variado a lo largo del tiempo. Claramente, la relación actual entre el puerto y la urbe no es la misma que hace setenta o cien años, de la misma manera que en ese entonces el vínculo también había variado con respecto a los siglos anteriores. No obstante, y a pesar de las diferencias que hay entre la ciudad argentina y la portuguesa, ambas tienen en común el hecho de haberse transformado en ciudades gracias al movimiento de personas y de bienes generado por el puerto. Por más que el papel predominante que este tenía, por ejemplo, en la circulación de personas, ha decaíso, su influjo sobre la ciudad permanece porque forma parte de los cimientos y de la estructura social y económica sobre la que esta se formó (cfr. Sandrín y Biangardi, 2015: 8-9).

1. Antecedentes: presencia de los celos en las canciones precursoras del fado y del tango

La poética del fado, más antigua que la del tango, hunde sus raíces en los albores del siglo XIX. Al despuntar el siglo XX se recogen los primeros testimonios críticos sobre el desarrollo y las características del género, donde los celos figuran entre los temas más comunes. En efecto, al trazar el perfil del fadista o *faia*, no solo como cantor sino como arquetipo social y eventual proxeneta,[4] Pinto De Carvalho y Alberto Pimentel hacen referencia a los celos. Además de describirlo como producto heteromorfo de todos los vicios (Carvalho, 1903: 31) y hexaedro abyecto que cristaliza todos los pecados capitales –excepto la avaricia– (37), Pinto De Carvalho puntualiza que el fadista o *faia* perpetra tan expeditamente el rufianismo ignominioso como practica el othelismo trágico (32). Afín es el retrato trazado por Alberto Pimentel, quien destaca el papel de los celos en su contradictorio perfil emocional:

> n'essa vida destragada todos os mais nobres sentimentos da humanidade se abatem e enlam eiam, attingindo ás vezes as proporções de uma paradoxo. Uma das coisas que mais custam a comprehender na vida do fadista é o ciume que elle tem da mulher perdida, que todos os dias se vende ao primeiro homem que passa. (1904: 99)

El autor explica luego que este sentimiento se orienta no a las caricias que vende la mujer, sino a las que puede proferir espontáneamente, y añade que los celos son el principal motivo de rencillas entre los fadistas (Pimentel, 1904: 100). Más allá de la evidente impronta decimonónica de estas descripciones y de su consecuente tinte moralista, destacamos que

4 En ese entonces la palabra *fadista* no designaba al cantor de fados como se lo conocería luego, sino a un tipo social descrito como una especie de criminal tolerado, frecuentador de tabernas de mala muerte, de imagen acicalada y altamente codificada. Se lo ha comparado con el apache parisino o con el camorrista italiano (Sucena, 2008: 44). Y, claramente, en su retrato resuenan ecos del compadrito porteño debido a su temple altanero, su atención a la vestimenta, su carácter orillero y su eventual –y a veces discutible– asociación con el proxeneta (cfr. Carretero, 1999). En su perfil del fadista, Carvalho y Pimentel difieren en un punto. Mientras que el primero indica que es engendrado por la aparición del fado como un nuevo factor del vivir lisboeta (Carvalho, 1903: 31), Pimentel, en cambio, cree que no fueron las canciones –los fados– las que dieron nombre a los fadistas como tipo social, sino que estas lo recibieron de ellos (1904: 45). Al respecto vale aclarar que el fado como género poético musical toma su nombre de un término complejo que, en el siglo XIX, se utilizaba de manera polisémica (cfr. Pimentel, 1904: 43).

ambos autores presentan a este actor urbano y sus formas de vincularse como un producto de su ambiente urbano semimarginal, donde prolifera una economía paralela basada en el contrabando, el juego, el robo y la prostitución, y donde las tabernas y los burdeles –luego llamados "*casas de fado*"– se articulan como espacios de intercambio y de camaradería, fundamentalmente masculina (cfr. Vieira Nery, 2004: 40). En este contexto, los celos del fadista hacia la prostituta parecen operar como una respuesta adaptativa al medio ambiente, mecanismo intrínseco a toda emoción (cfr. Reidl Martínez, 2005: 17),[5] como lo ilustran los versos de un primitivo fado recogidos por Pimentel:

Do lupanar para a tasca
Anda sempre a passeiar,
Com a esbelta amante a par,
A quem forte e feio casca.
A's vezes arma borrasca
Por ciúmes com que lucta,
E arruma pancada bruta,
Ou leva p'ra seu tabaco,
Só dando parte de fraco
A um gesto da prostituta.[6]
(Pimentel, 1904: 79)

Los celos funcionan aquí en su significado etimológico de 'protección' por cuanto son una forma de salvaguarda y de legitimación del poder masculino sobre la mercancía femenina, más que una mera reacción ante la amenaza de un triángulo amoroso. Los celos, la venganza, el odio o el amor, entre otras emociones intensas expresadas por el fado de entonces, están vinculados, como explica Joaquim País de Brito, con una cosmovisión que proyecta el espacio exterior donde acontece esa música, que comienza por reflejar el circuito prostibulario o marginal donde converge la mujer con los proxenetas, los chulos y los aristócratas aventureros (Brito, 1983: 165). Esa conexión con la vivencia se perderá luego en la poética del fado, que décadas más tarde se nutrirá de formas cristalizadas (167).

5 Lucy Reidl Martínez subraya el papel de la emoción como "indicador muy significativo de los encuentros adaptativos que las personas tienen con su medio ambiente" (2005: 17).

6 Del lupanar a la taberna/ Está siempre paseando/ Con la esbelta amante a la par,/ A quien fuerte y feo casca./ A veces arma riñas/ Por los celos con que lucha/ Y da golpes brutos/ O es castigado,/ Solo se muestra débil/ Ante un gesto de la prostituta.

Un dinamismo similar al del fado primitivo encontraremos en la poesía popular urbana precursora del tango, surgida en una atmósfera urbano-orillera paralela a la del fado, que funcionaba como contracara de la Buenos Aires cada vez más cosmopolita y europeizada (cfr. Matamoro, 1982: 32). En los barrios marginales y en las zonas portuarias alternaban "inquilinatos y modestas casitas" que albergaban a la clase media (33), con establecimientos prostibularios, cafés y academias por donde circulaban inmigrantes, marineros, orilleros, hombres solitarios, cafisios, prostitutas y camareras (35-36). Como en los primitivos fados, en los versos populares antecesores del tango los celos y la envidia aparecen ligados a la figura del cafisio[7] en relación con la mujer como posesión:

Soy el mozo canfinflero
Que camina con finura
Y baila con quebradura
Cuando tiene que bailar…
Y al que miran los otarios
Con una envidia canina
Cuando me ven con la mina
Que la saco a pasear…
¡Ahora, pues, viejo!
(López Franco, "Los canfinfleros o los amantes del día")

Aquí no se representa tanto una envidia activa, como el gozo de provocar ese sentimiento en los pares, percibidos como contrincantes. La envidia metaforizada en el comportamiento perruno hace explícito un deseo subyacente: comerse al otro, eliminarlo como rival, anularlo. Más tarde, en la poética del tango, este afecto será fundamentalmente la manifestación de un ego herido para quien la existencia del otro se erigirá como una amenaza.

2. Tango: desplazamientos espaciales y emocionales

Durante los primeros años del tango canción (1917 en adelante),[8] la relación cafisio-prostituta se desplaza a menudo hacia un vínculo hombre-

7 Blas Matamoro indica que el cafisio es el primer personaje del tango (1982: 48), pues a menudo figura en letrillas anteriores al tango canción, muchas de las cuales constituyen autorretratos, como "El porteñito" o "Soy tremendo".

8 Tomamos la fecha del nacimiento del tango canción comúnmente aceptada (cfr. Conde, 2014: 87 y ss.; Varela, 2016: 82-83), aunque también discutida (cfr. Gobello,

mujer en el que ella no pierde su carácter de posesión para la cosmovisión masculina, aunque sí lo desafía en su rol de transgresora. Esta traslación coincide con el trayecto ecológico del tango desde la periferia al centro, donde termina de insertarse transversalmente en todas las capas sociales y a la fuerza se "adecenta" (cfr. Romano, 1993: 8). En los años veinte prolifera un conjunto de tangos donde los celos románticos, sobre todo hacia la mujer amada, se resuelven en muerte –de la mujer o del rival– o se ven seducidos por esa posibilidad: "Silbando" (González Castillo), "Duelo criollo" (Bayardo), "Dicen que dicen" (Ballestero), "La gayola" (Tagini), "Un tropezón" (Bayón Herrera), "Tomo y obligo" (Romero), "La copa del olvido" (Vaccarezza). En estas letras suelen confluir dos figuras masculinas de los primeros tiempos del tango canción: "la tradición del 'amurado' pero combinada con el mito sanguinario del guapo que cobra la traición con la muerte" (Gasparri, 2011: 205). En todos ellos la palabra se articula como una necesidad de contar y como una vía de liberación. Uno de los tangos más elocuentes en este sentido es "Dicen que dicen", centrado en el momento en que un hombre despechado encuentra a la mujer que lo engañó. El sujeto trasvasa su historia hacia otros actores y se coloca en el lugar de testigo:

> Vení, acercáte, no tengas miedo,
> que tengo el puño, ya ves, anclao.
> Yo solo quiero contarte un cuento
> de unos amores que he balconeao.
> Dicen que dicen, que era una mina
> todo ternura, como eras vos,
> que jué el orgullo de un mozo taura
> de fondo bueno... como era yo.
>
> Y bate el cuento que en un cotorro
> que era una gloria vivían los dos.
> Y dice el barrio que él la quería
> con la fe misma que puse en vos.
> Pero una noche que pa' un laburo
> el taura manso se había ausentao,
> prendida de otros amores perros
> la mina aquella se le había alzao.

1977: 845-908; Vilariño, 1977: 44). Se trata del estreno oficial de "Mi noche triste", letra compuesta por Pascual Contursi para el tango instrumental "Lita" de Samuel Castriota.

El sentido de la vista adquiere protagonismo: el lunfardismo *balconear*[9] alude a un sujeto que observa con interés, pero sin intervenir; como señala Henri Lefebvre, el balcón –tanto en su sentido literal como metafórico– permite la inserción simultánea del individuo dentro y fuera de los hechos (2010: 45), quien en estos versos es prácticamente un voyerista. Esta disposición subjetiva se integra, como veremos, en una retórica de la mirada desplegada en la poética del tango en relación con la bronca, los celos y la envidia, pues la imagen, según demuestra Brian Massumi (1995), funciona como disparador de la intensidad afectiva. La palabra despliega también una fuerza extraordinaria, pues lo narrado se transforma en acción a medida que es dicho. Aunque "y dice el barrio..." presenta, por un lado, un sujeto metonímico (los habitantes del barrio), el espacio conserva también un grado de agencia en los acontecimientos. La circulación de la palabra en una topografía específica marca el curso de los sucesos. En la siguiente estrofa, se produce el cruce entre el relato desplazado y el relato actual, en la que constituye una de las escenas más violentas del tango canción:

Dicen que dicen, que desde entonces
ardiendo de odio su corazón,
el taura manso buscó a la paica
por cielo y tierra como hice yo.
Y cuando quiso, justo el destino,
que la encontrara, como ahura a vos,
trenzó sus manos en el cogote
de aquella perra... como hago yo...

Deje vecino... No llame a nadie.
No tenga miedo, estoy desarmao.
Yo solo quise contarle un cuento,
pero el encono me ha traicionao...
Dicen que dicen, vecino, que era
toda ternura la que murió...

9 En su *Diccionario etimológico del lunfardo,* Oscar Conde ofrece la siguiente definición del verbo *balconear*: "Atisbar, mirar disimuladamente lo que está ocurriendo". Se trata de una extensión del americanismo *balconear*: "mirar, observar con curiosidad desde un balcón o cualquier otro sitio elevado" (2010: 56). Cabe destacar el afán purista de Conde, quien ha hecho explícita su voluntad de depurar el diccionario de los *seudolunfardismos* (15), de manera que en él se recogen solo aquellas palabras consideradas propiamente lunfardismos.

Que jué el orgullo de un mozo taura
de fondo bueno... como era yo...
(Ballestero, "Dicen que dicen")

En este desenlace se hace patente el carácter destructivo de los celos, a los que Reidl Martínez caracteriza como una emoción dinámica, por cuanto el individuo se mueve de un estado donde se siente completamente amenazado "hacia otro en el que cree que ya dominó el problema". En casos extremos, sigue la autora, la solución para él "consiste en la eliminación violenta del rival" (2005: 29) o del objeto que se desea con exclusividad. El dinamismo de los celos como emoción es el correlato del dinamismo de los cuerpos, cuyo desplazamiento es la causa de este afecto. Los celos afloran ante la libre circulación de los cuerpos, la libertad en la habitación del espacio y en la formación de vínculos. Cuando el sujeto traslada su relato, la palabra replica el movimiento de los cuerpos para ponerlo en evidencia. Asimismo, "Dicen que dicen" expone la complejidad inherente a los celos como emoción compuesta, por cuanto su expresión implica no solo una constelación de sentimientos –resentimiento, enojo, orgullo, miedo–, sino "fluctuaciones del ánimo", en palabras de Spinoza (1980: 150), donde alternan incluso sentimientos contradictorios –amor y odio, bronca y compasión– que conducen, en este caso, al femicidio.

La emergencia de los celos, el enojo o la envidia en cuanto respuesta a una manera de habitar el espacio y de moverse en él, así como la permeabilidad entre estas tres pasiones, aparecen en el tango canción en otro tipo de composiciones de la misma época. Se trata de canciones que funcionan a modo de retrato de personajes tipo urbanos: el compadrito, el malevo, el niño bien y las milongueras. En ellas el tango "recuperó la pregunta por la identidad escondida detrás de la máscara" y, fundamentalmente, el reclamo de "sacarse la careta", extensivo tanto a hombres como amujeres (Matallana, 2008: 85). Pero aquí los celos, la envidia y el enojo no se limitan a una reacción frente a la posesión amenazada, sino que se integran en una retórica de la mirada del otro que a veces adquiere carácter de denuncia por la movilidad social pretendida por algunos de esos actores. Esta temática prospera debido a la transformación de la fisonomía de la ciudad entre fines del siglo XIX y comienzos del siglo XX. El aluvión inmigratorio llegado a través del puerto, la migración interna del campo a la ciudad, el proceso de modernización y el avance urbano sobre las orillas modelan la urbe como espacio de flujo y transmutación. Lo que las letras de tango condenaban, en palabras de Andrea Matallana, era la experiencia de quien intentaba ser otro en la ciudad (2008: 86).

La acusación se configura a través del tamiz de una subjetividad que lo resiente o lo denigra y que se estima autorizada para hacerlo.

El célebre tango "Margot" da cuenta de la dinámica visual del sujeto acusador desde el primer verso: "Desde lejos se te embroca, pelandruna abacanada". El verbo lunfardo *embrocar* alude a una mirada punzante (Conde, 2010: 137). Incluso en las versiones que cambian ese verbo por *marcar* –Carlos Gardel– o el más popular *junar* –Julio Sosa–[10] no se pierde ese significado de la agudeza óptica. Así, si bien todos los sentidos son invocados en la descripción de la milonguera, sobresale la vista "mientras triunfa tu silueta y tus trajes de colores" y son los ojos del observador los más heridos por la imagen: "Me revienta tu presencia, pagaría por no verte". El impacto, que infla de bronca[11] al observador a punto de reventar, devela que ese enojo es también envidia, en su significado más radical, explicado por Ivonne Bordelois: "La envidia se relaciona etimológicamente con el sentido de la vista, ya que in-vidia (de *video*, *vedere*, en latín, de donde desciende nuestro *ver*) significa la mirada penetrante y agresiva de un ojo que, movido por alguna forma de animosidad, antipatía, odio o rivalidad, se hinca enconadamente en el de su enemigo para perforarlo y destruirlo" (Bordelois, 2006: 132). La envidia podría ser pensada en relación con los celos, en cuanto pérdida de una posesión: "ya no sos mi Margarita, ahora te llaman Margot". Pero también –y sobre todo– junto con Sianne Ngai puede entenderse más en términos de una carencia que en los de una respuesta afectiva (2005: 126). El denunciante percibe su propia desintegración como referente, pues el otro desarrolla la capacidad de autoconstruirse. Así entendida la envidia, hay un odio del sujeto a sí mismo por no atreverse a esa transgresión, que se traduce en un reproche autoinfligido (cfr. Bordelois, 2006: 132 y Spinoza, 1980: 165). Aquí se cela entonces la transgresión efectuada por la mujer, consistente en un desplazamiento espacial en su sentido más literal: de la "miseria de un convento de arrabal", ámbito estático de una identidad fija, hacia los cabarets del centro, espacio dinámico, "mundo de

---

10 Conde ofrece la siguiente definición de *marcar*, entre otras acepciones: "Observar con atención y disimulo, examinar, campanear" (2010: 214). Las primeras acepciones del verbo *junar* son similares: "Observar, mirar fijamente"; "Advertir, conocer" (192). Es digna de atención la productividad del lunfardo en la creación de verbos que aluden a los distintos matices en las formas de mirar: balconear, campanear, embrocar, filar, junar, manyar, marcar, entre otras.

11 Se trata de una emoción muy fructífera en el tango canción, que se desplegó con variados matices. Con certeza el estudio del enojo y su configuración discursiva en el género merecerían un capítulo aparte. Aquí solo bosquejamos algunas notas de la bronca en relación con los celos.

la competencia, la ajenidad y el autovalimiento" (Ulla, 1982: 53), donde la identidad se vuelve maleable. En definitiva, lo que se censura es la circulación en todas sus dimensiones: física, social y emocional. En otras composiciones, esto vale también para las figuras masculinas:

Dandy,
ahora te llaman
los que no te conocieron
cuando entonces
eras terrán,
porque pasás por niño bien
y ahora te creen que sos un gran bacán;
mas yo sé, dandy,
que sos un seco, y en el barrio
e comentan fulerías,
para tu mal...
(Irusta, "Dandy")

Si en el centro urbano el discurso se disuelve en la masa y el anonimato, en el barrio, al acotarse el radio de movimiento, la palabra traza un itinerario que descubre al personaje y lo deja expuesto. De ahí que el sujeto acusador quiera devolverlo a su espacio de origen. El costado tanático de los celos antes comentado se despliega de manera simbólica: el poder corrosivo de la mirada se expresa a través de una palabra que es al mismo tiempo confesión y degradación del ego ajeno. El enojo del denunciante descubre una fisura de su propio yo, como se plasma en su discurso altamente modalizado; modalización que se destaca sobre el contenido, de manera que el delator irascible y perturbado por la existencia del otro y su progreso sobresale frente al personaje delatado:

Son macanas pura uva tus decires bullangueros,
qué venís a darte corte si te manyo el pedigrée
vos te hacés el bacanazo y te faltan los aperos
y te creés que nadie sabe lo que sos y lo que hacés...
[...]
A quién vas a hacerle el cuento si vos sos falluteria
por adentro solo sombras, por afuera relumbrón.
Está bien que los engrupas a los giles de hace rato
pero a mí que sé tu foja no me vas a trabajar.
Che bacán, hacete a un lado, solamente sos un gato
que te da por las grandezas que jamás has de alcanzar.
(Cadícamo, "Fanfarrón")

Ramón Gómez de la Serna se refiere al tango, al fado y al cante jondo como "desgarrado canto", concepto que no desarrolla, pero que vincula con el tono lastimero frecuente en estos géneros (1979: 13). Creemos que también lo son en el sentido de que a menudo asume el canto este ego infatuado, desgarrado cuando el otro, al despegarse, es asumido como una amenaza para el yo y para su estabilidad.

3. Fado: *ciúme, ruas, janelas*

La experiencia de la vida urbana también desgarra al sujeto en el fado, y esa herida permanece como marca poética más allá de las transformaciones que van sufriendo los textos de las canciones. Al igual que en el tango, el desplazamiento ambiental de esta música desde las áreas marginales hacia zonas más urbanas y, con posterioridad, el programa llevado a cabo por el régimen salazarista conllevaron un adecentamiento en el contenido de los versos, de manera que lo prostibulario queda solapado con el paso del tiempo.

En efecto, durante la última década del siglo XIX se diversifican los lugares de producción del fado y los actores sociales implicados –proceso iniciado unos años antes–, pues termina de extenderse más allá de las áreas ribereñas, las tabernas y los ambientes marginales, hacia los barrios, con cuya vida cotidiana se involucra. Se produce lo que Brito denomina *vulgarización del fado*, debido a su inclusión en las revistas, el teatro y la opereta, y en las prácticas tradicionales de los barrios antiguos de Lisboa, señaladas por el calendario festivo. La aparición de las grabaciones en disco y las impresiones de partituras contribuyen otro tanto (Brito, 1983: 156).

Posteriormente, ya en los años treinta –período de profesionalización del fado–, se ejercen censuras directas e indirectas que inevitablemente inciden en el género. Las letras de intervención social, que habían surgido en las décadas anteriores, quedan solapadas. Por otro lado, se crean los locales propios para la ejecución del fado, de manera que el género comienza a circunscribirse a estos espacios cargados de símbolos que remiten a sus orígenes y donde los fadistas se transforman en artistas (Brito, 1983: 159). En este período, para Brito, el fado se convierte en una forma cristalizada y sus letras ya no responden a la vivencia del contexto histórico y espacial, sino que se vuelven anacrónicas, repiten temas y estereotipos de antaño y alimentan el propio mito del fado (166). Un proceso paralelo se da en el tango en los años cuarenta, cuando, en palabras de Blas Matamoro, se vuelve "evocativo": "Formas, ambientes y personajes del origen surgen como fantasmas luminosos en la poesía y en la música de la nueva generación de hombres de tango" (1982: 174). En este movimiento endogámico, el tango, el fado y sus respectivas atmósferas originarias y míticas –espacio y ambiente– son los objetos más evocados.

Así las cosas, los celos *–o ciúme–*, antes vinculados con el circuito prostibulario y ahora transformados en celos románticos, persisten como tema habitual en fados tradicionales y en fados canción.[12] El fado tradicional "*Cena fadista*",[13] escrito en los años treinta por Gabriel de Oliveira,[14] muestra cómo se reconfigura esta pasión en el marco del fado autoevocativo. El hecho de que la mujer ocupara un papel destacado en el canto hizo que muchos versos tuvieran un personaje femenino a cargo de la enunciación. En estos versos los celos entran en juego debido a una doble disputa: una de carácter amoroso, cuyo objeto es el hombre deseado, y otra de corte narcisista, en la cual dos mujeres compiten por el podio de la más *fadista*:

Foi na Travessa da Palha
que o meu amante, um canalha
fez sangrar meu coração
trazendo ao lado outra amante
vinha a gingar petulante
em ar de provocação

Na taberna do Friagem
entre muita fadistagem
afrontei-os sem rancor
porque a mulher que trazia
com certeza não valia
nem sombra do meu amor[15]

---

12 El *fado tradicional* –también llamado *fado castiço, fado classico* o *fado fado*– es considerado el fado más antiguo y auténtico. Sus textos generalmente adoptan las estructuras poéticas más comunes, como la cuarteta o las estrofas de cinco, seis o diez versos. El fado *canção* presenta una estructura musical y poética en la que alternan copla y estribillo, y es armónicamente más complejo que el fado tradicional (Castelo-Branco, 2000: 81-84). Daniel Gouveia especifica que el fado tradicional carece de estribillo, sus estrofas de número indeterminado responden a una construcción regular y a una métrica constante y son pasibles de ser cantadas en cualquier estructura armónica a la cual se adapten (2014: 7).

13 "Escena fadista".

14 La letra de este fado fue publicada en el número 313 de la revista *Guitarra de Portugal* el 4 de abril de 1936. Sin embargo, fue popularizada décadas más tarde, en 1958, por la famosa fadista Lucília Do Carmo, con el título "*Foi na Travessa da Palha*".

15 Fue en la *Travessa da Palha/* que mi amante, un canalla,/ hizo sangrar mi corazón/ al traer a su lado a otra amante/ venía a alardear petulante/ en aire de pro-

La topografía diseñada desde los primeros versos es también una cronografía: el marco espacial de esta escena fadista, la *Travessa da Palha* y la *Taberna do Friagem,* remiten a una atmósfera con resabios de una era primigenia del fado, es decir, a una Lisboa antigua o, al menos, detenida en el tiempo. Esto se percibe porque *Travessa da Palha* era el nombre que la *Rua dos Correios* tenía antes del terremoto que azotó a Lisboa en 1755, denominación aquella que, hasta el siglo XX, convivió en la memoria popular con el nombre oficial de esa calle. Asimismo, el encuentro entre el hombre, la fadista y la tercera en discordia se produce en un espacio cerrado, el interior de una taberna, ámbito altamente codificado donde, a esta altura, el fado ya acontece como ritual y donde la llegada de los actores se interpreta, en consecuencia, como una provocación:

A ver qual tinha mais brio,
cantámos ao desafio[16]
eu e ess'outra qualquer;
deixei-a a perder de vista,
provando ser mais fadista,
mostrando ser mais mulher.

Foi uma cena vivida
De muitas da minha vida
Que não se esquecem depois
Só sei que de madrugada
Após a cena acabada
Voltamos para casa os dois.[17]

La taberna y la calle como espacios ceremoniales del fado –uno interno y otro exterior– constituyen topografías afectivas, pues la circulación de los cuerpos es inevitablemente simbólica, es decir, leída en clave. La palabra *fadista,* usada como adjetivo, es el atributo contendido. Se advierte en este término un desplazamiento semántico: ya no remite al tipo masculino urbano semimarginal del fado decimonónico ni tampoco a la vida errante, sino que adquiere aquí una connotación positiva ligada, por un lado, a

---

vocación. //En la taberna do *Friagem*/ entre todo el fadistaje/ los afronté sin rencor/ porque la mujer que traía/ ciertamente no valía/ ni la sombra de mi amor.

16 *Cantar ao desafio* ('cantar a modo de desafío') es una tradición dentro de la música portuguesa en general y del fado en particular.

17 A ver cuál tenía más brío,/ cantamos a contrapunto/ yo y esa otra cualquiera;/ la dejé opacada,/ probando ser más fadista,/ mostrando ser más mujer.// Fue una escena vivida/ de muchas de mi vida/ que no se olvidan después/ Solo sé que de madrugada/ después de acabada la escena/ volvimos a casa los dos.

la habilidad de la mujer para el canto y, por otro, a la autenticidad como valor: ser *fadista* se entiende como una plasmación de la idiosincrasia de esa música. Al mismo tiempo, dicha cualidad se asocia con una expresión más cabal de lo femenino desde una visión patriarcal: ser más *fadista* y más *mujer* que la contrincante son la causa de su triunfo. En este duelo casi animal entre las dos mujeres, la voz es simultáneamente el arma y el factor de seducción. En este sentido, "*Cena fadista*" es una puesta en abismo, por cuanto se produce una identificación directa entre el sujeto de la enunciación y la voz de la cantante, cuya habilidad interpretativa es puesta en foco por el contenido de los versos. La fadista rivaliza contra sí misma, pues debe demostrarle al público que su victoria es verosímil. No es casual que haya sido Lucília Do Carmo, fadista destacada, la que popularizó estos versos en los años cincuenta.

En este marco de autorreferencias, sujeto y espacio se reflejan mutuamente, por cuanto forman parte de una cristalización, de un mismo cuadro. Este movimiento se produce en un espacio simbólico y codificado, donde también lo están los comportamientos "fadistas". El fado, como el tango, se transforman en músicas que crean su propio universo y que, a partir de un referente concreto, reconstruyen un espacio urbano con sus propias leyes, donde no siempre hay lugar para todos. Hay que mencionar, no obstante, que en otras composiciones de ambos géneros los espacios se escriben y se cantan con otros matices. Se superponen, por ende, distintas representaciones de los mismos lugares.

La rivalidad femenina por el hombre-trofeo también fue tematizada en los fados canción, como por ejemplo "*A mulher que já foi tua*", que formó parte del repertorio de Amália Rodrigues:

Mudou-se p'ra nossa rua
Aquela que já foi tua
E perde o tempo à janela
Se passas ela sorri
Mas não olha mais p'ra ti
Por me ver olhar p'ra ela.

Sabe quando entras e sais
Donde vens, p'ra onde vais
Pois é esse o seu ensejo
Que faz tudo p'ra te ver
E eu tudo tento fazer
Só p'ra ela ver que eu vejo.[18]

---

18 Se mudó a nuestra calle/ Aquella que antes fue tuya/ Y pierde el tiempo en la ventana/

La retórica de la mirada que hallábamos en el tango relacionada con los celos y la envidia también se despliega aquí. El triángulo amoroso se traduce en un duelo óptico entre rivales y objeto en disputa. Los celos son bidireccionales y activan las significaciones originarias de la palabra: como "envidia" y como "defensa". La *janela* –ventana– motivo común de la poesía y del fado portugués, canaliza el flujo de las miradas. Considerada con frecuencia símbolo de la conciencia (Cirlot, 1992: 458 y Chevalier, 1986: 1055), también puede representar la idea de penetración, de posibilidad, de lontananza (Cirlot, 1992: 458) y de receptividad, por cuanto es abertura al aire y a la luz (Chevalier, 1986: 1055). Al igual que el balcón, la ventana es un espacio pivotante al que Lefebvre describe como un objeto transicional con dos sentidos diferentes –de dentro afuera y de fuera adentro– que se marcan y se remarcan. Especifica el autor: "La ventana se enmarca de otra manera por fuera (para el adentro) y por dentro (para el afuera) (Lefebvre, 2013: 252). Así entendida, por más que la voz del personaje provenga del afuera, la ventana introduce distintas perspectivas que entran en tensión, de manera que el auditor percibe un espacio casi cubista. Desde el interior hacia el exterior, emerge una potencial traición: la mujer abandonada, en su refugio, se proyecta hacia el afuera como una intimidación. Los celos, en este contexto, se comprenden como explica Reidl Martínez, como defensa en su sentido más básico: "el yo al responder como lo hace está luchando por preservarse a sí mismo (2005: 121). Al mismo tiempo, la ventana se erige hacia el espacio externo como un hito que señala una diferencia en el fluir. Si la calle es la circulación, el movimiento y la transformación, el adentro es la quietud, lo pasado, lo gastado que, no obstante, amenaza con perturbar el devenir del presente. Esta ambivalencia espacial se expresa en la oscilación emocional del sujeto entre la compasión y la insinuación desafiante:

Noutro dia tive dó
Porque assim que se viu só
Foi para dentro a chorar
E eu tive pena daquela
Que passa a vida à janela
Só para te ver passar.

Mudou-se para nossa rua
A mulher que já foi tua

Si pasas ella sonríe/ Pero no te mira/ Porque ve que yo la miro// Sabe cuándo entras y cuándo sales/ De dónde vienes y para dónde vas/ Pues es esa su ocasión/ Hacer todo para verte/ Y yo intento hacer todo/ Solo para que ella vea que yo veo.

P'ra que junto dela passes.
Não fez tudo o que devia
Pois muito mais eu faria
Se por outra me trocasses[19]
(Carlos Conde, "A mulher que já foi tua")

En "*Não venhas tarde*" parece confirmarse la oposición endeble entre el espacio exterior como el de lo voluble y el interior como el de lo estable, a la que se le suman otros binomios como el de traición-fidelidad, igualmente susceptibles de inversión. En este fado un hombre se despide de la mujer con la que convive para ir a ver a su amante, situación que no es ignorada por aquella:

Não venhas tarde... Dizes-me tu, com carinho
Sem nunca fazer alarde do que me pedes baixinho
Não venhas tarde...
Eu peço a Deus, que no fim
Teu coração ainda guarde um pouco de amor por mim

Tu sabes bem
Que eu vou p'ra outra mulher
Que ela me prende também
Que eu só faço o que ela quer
Tu estás sentindo
Que te minto e sou cobarde
Mas sabes dizer, sorrindo
Meu amor, nao venhas tarde

Não venhas tarde, dizes-me sem azedume
Quando o teu coração arde na fogueira do ciúme
Não venhas tarde, dizes-me tu, da janela
Eu venho sempre mais tarde porque não sei fugir dela[20]

---

19 El otro día tuve compasión/ Porque al verse sola/ Fue adentro a llorar/ Y tuve pena de aquella/ Que pasa la vida en la ventana/ Solo para verte pasar.// Se mudó a nuestra calle/ La mujer que antes fue tuya/ Para que junto a ella pases./ No hizo todo lo que debía/ Pues mucho más yo haría/ Si por otra me cambiases.

20 No vengas tarde... Me dices tú, con cariño/ Sin nunca hacer alarde de lo que me pides bajito/ No vengas tarde.../ Yo le pido a Dios que al final/ Tu corazón todavía guarde un poco de amor por mí/ Tú sabes bien/ Que voy a otra mujer/ Que estoy unido a ella también/ Que solo hago lo que ella quiere/ Tú estás sintiendo/ Que te miento y soy cobarde/ Pero sabes decir, sonriendo/ Mi amor, no vengas tarde// No vengas tarde, me dices sin amargura/ Cuando tu corazón arde en la hoguera de los celos/ No

La calle es nuevamente el espacio del flujo de las pasiones, del arrebato, de lo dionisíaco, mientras que hacia adentro de la ventana parece habitar la pasividad, la fidelidad, lo racional, lo apolíneo. Pero esta aparente dicotomía es deconstruida hacia el final del fado, cuando el traidor teme ser el traicionado:

Tu sabes bem
Que eu vou p'ra outra mulher
Que ela me prende também
Que eu só faço o que ela quer
Sem alegria
Eu confesso, tenho medo
Que tu me digas um dia
Meu amor não venhas cedo

Por ironia...
Pois nunca sei onde vais
Que eu chegue cedo algum dia
E seja tarde demais[21]
(Anibal Nazaré, "Não venhas tarde")

Lo que parecen sugerir estos fados es que las oposiciones en las valencias de los espacios –adentro/afuera, privado/público– no son tan rígidas como aparentan; es más, por momentos son cuestionadas y deconstruidas. La ubicación de los sujetos no solo es relevante, sino determinante, puesto que estos se confunden con el espacio, se pegan y se despegan de él. Detrás de un velo de quietud, la seguridad, en el sentido de lo esperable o predecible, se fuga del espacio urbano, al tiempo que este se configura como ámbito de lo inestable, por donde circulan la amenaza y el secreto. A su manera, el tango transmite significaciones análogas en su representación de la vivencia urbana. Parece confirmarse, entonces, que el estudio del discurso cancionístico en el espacio real y en el referido, como el de todo saber situado, nos obliga a entender uno y otro más allá de toda dualidad, incluso –y fundamentalmente– la de sujeto-objeto (cfr. Coelho, 2020).

---

vengas tarde, me dices tú, desde la ventana/ Y yo vuelvo cada vez más tarde porque no sé huir de ella.

21 Tú sabes bien/ Que voy a otra mujer/ Que estoy unido a ella también/ Que solo hago lo que ella quiere/ Sin alegría/ Confieso, tengo miedo/ Que tú me digas un día/ Mi amor, no vengas temprano.// Por ironía.../ Porque nunca sé adónde vas/ Que yo llegue temprano algún día/ Y sea demasiado tarde.

4. Comentario final

El tango y el fado se desarrollaron como géneros poético-musicales complejos y prolíficos, de manera que aquí solo atisbamos a presentar algunos disparadores de una reflexión mucho más extensa. Simplemente pretendimos bosquejar que la ciudad portuaria imprimió también su huella en la palabra cantada, pues quedaron plasmadas en la letra y en la voz las dificultades de habitar un espacio definido por tensiones que se trasmutan, pero que nunca se resuelven. En este marco, las relaciones vinculares y los roces entre cuerpos e identidades trazan un claroscuro pasional, en el que emociones como los celos, la bronca y la envidia fueron simultáneamente formas de denuncia o de resistencia de sujetos para quienes la vorágine de las ciudades modernas no fue siempre fácil de asimilar.

Referencias bibliográficas

Brito, Joaquim Pais de, 1983, "O fado: um canto na cidade", *Ethnologia* 1.1, 149-184.

Campra, Rosalba, 1996, *Como con bronca y junando. La retórica del tango*, Buenos Aires, Edicial.

Carretero, Andrés, 1999, *El compadrito y el tango*, Buenos Aires, Continente.

Carvalho, Pinto de, 1903, *História do fado*, Lisboa, Empreza da História de Portugal Sociedade editora.

Chevalier, Jean, 1986, *Diccionario de los símbolos*, Barcelona, Herder.

Cirlot, Juan-Eduardo, 1992, *Diccionario de símbolos*, Barcelona, Labor.

Davidson, Joyece, Liz Bondi y Mick Smith (comps.), 2007, *Emotional Geographies*, Hampshire, Ashgate.

Conde, Oscar, 2010, *Diccionario etimológico del lunfardo*, Buenos Aires, Taurus.

____ 2014, "Los temas del amuro y la milonguita, o de cómo Contursi revolucionó la letra de tango", *Las poéticas del tango-canción: Rupturas y continuidades*, Buenos Aires/ Remedios de Escalada, Biblos/UNLA, 81-103.

Gasparri, Javier, 2011, "Che, varón. Masculinidades en las letras de tango", *Caracol*, 2, Universidad de São Paulo, 174-215.

Gómez de la Serna, Ramón, 1979, *Interpretación del tango*, Buenos Aires, Albino y asociados editores.

Gouveia, Daniel, 2013, *Ao fado tudo se canta?*, Linda-a-Velha, DG Edições.

____ y Francisco Mendes, 2014, *Poetas populares do fado tradicional*, Lisboa, INMC.

Lefebvre, Henri, 2013, *La producción del espacio*, Madrid, Capitán Swing.

Lopes Coelho, Salomé, 2020, "From the balcony to Caminito: an ongoing rhuthmanalysis" [en prensa].

Macón, Cecilia, 2013, "*Sentimus ergo sumus*. El surgimiento del «giro afectivo» y su impacto sobre la filosofía política", *Revista Latinoamericana de Filosofía Política*, II (6), 1-32.

Massumi, Brian, 1995, "The autonomy of affect", *Cultural Critique*, 83-109.

Matallana, Andrea, 2008, *¿Qué saben los pitucos: La experiencia del tango entre 1910 y 1940*, Buenos Aires, Prometeo.

Matamoro, Blas, 1982, *La ciudad del tango*, Buenos Aires, Galerna.

Mísia, 2017, "Mísia: el tango y el fado pueden ser muy shakespeareanos", entrevista por Pedro Fernández Mouján, *Télam*, 01/09/17. URL: https://www.telam.com.ar/notas/201709/199800-misia-el-tango-y-el-fado-pueden-ser-muy-shakespeareanos.html

Ngai, Sianne, 2005, *Ugly feelings*, Cambridge MA, Harvard University Press.

Pavão dos Santos, Vítor, 2014, *O fado da tu voz: Amália e os poetas*, Lisboa, Bertrand Editora.

Pimentel, Alberto, 1904, *A triste canção do Sul: subsidos para a história do fado,* Lisboa, Livraria central de Gomes de Carvalho.

Reidl Martínez, Lucy María, 2005, *Celos y envidia: emociones humanas*, México, UNAM.

Romano, Eduardo, 1993, *Las letras del Tango: Antología cronológica 1900-1980*, Rosario, Fundación Ross.

Sandrín, María Emilia y Nicolás Biangardi (comps.), 2015, *Los espacios portuarios: Un lugar de encuentro entre disciplinas*, Universidad Nacional de la Plata. Facultad de Humanidades y Ciencias de la Educación.

Sucena, Eduardo, 2008, *Lisboa, o Fado e os Fadistas*, Lisboa, Nova Vega.

Sumartojo, Shanti y Sarah Pink, 2018, *Atmospheres and the Experiential World: Theory and Methods*, Abingdon, Oxon y New York, Routledge.

Ulla, Noemí, 1982, *Tango, rebelión y nostalgia,* Buenos Aires, CEAL.

Varela, Gustavo, 2016, *Tango y política: Sexo, moral burguesa y revolución en Argentina,* Buenos Aires, Ariel.

Vieira Nery, Rui, 2004, *Para uma história do fado,* Lisboa, Público.

Vilariño, Idea, 1977, "El tango cantado", Texto Crítico, 3, 6, 37-48.

Estéticas documentales e imaginaciones políticas: afectos, lenguajes y transmisiones transgeneracionales en la producción fílmica documental de *hijas* y *nietas* en Chile y Argentina

Milena Gallardo Villegas

Universidad de Valparaíso

1. Hacia la construcción de un marco de legibilidad estético-político para las obras de *hijas* y *nietas*[1]

Este texto presenta los hallazgos de mi investigación doctoral, dedicada al estudio comparativo de las imágenes poéticas y los recursos cinematográficos utilizados en la producción documental reciente sobre la memoria del pasado dictatorial en Chile y en Argentina. La investigación reunió un corpus de diez documentales realizados por mujeres, entre los años 2000 y 2016, que proponen un amplio campo temático, vinculado, por una parte, con las vivencias infantiles ligadas con la violencia política, las militancias y las resistencias frente a las dictaduras, y, por otra, con los fenómenos asociados a la transmisión transgeneracional de las experiencias traumáticas. Se trata de los filmes argentinos: *Panzas* (2000), de Laura Bondarevski; *H.I.J.O.S el alma en dos* (2002), de Carmen Guarini y Marcelo Céspedes; *Los rubios* (2003), de Albertina Carri; *Papá Iván* (2004), de María Inés Roqué y *La guardería* (2016), de Virginia Croatto. Y, por otra parte, de los documentales chilenos: *Reinalda del Carmen, mi mamá* y yo (2006), de Lorena Giachino; *El edificio de los chilenos* (2010), de Macarena Aguiló y Susana Foxley; el cortometraje *Testigo[s]* (2010), de Yurié Álvarez; *El eco de las*

1 Este artículo se enmarca en el proyecto Fondecyt de postdoctorado N° 3210732 "Estéticas, afectos y acción política en el cine de mujeres contemporáneo: una relectura del documental político desde el Cono Sur de América Latina (Chile, Argentina, Uruguay y Paraguay. 2010-2020)". Agradezco los diálogos con las investigadoras Alicia Salomone, María Lucía Puppo, Tania Medalla, Anahí Troncoso y Natalia Morales.

canciones (2010), de Antonia Rossi y *Allende mi abuelo Allende* (2015), de Marcia Tambutti.

Estas obras se caracterizan por el uso de diversos mecanismos de autoexposición o de inscripción del *yo* en el cine (Lebow, 2012; Piedras, 2014; García Díaz, 2019), los que permiten abordar la complejidad que implica una enunciación en la que las directoras buscan un lenguaje para expresar sus experiencias biográficas y comparten el triple rol de realizadoras, protagonistas y narradoras de sus películas. Así, resulta importante tener en cuenta que se trata de la representación audiovisual de las vivencias, significados y afectos elaborados y puestos en circulación pública por las hijas y las nietas de familias que fueron protagonistas de los proyectos de emancipación social durante los años setenta y ochenta en Chile y en Argentina, la mayoría de ellas también víctimas de la represión dictatorial en ambos países. De este modo, el foco del análisis se centró en la identificación de un amplio repertorio de imágenes poéticas, técnicas narrativas, recursos y procedimientos compositivos cinematográficos que han servido para representar estas experiencias vitales, así como los afectos que las movilizan. En consonancia con ello, las preguntas que motivaron esta indagación atraviesan diversos debates disciplinarios y enlazan problemáticas de sociología, de historia, de estética y cine: ¿Qué rol juegan los aparatos técnico-estéticos en la representación de las memorias? ¿Cómo estas producciones culturales representan la experiencia del duelo y de la catástrofe en el presente? ¿Qué lenguajes ofrecen mayor expresividad a los afectos complejos del pasado traumático? ¿Cómo se representan las emociones, pasiones y compromisos que estas experiencias comportan? ¿Qué funciones cumplen estas afectividades en la construcción de los relatos colectivos en torno al pasado? ¿Qué se transmitió a las nuevas generaciones y qué se interrumpió en los flujos convulsionados del tiempo postdictatorial? ¿Qué contenidos provenientes de los proyectos emancipatorios y de las derrotas de la izquierda de los años setenta y ochenta perviven en los discursos políticos del presente?

Otro de los objetivos de este trabajo fue caracterizar y definir la problemática de la transmisión transgeneracional de estas memorias específicas, lo que supuso, por una parte, relevar las prácticas represivas que tuvieron lugar en el marco de la Operación Cóndor y la implementación de la Doctrina de Seguridad Nacional en América Latina, las que son puntos de origen de muchas secuelas dramáticas del terrorismo de Estado en ambos países. Por otra parte, significó profundizar en las culturas militantes y las prácticas políticas de las distintas organizaciones que lideraron los proyectos revolucionarios de estas décadas y resistieron de diversas formas a la represión (Carnovale, 2011; Chababo, 2014; Oberti, 2015; Ruíz, 2015a, 2015b). En este marco, las vertientes ideológicas y los apasionados compromisos afectivos que estas apuestas vitales –individuales y colectivas– exigieron, son abordados en este trabajo con énfasis en las subjetividades, las identidades políticas y los mandatos familiares que influyen en las generaciones jóvenes (Basile, 2018). Así, los análisis plantean que las obras representan experiencias de alto impacto emocional, algunas vivenciadas de manera directa y otras no, las que, en el ejercicio de memoria, se constituyen como una trama compleja de imágenes, afectos y sentidos que entenderemos como los contenidos propios del fenómeno de transmisión transgeneracional de estas memorias. La apropiación de este concepto, proveniente de un extenso debate que ha tenido lugar en el campo de la psicología (Krystal, 1968; Keilson, 1979; Auerhahn y Lab, 1984; Martín-Baró, 1988; Kestenberg, 1993; Kogan, 2002; Abraham y Torok, 2005; Madariaga, 2006; Scapusio, 2006; Kaës et al, 2006; CINTRAS, 2009, 2012; Faúndez y Cornejo, 2010; Faúndez, 2013; Gómez Castro, 2013), se complementa en esta investigación con otros enfoques que trabajan el fenómeno de la transmisión desde la sociología (Cornejo et al, 2013; Reyes et al, 2014; Jara, 2016) y desde la crítica artística y literaria (Hirsch, 1997, 2012; Young, 2000; Sarlo, 2005; Waldman, 2006; Blejmar y Fortuny, 2013; Quílez, 2014; Schwab, 2015; Blejmar, Mandolessi y Pérez, 2018). Así, la noción de transmisión transgeneracional de la memoria resulta un concepto fundamental, pues este trabajo asume que, aun cuando en muchos casos se trató de experiencias vividas de manera directa y no de traumas vicarios, las trayectorias vitales de estos niños, niñas y jóvenes estuvieron ligadas a las decisiones de sus padres y madres, y, en los casos en que se trató de vivencias indirectas, las secuelas que se transmiten a las segundas y terceras generaciones provienen igualmente de criptas, mandatos y narrativas que pertenecen a sus padres, madres y abuelos/as.

Si bien esta investigación reconoce que las tramas familiares y las particulares vivencias de las familias militantes son referencias ineludibles, los análisis buscaron profundizar en un fenómeno que excede estos marcos privados, integrando los diversos factores que inciden en la producción y la circulación de este tipo de obras. En este sentido, para comprender el lugar de enunciación de estos trabajos creativos, se propuso un concepto de "generación" que no está restringido a vínculos consanguíneos ni a limitaciones etarias. Así, la noción de "estructura de sentimiento" (Williams, 2009) o el abordaje de las lógicas, pasiones y prácticas políticas que permiten a las personas "agitarse juntos", en términos de Mannheim

(1993), fueron algunas claves para configurar una idea amplia de generación, que permita cubrir sensibilidades históricas comunes y posiciones enunciativas específicas. De este modo, este estudio comprende que las discutidas categorías de "hijos", "nietos", "segundas o terceras generaciones", "postmemorias" u otras, son herramientas conceptuales que sirven para referir a determinados aparatos enunciativos. Es decir, perspectivas de habla que, a partir de distintos usos formales, contribuyen a iluminar temáticas específicas al interior del debate social y político actual. En los documentales del corpus, las posiciones subjetivas desarrolladas ponen de relieve la dimensión genérico-sexual presente en la producción de los relatos, destacando la manera específica en que estas experiencias son tematizadas y puestas en lenguaje por mujeres realizadoras; la mayor parte de ellas, niñas sobrevivientes del terrorismo de Estado.

Teniendo en consideración lo anterior, la investigación plantea que toda la compleja red de relaciones ideológicas y afectivas que las experiencias mencionadas atraen emerge a través de la elaboración artística, particularmente de los recursos y estrategias poéticas, visuales y sonoras, y se materializa en símbolos y narrativas diversas que apelan de distintos modos a la izquierda política, instalando cuestionamientos, diálogos y resignificaciones que inciden en el presente de la enunciación. De esta manera, los aparatos técnico-estéticos que estas obras ponen en funcionamiento producen y viabilizan discursos políticos que tienen como centro las problemáticas de la transmisión de las memorias del pasado y sus relaciones con las resistencias y los movimientos socio-políticos del presente.[2]

---

2 Esto se puede observar con claridad en el fenómeno cultural que ha acompañado el proceso de "estallido o revuelta social" en Chile, iniciado en octubre de 2019 y todavía en desarrollo, en que ha tenido lugar una producción muy significativa de acciones, objetos, materiales y obras que, de manera recurrente, utilizan lenguajes simbólicos –verbales, visuales, audiovisuales, corporales– y que expresan una gama extensa de afectos asociados con el malestar social y con las identidades colectivas. Se trata de una producción cultural elaborada en torno al conflicto social y desde el interior del movimiento ciudadano, que se expresa a través de diversos soportes y se refiere a temáticas igualmente diferentes. Estas creaciones forman parte de una serie de acciones colectivas que, desde nuestro punto de vista, aportan a la articulación de los discursos sectoriales, a la circulación masiva de las demandas, así como a la legitimación de las metas, los actores y las formas de lucha. Por otra parte, estimulan el compromiso de los actores sociales, aportando fuerza moral y emotividad. Además, han contribuido a cohesionar un discurso de resistencia que se configura tras lógicas de oposición y demandas provenientes de los movimientos de mujeres y feministas; de los movimientos anticapitalistas, ambientalistas y antiextractivistas;

El estudio desarrollado estableció que las elaboraciones de dichas experiencias privilegian el uso de imágenes poéticas, las que participan de una extensa producción cultural que utiliza formatos y modos enunciativos diversos y que circula por el espacio público resignificando y actualizando las luchas del pasado desde un registro simbólico. Dentro de este amplio campo de producciones, destacan las que trabajan con las memorias de la dictadura y ponen a disposición sentidos y representaciones posibles frente a las distintas necesidades subjetivas y sociales de los períodos postdictatoriales. Así, esta investigación afirma que estos documentales se insertan en un extenso proceso de acumulación de esfuerzos elaborativos, simbólicos y expresivos que, mediante distintas representaciones artístico-culturales e hitos sociales, han ido dando lenguaje y voz a una amplia gama de afectos complejos y experiencias vitales ligadas con las secuelas del miedo y la actualidad del terrorismo de Estado, la violencia política, la instalación de los modelos neoliberales y la impunidad que garantiza su continuidad durante los extensos períodos posdictatoriales en ambos países.[3]

---

de las propuesta antineoliberales y contra el lucro, promovidas principalmente por el movimiento estudiantil durante las últimas décadas en el país; de los movimientos indígenas; del movimiento de derechos humanos, entre otros. Entre los contenidos de estos discursos, destaca la actualización de las temáticas relacionadas con la memoria histórica, lo que se materializa en múltiples esfuerzos –comunitarios, académicos y activistas– por reconstruir genealogías de luchas relativas a los distintos movimientos sociales (Artaza et al, 2019; Pinto et al, 2019; Grau, Follegati y Aguilera, 2020). Si bien durante las últimas cuatro décadas, la idea de memoria en Chile ha estado relacionada principalmente con las violaciones a los derechos humanos en dictadura, actualmente se observa un debate abierto que incorpora temas relacionados con la continuidad de estas vulneraciones durante los gobiernos postdictatoriales; con la profundidad de sus secuelas a nivel individual y social; y con los impactos y legados de las militancias y de los proyectos revolucionarios de los setenta y de las décadas anteriores. A esto se suma la apertura de las problemáticas relacionadas con la violencia política, las que se amplían hacia el reconocimiento de otras violencias estructurales, que van más allá del terrorismo de Estado y retoman las memorias críticas sobre el proceso de colonización y las relecturas feministas en torno a la profundización del patriarcado como sistema de organización social. En este sentido, creemos que es posible establecer que el discurso de resistencia y su persistencia en la "estructura de sentimiento" ligada con la izquierda política en Chile se traducen en símbolos, representaciones y códigos culturales tales como el emblemático imperativo "evade"– que alimentan afectos e identidades políticas, al mismo tiempo que guían líneas de acción y estrategias orgánicas.

3 El concepto de posdictadura alude a la contemporaneidad de los países conosureños que, luego de cruentas dictaduras cívico-militares, desembocaron en regímenes

Las representaciones audiovisuales analizadas fueron clasificadas en núcleos temáticos y formales. En relación con los primeros, se consideraron dos ejes, denominados "Ausencias" y "Presencias, afectos y

---

democráticos incompletos, que tuvieron como desafío consolidar la estabilidad y la gobernabilidad. Así, lejos de querer evocar melancólicamente una época oscura, el concepto busca abrir la discusión en torno a las consecuencias simbólicas y materiales de la dictadura en la actualidad, habilitando la mirada en torno a los nudos socio-políticos e institucionales conflictivos que tienen su origen en la época previa. Para Manuel Antonio Garretón (1996), en los procesos transicionales o de redemocratización de los países del Cono Sur no existió una ruptura en la estructura económica y social previa, ni tampoco se confrontaron proyectos globales, sino que, más bien, se trató de procesos basados en la negociación y la gradualidad, enfocados en transformaciones institucionales específicas. La terminología propuesta por diversos autores/as en distintos contextos para nombrar y calificar este período han sido claves en un debate que se extiende hasta el presente. Para Nelly Richard, pensando en el caso chileno, los usos hegemónicos de la palabra "transición" refieren a un "sociologismo administrativo", que opera como "artefacto político-institucional", buscando racionalizar el tránsito desde un tiempo pasado, marcado por el autoritarismo y la violencia, a un presente definido por la democracia de los acuerdos. Para la autora, la transición chilena conjugó "mercado" y "televisión", como medios para disolver lo "político-ideológico" en lo "técnico-mediático" (2002: 188). De este modo, Richard entiende al "mercado" y al "consenso" como los dos mecanismos a través de los cuales en Chile se produjo una desactivación de la "heterogeneidad conflictiva" y una homogenización de lo social: "El consenso político buscó conjurar el fantasma de la polarización ideológica ligada al recuerdo de los extremos. Su tarea fue la de neutralizar las fuerzas en disputa, forzando la unanimidad de las cosas –vía transacciones y negociaciones– en torno al 'centrismo' del término medio que debía equilibrar a la 'democracia de los acuerdos'" (2002: 188-189). Para Richard, se hizo necesario destacar la temporalidad irresuelta de la memoria, el remanente sombrío que arrastra la idea de lo posdictatorial; agrega al respecto que el rescate de las "narrativas del desarme" y sus "imaginarios heridos: lo errático, lo desintegrado y lo inconexo", requerían moverse por fuera de las racionalidades y los discursos de las ciencias político-administrativas. En este sentido, establece que el arte y la literatura tendrían en esta tarea un rol central, pues operan en los intersticios de los discursos, sus "huecos", "fallas" y "lapsus", evitando los saberes lineales y totalizantes que buscan alisar los sentidos de lo crítico, lo utópico y lo contestatario (Richard, 2002:190). Desde esta perspectiva de la crítica cultural y literaria, es importante mencionar también la posición de Idelber Avelar (2000), quien analiza un corpus de textos literarios desde su condición de textos "posdictatoriales". Revela, a partir de su análisis, que en este período se hace patente un salto de índole cualitativa en tanto la noción no solo caracteriza lo que viene "después de", sino que refiere principalmente a la incorporación de la derrota, entendida como una determinación irreductible de la escritura literaria del subcontinente.

legados". En un principio, cada núcleo contempló una definición de subtemas, asociados con lo traumático, los vacíos y los silencios, en el caso de las "Ausencias"; y con los agenciamientos, las subjetividades y las identidades políticas, en el caso de las "Presencias". Sin embargo, estos ejes se ampliaron y constituyeron nuevos contenidos a lo largo de los análisis, evidenciando su funcionalidad a nivel temático. Por otra parte, en relación con los elementos formales, se identificó una amplia serie de recursos y estrategias compositivas provenientes de diversas tradiciones cinematográficas, entre las que destaca la influencia del cine político, particularmente del cine militante, del Nuevo Cine Latinoamericano y del documental de memoria contemporáneo (Rufinelli, 2005; Traverso y Crowder-Taraborrelli, 2015; Lusnich y Piedras, 2011; Ansa-Goicoechea y Cabezas, 2014; Ramírez 2015, 2016); de las escrituras autorreferenciales y autobiográficas en el cine (los diarios fílmicos, los autorretratos, las confesiones, las cartas filmadas, el cine-ensayo, etc.); del cine subjetivo (Renov, 2004); del cine experimental y de vanguardia (Weinrichter, 2005; Blaetz, 2018; Alcoz, 2019).

Así, estas obras dan cuerpo –materialidad– a una voz generacional que sostiene discursos y consigue representación en el montaje audiovisual, aun cuando no se articula necesariamente desde lo verbal. Precisamente, la carga traumática que estas experiencias suponen y las lealtades subjetivas e identitarias que los mandatos y legados militantes implican son cuestiones que se inscriben en el cuerpo, por lo que el enfoque desde los afectos tuvo una importancia central en los análisis. El llamado *giro afectivo* (Clough, 2007) pone en foco la incidencia del cuerpo en los distintos modos de narrar la experiencia, tensionando la prevalencia del sistema lingüístico en el análisis discursivo y abriendo camino a nuevos modos de significación de la experiencia (Depetris Chauvin y Taccetta, 2019:10). Desde este punto de vista, los afectos son entendidos como un sistema alternativo de conocimiento, que ha sido nutrido por las formas de la vanguardia y por otras prácticas artísticas que buscan modos de presencia y de incidencia en lo real. Melissa Gregg destaca las "capacidades corporales de afectar y ser afectados", por medio de la facultad y voluntad del cuerpo para actuar, comprometerse o conectar (2010: 2). En esta línea, Cecilia Macón y Mariela Solana proponen disolver las distinciones dicotómicas entre polos activos –podríamos agregar, agentes– y polos pasivos –víctimas– (Macón y Solana, 2015: 17). Señalan al respecto que la capacidad que tienen los afectos de alterar la esfera pública, al tensionar las dicotomías entre lo público y lo privado, se expresa también en la importancia de repensar "la asociación entre sufrimiento y desempoderamiento/victimización o la vinculación exclusiva de afectos clásicamente positivos como el orgullo o la acción política" (Macón y Solana, 2015: 17). El cine, en tanto espacio privilegiado para la experimentación, es uno de estos lugares de la vida pública donde los afectos se despliegan y ponen en cuestión los esquemas establecidos. Para Depetris Chauvin y Taccetta, son los elementos narrativos y formales del cine, o sea su materialidad, los que posibilitan la afectación en el espectador: es decir que, "son las herramientas cinematográficas en sí las que trazan vías alternativas para presentar afectos y configurar nuevos espacios y sujetos de inscripción" (Depetris Chauvin y Taccetta, 2019: 17).

Así, el ejercicio de elaboración simbólica y discursiva que proviene de la selección y disposición de formas y temas en la representación artística no solo da cuenta de la persistencia de contenidos traumáticos latentes individuales y sociales, sino que también ofrece dispositivos de contención y elaboración para una serie de experiencias asociadas con la reconstrucción de los vínculos afectivos-comunitarios, principalmente de índole transgeneracional. De este modo, la investigación reveló la potencia política transformadora presente en los materiales y estrategias que juegan en la representación de estos nudos sensibles de la memoria histórica, activando emociones intensas e impulsando encuentros y contactos entre las personas.

Como hemos dicho, el uso de las herramientas que ofrece la poesía posibilita la condensación y la apertura de los significados asociados con estas historias. Gastón Bachelard se refiere al potencial de la relación entre poesía y memoria cuando señala que "en el resplandor de una imagen [poética], resuenan los ecos del pasado lejano, sin que se vea hasta qué profundidad van a repercutir y extinguirse" (Bachelard, 1965: 8). El autor explica el efecto de la poesía a partir de las ideas de "resonancia" y "repercusión":

> Las resonancias se dispersan sobre los diferentes planos de nuestra vida en el mundo, la repercusión nos llama a una profundización de nuestra propia existencia. En la resonancia oímos el poema, en la repercusión lo hablamos, es nuestro. La repercusión opera un cambio del ser [...] Después de la repercusión podemos experimentar ecos, resonancias sentimentales, recuerdos de nuestro pasado. (Bachelard, 1965: 14-15)

Por su parte, Alicia Genovese (2010), en un ensayo sobre la relación entre memoria y poesía, reflexiona sobre la potencialidad de la imagen poética para referir lo que no puede ser dicho en el testimonio tradicional, cuyo formato exige coherencia y linealidad narrativa. De este modo, alude a la necesidad de imágenes complejas para hablar de una memoria que no depende solo del dolor ni de una identidad fija anclada en el pasado y el sufrimiento, sino que se proyecta hacia el futuro y se ensancha en el presente del recuerdo, cobrando densidad y profundidad:

> No las imágenes puras que solo pueden quedar adheridas a la contemplación del pasado con su fecha y su hora, sino imágenes selectivas, impuras pero que puedan alojar el pasado con sus brillos y necesarias oscuridades en la materialidad del presente. Que la memoria no convierta la escena del presente en simple sobrevida o mero espacio de superviviencia, sino en un espacio abierto irradiado por el pasado hacia su proyección. Un espacio dúctil y plástico capaz de transformarse, capaz de alojar la ausencia, capaz de interrogar lo no dicho y seguir interrogándolo en el tiempo. (Genovese, 2010:73)

Desde este punto de vista, la imagen poética en sí misma, en su dinamismo y su particular uso del lenguaje, sería capaz de contener el pasado, proyectarlo sobre el presente y sobre los y las sujetos que lo experimentan. Esta proposición dialoga con los planteamientos de Octavio Paz (1986), quien señala que la imagen poética es un momento del texto que contiene significados plurales y que exalta los valores de las palabras. De tal modo, la imagen poética reproduciría la heterogeneidad de lo real, otorgándole una unidad que se desarrolla en el texto. En esta unidad o concentración de sentidos, la imagen poética, como señala Bachelard, es capaz de convocar en sí misma generaciones diversas, culturas y temporalidades que, en palabras de Paz, desplazan el tiempo histórico dando lugar a uno trascendente.

Por otra parte, las reflexiones de Paul Ricœur (2003) en torno a la imagen provienen de la herencia platónica, que reconoce la memoria como una zona de la imaginación. Desde esta perspectiva, la representación del pasado tiene lugar mediante imágenes asociadas, que se revelan unas a otras por medio de la evocación. Este modo de recordar/imaginar implica un saber activo que puede ser utilizado por la experiencia. Así, se trata de un mecanismo que se sustenta en imágenes que operan como escenas o cuadros y que contienen descripciones que se proyectan hasta lo discursivo. En este sentido, son capaces de contener no solo lo ausente por medio del recuerdo, sino también la experiencia y la fantasía a través de la percepción y la ficción. El desarrollo de una imagen surge, entonces, de la evocación de una sensación, cuya elaboración implica un proceso reflexivo que cobra cuerpo en un discurso por medio de las inscripciones descriptivas que posee.

Por nuestra parte, cuando hablamos de imágenes poéticas en estos documentales nos remitimos a construcciones audiovisuales que involucran diversos esfuerzos intelectuales, que pasan tanto por la reproducción como por diversos mecanismos de creación, proyección y representación. Estas imágenes complejas operan también en un plano colectivo y afectivo, una vez que son creadas individualmente y se transforman en soportes materiales de memorias compartidas, circulando a través de distintos flujos de difusión y socialización.

2. Galería de recursos y estrategias expresivas para las supervivencias y los afectos inclasificables de las hijas y nietas

El análisis de los documentales examinados consistió en la descripción e interpretación de los recursos y los procedimientos estilísticos que se juegan la representación de las “ausencias” y “presencias” en ellos, así como en la lectura comparativa de estas claves.

Entre las estrategias compositivas o procedimientos constructivos recurrentes en distintas obras del corpus encontramos la *disyunción*, que se expresa principalmente en el desajuste entre banda visual y banda sonora, y cuya finalidad es desestabilizar y desajustar la percepción acerca de la experiencia trágica de la desaparición o el exilio forzado. Ello es lo que se observa, respectivamente, en *Los Rubios*, de Albertina Carri y en *El eco de las canciones*, de Antonia Rossi. Desde nuestra perspectiva, este mecanismo permite el distanciamiento necesario para la construcción de una identidad propia, que incorpora las memorias desdibujadas de la infancia y, en particular, las de la niñez sometida a situaciones de violencia extrema. Por otro lado, el procedimiento de la *disyunción* también aparece asociado al cuestionamiento de la cultura política que subyace a los proyectos revolucionarios que marcaron a la generación de los padres y madres. Este mecanismo impide la estabilización de la imagen en relación con el sonido y, con ello, produce un efecto de extrañamiento en el espectador, lo que interpela directamente la normalización de sentidos acerca del pasado y abre interrogaciones críticas de las versiones de los sobrevivientes, cuyos relatos detentaban hasta entonces la legitimidad de la palabra y la autoridad para determinar la interpretación de los hechos.

Otro procedimiento recurrente es el que reconocimos como *desplazamiento*, expresado también en obras como las de Albertina Carri y Antonia Rossi, o en *Reinalda del Carmen, mi mamá y yo*, de Lorena Giachino, quienes utilizan elementos narrativos estructurales para desmontar sus Yo y constituirse en identidades desplazadas. Albertina Carri utiliza numerosos recursos en pro de este objetivo, entre los que destaca la inclusión de una actriz –Analía Couceyro– que interpreta su rol en el documental, recurso performático que ha sido interpretado como "disfraz" (Donoso, 2007) o "postizo" (Aguilar, 2010). Este recurso pone en evidencia los mecanismos de representación de la obra y le permite a la misma Albertina Carri un margen de movilidad en relación con su lugar de "hija emblemática de desaparecidos". De este modo, consigue resituarse desde una identidad personal y política escogida, como es el lugar de directora, que le permite disponer de una plataforma para enunciar su historia/su película. Por su parte, Antonia Rossi utiliza el mecanismo del *desplazamiento*, apelando a la construcción de un personaje que lleva su nombre y habla en primera persona, pero que, sin embargo, configura su relato autoficcional a partir de testimonios de otros hijos e hijas del exilio. En este marco, me interesó especialmente observar los desplazamientos en tanto descentramientos o desfiguraciones, como los denomina Fernanda Carvajal (2012), que aluden a una identidad que se ha construido "en tránsito" o "fuera de", con una constante sensación de "exterioridad" (2012: 279). Las desfiguraciones se visibilizan por medio de la utilización de materiales de archivo "descartados", "aislados", sin una inscripción aparente en un discurso reconocible acerca de la dictadura. Estos archivos, continúa la autora, nuevamente remiten a la identidad de la niñez exiliada, que porta la marca de lo exterminable (294). Este procedimiento de remontaje, particularmente de *found footage*, permite la apertura de significados que, al igual que la subjetividad que se enuncia, son móviles e intercambiables. En tanto archivos que se recontextualizan, permiten la condensación poética de múltiples significados, al tiempo que rápidamente se fugan, generando extrañamiento, duda y perturbación. Nuevamente lo que queda en evidencia es un mecanismo que busca desestabilizar las comprensiones fijas sobre las experiencias asociadas al terrorismo de Estado y la violencia política.

Se produce también un juego de *desplazamiento* en el intercambio de roles que propone Lorena Giachino en su documental, donde –de manera similar al intercambio que se produce entre Albertina Carri y Analía Couceyro– la realizadora ocupa por momentos el rol de su madre, y la madre el de la hija, lo que compleijza el desarrollo de los personajes. La película moviliza la búsqueda de Lorena, quien se propone reconstruir la memoria afectiva de la amistad que su madre sostuvo durante su juventud con Reinalda del Carmen Pereira, ex militante del Partido Comunista de Chile y detenida desaparecida durante su embarazo. Jaqueline, madre de Lorena, atraviesa una progresiva pérdida de memoria producto de una enfermedad reciente, por lo que esta tarea se ve dificultada y la realizadora debe acudir a diversos recursos que vayan más allá del testimonio tradicional. Así, la autora propone un intercambio de papeles entre las protagonistas de su película (Reinalda, Jaqueline y Lorena), desplazándose desde el lugar de *hija* al de *activista* y *directora*. En diversos momentos se juega estratégicamente con la posibilidad de que Lorena ocupe el lugar de madre de su propia madre, por cuanto esta se encuentra fragilizada por la enfermedad. Del mismo modo, aparecen distintas escenas en las cuales se presenta la posibilidad de la desaparición de Jaqueline o de Lorena a partir de situaciones cotidianas (por ejemplo, cuando la mamá se pierde en el supermercado o cuando Lorena no contesta el teléfono ni responde los mensajes). Así, se juega simbólicamente con la idea de que Lorena también podría haber sido la mejor amiga o la hija de Reinalda. Sin embargo, el lugar ocupado por Reinalda del Carmen, quien es la única que lleva su nombre propio en el título del film, se asume como irremplazable, pues es precisamente a partir del impacto de su ausencia que se inicia el intercambio de roles y afectos. En este sentido, la existencia del film y los afectos que busca poner en escena se sostienen en la ausencia derivada del brutal asesinato y desaparición de Reinalda. Gracias a estos juegos, Lorena se acerca a la historia de Reinalda, y, desde el lugar de una hija que busca ayudar a su madre, diseña un lugar propio de enunciación y de inscripción generacional en esta historia, que se apoya en su convicción política como ciudadana comprometida con los derechos humanos, y en sus herramientas profesionales, en tanto directora de cine. Sin embargo, este ejercicio se proyecta mucho más allá en términos político-afectivos, pues la realizadora, a pesar de no tener un vínculo consanguíneo con Reinalda, disputa la legitimidad de la palabra para poder referirse a su vida y a su desaparición; para comprometerse con su búsqueda y con el rescate de su memoria; y para ofrecer una primera persona –que habla por ella, pero también por su madre que no puede enunciar su propio dolor– para dar lenguaje a los afectos que esta dramática experiencia comporta a modo de secuelas.

Otro de los recursos estudiados a partir del corpus seleccionado es el procedimiento que, en términos generales, entendimos como de *reescritura* o *palimpsesto*, pues se trata de usos formales que exploran en las huellas del pasado, fijadas en archivos, particularmente cartas, fotografías y audios, dejados por los padres y madres. Estos ejercicios se proponen como subtextos o líneas argumentales subyacentes, que discuten las narrativas centrales e intentan dar cuenta de las experiencias subjetivas y los afectos contradictorios que se debaten entre el dolor, la decepción, el homenaje y el amor. Es el caso de documentales como *Papá Iván*, *El edificio de los chilenos* y *La guardería*, que utilizan distintas modalidades para articular subtextos críticos, que funcionan también como puentes intergeneracionales que posibilitan diálogos, encuentros y reflexiones.[4] En razón de esta estrategia representacional, se analizó una amplia gama de figuras poéticas, principalmente irónicas y metonímicas, que surgen del tratamiento de los archivos y de las imágenes. Un ejemplo es el análisis de *El edificio de los chilenos*, a partir del cual se estableció que las cartas enviadas por la madre a la protagonista, Macarena –mientras esta residía en la casa que funcionó durante los ochenta como guardería colectiva para los hijos e hijas de los militantes que retornaban clandestinos a Chile–, son utilizadas como un dispositivo articulador del film, que transita entre las distintas líneas argumentales del texto fílmico y aborda diferentes significados. Por una parte, funciona como un mecanismo de autoexposición o de inscripción del yo, en tanto marca la presencia de Macarena por medio de los acentos, ritmos, tonos e inflexiones interpretativas que ella imprime a la lectura. Es decir que, además de la voz de la madre, poseedora de la palabra escrita, la lectura de las cartas en la voz de Macarena durante la película permite la aparición de una segunda enunciación, que aporta, desde el sonido, nuevos contenidos y perspectivas sobre la historia. Por otra parte, las cartas conservadas en la caja que las contiene desde aquellos años ofrecen una figura metonímica que expande los sentidos de la representación. Esta caja contiene, además de las cartas, variados objetos tales como fotografías, tarjetas, dibujos, entre otros, que representan un lugar de contención y resistencia frente a las múltiples pérdidas. De esta forma, la caja con cartas se transforma en una suerte de "baúl de tesoros" que conecta con el pasado y, aunque no consigue recrearlo, posibilita evocarlo espectralmente, mediante la conexión metonímica con los objetos que guarda. Lausberg señala que la metonimia se ubica entre los tropos que desplazan los límites de un campo semántico determinado más allá de su contenido conceptual (1988: 168-169), lo que, en el caso de la película, se expresa en la pregunta por la ausencia o vacío que subyace en el relato sobre el pasado y que busca responderse por medio del film. Esta pregunta es movilizada por las cartas, pues estas advierten, en su existencia, la ausencia o falta de los padres (Gallardo, 2015: 213-214).

---

4 El análisis que aquí se presenta fue desarrollado extensamente en el artículo "Se precisan niños para amanecer: textos y subtextos de la resistencia en *El edificio de los chilenos* (2010), de Macarena Aguiló y en *La guardería* (2016), de Virginia Croatto", publicado en el libro *Cuadernos intermediales I, Infancia y representación* (2020), editado por María Angélica Franken y Mary Mac-Millan.

La guardería, por su parte, aborda un contexto histórico y afectivo similar al del documental anterior y nos permite profundizar en otro procedimiento clave utilizado por estas obras: el *remontaje* o *descontextualización*, que entenderemos, en este caso, como una forma de la *reescritura*. Este documental narra la historia de una guardería, instalada también en Cuba a inicios de la década de 1980, que albergó a varias decenas de niñas y niños, junto a militantes de la organización armada Montoneros, quienes se organizaron para acompañarlos y cuidarlos mientras sus padres ingresaban a la Argentina, con el objetivo de acelerar el proceso de derrocamiento de la dictadura. El análisis se centró en el uso de *collages*, archivos sonoros y trucajes fotográficos que permiten, al igual que los recursos analizados anteriormente, habilitar un subtexto crítico en el film y poner en escena afectos ligados con la perturbación y lo siniestro, interpretados desde la relación que liga la historia del proyecto político-militar denominado Contraofensiva montonera, con la derrota, la desaparición, la traición y el abandono. El documental inicia con un audio, probablemente una grabación de cassette, donde se escucha el diálogo de un niño con un adulto en una escena de la vida cotidiana, tal vez grabado en la misma guardería. En este fragmento, se deja entrever que el pequeño está aprendiendo el significado de las cosas y el uso del lenguaje, por lo que conversan sobre las definiciones que se le otorgan al uso de una mano u otra para la manipulación de objetos; así, comentan qué es ser diestro, zurdo o ambidiestro. Por otra parte, el niño reconoce que él tenía una confusión entre las palabras y los significados de "zurdo" y "sordo" (Min. 0:38). El audio funciona como un escenario sonoro que contextualiza la historia que se va a narrar y habilita la lectura sobre un texto *diestro* y otro que podemos llamar *siniestro*, que conviven en todas las cosas: "las dos manos las usamos todos", dice el hombre. Asimismo, el diálogo sugiere otro subtexto crítico, relacionado con la idea preconcebida por el niño acerca de que "ser zurdo es no oír", lo que evoca una crítica conocida a la Conducción Nacional de Montoneros por insistir en promover el ingreso de sus militantes a la Argentina después de que la dictadura ya hubiese asesinado a un gran número de personas. Ambas contraofensivas, en 1979 y en 1980, han sido asumidas como rotundos fracasos políticos y militares, al punto que dieron lugar a especulaciones sobre cómo los servicios de inteligencia habrían obtenido la información tan detallada que se probó judicialmente que poseían (Gallardo, 2020:150-151).[5]

Si bien este documental se caracteriza, en términos generales –diremos, en su línea argumental principal–, por la construcción de efectos

---

5 Esto se probó en distintos juicios, donde se procesó a cerca de cuarenta ex militares, entre los que se cuenta el ex dictador Leopoldo Fortunato Galtieri.

de montaje armoniosos, entrevistas en cuidadosos e iluminados sets de filmación, audios definidos y sin filtraciones, esto contrasta con una estética de corte más experimental que emerge en lo que hemos llamado el subtexto del film. Esto puede advertirse, por ejemplo, en los remontajes de archivos familiares que representan la vida de los niños en Cuba y que se utilizan de distintas maneras a lo largo de la película. Una de las escenas que condensa la emocionalidad del relato se ocupa de representar al colectivo de niños y niñas en Cuba, y apunta a la construcción de una atmósfera afectiva común, que exprese el sentir que los testimonios individuales han ido delineando durante las escenas anteriores. La secuencia comienza con un paneo sobre una mesa que exhibe diversos objetos, fotografías y juguetes que describen visualmente las subjetividades infantiles. Este recorrido en el plano visual se acompaña de un audio grabado en la guardería, en que uno de los niños decide cantar dos canciones para enviarles en un cassette a sus papás. Una de ellas es el himno montonero, que acompaña la imagen en un recorrido por un mundo de fantasía, construido a través del montaje de materiales de archivo diversos. El efecto es el de una ciudad colorida, con mucha vegetación, donde los niños se desenvuelven entre juegos, felices y tranquilos; un "parque de aventuras", tal como una de las entrevistadas define la experiencia que vivieron allí. Este escenario se refuerza con los testimonios de los niños, hoy adultos, quienes describen diversos recursos imaginativos de la infancia que parecen metaforizar sus experiencias. Finalmente, esta armonía aparente es interrumpida por la inflexión emotiva de una de las testimoniantes que, por primera vez en la película, revela la posición de la autora, hija de Armando Croatto, militante montonero asesinado en 1979, oculta detrás del rol de entrevistadora:

> Y bueno, y en los juegos también se recreaban esas cosas. Yo me acuerdo, bueno me parece que con vos, pero capaz que era otra niñita, organizábamos que cuando tuviéramos diez años íbamos a inventar una súper máquina que devolviera... ¿era con vos no? Que... bueno, que devolviera la vida. (Min. 37:41)

Nos interesa enfatizar cómo, por medio del procedimiento de *remontaje* o *descontextualización* de los materiales de archivo, este documental construye nuevas imágenes y "documentos", que permiten dar cuenta de emociones, recuerdos y experiencias que no encuentran representación en el uso habitual de estos mismos archivos expuestos de manera aislada.

Otro hallazgo relevante del análisis es el tratamiento del silencio y sus distintas modulaciones en los documentales de "nietas", tales como *Allende mi abuelo Allende* y *Testigo[s]*. Si bien las representaciones de las hijas y las nietas se asemejan en muchos puntos, algunos usos del silencio revelaron perspectivas diferentes para el caso de las enunciaciones que se despliegan desde las terceras generaciones. Así, mientras para las hijas el silencio es una falta, un vacío que acusa una fragmentación que se hace necesario completar, recomponer y reparar, para las nietas este silencio se asume como una presencia densa, visible y audible; es decir, como un elemento objetivable y material en las relaciones familiares y en los relatos acerca del pasado traumático. En el caso de ambos filmes, las realizadoras enfatizan este recurso desde las bandas sonoras; la construcción de personajes; los usos y movimientos de la cámara en espacios privados; los planos que representan la densidad del vacío y la falta de información; las interpretaciones y contenidos que porta la voz en *off;* los juegos de luces y colores, entre otros tratamientos de la imagen que apuntan a la representación del silencio como una materialidad en la puesta en escena. Así, las nietas parecen descartar, en parte, la búsqueda arqueológica de los restos o fragmentos del pasado, en pro de destacar las secuelas de la violencia presentes en las relaciones familiares con sus padres, madres y abuelos/as. Por otra parte, en ambas obras, las segundas generaciones, padres y madres, juegan un rol decisivo en tanto portadores de la información faltante, la que articulan con dificultad frente a sus hijas; sin embargo, con la suficiente claridad como para que sea posible construir un relato que, aunque fragmentario, permite a las nietas imaginar escenarios y situarse en su presente con los elementos que han conseguido rescatar del pasado.

El caso de Marcia Tambutti Allende resulta revelador para este análisis, pues, este personaje, hija de Isabel Allende Bussi y nacida en 1971, se inscribe etariamente en lo que suele entenderse como la generación de "hijos"; sin embargo, en esta película propone un aparato enunciativo que le permite situarse desde su lugar de "nieta". Esto permitió demostrar una de las hipótesis de esta investigación, según la cual la condición de *hija* o *nieta* postula una perspectiva de habla que sirve para visibilizar determinadas problemáticas, antes que un lugar de enunciación ligado a determinaciones temporales o vínculos consanguíneos.[6]

El documental de Tambutti inicia su recorrido exhibiendo un audio del ambiente en casa de Tencha, Hortensia Bussi, viuda de Salvador Allende, donde las primeras palabras que escuchamos provienen de la voz en *off* de Marcia y su abuela: "Despacito, no hay apuro. ¿Se cansó? –mucho. ¿Quiere otro poquito de jugo, abuela? ¿Le traigo el abanico?

6 Este análisis se desarrolla extensamente en el artículo "Figuraciones del silencio en el relato memorial: Allende mi abuelo Allende, documental de Marcia Tambutti", publicado en coautoría con Alicia Salomone.

¿Está bien?" (Min. 0:09) El film abre su relato con un gesto de extremo cuidado en relación con las memorias que se van a remover. La protagonista, Marcia, se posiciona desde el primer momento en el lugar de quien interroga, pero que al mismo tiempo entiende que sondea honduras difíciles de asir para los miembros de su familia, particularmente para las mujeres. Ante esta dificultad, la narradora adopta una actitud paciente y cariñosa: "despacito, no hay apuro", que mantendrá a lo largo del film, y que progresivamente revela la construcción de un personaje que aspira a establecer un puente comunicativo y sanador. En este sentido, es posible plantear que la principal motivación de la realizadora, antes que completar los datos que le faltan en la trama de secretos familiares, es la de activar un proceso de reparación familiar que pasa por la conversación.

En relación con los afectos complejos que se remueven en el documental, un ejemplo representativo es el tratamiento del dolor de Tencha frente a la carga personal que significó ser la esposa de Allende y sufrir las infidelidades de su marido. Este asunto emerge como un tema tabú a la hora de abordar la figura del ex presidente, evidenciando cómo esos hechos afectaron los vínculos interpersonales entre Allende, Tencha y sus hijas. En una secuencia clave de la película, Tencha admite que la infidelidad de Allende fue un dolor que calló a lo largo de toda su vida. Este momento se resuelve estilísticamente en un prolongado silencio que la cámara acompaña respetuosamente, por medio de un primer plano a las manos de Tencha y a las caricias que recibe por parte de Marcia. Este uso del silencio ya no lo aborda como una secuela traumática, que revela un bloqueo de la memoria, sino como un espacio de alivio y contención afectiva, que pacientemente acompaña y consuela con afecto y empatía. Por medio de estos gestos, que encuentran su representación en el silencio, Marcia expone toda una gama de significados vinculados con los usos de ritmos y tiempos, que, por fuera de los marcos de la comunicación verbal, promueven otro tipo de conexiones entre las personas. Se trata, entonces, de un silencio reparador, que protege y resguarda, funcionando en la narrativa como un punto de inicio para un relato de difícil articulación verbal. Así, la investigación estableció que una particularidad de estas enunciaciones es que no buscan completar información sobre lo ocurrido, sino, más bien, dinamizar el contexto en el que los silencios traumáticos operan, con miras a comprender y empatizar, desde una posición política que se plantea frente al pasado como frente a una herida abierta que debe ser abordada.

Otros procedimientos y usos estilísticos profundizaron en los códigos visuales, trabajando sobre las texturas, formas, iluminaciones y emulsiones, que permitieron comunicar afectos complejos, asociados con las identidades descentradas o desplazadas y con el dolor frente a la desaparición de los padres y madres. Es el caso de *Panzas* e *H.I.J.O.S. el alma en dos*, en que las imágenes –su composición y su materialidad– son los canales a través de los cuales se interroga la experiencia de la desaparición. Así lo consigue la puesta en escena del cuerpo intérprete de la madre desaparecida en el fragmento de la obra "A propósito de la duda",[7] citado en *Panzas*. La actriz hija expone un brazo, su forma y su movimiento, su piel y con ella su cercanía consanguínea, como una figura viva que busca representar la desaparición, consiguiendo evasivos atisbos o destellos en determinados momentos del montaje. Así también ocurre con la exploración sobre las formas y los colores de la pintura con la que se dibuja el mural en el mismo documental, y se intenta exponer, a través de este medio, la densidad y complejidad de la experiencia de la desaparición.

Asimismo, es posible advertir el uso de este recurso en el diálogo permanente que *H.I.J.O.S, el alma en dos* establece con "Arqueología de la ausencia (1999-2001)", obra fotográfica de Lucila Quieto. El documental expone el proceso creativo y la práctica artística de Quieto, lo que permite abordar la reflexión en torno a la materialidad de la imagen, los usos de la luz, las formas y el ejercicio propio del montaje en la búsqueda por representar la escena imposible de la desaparición. Lucila Quieto propone la elaboración de una fotografía que intenta contener la existencia de los padres, las madres y sus hijos/as, representados en el mismo marco. Para ello, mediante un procedimiento de reescritura o palimpsesto, superpone capas de materialidad visual sobre la base de una fotografía original análoga y en blanco y negro, de los padres desaparecidos. Sobre esta imagen, proyectada en una pared, cada hijo e hija introduce su presencia y se incorpora y acomoda por sobre la imagen proyectada de sus padres. En esta superposición se producen encuentros, confrontaciones, desacomodos y transformaciones que aluden de manera significativa a las experiencias que han quedado sin representación producto del asesinato y la desaparición. De este modo, hay hijos que, en un esfuerzo de la ficción, pueden en la imagen brindar con sus padres, abrazarlos o sentarse a su lado. Habrá otros/as que decidan entrar en la imagen de manera disruptiva y distorsionar las posibilidades de un encuentro ficcionado. Así, se observan hijos que proyectan los cuerpos de sus padres sobre

7 Montaje teatral estrenado en el año 2000, con dramaturgia de Patricia Zangaro y dirección de Daniel Fanego. Fue preparado especialmente para apoyar la búsqueda de *Abuelas de Plaza de Mayo* de los niños y niñas apropiados.

los propios, como un tatuaje, o, por el contrario, ellos mismos se meten dentro de la imagen de sus padres en un encuentro que remite al pasado directamente y que evoca el momento uterino, previo a la desaparición. Si bien se trata de una confrontación y un alegato potente en contra de la imposición del terrorismo de Estado, este retorno al pasado no puede ser nunca una restitución o una recuperación. Quizás por ello termina por expresarse en imágenes monstruosas de rostros de cuatro ojos, dos bocas y dos narices, o donde la presencia del hijo se duplica, apareciendo en la imagen como niño y como adulto, lo que altera la posibilidad de una representación verosímil, permitiendo la aparición de una dimensión siniestra e insalvable. Finalmente, este efecto también se potencia por la decisión de exponer los propios deterioros de la materialidad fotográfica, como roturas, manchas, rayas u otras huellas que evidencian el paso del tiempo, lo que refuerza la idea de la imposibilidad del encuentro.

3. Conclusiones

Los distintos recursos y procedimientos estilísticos fílmicos que este texto presenta a modo de casos ejemplares permiten observar la densidad que comporta el fenómeno de lo que hemos entendido como la transmisión transgeneracional de las memorias de hijos/as y nietos/as de las dictaduras en Chile y en Argentina y su representación. Así también, el análisis desde una perspectiva generacional refuerza las hipótesis de este trabajo relacionadas con la comprensión de estas identidades como posiciones de enunciación que optan por una serie de dispositivos y formas que resultan útiles para representar ciertas temáticas u otras. Por otra parte, también advertimos que esta potencia elaborativa, sostenida con fuerza en la condensación de sentidos que habilita el lenguaje poético, da curso a profundos procesos reparatorios individuales y colectivos, por lo que es posible establecer que estos aparatos expresivos posibilitan que la transmisión se produzca también "a la inversa", es decir, como una respuesta de los hijos/as y nietos/as a sus padres, madres y abuelos/as, o bien como un discurso político, liderado por las nuevas generaciones y dirigido al conjunto de la sociedad. Este trabajo creativo permite la apertura y la canalización de las "ausencias" y nudos dolorosos de las historias familiares y sociales vinculadas con las dictaduras; al mismo tiempo que funciona como "puente" intergeneracional, actualizando las trayectorias, legados y genealogías de lucha que se expresan en las obras y en la producción cultural ligada con las demandas de los movimientos sociales.

En cuanto a las elecciones de recursos, es posible establecer que la utilización de las imágenes poéticas y de los aparatos técnico-estéticos cinematográficos favorece los procesos de elaboración y transmisión de las memorias. En este sentido, el análisis comprobó que el uso de símbolos, metáforas y diversos recursos retóricos permite la puesta en relación de las imágenes y los contenidos que constituyen los sentidos del presente con los de un pasado censurado desde distintos sectores, por razones igualmente diversas. Esto ocurre porque las configuraciones que promueve la poesía contemporánea amplían las posibilidades de las relaciones por semejanza entre los términos "reales" o referenciales y los "evocados" que constituyen la metáfora, abriendo su espectro de significación a otras figuraciones expresivas, irracionales, emotivas, oníricas, inconscientes, impresionistas, alegóricas, entre otras. Así, las zonas oscurecidas de la memoria postraumática que estos documentales abordan son iluminadas y resignificadas, al mismo tiempo que se dotan de realidad y consistencia frente a la fragilidad del recuerdo y al impacto del daño producido por la violencia. Las emociones, imágenes y recuerdos, que son la materia prima de estos trabajos artísticos, se asoman en representaciones fugaces que, muchas veces, parecen incluso no tener una conexión directa con los relatos institucionales y hegemónicos, autorizados y legitimados por la comunidad de víctimas y por las políticas de memoria estatales. Así, la poesía –por medio de su resonancia y sus repercusiones, en términos de Bachelard– incide directamente en los procesos de reparación y en la reconstrucción de los vínculos socioafectivos de las comunidades.

En otro sentido, este estudio demostró que las diversas elecciones estéticas y ejercicios creativos que llevan adelante estas mujeres, en tanto realizadoras cinematográficas, posibilitan desmontar los discursos monumentalizados de las memorias épicas, cuestionar las tramas hegemónicas, explorar lenguajes posibles para hablar del dolor y elaborar los silencios familiares, disputando espacios de representación y consolidando voces críticas. De esta forma, construyen puentes dialógicos y dan voz a otras mujeres, iluminando genealogías de voces disminuidas en su visibilidad social, y abriendo lugar a nuevos significados acerca de los impactos dictatoriales, al mismo tiempo que ponen a circular en el espacio público nuevas subjetividades. Así, sin duda, estas obras revelan las posibilidades de agenciamiento subjetivo de sus realizadoras, pero, por sobre todo, promueven, desde apuestas éticas, estéticas y políticas, reflexiones y posiciones acerca de lo acontecido, las que participan de las disputas simbólicas actuales, movilizan nuevos significados, tejen puentes entre generaciones y ponen a disposición imaginarios necesarios para repensar nuestros presentes y futuros.

Por último, vale la pena señalar que este trabajo proyecta su continuidad en la ampliación y actualización del corpus inicial, a partir de la incorporación de nuevas obras que abordan la especificidad de otras violencias políticas estructurales, como lo son la violencia sexo-genérica y la violencia colonial. En este sentido, se advierte que los mecanismos y técnicas de autoexposición e inscripción del yo presentes en los documentales analizados funcionan como estructuras formales que habilitaron un repertorio de usos, temas, códigos y símbolos que actualmente sirven para contener otras experiencias, afectos y necesidades expresivas que van abriéndose campo en los movimientos sociales del presente, principalmente ligadas con los feminismos y las luchas de los pueblos indígenas. Así, esta galería de procedimientos posibilita la representación de las contradicciones afectivas, las disonancias y las tensiones propias de las historias de violencia que marcan nuestros territorios y nuestras culturas. Ello promueve la puesta en conflicto y la apertura de diálogos en torno a temas que tradicionalmente son abordados desde representaciones fijas y dicotomías estables: víctimas/héroes; femenino/masculino; privado/público; chileno/argentino/indígena; dictadura/democracia, entre otras. De este modo, estos documentales cuestionan y resignifican los modos de accionar políticamente, al mismo tiempo que materializan un enfoque de lectura estético-político que se interesa por el cruce entre los afectos, las memorias y las acciones de resistencia presentes en la trayectoria histórica del cine documental latinoamericano, protagonista en distintas épocas de luchas anticapitalistas, anticolonialistas y feministas.

Filmografía

Allende mi abuelo Allende. Dir. Marcia Tambutti. Paola Castillo, 2015. DVD.

El eco de las canciones. Dir. Antonia Rossi. Leonora González, 2010. DVD.

El edificio de los chilenos. Dir. Macarena Aguiló. Aplaplac, Instituto Cubano del Arte e Industrias Cinematográficas (ICAIC), Les Filmes d'Ici, 2010. DVD.

H.I.J.O.S. El alma en dos. Dir. Carmen Guarini y Macerlo Céspedes. Instituto Nacional de Cine y Artes Audiovisuales (INCAA), 2002. DVD.

La guardería. Dir. Virginia Croatto. Cepa/Instituto Nacional de Cine y Artes Audiovisuales (INCAA). 2015. DVD.

Los rubios. Dir. Albertina Carri. Albertina Carri, Barri Ellsworths, 2003. DVD.

Panzas. Dir. Laura Bondarevsky. Julia Argento, Cine Ojo, Ali-Bond, 2000. DVD.

Papá Iván. Dir. María Inés Roqué. David Blaustein, Hugo Rodríguez, Ángeles Castro Gurría, Gustavo Montiel Pagés. 2004. DVD.

Reinalda del Carmen, mi mamá y yo. Dir. Lorena Giachino Torréns. Lorena Blas y Paola Castillo, 2007. DVD.

Testigo[s]. Dir: Yurié Álvarez. En Rodaje, 2010. Web. Consultado en enero de 2019. http://cinechile.cl/pelicula/testigos/

Referencias bibliográficas

Abraham, Nicolás y Maria Torok, 2005, *La corteza y el núcleo,* Buenos Aires, Amorrortu.

Aguilar, Gonzalo, 2006, *Otros mundos: ensayos sobre el nuevo cine argentino,* Buenos Aires, Santiago Arcos editor.

Alcoz, Albert, 2019, *Radicales libres. 50 películas esenciales del cine experimental,* Barcelona, Editorial UOC.

Ansa-Goicoechea, Elixabete y Óscar Cabezas, 2014, *Efectos de imagen: ¿qué fue y qué es el cine militante?,* Santiago de Chile, LOM.

Auerhahn, Nanette y Dori Laub, 1984, "Annihilation and restoration: Post-traumatic memory as pathway and obstacle to recovery", *Psychoanal* 11, 327-344.

Artaza, Pablo et al., 2019, *Chile despertó: lecturas desde la historia del estallido social de octubre,* Santiago de Chile, Universidad de Chile.

Avelar, Idelber, 2000, *Alegorías de la derrota. La ficción postdictatorial y el trabajo de duelo,* Santiago de Chile, Cuarto Propio.

Bachelard, Gastón, 2000, *La poética del espacio,* Trad. Ernestina de Champourcin, México, Fondo de Cultura Económica.

Basile, Teresa, 2017, "Infancia educada: el niño nuevo", *Badebec* 13, 155-179. URL: http://www.memoria.fahce.unlp.edu.ar/art_revistas/pr.7958/pr.7958.pdf

Blejmar, Jordana y Natalia Fortuny, 2013, "Introduction", *Journal of Romance Studies* 3, 1-5.

Blejmar, Jordana, Silvana Mandolessi y Mariana Eva Pérez (comps), 2018, *El pasado inasequible. Desaparecidos, hijos y combatientes en el arte y la literatura del nuevo milenio,* Buenos Aires, EUDEBA.

Carnovale, Vera, 2011, *Los combatientes: Historia del PRT-ERP,* Buenos Aires, Siglo XXI.

Carvajal, Fernanda, 2012, "Desfiguraciones del exilio en "El eco de las canciones", de Antonia Rossi", *Artelogie* 3, 1-20. URL: http://cral.in2p3.fr/artelogie/spip.php?article133

Centro de Salud Mental y Derechos Humanos (CINTRAS), 2012, *Prevención del daño transgeneracional en segunda generación. Trabajo psicosocial de grupo,* Chile, CINTRAS.

CINTRAS, EATIP, SERSOC, GTNM/RJ, 2009, *Daño Transgeneracional: consecuencias de la represión política en el Cono Sur,* Santiago de Chile, CINTRAS.

Chababo, Rubén, 2014, *Apuntes sobre el heroísmo,* Santiago de Chile, Museo de la Memoria y los Derechos Humanos.

Clough, Patricia y Jean Halley (eds.), 2007, *The affective turn: theorizing the social,* Nueva York, Duke University Press.

Cornejo, Marcela et al., 2013, "Historias de la dictadura militar desde voces generacionales", *Psykhe* 22. URL: https://doi.org/10.7764/psykhe.22.2.603

Donoso, Catalina, 2010, "El eco de las canciones. Un ensayo sobre el presente en primera persona documental", *La Fuga* 11, 1-3. URL: https://lafuga.cl/el-eco-de-las-canciones/526

Faúndez, Ximena y Marcela Cornejo, 2010, "Aproximaciones al estudio de la Transmisión Transgeneracional del Trauma Psicosocial", *Revista de Psicología de la Universidad de Chile* 19, 31-54.

Faúndez, Ximena, 2013, "Trasngeneracionalidad del trauma psicosocial en nietos de ex prisioneros políticos de la dictadura militar chilena 1973-1990: transimisión y apropiación de la historia de prisión política y tortura", Tesis para optar al grado de Doctora en Psicología, Pontificia Universidad Católica de Chile.

Gallardo, Milena, 2015, "Postmemoria y cine documental. Imágenes poéticas en *El edificio de los chilenos* de Macarena Aguiló" en *Memoria e imaginación poética en el Cono Sur,* Ed. Alicia Salomone, Buenos Aires, Ediciones Corregidor, 197-218.

___ 2020, "Se precisan niños para amanecer: textos y subtextos de la resistencia en El edificio de los chilenos (2010), de Macarena Aguiló y en La guardería (2016), de Virginia Croatto", *Cuadernos intermediales I Infancia y representación,* Ed. María Angélica Franken y Mary Mac-Millan, Santiago, Editorial Cuarto Propio, 131-161.

Gallardo, Milena y Alicia Salomone, 2018, "Figuraciones del silencio en el relato memorial: *Allende mi abuelo Allende*, documental de Marcia Tambutti", *Cahiers du CRICCAL* 51, 138-145.

García Díaz, Noemí, 2019, *Primeras películas. Reflexiones en torno al cine en primera persona. Una casa (2016-2019),* Madrid, AARS.

Garretón, Manuel Antonio, 2010, "La democracia incompleta en Chile: la realidad tras los rankings internacionales", *Revista de Ciencia Política* 1, 115-148.

Genovese, Alicia, 2010, "Entre la ira y el arte del olvido: testimonio e imagen poética" en *Recordar para pensar. Memoria para la Democracia. La elaboración del pasado reciente en el Cono Sur de América Latina,* Santiago de Chile, Ediciones Böll Cono Sur, 69-76.

Gómez Castro, Elena, 2013, *Trauma relacional temprano. Hijos de personas afectadas por traumatización de origen político,* Santiago de Chile, Ediciones Universidad Alberto Hurtado.

Gregg, Melissa y Gregory J. Seigworth (eds.), 2010, *The Affect Theory Reader*, Durham, Duke University Press.

Grau, Olga, Luna Follegati y Silvia Aguilera, 2020, *Escrituras feministas en la revuelta,* Santiago de Chile, LOM.

Hirsch, Marianne, 1997, *Family Frames. Photography, narrative and postmemory,* Middletown, Harvard University Press.

___ 2012, T*he generation of postmemory. Writing and Visual Culture After the Holocaust*, Durham, Duke University Press.

Jara, Daniela, 2016, *Children and the Afterlife of State Violence. Memories of Dictatorship,* Nueva York, Palgrave Macmillan.

Kaës, René, Micheline Enriquez, Haydee Faimberg, Jean, Jose Barane, 2006, *Transmisión de la vida psíquica entre generaciones,* Trad. Mirta Segoviano, Buenos Aires, Amorrortu.

Keilson, Hans, 1979, *Sequentielle Traumatisierung bei Kindem. Deskriptiv-klinische und quantifizierend-statistische follow up Untersuchung zum Schicksal der jüdischen Kriegswaisen in den Niederlanden,* Trad. CINTRAS, Stuttgart, Enke.

Kestenberg, Judith, 1993, "What a psychoanalist learned from the holocaust and genocide", *The International Journal of Psychoanalysis* 74/6, 1117-1130.

Kogan, Ilany, 2002, "Enactment in lives and treat of Holocaust survivors`offspring", *The International Journal of Psychoanalysis* 71/2, 251-272.

Krystal, Henry, 1968, *Massive Psychic Trauma,* Nueva York, International Universities Press. Inc.

Lebow, Alisa. (ed.), 2012, *The cinema of me. The self and subjectivity in first person documentary,* Nueva York, Columbia University Press.

Lusnich, Ana y Pablo Piedras (coords.), 2011, *Una historia del cine político y social en Argentina. Formas, estilos y registros (1969-2009),* Buenos Aires, Nueva Librería.

Macón, Cecilia y Solana, Mariela. (eds.), 2015, *Pretérito indefinido. Afectos y emociones en las aproximaciones al pasado,* Buenos Aires, Título.

Madariaga, Carlos, 2003, "Daño transgeneracional en Chile. Apuntes para una conceptualización", *Reflexión* 30, 11-16.

Mannheim, Karl, 1993, *El problema de las generaciones,* Trad. I. Sánchez de la Yncera, *Revista Española de Investigaciones Sociológicas,* 62, 193-242.

Martín-Baró, Ignacio, 1988, "La violencia política y la guerra como causas del trauma psicosocial en El Salvador", *Revista de Psicología de El Salvador* 28, 123-141.

Mortara Garavelli, Bice, 1991, *Manual de retórica,* Madrid, Cátedra.

Oberti, Alejandra, 2015, *Las revolucionarias. Militancia, vida cotidiana y afectividad en los setenta*, Buenos Aires, Edhasa.

Paz, Octavio, 2008, *El arco y la lira*, México, Fondo de Cultura Económica.

Piedras, Pablo, 2014, *El cine documental en primera persona*, Buenos Aires, Paidós.

Pinto, Julio (ed.), 2019, *Las largas sombras de la dictadura: a 30 años del plebiscito*, Santiago de Chile, LOM.

Quílez, Laia, 2014, "Hacia una teoría de la posmemoria. Reflexiones en torno a las representaciones de la memoria generacional", *Historiografías* 8, 57-75.

Ramírez, Elizabeth, 2015, "Traveling Memories. Women's Reminiscences of Displaced Childhood in Chilean Postdictatorship Documentary", C. Gledhill y J. Knight (eds.), *Doing women's film history. Reframing cinemas, past and future*, Chicago y Springfield, University of Illinois Press.

___ 2016, "De restos a imágenes hápticas: un itinerario del documental chileno de la post-dictadura", Mónica Villarroel (coord.), *Memorias y representaciones en el cine chileno y latinoamericano*, Santiago de Chile, LOM.

Renov, Michael, 2004, *The subject of documentary*, Minneapolis, University of Minnesota Press.

Ricœur, Paul, 2013, *La memoria, la historia, el olvido*, Buenos Aires, Fondo de Cultura Económica.

Richard, Nelly, 2002, "La crítica de la memoria", *Cuadernos de Literatura* 8, 187-193.

Williams, Raymond, 2009, *Marxismo y literatura*, Trad. Guillermo David, Buenos Aires, Las Cuarenta.

Robin, Baetz (coord.), 2018, *Mujeres en el cine experimental. Marco crítico*, Madrid, Editorial 8Mm.

Rufinelli, Jorge, 2005, "Documental político en América Latina: un largo y un corto camino a casa (década de 1990 y comienzos del siglo XXI)", en *Documental y vanguardia*, Casimiro Torreiro y Josetxo Cerdán (eds.), Madrid, Cátedra, 285-348.

Ruíz, María Olga, 2015a, "El entramado cultural de la militancia revolucionaria en el Partido Revolucionario de los Trabajadores-Ejército Revolucionario del Pueblo y Montoneros de la Argentina en los setenta", *Revista Izquierdas* 25, 29-53.

___ 2015b, "Mandatos militantes, vida cotidiana y subjetividad revolucionaria en el Movimiento de Izquierda Revolucionaria de Chile (1965-1975)", *Revista Austral de Ciencias Sociales* 28, 163-182.

Sarlo, Beatriz, 2005, *Tiempo pasado. Cultura de la memoria y giro subjetivo. Una discusión,* Buenos Aires, Siglo XXI.

Scapusio, Miguel, 2006, "Transgeneracionalidad del daño y memoria", *Reflexión* 32, 15-19.

Schwab, Gabriele, 2015, "Escribir contra la memoria y el olvido", Silvana Mandolessi y Maximiliano Alonso (eds.), *Estudios sobre memoria: perspectivas actuales y nuevos escenarios*, Villa María, Eduvim, 53-81.

Taccetta, Natalia y Depetris, Irene, 2019, *Afectos, historia y cultura visual. Una aproximación indisciplinada*, Buenos Aires, Prometeo Libros.

Traverso, Antonio y Tomás Crowder-Taraborrelli, 2015, *El documental político en Argentina, Chile y Uruguay: de los años cincuenta a la década del dos mil*, Santiago de Chile, LOM.

Waldman, Gilda, 2006, "La "Cultura de la memoria": Problemas y reflexiones". *Revista Política y Cultura* 26, 9-34. URL: https://polcul.xoc.uam.mx/index.php/polcul/article/view/1003/981

Weinrichter, Antonio, 2005, "Jugando en los archivos de lo real. Apropiación y remontaje en el cine de no ficción", Casimiro Torreiro y Josetxo Cerdán (eds.), *Documental y vanguardia*, Madrid, Cátedra, 43-64.

Young, James, 2000, *At Memory's Edge: After-Images of the Holocaust in Contemporary Art and Architecture*, New Haven y Londres, Yale University Press.

Espacios, pandemia y afectos: corporalidades en/para las nuevas ágoras

Lorena Verzero

Universidad de Buenos Aires
CONICET

Antes de la llegada del conoravirus, me encontraba reflexionando en torno a la pregunta sobre cómo producen sentido las experiencias que vivimos, las prácticas que desarrollamos, los espacios que habitamos. La afectividad aparecía como elemento clave, en tanto operaría como dinamizador no solo de las relaciones intersubjetivas sino (y esto es lo que me interesa pensar) del accionar político. La pandemia me encontró, entonces, indagando en la potencia política del arte en la intersección entre lo íntimo y lo colectivo como espacio de producción de modos de conocimiento que se generan en el entramado de afectos, específicamente en las prácticas de artivismo (Delgado, 2013) en ciudades latinoamericanas.

Partiendo de las hipótesis de que los afectos y las emociones son formas de conocimiento y de que pueden ser motivadores de acciones políticas (Sarah Ahmed, 2017), tomo como objeto de estudio acciones de artivismo, debido fundamentalmente a que el hacer colectivo encierra la potencia de imaginación de futuros alternativos. En esta ocasión, me interesa particularmente retomar la metáfora del ágora en tanto las acciones artivistas que se desarrollaron hasta 2020 se desplegaban tanto en el espacio físico como en el virtual, otorgándoles diversa funcionalidad a cada uno de los espacios y generando distinto tipo de participación, activando diferentes emociones que se demostraban capaces de irradiar modos de acción política también muy diferenciados. La virtualización forzada que se vivió en el mundo entero en 2020 debido al ASPO (aislamiento social, preventivo y obligatorio) otorgó preponderancia al uso del espacio virtual y dio lugar a la intervención en espacios físicos antes no tan experimentados, entre los que se destaca la casa.

En ese contexto, es mi intención reflexionar en torno a las formas de corporalidad que se están construyendo y en las posibilidades que ellas disparan para habitar los espacios en el futuro. Junto a estas hipótesis de partida, plantearé el supuesto de que es posible pensar que a través de la interfaz digital se genera otro modo de producir emocionalidad colectiva portadora también de una carga transformadora. Me detendré en el proyecto *Relato situado* de la Compañía de Funciones Patrióticas, y más específicamente, en la experiencia *Memoria del aislamiento* (2020).

1. Espacios e instituciones

Los usos y significaciones asignados a los espacios constituyen uno de los elementos centrales no solo de las artes escénicas sino de las artes vivas en general, y por supuesto, del artivismo. En ese sentido, interpreto las cuestiones que nos convocan relacionadas con el *habitar*; es decir, con los *modos de estar*, con los afectos que se ponen en acto, se portan y se transmiten en las formas de ocupar los espacios. La pandemia ha modificado las formas de habitar, pero sobre todo, ha funcionado como catalizador de reflexiones respecto de los modos que concebíamos como "normales" de habitar y de afectar(nos).

La problemática del espacio constituye uno de los temas centrales en todos los autores que analizan activismos artísticos (Oslender, 2002; Delgado, 2013; Longoni, 2010; Expósito, Vidal y Vindel, 2012; Rodríguez Ibañez, 2017; Proaño-Gómez, 2018; por mencionar algunos de diversa procedencia que estudian distintos tipos de prácticas de activismo artístico y que escribieron en distintos momentos de estas primeras dos décadas del siglo XXI). En base a la bibliografía existente y a la experiencia, es posible afirmar que la ocupación de los espacios es una de las características diacríticas del artivismo. Incluso, podría decirse que la ocupación del espacio público de las ciudades y la tensión con las instituciones, e incluso el anti-institucionalismo, se encuentran entre las características centrales mediante las cuales es posible definir ampliamente el fenómeno.

Dos de las características indiscutibles del artivismo serían, entonces, la ocupación del espacio público y la tensión con las instituciones que, llevada al extremo, toma la forma de anti-institucionalismo. Junto a ellas, podríamos mencionar algunas otras, pero en esta ocasión nos centraremos en las problemáticas que atañen a la espacialidad.

Imagen 1: *La memoria en el centro,*
Compañía de Funciones Patrióticas, Centro Cultural Recoleta, 2018.

Comprobaremos, sin embargo, que no es posible confirmar tales características en todos los casos. La clasificación de experiencias y el hallazgo de definiciones estables suelen resultar aliviadoras para la investigación, pero –como veremos– si el artivismo posee una característica diacrítica, ésta se concentra en su capacidad de escurrirse constantemente de todo intento de permanecer en una definición cerrada.

Así es como, por un lado, si bien una de las características centrales del artivismo es la intervención en el espacio público de la ciudad, también se lleva a cabo en otro tipo de espacios tales como centros culturales, universidades, sitios de memoria, e incluso, espacios privados como la casa. Por otro lado, y en el mismo sentido, las definiciones de artivismo habitualmente subrayan su carácter anti-institucional, sus tensiones y sus disputas con la institución (desde instituciones estatales o culturales, hasta la institución arte) pero, por ejemplo, los museos incluyen intervenciones de este tipo, incluso privilegiándolas en las curadurías o promocionando convocatorias específicas de intervención artístico-política. Tal es el caso de la intervención que la Compañía de Funciones Patrióticas hizo en el Centro Cultural Recoleta (2018), uno de los espacios más directamente asociados a las "bellas artes" y a la lógica museística en la ciudad de Buenos Aires. Otro ejemplo lo constituye la experiencia *Arte Urgente*, que consistió en una intervención por parte de buena cantidad de colectivos del espacio de la Ex ESMA;[1] o el caso del *Manifiesto Ciberpunk,* del colectivo Dominio Público, que se realizó en el Centro Cultural San Martín y en la sala Hasta Trilce, un espacio cultural del circuito independiente de la ciudad. En el mismo sentido, algunas acciones se enmarcan en la lógica del campo cultural (se dan en sala, con una periodicidad de funciones y cobrando entrada) sin dejar de activar política y estéticamente, y de contener una cantidad de criterios a partir de los cuales podemos seguir considerándolas artivistas.

En definitiva, podemos decir que estos pocos ejemplos de diverso tipo de relaciones con los espacios y con las instituciones nos permiten comenzar a entrever que la ocupación y el uso de los espacios por parte de los colectivos artivistas son múltiples, heteróclitos y plurales.

2. Espacio físico y espacio virtual

Además de su presencia física, hasta el desarrollo de la pandemia por coronavirus los grupos usaban internet y redes sociales con diversas funcionalidades, desde generar visibilidad y tener acceso a un público más amplio, hasta construir las performances en un entorno con presencialidades diversas. Son múltiples los usos adjudicados al espacio virtual en las acciones artivistas realizadas hasta 2020. Entre ellos, por ejemplo, se podía iniciar una acción en las redes y luego continuarse en el espacio público; transmitirse en tiempo real, incluso casi ser realizada para su transmisión virtual (como por ejemplo, *#¿Quién elige?,* del colectivo Fuerza Artística de Choque Comunicativo, realizada el 20 de octubre de 2017); ser difundidas posteriormente a su realización en la web (tal es el caso de las ediciones de *Relato situado* que realizó la Compañía de Funciones Patrióticas con motivo de la conmemoración del aniversario del último golpe de Estado en Argentina en 2017, 2018 y 2019; o *Radio FUNO Vol. 7*, 24 de marzo de 2019, del colectivo Fin de UN mundO, FUNO); o podían comenzar en el espacio público y continuar en las redes (como la acción *OAMA,* de FUNO, 2016).

A través de estas acciones desarrolladas en espacios plurales se interpela a un nuevo tipo de subjetividad que se configura no solo en el espacio

1 Escuela de Mecánica de la Armada, principal centro clandestino de detención, tortura y exterminio durante la última dictadura cívico-militar argentina.

físico, sino virtualmente a través de las redes sociales, posibilitando una participación diferida en el espacio y en el tiempo. Los medios son implementados como recursos para crear acciones y escenas híbridas y autoreflexivas que exponen críticamente a los espectadores las fuerzas sociales que contribuyen a su construcción y a la construcción de las subjetividades presentes en ellas. Con todo esto, no solo se redefine el lugar de espectación, sino también los de producción artística, intervención política y espacio público.

Con la pandemia que llevó al obligado ASPO no solo se han transformado los vínculos intercorporales, sino los modos de hacer y las formas de habitar. Si la virtualidad ocupaba un lugar fundamental enriqueciendo y complejizando la construcción de subjetividades, con la virtualización forzada ocurrida en 2020, el espacio físico se vio eclipsado por la preponderancia del plano virtual y la necesaria exploración de nuevas maneras de producción de sentidos.

Es en la confluencia de todos estos factores que me interesa tomar en sentido metafórico la idea de "ágora" como espacio para la discusión política. Pienso estos espacios híbridos como ágora en la que se dan las discusiones políticas en la actualidad. A diferencia de la antigua ágora griega, que presuponía la presencia inmediata y en vivo, en los últimos años –ya antes de la pandemia–, las discusiones políticas se daban en el plano virtual de manera tan activa como el plano presencial (o más). Y en el marco del ASPO, se trasladaron al plano virtual no solo gran cantidad de modos de relacionarnos socialmente, sino también prácticas artísticas y experiencias políticas. Todos aquellos que tuvieron la posibilidad de quedarse en sus casas como lugar de cuidado ante el virus, y de contar con internet y dispositivos tecnológicos, virtualizaron relaciones familiares, cumpleaños, clases de danza, fútbol o yoga, entre un sinfín de prácticas sociales, por no mencionar la educación formal que se virtualizó en todos los niveles. Asimismo, como sabemos, los parlamentos comenzaron a legislar de manera remota y se realizaron movilizaciones políticas virtuales, como fue el caso de la conmemoración del Día de la Lealtad por parte del movimiento peronista en Argentina, el 17 de octubre de 2020. En el terreno de las artes vivas, la exploración de formatos estéticos y las reflexiones al respecto continúan durante una etapa en la que varios países han comenzado a tantear protocolos y modos de producción en vivo sin público con transmisión *on line* por *streaming* o en diferido. En resumen, en el marco del aislamiento, la participación en la arena de lo público vio reforzada su condición remota en términos espaciales y, en muchos casos, en diferido temporalmente, estableciendo nuevas dinámicas en la construcción de subjetividades.

Tanto en el espacio físico como en el virtual, la visibilidad es condición de posibilidad para la participación en el ágora, pero los mecanismos desplegados para la creación de la propia imagen no son exactamente iguales. Boris Groys (2018: 16) describe el funcionamiento de esta ágora que involucra la creación de una imagen pública a través de la cual cada uno de nosotros interactúa en los medios virtuales. En el marco de sus reflexiones en torno a las nuevas condiciones de producción y de consumo estético, Groys despliega la idea de ágora en relación con las formas de construcción de subjetividad, en cuyo marco aparece la creación del "avatar virtual como un doble artificial con el que comunicarse y actuar" (2018: 16).

2.1 Relatos situados

El proyecto *Relato situado,* de la Compañía de Funciones Patrióticas y las artistas visuales Virginia Corda y María Paula Doberti, constituye un ejemplo notable para pensar las relaciones entre cuerpos, espacios y afectos. Luego de realizar una breve presentación de las obras de recorrido paradigmáticas del proyecto, nos referiremos a la última de ellas, *Memoria del aislamiento* (2020), con intención de centrarnos en las transformaciones ocurridas en el actual entorno pandémico.

El proyecto *Relato situado* consta hasta el momento de las siguientes obras:

Acción de memoria urbana (2015);
Una topografía de la memoria (2016-17);
La memoria en el Centro (2016);
Almagro tiene memoria (2017);
Lanús tiene memoria (2017);
El sentido de la memoria (2018);
Los barrios tienen memoria (2018);
Memoria de Campo de Mayo (2018);
Memoria de la reforma (2018);
Exilio en Bahía (2018);
Avellaneda tiene memoria (2018);
Mujeres construyen memoria (2019):
Los barrios tienen memoria (2019);
UNQ tiene memoria (2019);

No tiene swing (pero fue real) 2001; (2019);
Memoria del aislamiento (2020).

Como metodología de acción, *Relato situado* propone una intervención urbana a partir de la noción de "deriva a pie", para cuya definición los integrantes del colectivo Compañía de Funciones Patrióticas, Doberti, Lina y Seijo (2015) recurren a Guy Debord y al situacionismo. "*Relato situado* –explican– propone una reconstrucción participativa de la memoria urbana. Un modo de documentar la historia donde la huella no solo sea fotográfica o fílmica, sino que también se componga de múltiples voces que se dirimen entre lo ficcional, lo verosímil y lo testimonial". Una deriva es un recorrido por una zona de la ciudad seleccionada para ser intervenida. Como en toda acción en el espacio urbano, lo azaroso se vuelve protagonista, y la obra es la experiencia estética, política y social que se vive durante el recorrido. Podemos afirmar, siguiendo a Gregory Seigworth y Melissa Gregg, que "el afecto surge en el intersticio, entre las capacidades de actuar y de ser objeto de la acción de otro" (2010: 1, la traducción es mía). Todo ocurre *in-between*, en los huecos entre la historia y la memoria; la política y el arte; lo íntimo y lo colectivo; lo real, lo ficcional y lo verosímil.

A partir de la idea de cuerpo como espacio material de inscripción de emociones y de ideologías, en un artículo anterior (Verzero, 2020b) realicé un breve recorrido por los *relatos situados* realizados entre 2015 y 2018 con la intención de reflexionar en torno a cómo producen sentidos estas intervenciones. En ese artículo, partía de la hipótesis de que su productividad radica en la afectación y en la emocionalidad que se generan en los recorridos urbanos y en que esas emociones tienen carácter colectivo. Me interesaba pensar a través de qué mecanismos la emocionalidad produce sentidos capaces de transformar o multiplicar modos de ser o formas de hacer.

Hasta *Memoria del aislamiento*, todos los relatos situados transcurrieron en el espacio público y se desarrolló una actividad posterior en el espacio virtual a modo de difusión. Avanzaré a continuación con una breve descripción analítica de los relatos situados más representativos, de manera que sea posible dimensionar la transformación ocurrida en la experiencia de 2020.

En 2016, la Compañía de Funciones Patrióticas y la dupla Corda-Doberti llevaron a cabo la segunda experiencia de *Relato situado* que se convertiría en el sello del grupo: *Una topografía de la memoria* (2016-2017).[2] Además de volver a presentarse con modificaciones al año siguiente, la performance fue seleccionada para integrar la programación del Festival Internacional de Buenos Aires (FIBA) en su edición de 2017.

En *Una topografía de la memoria*, el recorrido partía de Umbral Espacio de Arte, una sala situada en avenida Díaz Vélez 3980, que llevan adelante las artistas visuales María Paula Doberti y Débora Kirnos. El recorrido se organizaba a partir de paradas que tenían lugar en cada "baldosa por la memoria". Estas baldosas son realizadas colectivamente de manera barrial a partir de una iniciativa que desde 2006 lleva adelante el movimiento Barrios x Memoria y Justicia. Las baldosas buscan reconstruir la historia de vida de detenidos-desaparecidos y señalar los espacios en los que vivieron, estudiaron, militaron, por los que simplemente transitaron e incluso en los que desaparecieron. Ha habido distintas etapas en la conformación de las baldosas, pero el diseño forma parte del proceso de construcción colectiva, por lo que cada baldosa es única.

La compañía no se propuso homenajear a cada detenido-desaparecido contando su historia en la baldosa, sino trabajar a partir de

> su propia sensibilidad sobre el tema y la historia de vida detrás de cada baldosa. En otras palabras, los performers se preguntaron "qué me pasa a mí con esto", y no tanto qué pasó allí; "quién soy yo en relación a él/ella", y no tanto quién es él/ella. Estos mismos interrogantes esperábamos que se hiciera nuestro público. Que los participantes en procesión se involucraran afectiva y corporalmente con la propuesta. (Doberti, Lina y Seijo, 2017: 8)

Para esta deriva, los participantes realizaban el recorrido en grupo, todos juntos, sin acompañantes de la compañía. Esto difería del trabajo anterior, *Acción de memoria urbana,* en el que dos integrantes del colectivo guiaban al grupo en el recorrido. La ausencia de estos guías fue explicada por los artistas de la siguiente manera: "Nuestra presencia digitaba demasiado la participación" (7).

Antes de iniciar el recorrido, todos los participantes recibían un mapa de la zona a recorrer, con la intención de que "cada [uno] pudiera volcar sus impresiones, recuerdos, afectividades, todo lo que le despertara el trayecto" (7). En estos planos solo había un tipo de marca: un cuadradito que señalaba cada lugar donde se encontraba una baldosa. Cada uno de esos cuadraditos representaba una parada en el recorrido y allí tendría

---

2 La ficha técnica de *Una topografía de la memoria* está disponible en línea: <http://www.alternativateatral.com/obra37927-relato-situado-una-topografia-de-la-memoria>.

lugar una acción, pero el plano no anticipaba el itinerario. Es decir, en el plano solo estaban marcadas las manzanas con las baldosas y algún signo topográfico, como las vías del tren. Al final de cada acción, el performer a cargo indicaba al grupo hacia dónde seguir. Cada uno lo hacía de manera distinta: señalando, acompañando, dirigiendo. El recorrido finalizaba en la sala de la que se había partido y quienes lo desearan podían compartir sus registros. Estos fueron integrados al archivo de la compañía. Entre los modos de intervención se encuentran la realización de breves *performances,* algunas más ligadas a lo teatral, otras a lo musical o a las artes visuales, desde muy diversas perspectivas estéticas. Uno de los modos de intervención realizado en varias de las obras de recorrido, por ejemplo, consistía en la colocación de afiches que, debido a su estética, se funden con los afiches publicitarios de la ciudad pero que contienen información dura sobre la temática. Para *Una topografía de la memoria,* se realizaron cuatro tipos de afiches. Al finalizar la obra, se ofrecía a los participantes que eligieran un afiche y lo llevaran consigo a cambio de su plano intervenido. En los días subsiguientes, la compañía enviaba por *e-mail* a todos los participantes los mapas realizados por cada uno. Mientras que cada participante entregaba su plano a cambio de un afiche, la compañía le devolvía una versión digitalizada de ese mapa personal a modo de agradecimiento por haber compartido la experiencia.

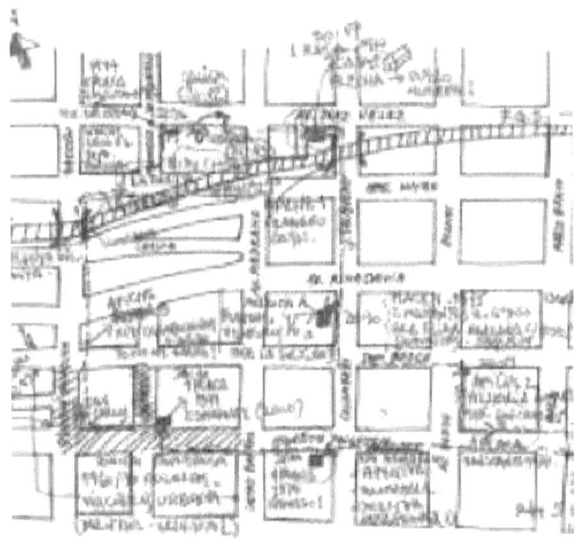

Imagen 2: *Relato situado. Una topografía de la memoria,* Compañía de Funciones Patrióticas, 2016.

En las obras de recorrido siguientes se realizó el mismo tipo de procedimiento general de intervención urbana, pero con variantes en los recorridos, en las lógicas de organización, en los lenguajes y poéticas.

En la edición de 2017, los artistas se propusieron "aumentar la exigencia con el público" (Doberti, Lina y Seijo, 2017: 9). Para ello, se otorgaron roles y cada participante recibía una hoja con la descripción de la tarea que le tocaba: guía, auxiliar del guía, cebador de mate, cartero, lector, *stencilero*, topógrafo y *performer*.

Almagro tiene memoria (24 de marzo de 2017)[3] es la continuidad directa de *Una topografía de la memoria*. Realizada en la noche del 24 de marzo de 2017, fecha en que se conmemoraban cuarentaiún años del golpe de Estado de 1976, la propuesta consistió en una deriva por *todas* las baldosas por la memoria del barrio de Almagro (que, estadísticamente, es el de mayor cantidad de detenidos-desaparecidos de la ciudad de Buenos Aires). Para ello, se convocó a actores, músicos, artistas visuales e investigadores. A cada uno de ellos se le asignó una baldosa y tuvo la posibilidad de realizar una acción en torno a ella. Fueron más de cuarenta acciones que se desarrollaron en simultáneo, y se estima que asistieron más de trescientos espectadores/participantes.

Había esta vez cinco puntos de encuentro: Casona Cultural Humahuaca (Humahuaca 3508), Elefante Club de Teatro (Guardia Vieja 4257), Avalon Casa Cultural (Pringles 511), Umbral Espacio de Arte (Av. Díaz Vélez 3980) y Comunarte (Av. Castro Barros 236). Cada participante no solo recibía un mapa que contenía la señalización de las baldosas –como en la experiencia anterior–, sino que además se les daba una lista con la dirección de cada baldosa y el nombre de cada detenido-desaparecido al que correspondía.

Una diferencia sustancial respecto de las obras de recorrido anteriores (*Acción de memoria urbana* y *Una topografía de la memoria*) es que en *Almagro tiene memoria* los participantes no salían en grupo, sino que cada uno realizaba su propio recorrido. Con la lista de detenidos-desaparecidos, la dirección de cada una de sus baldosas y un plano de la zona, cada participante elegía su propia deriva. Además, se les indicaba que la experiencia duraba una hora y media y que al final todos debían acercarse a la Plaza Almagro. Con esta información, cada participante, solo o con quien hubiera ido a participar de la obra, emprendía su viaje. Y cada performer tenía la indicación de que debía realizar su acción cada vez que se acercara algún participante. En la Plaza Almagro se realizó un encuentro musical de cierre.

---

3 Ficha técnica de *Almagro tiene memoria* disponible en línea: <http://www.alternativateatral.com/evento1807-relato-situado-almagro-tiene-memoria>.

No se cobró entrada –como en las obras de recorrido anteriores–, sino un bono contribución con el que se colaboró con Barrios x Memoria y Justicia. Este evento, además, fue declarado de interés para la promoción y defensa de los derechos humanos por la Legislatura porteña.

El sentido de la memoria[4] lleva al extremo las experiencias *Una topografía de la memoria* y *Almagro tiene memoria*. Aquí el público camina por la ciudad con los ojos vendados, dejándose llevar por un integrante de la compañía. El punto de encuentro volvió a ser Umbral Espacio de Arte. Desde allí salían grupos de tres participantes y un guía. Cada uno de esos grupos se ordenaba en una formación romboidal: el guía, *performer*, iba adelante. Él era el único que podía ver. Dos participantes se ubicaban detrás de él, tomándolo uno de cada hombro; y un tercer participante, detrás de ellos, tomaba a cada uno del hombro que quedaba en el centro. A veces, cuando el espacio era demasiado angosto, hacían una formación en hilera, tomados del hombro derecho. Llamarían a la primera formación "1" y a esta, "2".

Imagen 3: *Relato situado. El sentido de la memoria*, Compañía de Funciones Patrióticas, 2018.

---

4 La ficha técnica de *El sentido de la memoria* se encuentra disponible en el sitio <http://www.alternativateatral.com/obra56414-relato-situado-el-sentido-de-la-memoria>.

En esta experiencia, la necesidad de confiar en ese otro que es el guía se potencia. Asistimos a una *performance* y, de repente, casi podría decirse que nuestra vida depende de los actores. Confiar parece casi la única manera de sobrevivir en la ciudad. La idea de que la confianza en el otro y en los sentidos es la garantía de supervivencia cotidiana se refuerza y se potencia. La clausura del sentido de la vista es esencial para la construcción de este tipo de afectación y para favorecer el volcarse sobre uno mismo, el mirarse de manera íntima, introspectiva.

En 2019, la propuesta siguió expandiéndose y *Barrios por la memoria*[5] contó con los siguientes recorridos performáticos:

- **En el barrio de Almagro,** por Compañía de Funciones Patrióticas, Corda-Doberti e invitados: Recorrido 1: *Mujeres Construyen Memoria* (Punto de encuentro: Estudio Los Vidrios, Guardia Vieja 4257); Recorrido 2: *Los Sentidos de la Memoria.* (Punto de encuentro: Umbral espacio de arte, Av. Díaz Vélez 3980). Ambos recorridos finalizaban en Plaza Almagro.
- **En el barrio de Chacarita,** por Compañía de Ataque. (Punto de encuentro: Concepción Arenal y Montenegro).
- **En el barrio de Villa Crespo**, por Avive Compañía de Inventarios. *Memoria en tiempo presente* (Punto de encuentro: Av. Juan B. Justo y Av. Corrientes).

Luego de la experiencia, se realizó un montaje audiovisual con la intención de dar difusión posterior al evento en las redes. El mismo se inicia con la placa que funciona como imagen de la obra y que consiste en la reproducción digital icónica de una "baldosa por la memoria" con el título de la obra, *Barrios por la Memoria,* en el lugar donde se inscribiría el nombre del detenido-desaparecido. Debajo, la acompaña la frase: "Declarado de interés para la Promoción y Defensa de los DD.HH. por la Legislatura". Luego de un fundido a negro, se ve la resolución de la Legislatura de la Ciudad de Buenos Aires. Seguidamente, el video está estructurado a partir de los cuatro recorridos que se desplegaron ese 24 de marzo de 2019. Con la canción *How To Disappear Completely,* de Radiohead, como banda sonora, se suceden imágenes fotográficas de los

---

5 La ficha técnica de *Los barrios tienen memoria* está disponible en línea: <http://www.alternativateatral.com/evento2085-relato-situado-los-barrios-tienen-memoria-2019#:~:text=Los%20barrios%20tienen%20memoria%202019,-emailContactar&text=Declarado%20de%20inter%C3%A9s%20para%20la,v%C3%ADctimas%20del%20Terrorismo%20de%20Estado>.

recorridos "Almagro I" y "Almagro II". Imagen y sonido se encuentran en la reproducción de lo que fue el cierre de esos dos recorridos en la Plaza Almagro. Ese momento consistió en la conformación de una ronda integrada por público y performers que cantaban al unísono la canción *Estado Memoria* compuesta por el colectivo. La letra de la misma hace alusión a la memoria individual y colectiva, a la memoria oficial y a la necesidad de construcción de memorias alternativas. La estrategia para que todos pudieran cantar fue muy simple: se repartieron fotocopias con la letra a cada participante a medida que iba llegando a la plaza. Esta estructura vuelve a repetirse en el siguiente segmento del video, con los barrios de Chacarita y Villa Crespo. Se retoma el formato de secuencia de imágenes fotográficas acompañadas por la misma canción de Radiohead como banda sonora del recorrido de "Chacarita" y un acompañamiento con percusión para la deriva de "Villa Crespo". La imagen y sonido en vivo se recuperan con una canción que fue parte de una de las acciones desarrolladas por Avive Compañía de Inventarios.

Casi sin darnos cuenta, hacia el final de la canción se fueron insertando imágenes que corresponden a otras de las acciones realizadas, hasta que la canción es reemplazada por el acompañamiento de percusión y comienzan a sucederse breves fragmentos de registros fílmicos de diversas perfomances que fueron parte de la obra de recorrido. El video se cierra con su propia baldosa por la memoria, al igual que como se inició. Y, luego de un fundido a negro, la frase: "Por más barrios en 2020!!!"

Con este video se busca socializar el lugar de lo privado, de lo íntimo, de lo que cada desaparecido fue en lo particular. Se busca particularizar el caso como argumento para salir de la generalización que construye historias sin nombre. Las emociones primarias que emergen se ligan a la nostalgia, a la tristeza, a la indignación o a la impotencia en cuanto se remite a situaciones individuales. Opera una conexión que se origina a partir de un "sentimiento solidario" –por tomar un término de Ahmed (2017: 76), aunque la autora lo utiliza en otro sentido.

En las acciones colectivas (por ejemplo, en la canción compartida en la plaza) aparece la fuerza de lo plural que parecería transformar la impotencia o la indignación en potencia de lucha. Es en este traspaso que la emoción se vuelve colectiva. Y allí, el dolor se transforma en otra cosa, se carga de potencialidad política transformadora.

Con la frase "Por más barrios en 2020!!!", el final del video apela a dar continuidad a la irradiación de la experiencia. Este llamado a la multiplicación expone la conciencia en la capacidad de operar (micro) políticamente. Al parecer, las emociones sentidas durante la experiencia constituyen el elemento movilizador para que otros agentes se sumen a reproducir la deriva en el futuro.

3. Artivismo en pandemia

En 2020 la aparición del Sars-Covid-19 torció las voluntades y los acontecimientos. Los artistas han adoptado diversas estrategias para transformar su trabajo en el entorno pandémico. En ese sentido, he podido detectar que durante el aislamiento los colectivos artivistas realizaron algunas experiencias tímidamente al comienzo, pero luego explorando cada vez con más determinación formas estéticas y políticas de habitar los espacios virtual y físico de diversas maneras. En ese marco es posible insertar los trabajos de la Compañía de Funciones Patrióticas. En términos amplios, de acuerdo con las funciones que se les pueden atribuir a las experiencias llevadas a cabo por diversos colectivos durante 2020, en principio, sería posible organizarlas en tres grupos:

- Participación ciudadana: en general, con motivo de la conmemoración de fechas como el aniversario de los golpes de Estado que llevaron a las últimas dictaduras cívico-militares en algunos países de la región o en el marco de las agendas feministas. En Argentina, por ejemplo, el 24 de marzo, Día Nacional de la Memoria por la Verdad y la Justicia, se convocó a un *Pañuelazo*; y el 3 de junio, la habitual marcha del *Ni una menos* se transformó en un *Proyectorazo*.
- Expresión, narración de la propia vivencia del confinamiento: es el caso de *Relato situado. Memoria del aislamiento,* Compañía de Funciones Patrióticas, con seis ediciones mensuales entre mayo y octubre, en las que artistas de diferentes lugares del mundo relatan su experiencia personal del aislamiento a través de un audiovisual.
- Denuncia de situaciones coyunturales de la esfera política: por ejemplo, la acción *Mirarnos sin tapa ojos*, del colectivo Fin de Un mundO (FUNO) realizada el 24 de mayo, tuvo por finalidad denunciar las políticas del gobierno de la Ciudad Autónoma de Buenos Aires respecto de la atención de los barrios vulnerables.

El primer desafío con que se encontró buena parte de los colectivos fue cómo conmemorar el 24 de marzo. Ese día encontró a la sociedad argentina en el momento más estricto de la cuarentena que había iniciado pocos días antes, por lo que todas las actividades previstas debieron transformarse rápidamente. La Compañía de Funciones Patrióticas propuso la realización de acciones desde los hogares en formato audiovisual que se compartieron en las redes con el *hashtag* #losbarriostienenmemoria2020.

A menos de diez días de haber sido decretada una cuarentena total en el país, ese fue el primer y fundacional impulso mediante el cual el espacio íntimo de la casa comenzaba a volverse poroso, extendiéndose hacia el exterior, comunicando a los vecinos más próximos que en ese hogar se conmemora el 24 de marzo en lucha por la búsqueda de verdad y justicia. Como remitiendo a los dinteles bíblicos pintados de rojo, los pañuelos operaron indicialmente señalando pertenencia, construyendo un "nosotros" no ya reunido en la plaza sino asociado a través del ritual de los pañuelos.

El aislamiento llevó a la reclusión en la casa a todos aquellos que cuentan con ella y con las posibilidades materiales de hacerlo. Y esto transformó las casas y el modo de habitarlas. La casa pasó a ser refugio, espacio de cuidado, pero también, lugar de encierro y, como se ha comprobado en el caso de mujeres víctima de violencia de género, en ocasiones, la conviencia con el agresor convertía a la casa en un espacio amenazante. Desde mayo, la compañía de Funciones Patrióticas realizó ediciones mensuales del *Relato situado. Memoria del aislamiento.*[6] El modo de organización consistió en que cada integrante del colectivo invita a un artista, de manera que en cada edición se compilan cinco o seis "memorias del aislamiento". Aprovechando la paradógica cercanía que permite la virtualidad, se invitó a artistas de diferentes lugares del mundo, que contaron su propia experiencia del aislamiento.

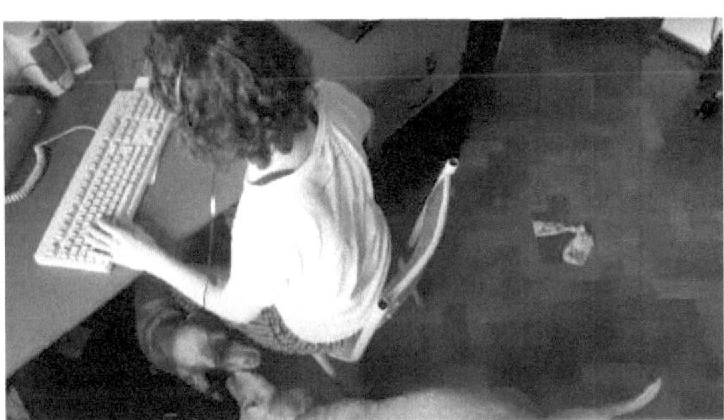

Imagen 4: *La patronal en casa.* Mariana Mazover, Paloma Lipovetsky, Sole P. en *Memoria del aislamiento 4* de la Compañía de Funciones Patrióticas, 2020.

6 *Relato situado. Memoria del aislamiento 1,* 10 de mayo: <https://www.youtube.com/watch?v=3IIcpGmxDOOc>, *Relato situado. Memoria del aislamiento 2,* 7 de junio: <https://www.youtube.com/watch?v=zR6q_HVolXk>, *Relato situado. Memoria del aislamiento 3,* 5 de julio: <https://www.youtube.com/watch?v=L0nnyoLol_w>, *Relato situado. Memoria del aislamiento 4,* 9 de agosto: <https://www.youtube.com/watch?v=2l-3k7PhhaA>, *Relato situado. Memoria del aislamiento 5,* 13 de septiembre: <https://www.youtube.com/watch?v=TWWsTxxZEKA>.

Aparecen en estas experiencias diversos modos de concebir el espacio, de vincular el adentro con el afuera, de salir y de entrar a la casa. La reconfiguración del tiempo y la resignificación de la distancia operan como elementos movilizadores de afectos que toman forma de sensación de asfixia, de alivio al ver a un ser querido o al recobrar algo conocido, una insólita seguridad ante la confirmación de que por una vez (al menos por una vez en estos tiempos) lo esperado se cumple. En estas "memorias del aislamiento" de artistas argentinos, chilenos, italianos, franceses o uruguayos se replica la expresión de alegría ante las pequeñas cosas cotidianas; de extrañamiento frente a lo que antes pasaba desapercibido; de tristeza o de nostalgia por un pasado perdido o por un futuro añorado; de incertidumbre, desilusión, ansiedad... El aislamiento confronta a cada uno de estos artistas con sus fantasmas, con sus obsesiones, con sus deseos, que por otra parte, no parecen ser sino fantasmas, obsesiones y deseos más colectivos que individuales.

En un trabajo anterior (Verzero, 2020a) reflexionaba en torno a la figura del avatar como doble con el cual los colectivos artivistas construyen su imagen en las redes y, si avanzamos en la idea de que el espacio virtual puede conformar un ágora en la cual se dirimen los asuntos públicos, podríamos decir que son nuestros *avatars* los encargados de concretar la participación en la arena pública.

En ese sentido, la puesta en yuxtaposición de las diferentes ediciones de estas "memorias del aislamiento" nos permite entrever cómo se ha pasado de un primer momento de mayor extrañamiento a uno de expresión más crítica. En un primer momento, se reitera la exploración de los espacios del hogar y del tiempo antes no habitados conscientemente. Se delinea un tiempo marcado por la expectativa en el futuro próximo, se reproduce el placer de gozar de un "tiempo propio" inesperado, de haber pasado de repente a tener todo el tiempo a disposición de manera imprevista. En las ediciones posteriores, aparece con más fuerza la incertidumbre, el hartazgo y la frustración ante la opacidad de las opciones de salida. Esto se hace patente en la aparición de temáticas como la flexibilización laboral, la crítica a la explotación sobre el trabajador que exige el sistema capitalista llevado a su expresión mayor en el teletrabajo justificado por la situación sanitaria, y en la merma de descubrimientos o el extrañamiento ante pequeños goces.

4. Conclusiones

Si desde los inicios de la Modernidad, los *know how* se han asentado sobre la razón, otros modos de producir sentidos capaces de trasformar o de multiplicar modos de ser o formas de hacer se gestan en otros lugares, como por ejemplo, en la emocionalidad. Podríamos pensar que es en ese ámbito desde donde podrían germinar formas utópicas de transformación.

La alteración y afectación de los espacios urbanos y escénicos a través de la realización de este tipo de *time based art* (Groys, 2018: 98) o *site specific art* (o ambos a la vez) ocurre en tanto que la experiencia del espacio está indisolublemente ligada a la activación de emociones en él, a la codificación de la afectividad en relación con las emociones pasadas y por lo tanto esperables en ese lugar, y a las posibilidades de proyección de una emocionalidad diferente allí. La posibilidad de proyección de otras emociones está dada por la existencia de una "emocionalidad colectiva" que puede asomar en la intersección entre el "yo" y el "nosotros" durante la experiencia artivista.

En continuidad con esas ideas, en otro trabajo (Verzero, 2020c) comenzaba a indagar acerca de la posibilidad de generación de emociones a través de la pantalla. Las experiencias que aquí estamos observando me permiten avanzar en la confirmación de que la pantalla no logra absorber por completo las emociones que ocurren en los cuerpos. Algo de esas emociones se filtra y penetra en el monitor para salir del otro lado, al cruce de las emociones de los otros cuerpos. Percibimos lo que nos pasa, a pesar de no tener contacto con la temperatura o el olor de los otros cuerpos. Sentimos qué hay del otro lado. Ese es también un modo de conocimiento. La intuición es también una forma de saber.

La obligatoriedad del paso a la virtualidad durante la pandemia expulsó a los cuerpos de las calles, resignificó el lugar de las redes sociales y transformó las relaciones a todo nivel. Los interrogantes que se nos presentan son muchos, desde los más simples hasta los más complejos, todos igualmente difíciles de responder: ¿Se modificarán los límites simbólicos entre el adentro y el afuera a partir de la exposición que estamos dando a nuestros espacios privados? ¿Será posible concebir los espacios necesariamente cargados de presencialidad (la escuela, la universidad, la casa, la sala de teatro, la calle) como no materialmente situados? ¿Es posible lograr una emocionalidad (colectiva) virtual, independientemente de la coexistencia de los cuerpos en un mismo espacio físico? ¿Qué marcas de esta distancia llevarán los cuerpos una vez que vuelvan a encontrarse en las calles, a abrazarse, a compartir físicamente las emociones?

Referencias bibliográficas

Ahmed, Sara, 2015, *La política cultural de las emociones,* México, PUEG-UNAM.

Delgado, Manuel, 2013, "Artivismo y pospolítica. Sobre la estetización de las luchas sociales en contextos urbanos", *Quaderns-e,* 18 (2), 68-80.

Doberti, María Paula, Laura Lina y Martín Seijo, 2015, *Obras de coproducción,* Buenos Aires, La Postura Centro de Producción Artística, Programa número 2, octubre-noviembre.

___ 2017, "Relato situado. Un intento de vigorizar lugares de la memoria en la era PRO", *Actas del X Seminario Internacional Políticas de la Memoria,* Buenos Aires, Centro Cultural de la Memoria Haroldo Conti. URL: http://conti.derhuman.jus.gov.ar/2018/01/seminario/mesa_3/doberti_mesa_3.pdf.

Expósito, Marcelo, Ana Vidal y Jaime Vindel, 2012, "Activismo artístico", Red Conceptualismos del Sur, *Perder la forma humana. Una imagen sísmica de los años ochenta en América Latina.* Catálogo de exposición, Madrid, Museo Nacional Centro de Arte Reina Sofía, 43-50.

Gregg, Melissa y Gregory J. Seigworth (eds.), 2010, *The Affect Theory Reader,* Durham, NC, Duke University Press.

Groys, Boris, 2018, *Volverse público. Las transformaciones del arte en el ágora contemporánea,* Buenos Aires, Caja Negra.

Longoni, Ana, 2010, "Tres coyunturas de activismo artístico", *Coyunturas,* 1/junio, 90-93.

Oslender, Ulrich, 2002, "Espacio, lugar y movimientos sociales. Hacia una 'espacialidad de resistencia'", *Scripta Nova. Revista electrónica de geografía y ciencias sociales,* VI/115. URL: http://www.ub.edu/geocrit/sn/sn-115.htm

Parramon, Ramón, 2003, "Arte, Participación y Espacio público", *Sublime: arte + cultura contemporánea,* 11, noviembre-diciembre, 48-51.

Proaño Gómez, Lola, 2018, "El artivismo de la Fuerza Artística de Choque Comunicativo. Diagnóstico de los puntales del neoliberalismo extremo en Argentina (2015-2017)", *Boletín del Centro de Estudios de Teoría y Crítica literaria,* e Rosario (UNR), 19/diciembre, 70-85. URL: https://www.cetycli.org/cboletines/19/006_Gomez.pdf

Rodríguez Ibáñez, Margarita, 2017, "El Espacio Pos-político". URL:

https://www.academia.edu/37924221/El_Espacio_Pos-pol%C3%ADtico_The_Pos-political_Space, 2017.

Verzero, Lorena, 2020a, "La afectivdad como experiencia política: Avatars del artivismo en el ágora contemporánea", Depetris, Irene y Natalia Taccetta, *Performances afectivas. Arte, cine, artivismo y modos de lo común en América Latina,* Buenos Aires, La Cebra. [En prensa]

___2020b, "Cartografía afectiva de la patria: *Relatos situados*, la ciudad palimpsesto", Cecilia Sosa, Jordana Blejmar y Philippa Page (coords.), *Entre/telones y pantallas. Afectos y saberes en la performance argentina contemporánea*, Buenos Aires, Libraria. [En prensa]

___2020c, "La afectividad como experiencia política: Avatars del artivismo en el ágora contemporánea", Proaño, Lola y Lorena Verzero (coords.), *Mutis por el foro. Artes escénicas y política en tiempos de pandemia,* Buenos Aires, ASPO. [En prensa]

Sobre las y los colaboradores

Ivana Costa es Doctora en Filosofía por la Universidad de Buenos Aires, docente e investigadora en esta institución y profesora de Historia de la Filosofía Antigua en la Universidad Católica Argentina. Trabajó en la redacción del diario *Clarín* y editó las páginas de *Ideas* en la primera etapa de la revista de cultura Ñ. Publicó artículos sobre Platón y la tradición platónica antigua, tardoantigua y moderna, traducciones de Platón y Maquiavelo, y, recientemente, el libro *Había una vez algo real. Ensayo de filosofía, hechos y ficciones* (Mardulce, 2019). Actualmente dirige el Instituto de Estudios Grecolatinos "Prof. F. Nóvoa" (UCA) e integra, desde 2019, el comité ejecutivo de la Sociedad Internacional de Platonistas.

Dulce María Dalbosco es Doctora en Letras y becaria posdoctoral del Consejo Nacional de Investigaciones Científicas y Técnicas (CONICET) de la Argentina, con sede en el Centro de Estudios de Literatura Comparada "María Teresa Maiorana" de la Universidad Católica Argentina. En esta institución se desempeña como docente en las cátedras Seminario de investigación y Teoría y análisis del Discurso Literario II. En 2007 obtuvo el Premio Academia Argentina de Letras. Es académica de número de la Academia Porteña del Lunfardo, donde ocupa el sillón Nicolás Olivari. En su investigación doctoral abordó cuestiones vinculadas con las poéticas del tango canción, en tanto que en su proyecto actual estudia las afinidades poéticas, simbólicas y evolutivas entre el tango y el fado.

Claudia Darrigrandi es Licenciada en Historia (U. Católica de Chile) y Doctora en Literatura y Cultura Latinoamericana por la Universidad de California, Davis. Docente en la Universidad Adolfo Ibáñez, sus áreas de investigación comprenden: crónica latinoamericana, revistas culturales y magazinescas, culturas de prensa, literatura y culturas urbanas. Su trabajo ha involucrado una perspectiva género y se ha especializado en el fin de siglo XIX y la primera mitad del siglo XX. Actualmente es la Investigadora Responsable de los proyectos "Detrás de las secciones: trayectorias, saberes y oficios en revistas ilustradas/magazinescas y culturales chilenas (1900-1950)" (Fondecyt Regular) y "Cultural Intervention in Latin American Magazines" (PCI Conicyt - Redes). Entre sus publicaciones destacan los libros *Huellas en la ciudad: Santiago de Chile y Buenos Aires, 1880-1935* (Cuarto Propio, 2014), *El affair Moreno* (co-editora, Editorial Mansalva, 2020) y *Escrituras a ras de suelo:*

Crónica latinoamericana del siglo XX (coeditora, Ediciones Universidad Finis Terrae, 2014). Ha publicado en diversas revistas especializadas del campo como también en volúmenes editados sobre cultura impresa y comunidades intelectuales, masculinidades del siglo XIX y sobre estudios culturales latinoamericanos.

Patrick Eser se licenció en Ciencias Políticas (Diploma, 2004) y en Filología Románica (Magister Artium, 2010) en la Philipps Universidad de Marburgo. Se doctoró en la misma universidad en 2012 (Dr. phil.) con la tesis "El nacionalismo vasco y catalán en el contexto de la globalización e integración europea". Desde 2011 es docente en el Instituto de Filologías Románicas de la Universidad de Kassel y desde agosto de 2020 es profesor asistente en el Departamento de Letras de la Universidad de Buenos Aires, donde es responsable de la Cátedra Libre Walter Benjamin. Sus temas de investigación son el nacionalismo, la memoria histórica de pasados violentos, las desigualdades sociales en el cine y la literatura contemporánea y la literatura urbana latinoamericana. Entre sus publicaciones cabe destacar *Fragmentierte Nation – globalisierte Region? Der baskische und katalanische Nationalismus im Kontext von Globalisierung und europäischer Integration* (2013, transcript) y *El atentado contra Carrero Blanco como lugar de (no-) memoria: narraciones históricas y representaciones culturales* (2016, en colaboración con Stefan Peters).

Milena Gallardo Villegas es Licenciada en Literatura Hispánica, mención Literatura (U. de Chile), Magíster en Estudios Culturales (Universidad Arcis – Clacso) y Doctora en Literatura Chilena e Hispanoamericana (U. de Chile). Actualmente es investigadora en el proyecto "Archivo fílmico amateur y construcción de memorias colectivas: análisis de registros familiares desde una perspectiva estética (Chile, 1920-1980)", ganador del concurso de Promoción del Archivo Fílmico de la Cineteca Nacional de Chile, y co-investigadora en el Proyecto Fondecyt "Representaciones de la memoria transgeneracional en producciones artístico-culturales de hijos y nietos en países del Cono Sur, 1990-2017". Además, se desempeña como editora en *Descentrada. Revista Interdisciplinaria de Feminismos y Género* del Centro Interdisciplinario de Investigaciones en Género de la Universidad Nacional de La Plata. Entre sus publicaciones recientes destacan los libros actualmente en prensa: *Estéticas documentales e imaginaciones políticas. Ausencias, presencias, afectos y legados en filmes autobiográficos de hijas y nietas (Chile y Argentina, 2000-2020)* e *Indagaciones, afectos e imágenes: experiencias creativas en torno a la transmisión transgeneracional de las memorias (Chile 2017-2019)*, coeditado junto a Tania Medalla.

Laura Gherlone es investigadora del Centro de Estudios de Literatura Comparada "M. T. Maiorana" de la Universidad Católica Argentina (UCA) y Profesora Adjunta de Literatura Rusa en esta universidad. En 2013 obtuvo el doctorado en Ciencias de la Comunicación, orientación semiótica-lingüística, en la Universidad Sapienza de Roma y la Universidad de Tartu (UT – Estonia); luego fue investigadora en el Instituto Universitario Sophia de Florencia (2012-2015). Ha sido becaria posdoctoral del Consejo Nacional de Investigaciones Científicas y Técnicas (CONICET) de la Argentina durante el trienio 2016-2019. Su investigación se centra en la teoría cultural en perspectiva interdisciplinaria (semiótica, estudios literarios, comunicación social), con foco en los conceptos de frontera y alteridad a la luz de la relación entre espacio, memoria y emoción. Se ha especializado en la teoría culturológica y literaria de Iuri Lotman, profundizando en los escritos tardíos del pensador ruso-estonio.

Massimo Leone es Catedrático de la Universidad de Turín, donde es Profesor de Semiótica de la Cultura, Semiótica Visual y Filosofía de la Comunicación, además de Vicedirector del Departamento de Filosofía, y Catedrático a tiempo parcial de la Universidad de Shanghai, donde es Profesor de Semiótica. Ha escrito doce libros en editoriales internacionales, editado más de treinta volúmenes colectivos y publicado más de quinientos artículos. En 2019, ha ganado un *ERC Consolidator Grant,* una beca personal para investigar, durante los próximos cinco años, la semiótica de la cara en la era digital. Es director de la revista internacional de semiótica *Lexia* y de las series de libros *I saggi di Lexia* y *Semiotics of Religion* (De Gruyter).

Marina di Marco es Licenciada en Letras por la Universidad Católica Argentina y diplomada en Estudios Avanzados en Literatura Infantil y Juvenil por la Universidad Nacional de San Martín. Actualmente se desempeña como docente en la cátedra Teoría y Análisis del Discurso Literario I y cuenta con una beca doctoral UCA – CONICET para desarrollar el proyecto "Oralidad y corporalidad en un género para niños: poética de la canción de cuna de autor conocido (Argentina, siglos XX y XXI)". Ha difundido su investigación en congresos y publicaciones científicas, abordando temas relacionados con la poesía para niños, la literatura infantojuvenil y la intersemiosis palabra-imagen en el libro-álbum.

Ana Peluffo es Profesora de Literatura y Cultura Latinoamericanas en la Universidad de California, Davis. Se especializa en historiografía cultural de las emociones con un énfasis en discursos interseccionales de género y raza. Realizó estudios de licenciatura en Sarah Lawrence College e hizo su doctorado en New York University. Es autora de *En clave emocional: Cultura y Afecto en América Latina* (Prometeo, 2016); *Lágrimas andinas: Sentimentalismo, género y virtud republicana en Clorinda Matto de Turner* (IILI, 2005); editora de *Pensar el siglo XIX: Nuevas miradas y lecturas* (A contracorriente, 2009); co-editora de *Entre Hombres: Masculinidades del siglo XIX en América Latina* (Vervuert, 2010); co-editora de *Afectos, redes, epistolarios* (Landa, 2018) y co-editora de *Su afectísima discípula: Cartas a Ricardo Palma* (PUCP, 2020). En este momento está co-editando el primer volumen de *Critical Transitions in Latin American Literature, 1800-1870* para Cambridge University Press. Fue co-chair de la sección del siglo XIX de LASA y miembro del comité ejecutivo del MLA (*From Independence to 1900*). Es vice-presidenta del Instituto Internacional de Literatura Latinoamericana.

María José Punte es Licenciada en Letras por la Universidad Católica Argentina y Doctora por la Universidad de Viena. Se desempeña como Profesora Titular en el Seminario de Análisis del Discurso en la UCA y como Adjunta en la materia Literatura y Cine, y da seminarios en la UBA. Desarrolla tareas de investigación en el Centro de Estudios de Literatura Comparada "M. T. Maiorana" (UCA) y el Instituto Interdisciplinario de Estudios de Género (UBA). Publicó los libros *Rostros de la utopía. La proyección del peronismo en la novela argentina de la década del 80* (EUNSA, 2002), *Estrategias de supervivencia* (Corregidor, 2007) y *Topografías del estallido. Figuras de infancia en la literatura argentina* (Corregidor, 2018). Es co-editora de *ESPACIOS, IMÁGENES*

Y VECTORES: desafíos actuales de las literaturas comparadas (Universidad Católica Argentina-Miño y Dávila editores, 2015).

María Lucía Puppo es Doctora en Letras y miembro de carrera del Consejo Nacional de Investigaciones Científicas y Técnicas (CONICET) de Argentina. Es Profesora Titular de Teoría de la Comunicación y Teoría y Análisis del Discurso Literario I y II en la Universidad Católica Argentina. Entre 2015 y 2020 dirigió el Centro de Estudios de Literatura Comparada "María Teresa Maiorana" y, desde diciembre de 2018, se desempeña como Directora del Departamento de Letras de esta universidad. Publicó los libros *La música del agua. Poesía y referencia en la obra de Dulce María Loynaz* (Biblos, 2006) y *Entre el vértigo y la ruina: poesía contemporánea y experiencia urbana* (Biblos, 2013). Junto a Mariano García y María José Punte coordinó el volumen *ESPACIOS, IMÁGENES Y VECTORES: desafíos actuales de las literaturas comparadas* (Universidad Católica Argentina-Miño y Dávila editores, 2015) y, junto a Magdalena Cámpora, *Dinámicas del Espacio: reflexiones desde América Latina* (EDUCA, 2019). Actualmente dirige los proyectos de investigación "Espacios e interacciones culturales: proyecciones latinoamericanas de la Geocrítica" (Agencia Nacional de Promoción Científica y Tecnológica – UCA) y "Umbrales de la escritura: correspondencias y tensiones de la relación palabra/imagen en la literatura latinoamericana" (CONICET).

Juan Manuel Rubio es Psicólogo, Médico, Psicoanalista y Doctor en Psicología. Es Profesor Titular de Psicoanálisis Lacaniano y de Psicología Jurídico-forense en la Facultad de Psicología y Psicopedagogía de la Universidad Católica Argentina, y de Psicopatología General en la Facultad de Ciencias Biológicas de la Universidad Austral. Fue presidente del Consejo Directivo de Mayéutica-Institución Psicoanalítica y director del Programa de Formación en Psicoanálisis de Mayéutica, donde es delegado ante la Comisión de Enlace General (internacional) de Convergencia, Movimiento Lacaniano por el Psicoanálisis Freudiano, así como ante la Comisión de Enlace Regional de Argentina y Uruguay del mismo movimiento. Publicó los libros: ¿Por qué Freud no curó a Dora? (EDUCA), *Psicología jurídica-forense y psicoanálisis* (Letra Viva), *Existencia y enigma. De la mirada médica al campo de la escucha desde la fenomenología y el psicoanálisis*, (Editorial académica española), *Lenguajes y discursos. Interdisciplina, transdisciplina. Universidad, Hospital, Institución psicoanalítica* (Letra Viva). Es coautor de *Psicosis. Intervenciones en la emergencia; La clínica al borde del siglo; Suicidios. Capitular a la sombra del objeto; Inconsciente y pulsión; Enciclopedia Ibero Americana de psiquiatría*, entre otros títulos.

Rossana Scaricabarozzi es Abogada por la Universidad de Buenos Aires, Magíster en Sociología por la Universidad Católica Argentina y candidata a Doctora en esta institución. Es profesora con Dedicación Especial en la Facultad de Ciencias Sociales y docente de grado y posgrado en las facultades de Filosofía y Letras y de Derecho de la UCA, así como en la Maestría en Psicoanálisis de la Universidad Nacional de la Matanza. Integra el Comité Académico de la carrera de posgrado de Especialización en Estudios Sociales de la Discapacidad (UCA).

Maira Scordamaglia es Profesora en Letras por la UCA y cursa la Licenciatura en Letras en esta casa de estudios. Se desempeña en la docencia en el nivel secundario y actualmente es adscripta en la cátedra de Literatura Italiana II en la misma universidad. Integra el proyecto

PICTO-UCA "Espacios e interacciones culturales: proyecciones latinoamericanas de la Geocrítica", donde investiga la obra de Antonio Tabucchi desde una perspectiva geocrítica, y ha participado de coloquios y congresos dentro del marco del proyecto.

Lorena Verzero es miembro de carrera del Consejo Nacional de Investigaciones Científicas y Técnicas (CONICET) de Argentina, con sede en el Instituto de Investigaciones Gino Germani (IIGG), Facultad de Ciencias Sociales, Universidad de Buenos Aires. Es Doctora en Historia y Teoría de las Artes (UBA), Magíster en Humanidades (Universidad Carlos III de Madrid) y Licenciada y Profesora en Letras con especialidad en Teoría Literaria (UBA). Se desempeña como Profesora Titular de Semiología en UBA XXI y Profesora a cargo del Seminario de Elaboración de Tesis en la Maestría en Teatro (Facultad de Arte, Universidad Nacional del Centro de la Provincia de Buenos Aires). Coordina el Grupo de Estudios sobre Teatro contemporáneo, política y sociedad en América Latina (IIGG-UBA). Es autora de *Teatro militante: Radicalización artística y política en los años '70* (Biblos, 2013) y co-editora junto a Lola Proaño-Gómez de *Perspectivas políticas de la escena latinoamericana. Diálogos en tiempo presente* (Argus-a, 2017). Actualmente se encuentran en prensa los libros *Ciudades performativas: Prácticas artísticas y políticas de (des)memoria en Buenos Aires, Berlín y Madrid* (Clacso-IIGG, 2020), que coordina junto con Pietsie Feenstra, y *Sombras, suspiros y memorias. Prácticas culturales y dictaduras en el Cono Sur,* que editó junto a Karina Dappiano, María Laura Fabrizio y Lucía Patiño Mayer (Ediciones de la Universidad Nacional de Lanús, 2020).

www.ingramcontent.com/pod-product-compliance
Ingram Content Group UK Ltd.
Pitfield, Milton Keynes, MK11 3LW, UK
UKHW041634190726
13854UKWH00006B/2487

9 788418 095290